Klaus Schleicher

Elternhaus und Schule

Elternhaus und Schule

Kooperation ohne Erfolg?

Herausgegeben von
Klaus Schleicher

Pädagogischer Verlag Schwann Düsseldorf

 · 1. Auflage 1972
Umschlaggestaltung Eschert & Bänder
Satz und Druck Kock Bielefeld
Einband Schwann Düsseldorf
ISBN 3-7895-0131-X

Inhalt

Vorwort

Schwindet die *Bedeutung der Familie* für die Erziehung oder entscheidet das häusliche Milieu über den Schul- und späteren Berufserfolg der Kinder? Verstärkt *die Schule* die familiären Sozialisationsprozesse oder gelingt es ihr, Schülern ähnliche Chancen zur Selbstentfaltung zu bieten? Nützt die *Kooperation von Elternhaus und Schule* wirklich den Kindern, und warum wird eine intensivere Kooperation in *westlichen wie östlichen Staaten angestrebt?*
Der vorliegende Band untersucht die mit diesen Fragen verbundenen Probleme und Lösungsvorschläge *in der Bundesrepublik und DDR; in England, Frankreich und den Niederlanden; in Japan; der Sowjetunion und den USA.* Es sind Industrienationen mit unterschiedlichen Sozialordnungen und Kulturtraditionen, in denen die Mehrgenerationenfamilie durch die Kleinfamilie bzw. die Produktionsfamilie durch die Konsumfamilie abgelöst wurde. In ihnen besteht eine annähernd gleiche Pflichtschulzeit und kommt es zu ähnlichen Bemühungen um eine Verbesserung der Chancengleichheit.
Die Betrachtung der ausländischen Verhältnisse soll dabei nicht zur Imitation fremder Bemühungen verleiten, sondern eine kritische Reflexion über die eigene Situation erleichtern und die Suche nach neuen Lösungsmöglichkeiten anregen. Bei einem derartigen Vergleich können zudem Grundprobleme der Schulsysteme (ob z. B. eine Erziehung gegen das oder mit dem Elternhaus sinnvoll ist) und besondere Schwierigkeiten im Eltern-Schul-Kontakt (z. B. zwischen Arbeitereltern und Lehrern) sichtbar werden. Ferner zeigt sich, daß die Kooperationsbedingungen und -formen auch innerhalb der westlichen und östlichen Staatengruppe außerordentlich verschieden, und zwar von den nationalgeschichtlichen Entwicklungen abhängig sind. Damit die strukturellen Probleme in den Vordergrund treten und nicht nur eine Zuordnung der Länder nach politischen Machtblöcken erfolgt, sind die Staaten weitgehend in alphabetischer Reihenfolge und dabei im Hinblick auf einen direkten Vergleich (BRD; DDR; UdSSR; USA) oder nach regionaler Zusammengehörigkeit (England, Frankreich, Niederlande; Japan) angeordnet. Ferner sollten in allen Ländern (sofern die Quellenlage und nationalen Verhältnisse es erlaubten) folgende Aspekte untersucht werden: die gesellschaftlichen Voraussetzungen für die Kooperation und die Forschungsergebnisse über die Zusammenarbeit, ferner die Struktur der Eltern-Schul-Kontakte und die Organisation der Elternverbände, sowie die bildungspolitischen Vor- und Nachteile der Zusammenarbeit.
Es ist *die Absicht* des Bandes, Elternvertreter und Lehrer sowie Studenten und Mitglieder der Schulverwaltung zu einer Diskussion darüber anzuregen: wie sich bildungspolitisch die soziale Mobilität steigern und die Chancengleichheit verbessern läßt, welche mög-

lichen Vorteile und Probleme mit einer Dezentralisierung des Bildungswesens verbunden sind, warum die Kooperation mit dem Elternhaus den Unterrichtserfolg beeinflußt und unter welcher Voraussetzung die Elternmitwirkung zu einem wesentlichen Bestandteil der Elternbildung wird. An Elternvertreter und Lehrer wendet sich der Band vor allem deshalb, weil es angesichts der fachwissenschaftlichen Spezialisierung schwierig ist, die Forschungsergebnisse und Experimente in den verschiedenen Ländern zu verfolgen. Außerdem würde sich die Bedeutung der wissenschaftlichen Analysen über die Schul- und Familienverhältnisse ebenso verringern wie der Einfluß der Lehrer und Eltern auf die Bildungsreformen, wenn es nicht zu einer Kommunikation zwischen Forschung und Praxis käme.

Die Autoren des Bandes sehen *in den konkurrierenden und kooperierenden Erziehungsbestrebungen von Elternhaus und Schule eine Möglichkeit, die kindlichen Eigenkräfte und Interessen besser zu berücksichtigen und schneller zu einer zeitgemäßen Neugestaltung der Bildungssysteme, zur gesellschaftlichen Integration der Schule und zur Steigerung der Erziehungs- und Unterrichtsfolge zu kommen.* Bei den Mitarbeitern besteht dabei in folgender Hinsicht ein gewisser Konsens: so wie Kinder im ‚Elternhaus' erzogen werden, so lernen und verhalten sie sich (zunächst) in der Vorschule und Schule; und in dem Maße wie die Schule die Eltern beteiligt bzw. frustriert, erweitert oder verringert sie die elterlichen Bildungserwartungen und Erziehungskompetenzen und damit letztlich die kindlichen Bildungschancen wie den schulischen Bildungserfolg. Denn die Schule kann die Familienstrukturen und die sozio-ökonomischen Verhältnisse der Eltern nicht verändern, aus denen ungleiche Bildungschancen resultieren; sie kann aber das elterliche Bildungsengagement beeinflussen und damit den Kindern günstigere Bildungsbedingungen schaffen.

Den Autoren des Bandes sei gedankt, daß sie sich zur Mitarbeit entschlossen haben, ‚obgleich' es galt, wissenschaftliche Diskussionen allgemeinverständlich darzustellen. Besonderer Dank gebührt dabei Herrn *Dr. A. Fischer;* denn nach dem überraschenden Tode von Frau Dr. I. Röbbelen (die wie wenige mit der deutschen Entwicklung vertraut war und den deutschen Beitrag übernehmen wollte) konnte der deutsche Beitrag nur aufgrund seiner außerordentlich engagierten Unterstützung in vorliegender Form fertiggestellt werden. Zudem hat er an der Übersetzung und der z. T. umfangreichen Bearbeitung von Beiträgen mitgewirkt sowie das Schlagwortverzeichnis erstellt.

Klaus Schleicher

Einleitung

Die Beziehungen zwischen Elternhaus und Schule müssen im *Zusammenhang mit der gesellschaftlichen und politischen Entwicklung* betrachtet werden; denn das politische System und die Sozialstruktur, die Volkswirtschaftliche Entwicklung und das gesellschaftliche Selbstverständnis[1] sind von grundlegendem Einfluß auf die Struktur des Bildungswesens und die Bildungsinteressen der Erziehenden sowie auf die ‚Kooperationsformen' einer Gesellschaft. Im Rahmen der gesellschaftlichen und politischen Gesamtentwicklung hängt dann das Ausmaß und die Art der ‚Kooperation' von der Struktur des Bildungswesens (zentralisiert oder dezentralisiert, hierarchisch oder demokratisch), von der Lehrer- und Elternbildung sowie von der kontinuierlichen Vermittlung von Forschungsergebnissen an die Praxis ab.
Obgleich die Beziehungen zwischen Schule und Elternhaus durch die erwähnten Grundbedingungen erheblich beeinflußt werden, sind sie dadurch im Einzelfall nicht festgelegt. Vielmehr bestehen in jedem Land trotz gemeinsamer Grundtendenzen *außerordentliche Unterschiede* hinsichtlich der ‚Zusammenarbeit', weil die Bildungsinstitutionen *je nach Schulart* (z. B. Vor- und Berufsschule) *und Einzelschule* (z. B. Stadt- oder Landschule) eine institutionelle Eigendynamik entwickeln und weil Familien je nach weltanschaulicher oder sozio-ökonomischer Position verschieden an der Mitarbeit interessiert sind.[2] Schließlich darf bei aller Berücksichtigung von familiären Bildungsinteressen und Schulstrukturen, bzw. von politischen, wirtschaftlichen und ideellen Faktoren nicht übersehen werden, daß den *institutionalisierten Möglichkeiten erst durch individuelles Engagement* zur Wirksamkeit verholfen wird.

Insgesamt stehen die Probleme, die mit dem Eltern-Schul-Kontakt verbunden sind, also in einem Spannungsfeld von: politischen Zielsetzungen und gesellschaftlichen Strukturen, von Organisationsformen des Bildungswesens und dem individuellen Engagement von Eltern, Lehrern und Schülern.
Auf die Wechselbeziehungen von häuslichen und schulischen Erziehungseinflüssen sowie auf deren Bedeutung für die kindliche Erziehung *wird seit langem* (J. A. Comenius, J. H. Pestalozzi) *hingewiesen; die erziehungswissenschaftliche Forschung interessiert sich jedoch erst seit kurzer Zeit für sie.* Dies geringe Interesse der Wissenschaft ging *vor dem Ersten Weltkrieg* u. a. auf die Ansicht

zurück, daß die Schule Kinder vor negativen Milieueinflüssen (Kinderarbeit, Unzulänglichkeit der häuslichen Erziehung) schützen und intellektuelle Grundfertigkeiten (Lesen, Schreiben und Rechnen) vermitteln sollte. Da die Pädagogoik es als ihre Aufgabe betrachtete, jene ‚Unterweisung' möglichst erfolgreich zu machen, richtete sie ihre Aufmerksamkeit vor allem auf den organisatorischen Ausbau des Bildungswesens, auf die Lehrerbildung und die didaktisch-methodischen Probleme der Unterrichtsvermittlung. Hinzu kommt, daß die Universitätsdisziplinen und Berufsorganisationen, die über die Lehrerbildung, Prüfungsordnungen und Lehrpläne einen großen Einfluß auf den weiterführenden und fachlich differenzierten Unterricht ausübten, mehr vom Aspekt der Wissensvermittlung und von den Berufsanforderungen als von der kindlichen Entwicklung aus dachten. Außerdem wurde die erzieherische Bedeutung der Familie erheblich unterschätzt, weil die Familien nicht als ‚pädagogische Institutionen' konzipiert werden und da die Eltern pädagogisch nicht als ‚qualifiziert' galten. Schließlich befand sich die Sozialisationsforschung erst in den Anfängen[3] und war das soziologische wie psychologische Instrumentarium für langfristige Begleituntersuchungen (multifaktorelle ‚follow up studies') nicht hinreichend entwickelt. Langfristige Auswirkungen von familiären Sozialisationseinflüssen konnten wissenschaftlich mithin kaum nachgewiesen werden.

Nach dem Ersten Weltkrieg wurde die Notwendigkeit einer engeren Verbindung von Schule und Elternhaus in vielen Staaten deutlicher gesehen. In den USA richtete sich der „weitaus bedeutendste Trend der fortschrittlichen Erziehung ... auf eine enge Verbindung von häuslicher und schulischer Erziehung"[4] und in Deutschland wie England bemühte sich die Reformpädagogik um eine Elternmitwirkung. Einerseits wurde diese Entwicklung durch die sozialen und bildungspolitischen Reformen sowie das öffentliche Kriegs- und Nachkriegsengagement begünstigt, andererseits stellte die Entwicklungspsychologie und Reformpädagogik das Kind ins Zentrum der Erziehung und war der Familieneinfluß im frühkindlichen Alter durch die Psychoanalyse, durch erste Erfahrungen mit dem Hospitalismus sowie einige Ergebnisse der Milieu-, Sprach- und Sozialisationsforschung zur Gewißheit geworden.[5] Je nachdem, ob man dabei dem tiefenpsychologischen Ansatz und der Milieutheorie oder aber der Erbforschung größere Bedeutung zuerkannte, kam man zu verschiedenen Auffassungen von der Notwendigkeit einer ‚Kooperation'. Milieutheoretiker wollten möglichst vorbeugend (z. B. prophylaktische Elternbildung) zumindest aber ‚kompensatorisch' (therapeutische Betreuung von vernachlässigten Kindern) die ‚ungünstigen' Familien- und Milieueinflüsse auffangen. Eine Verbesserung der Eltern-Schul-Kontakte betrachtete man außerdem als *eine* Möglichkeit, das Bildungsinteresse der Eltern zu stimulieren und die Bildungsbarriereren zwischen Elternhaus und Schule zu verringern. Wenn dagegen die Vererbung der Intelligenz als übergewichtig betrachtet wurde, dann plädierte man eher für eine begabungsentsprechende Beschulung. Eltern-Schul-Kontakte wurden dann nicht so sehr aus psychologischen oder sozialen Motiven sondern schon eher in der Absicht angestrebt, die schulische Arbeit durch eine häusliche Mitwirkung und Kontrolle der Schulaufgaben zu erleichtern. Aber nicht nur die verschiedenen Forschungsrichtungen bewerteten die Eltern-Schul-Kontakte in verschiedener Weise, sondern ebenso bedeutsam waren die politischen und weltanschaulichen Einstellungen für die Beurteilung der Kooperation. Grob verallgemeinert wird man vielleicht sagen können: Von liberal, demokratisch und konfessionell engagierten Bevölkerungsgruppen wurde die Familie (vor allem in Ländern mit dezentralisiertem Schulsystem) als Grundlage der Gesellschaftsordnung und des gesellschaftlichen Pluralismus angesehen. Deshalb wurde ihr ein entscheidendes Erziehungs- und Mitspracherecht in der Schule eingeräumt. Im Unterschied dazu plädierten sog. konservative Kreise (und nicht selten auch Lehrer und Bildungspolitiker) eher zu Gunsten einer unangefochtenen Schulautorität (bzw. deren Fachkompetenz), weil der Schulerfolg durch eine elterliche Laienpädagogik beeinträchtigt und das Schulklima gestört werden könnte. Diese Auffassung fand besonders dann Zuspruch, wenn die Schule als ein Organ einer obrigkeitlichen Staatsverfassung betrachtet wurde. In kommunistischen und einigen sozialistischen Kreisen wurde die Familie zeitweilig als bürgerliches Relikt und als Hemmnis für die Entwicklung einer egalitär-sozialistischen Gesellschaft verstanden, teilweise sah man in den Elternräten aber auch eine Chance zur Demokratisierung oder Revolutionierung der Schule bzw. der Gesellschaft. Wie man sich zuweilen gleichzeitig für die Auflösung oder Kontrolle der ‚privaten' Familie und doch für eine Einrichtung von Elternräten einsetzte, zeigt das folgende Beispiel. In den „Leitsätzen für die Arbeit in den Elternbeiräten" der USPD und KPD von 1920 forderte man die Institutionalisierung von Elternräten z. B. nicht, um die „Kinder der längst zerstörten und überlebten Erziehungsgemeinschaft der Einzelfamilie wieder" einzugliedern, sondern um das Bildungswesen nach den Richtlinien der Partei für den ‚proletarischen Befreiungskampf' zu erobern.[6] Die Zusammenarbeit mit den Eltern wurde dabei befürwortet, um die Kinder vor ‚subjektiven' Unzulänglichkeiten der Eltern zu schützen und die Eltern im sog. ‚objektiven' Gesellschaftsinteresse zu erziehen. In allen Staaten wurde von einigen Gruppen (unterschiedlichster Weltanschauung und politischer Richtung) auf ähnliche Weise versucht, eigene Gruppeninteressen über die Eltern durchzusetzen.

Da *die Entwicklung nach dem Zweiten Weltkrieg* in den Einzelbeiträgen dieses Bandes dargestellt wird, braucht nur auf einige Tendenzen hingewiesen zu werden. Der zweite Weltkrieg löste in allen (hier aufgeführten) Staaten gesellschaftspolitische Veränderungen und Bildungsreformen aus. In den angelsächsischen Ländern und den von ihnen besetzten Staaten wurde einer Beteiligung der Eltern größere Aufmerksamkeit gewidmet: weil das Bildungswesen demokratisiert und auf lokale Interessen wie Bedürfnisse abgestimmt werden sollte, weil die elterliche Mitwirkung für den raschen Auf- und Ausbau des Bildungswesens unerläßlich schien und weil sich die Eltern intensiv darum bemühten, ihren Kindern eine ‚bessere' Zukunft zu sichern (vgl. S. 83f, 195, 208). In dem Maße wie sich in den fünfziger Jahren jedoch das Bildungswesen stabilisierte und wie sich das öffentliche Interesse an Bildungsfragen verringerte, in eben dem Maße begann die Forschung nachdrücklicher auf die Bedeutung der Zusammenarbeit von Elternhaus und Schule hinzuweisen. Danach könnten Kinder am ehesten vor häuslichen und Milieudefiziten geschützt werden, wenn Lehrer mit deren Lebens- und Erfahrungsbereich vertraut würden und wenn Eltern sich mit Schulproblemen befaßten und dadurch pädagogisch weiterbildeten (vgl. S. 29f, 48). In den östlichen Staaten wurde die Zusammenarbeit ebenfalls in den ersten Nachkriegsjahren und erneut in den sechziger Jahren besonders gefördert, und zwar der Aufsicht der zentral gelenkten Schule unterstellt (vgl. S. 56ff, 170ff). Ziel der Bemühungen war es, die Schule leistungsfähiger zu machen, Eltern an gesamtgesellschaftlichen Aufgaben zu interessieren und Kinder einer nichtsozialistischen Privatsphäre zu entziehen. Die Elternräte erhielten dabei nicht die Aufgabe, Eltern gegenüber der Schule und der Schulverwaltung zu vertreten, sondern sie sollten im Dienste der Schule zur Mobilisierung und Kontrolle der Elternschaft beitragen (vgl. S. 62, 175f). Im Unterschied zu den zwanziger Jahren erwartete man jetzt nicht mehr die Auflösung der Familie, sondern suchte sie im Gesellschafts- bzw. Staatsinteresse zu stärken und erkannte ihrer Beziehung zur Schule auch größere Bedeutung für die psychische und leistungsmäßige Entwicklung des Kindes zu.

Angesichts dieser in allen Ländern ähnlichen Tendenz zu Gunsten einer intensiveren Kooperation von *Schule* und Elternhaus bzw. von *Elternhaus* und Schule überrascht es, daß sich wissenschaftliche Untersuchungen bis in die sechziger Jahre allgemein nur mit Teilproblemen (schicht- und geschlechtsspezifischen, juristischen, psychologischen oder lerntheoretischen Aspekten) befaßten und daß die Wechselwirkungen zwischen häuslichen und schulischen Erziehungseinflüssen allgemein nur im kognitiven Bereich Beachtung fanden. Die Bedeutung der Zusammenarbeit für die Sicherung der Chancengleichheit, die emotinale Stabilisierung des Kindes, die personale Selbstentfaltung des Schülers und die Elternbildung[7] ist bisher noch nicht hinreichend untersucht worden. Sicherlich war (wie früher) nicht ohne Bedeutung, daß der Erziehungseinfluß der Schule traditionsgemäß überschätzt wurde (erst in jüngster Zeit verstärkt sich die Tendenz zum ‚de-schooling' bis hin zu Überlegungen, ob man die Schule nicht generell abschaffen

solle)[8] und daß sich die erziehungswissenschaftliche Forschung seit langem auf die Unterrichts- und Schulorganisation (z. B. Lehrprogramme, Curricula, Gesamtschulen etc.) konzentriert.[9] Außerdem entzieht sich die inhaltliche Gestaltung der Eltern-Schul-Kontakte weitgehend dem planenden Zugriff von Wissenschaft und Schulverwaltung, scheint die Elternmitwirkung nach herkömlichem Verständnis die Unterrichtsplanung eher zu stören als zu fördern (vgl. S. 34, 93f) und besteht die Auffassung, daß durch das Elternrecht soziale Veränderungen im Bildungswesen (und damit durch das Bildungswesen) leicht blockiert würden.[10] Schließlich sehen sich wissenschaftliche Untersuchungen bei einer aktiven Mitwirkung der Eltern vor der Schwierigkeit, daß der schulische Unterrichtsprozeß unvorhersehbar verändert und damit der konstante Rahmen gestört wird, der für empirische Untersuchungen notwendig ist.[11]
Ungeachtet all dieser Hindernisse *gilt die Intensivierung der Kontakte seit Mitte der sechziger Jahre in allen Ländern und bei vielen Wissenschaftlern als unerläßlich.* Das neuerliche Engagement geht auf Gesellschafts- und Bildungskrisen, auf die Bemühungen um eine Verbindung von Bildungs- und Gesellschaftspolitik und die Internationalisierung von Ergebnissen der Milieu-, Sprach- und Sozialisationsforschung zurück (vgl. S. 29f). Wie dabei politische, soziale und wissenschaftliche Aspekte untereinander und mit gesellschaftspolitischen Zielsetzungen verbunden sind, das soll (aus westlicher Perspektive) an einigen Beispielen (wie der politischen Bedeutung der Elternmitwirkung, dem Problem der Chancengleichheit und einigen Konfliktfällen) gezeigt werden.
Politisch ist die Elternmitwirkung nicht zuletzt aus folgenden Gründen bedeutsam. Zum einen ist eine Mitwirkung erforderlich, um die Schule im Rahmen gesellschaftspolitischer Zielsetzungen zu demokratisieren, d. h. um den technokratischen Dirigismus von Schulverwaltung und Bildungsplanung einzuschränken, die Distanz zwischen Unterricht und Milieu zu verringern und bei den (zumindest) indirekt betroffenen die Verantwortungsbereitschaft für die Schule zu fördern. In der BRD ist man z. B. zu der Ansicht gekommen: „Demokratische Selbstverwaltung hat heute die Funktion, den weitgehend formalen demokratischen Legitimationszusammenhang zugunsten einer konkreten, um eine bestimmte Aufgabe zentrierten, inhaltlichen Bestimmung durch die Betroffenen zu ergänzen bzw. zu ersetzen. Es ist daher zu bezweifeln, ob es verfassungsrechtlich zulässig ist, Institutionen mit Selbstverwaltungskompetenzen zu gründen, ohne die Betroffenen an den Entscheidungsprozessen zu beteiligen."[12] Zum anderen löst die Mitbestimmung und Mitverantwortung bei den Beteiligten einen Bildungsprozeß aus. Und zwar wirkt die Mitwirkung politisch bildend, sie erweitert die pädagogischen Kenntnisse der Eltern und kann die schulischen Erziehungsbemühungen erleichtern. Drittens aber ist die Kooperation politisch bedeutsam, wenn man bedenkt, daß Elternhaus und Schule nur einen

vormundschaftlichen Erziehungsauftrag zu erfüllen haben, aber auf die nachwachsende Generation einen außerordentlich großen, politisch sozialisierenden Einfluß ausüben.[13]

Die politische Sozialisation und politische Erziehung der Kinder erfolgt z. T. vor Beginn der Schulzeit und z. T. durch die Schule. Und zwar erfolgt sie sowohl auf indirekte Weise (z. B. durch demokratische oder autoritäre Erziehungsstile)[14] als auch direkt durch die Vermittlung von politischen Kenntnissen und Anschauungen (z. B. Gespräche über Politik oder politischen Unterricht).[15] Wollen Lehrer also nicht unbesehen die Primäreinstellungen und -erfahrungen der Kinder übernehmen und die Kinder nicht unreflektiert in Orientierungs- und Verhaltenskonflikte stürzen (verschiedene Sprach-, Wert- und Verhaltensmuster von Elternhaus und Schule), dann müssen sie die schichtspezifischen wie individuellen Lebensbedingungen der Kinder kennen. Aufgabe der Eltern wiederum ist es, einseitig politische Indoktrinationen durch die Schule, sei es durch Lehrpläne oder Lehrer, zu relativieren. Erst indem Lehrer, Eltern und Schüler an bildungspolitischen und unterrichtlichen Entscheidungen und fortgesetzten Planungen beteiligt werden, und erst wenn sie Ziele (gemäß ihrer Interessenlage) mitbestimmen lernen sowie Konsequenzen verantworten müssen, erhält das Bildungswesen einen realeren und dynamischeren Zuschnitt. Durch die Partizipation der Eltern können Lehrer z. B. in eine konkurrierende Spannung zwischen ihrem Fachwissen, den Ansprüchen der Schulverwaltung und den Vorstellungen der Elternschaft versetzt werden. Schüler erhalten ihrerseits im Rahmen der konkurrierenden Bildungsansprüche Möglichkeiten, verschiedene Auffassungen sowie den Prozeß politischer wie sachlicher Auseinandersetzungen kennenzulernen und Eigeninteressen zu formulieren. Mitwirkung bedeutet dann: daß Konflikte nicht negiert, wohl aber Freund-Feind-Verhältnisse relativiert werden, daß eventuell eine rationalere Konfliktaustragung und -regelung mit einer Erweiterung des demokratischen Engagements verbunden wird, daß ferner eine schleichende Entdemokratisierung durch sog. Sach- und Verwaltungszwänge eingeschränkt wird und der erweiterte Wohlfahrts- wie Verwaltungsstaat nicht zum Selbstzweck degeneriert. Bei der Mitwirkung kann eine Rationalisierung verschiedener Bildungsinteressen und politischer Einstellungen geübt und dem Schüler seine Abhängigkeit von Sozialisationsprozessen einsichtig werden.[16] Langfristig könnte sich die Öffnung und Demokratisierung der Schule als überaus bedeutsam erweisen, weil in der Schule erste Erfahrungen mit gesellschaftlich-staatlichen Institutionen gesammelt und von hier aus später Einstellungen auf den Umgang mit gesellschaftlichen Organen übertragen werden, und weil die Entscheidungsmacht des demokratischen Staates, die Wirksamkeit der Bildungsreformen sowie die Umsetzung wissenschaftlicher Einsichten letztlich von dem Willen der Schule und der Gesellschaft abhängen, sich selbst zu regulieren und zu organi-

sieren.[17] Selbstverständlich ist eine derartige Partizipation nicht problem- und spannungslos (Dominanz von Minoritäten, Entfremdung durch Verbands- und Gruppeninteressen, vordergründige Politisierung), wie noch gezeigt wird.
Gehört es auch zur demokratischen Mitbestimmung wie zu jeder Bildung, daß eine offene Situation und damit ein Wagnis besteht, so gilt es dennoch *darauf zu achten, daß sich die Ungleichheit der Bildungschancen durch die Demokratisierung der Schule nicht erheblich vergrößert und daß sich das Schulwesen nicht paralysiert.* Es wird daher je nach Sachlage und Organisationsform der Selbstverwaltung verschiedene Ebenen der Entscheidungsfindung, unterschiedliche Beteiligungsformen bei der Ausführung sowie entsprechender Schlichtungsinstanzen bedürfen (vgl. S. 17).[18] Entscheidungen über Disziplinar-, Lehrplan-, Schulverwaltungs- und Finanzierungsfragen können Eltern (und Schülern verschiedener Klassenstufen) nicht in gleicher Weise anheimgestellt werden. Denn falls es nicht zu einem abgestuften Mitspracherecht nach sozialer Rechenschaftsfähigkeit, Bereitschaft zur Umsetzung von Entscheidungen und nach Kurz- und Langzeitinteressen (vgl. S. 102) kommt, wird sich die Ungleichheit der Bildungschancen (Anpassung an ‚vorgegebene' Bildungs- und Berufserwartungen, an Lokal-, Partikular- und schichtspezifische Interessen) erheblich vergrößern. Mann kann Chancengleichheit nicht durch einzelschulische Abstimmungen nach Mehrheitsverhältnissen sichern. Andererseits darf nicht übersehen werden, daß eine Intensivierung der Eltern-Schul-Kontakte eine wesentliche Voraussetzung für die Verbesserung der Chancengleichheit ist (vgl. S. 224ff), sofern man Chancengleichheit emanzipatorisch versteht.
Bis in die fünfziger Jahre hatte man den Begriff der Chancengleichheit vielfach nur ökonomisch interpretiert, d. h. Bildung wurde nicht primär in ihrer Funktion zur humanen Selbstentfaltung, sondern vorwiegend nur als Voraussetzung für berufliche Positionen und die damit verbundenen Erwerbsmöglichkeiten betrachtet. Inzwischen ist die ökonomische durch eine soziologische Interpretation ergänzt, wenn nicht überlagert worden. Dadurch wird z. B. sichtbar, daß Mädchen in den weiterführenden Bildungszweigen und in einzelnen Fachrichtungen (z. B. Mathematik) erheblich unterrepräsentiert sind. So wichtig die ökonomischen und soziologischen Analysen sind (weil Individuen nur im sozialen und wirtschaftlichen Kontakt Entfaltungsmöglichkeiten haben), so muß gleichzeitig beachtet werden, daß sie sich am bestehenden Schulsystem wie an vorherrschenden Leistungs- und Prestigevorstellungen der Gesellschaft orientieren. Eine an entsprechenden Kategorien ausgerichtete Chancengleichheit fördert zwar die Gesellschaftsintegration, wirkt gleichzeitig aber repressiv im Rahmen der jeweils bestehenden Gesellschaftsverhältnisse. In dem Maße, wie sich jedoch zeigte, daß sich durch die Neugliederung und den formalen Ausbau des Bil-

dungswesens die Milieudefizite nicht entscheidend verringerten, — weil aus dem Unterrichts- und Verwaltungsstil der Schule für viele Schüler eine Trennung von Erfahrung und Wissen, ein Verlust an Motivation oder sogar Identitätskrisen erfolgten, — begann man die Ursachen für den geringen Bildungsausgleich *durch* die Schule *außerhalb* der Schule zu suchen. Die Sozialisationsforschung wies z. B. auf die kindliche Strukturierung im Vorschulalter hin und die sozialpsychologische, Sprach- und pädagogische Forschung analysierte die Unterschiede des schulischen und häuslichen Erfahrungs- wie Wertbereichs. Die Schule konnte danach nur erfolgreicher werden, wenn sie die individuelle und schichtspezifische Erfahrung von Kindern sowie ihre Umwelt- und Interessenlage berücksichtigte, d. h. auf individuelle Strukturierungen einging (angelegtes Aspirationsniveau, Wertverständnis, emotional-personale Stabilität etc.). Es erfolgte also eine Pädagogisierung oder Individualisierung des Begriffes von der Chancengleichheit, auf Grund dessen sich die Einsicht durchzusetzen begann, daß eine ‚kompensatorische' Erziehung gegen das Elternhaus fragwürdig ist. Wissenschaftlich konnte nachgewiesen werden, daß eine ‚kompensatorische' Erziehung erfolgloser ist, als eine Erziehung in Zusammenarbeit mit dem Elternhaus. Diese Entwicklung hatte zur Folge, daß der Kooperation von Elternhaus und Schule speziell im Vorschul- und Primarbereich besondere Aufmerksamkeit gewidmet wurde (vgl. S. 222ff, 229ff). Denn in frühem Alter läßt sich durch die Kontaktnahme die personale Identität der Schüler am leichtesten wahren, sind Eltern noch am leichtesten ansprechbar und ist die Schule besonders auf ein Verständnis der familiären Wert-, Sprach- und Denkstrukturen angewiesen. Mit zunehmendem Alter der Schüler wird sich das elterliche Mitspracherecht in dem Maße verringern können und müssen, wie Schüler zur Selbstentscheidung fähiger werden.

Die Pädagogisierung der Bemühungen um die Chancengleichheit erfordert also zwangsweise eine Demokratisierung der Schule, eine Öffnung der Bildungsprozesse zum Erfahrungsraum des Kindes, d. h. aber eine Einbeziehung des häuslichen Milieus. Zur Sicherung dieser Chancengleichheit gehören zwei sich scheinbar ausschließende Aufgaben. Einerseits muß die Schule in zunehmendem Umfang Aufgaben einer unzureichenden Familienerziehung mit übernehmen (Ganztagsschule), andererseits bleibt die Schule gegenüber der frühkindlichen Sozialisation durch die Eltern ineffektiv,[19] wenn sie nicht mit dem Elternhaus kooperiert. — Seit in den sechziger Jahren Sprachbarrieren erforscht und Möglichkeiten zur Intelligenzentfaltung erkannt sowie die Bedeutung der emotionalen Stabilisierung für den Lernerfolg unbestritten ist, seit ferner das Mißtrauen in die Schule stieg, gilt die Kooperation als unerläßlich, weil nur so die vorhandenen Kapazitäten der Familie genutzt und der Schule zu optimalem Erfolg verholfen werden kann.

Nachdem damit skizziert ist, weshalb eine Kooperation von Elternhaus und Schule sowohl zur Sicherung der Chancengleichheit als auch zur Demokratisierung der Schule unerläßlich ist, bleibt hervorzuheben, *warum es bei einer umfangreichen Mitwirkung der Eltern zwangsläufig zu Auseinandersetzungen, zumindest aber zu Spannungen mit der Schule kommen muß.* Zunächst kann man von den Eltern nicht größeres Engagement und dennoch totale Zufriedenheit mit den bestehenden Verhältnissen verlangen.[19] Hinzu kommt, daß mit der Schülerunruhe, mit dem Ausbau der Massenbildungssysteme und angesichts des rasch steigenden Anteils von Eltern mit mindestens gleichwertiger akademischer Ausbildung wie die Lehrer (Kalifornien über 40 %)[20] das Prestige und der Bildungsvorsprung der Lehrer sinkt, ihre Stellung sozial und ‚akademisch' angezweifelt und die Relevanz der Unterrichtsinhalte bestritten wird. Diese Spannungen sind grundsätzlich zu begrüßen, sind sie doch ein Beweis dafür, daß sich die Eltern nicht mehr wie früher in der Rolle von Patienten befinden. Selbstverständlich wird es zu erheblichen Störungen des Schulalltags und bedauerlicherweise auch zu erheblichen Benachteiligungen von Kindern kommen, weil die Bildungsinteressen innerhalb der Elternschaft (lokale und sozialspezifische Unterschiede) divergieren und weil Lehrer sicherlich auch zu Anpassungen an irrelevante Ansichten ‚gezwungen' werden. Bei einer Ausweitung der Elternmitbestimmung gilt es zu bedenken, daß es stark dominierende und absolut nachgiebige Eltern gibt, daß es interessierte und desinteressierte, leistungsbewußte und gleichgültige, daß es unreife, unbeständige und Problemeltern gibt — aber auch viele ‚ganz normale' Familien. Letzteres sind dabei keineswegs nur sog. mittelständische Familien.

Wie negativ sich zuweilen die Konflikte, sei es innerhalb der Elternschaft oder sei es zwischen ihr und der Schule, auf den Erziehungsprozeß auswirken können, wenn keine Schlichtungsinstanzen vorgesehen sind (Rechtsentscheidungen sind pädagogisch inadaequat) und wenn eine zu große Nachholsituation hinsichtlich der Mitbestimmung entstanden ist, das veranschaulichen die Dezentralisierungsbestrebungen in New York. Als in Ocean Hill-Brownsville z. B. die farbige Elternschaft zur Verwirklichung ihrer lokalen und politischen Bildungsvorstellungen einige Lehrer (mehr oder minder legal) entließ, daraufhin die Lehrergewerkschaft zum Streik aufrief und die dann streikenden Lehrer von bildungseifrigen Eltern zusammengeschlagen wurden[21], da zeigte sich, wie schwer es ist, Kinder gleichzeitig vor wenig engagierten Lehrern, fehlgelenkten Eltern und vor Schulverwaltungen und Interessenverbänden zu schützen. Deratige Auswüchse gehen teilweise auf die Anonymität der Schulverwaltungen und auf radikale Minoritäten zurück, teilweise sind sie aber auch eine Folge, wenn zu lange die Bildungserwartungen der Öffentlichkeit gesteigert werden, ohne daß den Angesprochenen ein wirkliches Engagement, d. h. eine Mitwirkung gestattet wird. Derart negative Begleiterscheinungen werden sich auf die Dauer nur vermeiden lassen, wenn es zu einer besseren Vorbereitung der Lehrer und Schulverwaltungsmitglieder kommt. Zur Zeit fehlt ihnen — wenn man von vereinzelten Ansätzen absieht — eine entsprechende Ausbildung. In noch größerem Maße als Lehrer und Verwaltungsmitglieder werden aber Eltern und hier vor allem jene aus unterprivilegierten Schichten überfordert. Sie bleiben sich selbst überlassen, obwohl die Bildungsbarrieren und ungleichen Bildungschancen entscheidend auf sie zurückgehen.[22] Es stellt sich mithin die Frage, ob parallel zur Bemühung um die Elternmitwirkung nicht eine intensivere Elternberatung und Elternbildung angestrebt werden müßte, ob die Schule nicht in größerem Umfang Aufgaben der Elternorientierung übernehmen und die Gesellschaft die Elternbildung als wesentlichen Bestandteil der Erwachsenenbildung einbeziehen muß. Zweifellos wird die Kooperation zwischen Elternhaus und Schule langfristig und systematisch angelegt werden müssen, bevor sie bei Eltern, Schülern und Lehrern selbstverständlich wird. Im Hinblick auf dieses Ziel werden wahrscheinlich bereits beim Schüler (sei es über seine Mitwirkung, sei es durch eine Familien- und Sozialerziehung) Einstellungsformen entwickelt werden müssen, damit sie sich bei ihnen als Eltern wieder aktualisieren lassen. Die Eltern gilt es dann bereits in der Vorschule zur Mitarbeit heranzuziehen, so lange weder sie noch ihre Kinder durch negative Schulerfahrungen frustriert sind. In Ergänzung dazu bleibt zu überlegen, ob es nicht generell einer engeren Verbindung zwischen Bildungs-, Familienbildungs- und Familienpolitik bedarf. Ferner sollten jene sowjetischen und amerikanischen Experimente beobachtet werden, bei denen die frühkindliche Erziehung als mütterlicher *Beruf* anerkannt wird, für den Mütter ausgebildet und z. T. auch bezahlt werden. Schließlich bedarf es internationaler, empirisch abgesicherter Untersuchungen darüber, welche Bedeutung dem häuslichen Erziehungseinfluß, der Kooperation von Elternhaus und Schule und der Schule für die individuelle Entwicklung der Schüler zukommt. Derartige Untersuchungen könnten für die Entwicklung der Chancengleichheit eventuell bedeutsamer werden, als gegenwärtige Studien der UNESCO über das Fachwissen der Kinder.[23]

Anmerkungen

1 Vgl.: Massialas, B.: Education and the political system. Menlo Park, California/Ldn. 1969, S. 1—17. — Vgl. Almond, G. A./Verba, S.: The civic culture. Boston 1965², vgl. Kap. 3, 5, 7 f.
2 Vgl. Central Advisory Council for Education (England) (Plowden Report): Children and their primary schools. Ldn. HMSO 1967, Bd. I, S. 33ff, Bd. II, S. 129ff. — Douglas, J. W. B.: The home and the school. Ldn. 1969⁷, S. 55ff. — Husén, T. (Hg.): International study of achievement in mathematics. A comparison of twelve countries. N. Y./Ldn./Sydney/Stockholm, Bd. I, S. 270ff.
3 Giddings, F. P.: The theory of socialization. N. Y. 1897. — Burgess, E.: The function of socialization in social evolution. Chic. 1916.
4 National Society for the Study of Education: Preschool and parental education. 28th Yearbook, 1929, vgl. S. 7, 71, 85.
5 Gesell, A./Lord, E.: A psychological comparison of nursery school children from homes of low and high economic status. In: Ped. Sem., Bd. 35, 1927. — Gesell, A.: Mental growth of the preschool child. N. Y. 1925. — Derselbe: Infancy and human growth. N. Y. 1928. — Freeman, F. N./Holzinger, K. J./Mitchell, B. C.: The influence of environment on the intelligence, school achievement, and conduct of foster children. In: National Society for the Study of Education: Nature and nurture. 27th Yearbook, 1928, Part I, S. 103ff.
Simmel, G.: The problem of sociology. In: Annals of the American Acad. of Pol. and Social Sciences. Bd. 6, 1895, S. 412ff. — Dewey, J.: Human nature and conduct. N. Y. 1922.
6 Dokumente des Vereinigungsparteitages der USPD (Linke) und der KPD (Spartakus), Dez. 1920. Leitsätze für die Arbeit in den Elternbeiräten. In: Günther, K.-H. u. a. (Hg.): Quellen zur Geschichte der Erziehung. Ost-Berlin 1968⁵, S. 420ff.
7 Stern, H. H.: Parent education. An international survey. UNESCO Inst. of Educ. Hamburg. Hamburg 1960, bes. S. 22f.
8 Coleman, J. S.: Toward open schools. In: Public Interest. 9/Bd. 2, Herbst 1967, S. 20ff. — Goodman, P.: Compulsory mis-education, and the community of scholars. N. Y. 1964². — Jencks, Chr.: Is the public school obsolete? In: Public Interest. 2/Bd. I, Winter 1965, S. 18ff. — Silberman, Ch. E.: Crisis in American education, the remaking of American education. N. Y. 1970. — Illich, J.: The alternative to schooling. In: Saturday Review, 19. 6. 1971, S. 44ff. — Derselbe: Deschooling society. Harper/Row, 1971.
9 Es ist bezeichnend, daß sich die ‚Gutachten und Studien der Bildungskommission' und der ‚Bildungsbericht' der Bundesregierung ausführlich nur mit Schulstrukturfragen befassen, die Beziehung zwischen Schule und Elternhaus werden dagegen kaum beachtet.
10 Richter, I.: Reform und Recht im Bildungswesen. Juristische Arbeiten im Institut für Bildungsforschung in der Max-Planck-Gesellschaft, Berlin. In: Z. f. Päd., 16. Jg. 1970, S. 821ff., bes. S. 823.
11 Garfunkel, F.: Preschool education and poverty. The distance in between, Final Report of 1968/69. Interventional program. Bost. Univ./Mass. Head Start Evaluation and Research Center. ERIC ED 046 501, July 1970.
12 Harnischfeger, H./Heimann, G./Siewert, P.: Rechtsfragen der Gesamtschule/Lehrer- und Raumbedarf in Gesamtschulen. Deutscher Bildungsrat. Gutachten und Studien der Bildungskommission. Bd. 13, Stgt. 1970, S. 19f., vgl. S. 40f.
13 Vgl. die Familienorientierung von Jugendlichen bei: Lutte, G./Mönks, F./Sarti, S./Preun, H.: Leitbilder und Ideale der europäischen Jugend. Untersuchungen in sieben europäischen Ländern. Ratingen/Wuppertal 1970, bes. S. 17, 21. — The US Campus mood, '71: A. Newsweek poll. In: Newsweek 22. 2. 1971, S. 37f.
14 Fromm, E./Horkheimer, M./Marcuse, H.: Autorität und Familie. 2 Bde. Paris 1936. — Claessens, D.: Familie und Wertsystem. Bln. 1967. — Greenstein, F. J.: Personality and political socialization. The theories of authoritarian and democratic character. In: The Annals of the American Academy of Pol. and Social Sciences. Bd. 361, 1965, S. 81ff. — Abramson, P.: The differential political socialization of English secondary school students. In: Sociol. of Ed. 1/Bd. 40, Winter 1967, S. 246ff.
15 Hess, R. D./Torney, J. V.: The development of political attitudes in children. Chic. 1967. — Jennings, M. K.: Political learning in the schools: An overview and a special view. (Mimeo) Survey Research Center. Univ. Mich. 1968. — Rieselbach, L. N./Balch, G. J. (Hg.): Psychology and politics. Holt 1969.
16 Max Traeger Stiftung (Hg.): Zur Wirksamkeit politischer Bildung. Forschungsberichte. Teil I. Eine soziologische Analyse des Sozialkundeunterrichts an Volks-, Mittel- und Berufsschulen. Fft. 1966.
17 Vgl. Luhman, N.: Gesellschaftliche Organisation. In: Ellwein, Th./Groothoff, H.-H./Rauschenberger, H./Roth, H.: Erziehungsw. Handbuch, Bd. I, Bln. 1969, S. 387ff., bes. S. 387f.
18 Entwistle, H.: Political education in a democracy. Ldn. 1971, S. 68ff, 34ff.

19 Sexton, P. C.: Education and income. Inequalities of opportunity in our public schools. N. Y. 1961, S. 112. „In recognition of the compexity of the problem, it should be said that parents, when activated, can be a source of trouble for teachers and administrators. They take up the staff's time; they interfere in the school's affairs, they protest and they criticize. These problems, however, are the inevitable companions of awakened parent interest. They are very good symptoms — not bad ones. They indicate that the patient is alive and making progress, however irritating it may be to others. Progress is usually accompanied by some degree of trouble and confusion; by definition it involves changes in the status quo and often disruption".

20 In den USA erhielten von der Altersgruppe der 18-24 Jährigen 1968 immerhin 30,3 % eine Ausbildung an Hochschulen (‚institutes of higher education'), 1958 vergleichsweise nur 21,1 %. Vgl.: US Dep. of HEW, Office of Educ.: Digest of educational statistics 1969. US Gov. Prin. Off. Wash. D. C. 1969, S. 64.

21 Allsworth, Ph./Woock, R. R.: Decentralization in New York City. A case study in urban crisis. In: Woock, R. R.: Education and the urban crisis. Scranton, Penns. 1970, S. 3ff. — Mayer, M.: The full and sometimes very surprising story of Ocean Hill, the Teachers' Union and the teachers' strikes of 1968. In: New York Times Magazin, 2. 2. 1969, S. 18ff. — Gittell, M./Berube, M.: Confrontation at Ocean Hill-Brownsville. N. Y. 1969.

22 Vgl. die Berichterstattung über die ‚White House Conference on children' 1970. Danach ist besonders betont worden: ‚Obwohl einige Eltern intuitiv die Bedürfnisse ihrer Kleinkinder und Kinder zufriedenstellten, würden viele Eltern ihre Bedeutung für die Entwicklung der kindlichen Identität nicht einmal erkennen. Trotz der außerordentlichen Bedeutung der elterlichen Erziehung würde die Ausbildung für die Elternschaft dem Zufall überlassen.'
Epstein, N.: Priorities for change, some preliminary proposals from the White House Conference on Children. In: Children, 1/Bd. 18, Jan.-Feb. 1971, S. 6.

23 Husén, T. (Hg.): International study of achievement in mathematics. A comparison of twelve countries. 2 Bde, N. Y./Ldn./Sydney/Stockholm 1967.
Ansätze für eine vergleichende Studie über die Bedeutung des Elternhauses, nicht aber für die der Eltern-Schul-Kontakte finden sich bei: Whiting, B. B. (Hg.): Six cultures. Studies of child rearing. N. Y./Ldn. 1967[3]. — Almond, G. A./Verba, S.: The civic culture. Political attitudes and democracy in five nations, Bost./Tor. 1965[2]. — Peterson, D. R./Migliorino, G.: Pancultural factors of parental behavior in Sicily and the USA. In: Child Development, 4/Bd. 38, Dez. 1967.

Elternhaus und Schule in der BRD

Bedeutsame Bildungsreformen haben in Deutschland stets öffentliche Diskussionen darüber ausgelöst, welche Erziehungsaufgaben der Schule zugemutet und welche Funktionen dem Elternhaus belassen werden können. Da gegenwärtig grundlegende Veränderungen des Bildungswesens geplant sind (Bildungsbericht der Bundesregierung, Strukturplan), verwundert kaum, daß auch die Elternrechtsdebatte wieder auflebt. Beispielsweise werden die Beziehungen zwischen Eltern und Kindern durch den Ausbau der Vorschulerziehung, die Neukonzeption der Grundschule und den Übergang zur ganztägigen Gesamtschule entscheidend verändert. Angesichts dieser Veränderungen und der pädagogischen Forschung überrascht höchstens, in welch geringem Maße sich die Elternschaft an der öffentlichen Diskussion beteiligt und daß die staatlichen Instanzen das Schulwesen noch immer im Gegensatz zum Elternhaus sehen. In der Wissenschaft hat sich immerhin die Auffassung durchgesetzt, daß durch eine rein quantitative Erweiterung der Unterrichtszeit das häusliche Bildungsdefizit nicht ausgeglichen werden kann. Vielmehr ist eine Kooperation von Schule und Elternhaus erforderlich: um der *Schule* eine Einschätzung des häuslichen Milieus und eine Öffnung zur Gesellschaft hin zu ermöglichen, um die Eltern pädagogisch zu engagieren und weiterzubilden, letztlich um die *kindliche Entwicklung* nicht durch gegensätzliche Wert-, Verhaltens- und Sprachebenen zu behindern. Hatte man bis zum Ende der 50er Jahre zunächst noch die Schule als ausschlaggebend für die Verteilung der kindlichen Sozialchancen angesehen (Schelsky), so beginnt man seit Anfang der 60er Jahre der Familie eine mindestens ebenbürtige Bedeutung als ‚Sozialisationsagentur' (u. a. Habermas) zuzumessen. Diese Bedeutung kommt dem Elternhaus nicht nur aufgrund seines Einflusses in der Vorschulzeit (Erstsozialisation), sondern auch deshalb zu, weil im Schulwesen „Entwicklungen und Reformen stärker als in anderen staatlichen Bereichen von einem weitgehenden Einverständnis der Eltern, Lehrer und Schüler abhängen" (Bildungsbericht des Hamburger Senats von 1970).[1] Aber nicht nur Bildungsreformen, sondern auch das demokratische Selbstverständnis von Schülern, Eltern und Lehrern wird durch die Kooperation entscheidend geprägt. Für Schüler wird die Kooperation in der Schule zum ersten Erfahrungsfeld ‚demokratischer Strukturen' und für manchen Erwachsenen zum exemplarischen Beispiel für die Beziehungen zwischen

Bürger und öffentlich-staatlicher Sphäre. Denn für viele Eltern und Jugendliche wird „der Kontakt zur schulischen Öffentlichkeit . . .", da sie mit dem staatlichen Bildungssystem zwangsläufig konfrontiert werden, „zwingender und daher bedeutsamer als der zu anderen Öffentlichkeitsbereichen."[2]
Bildungspolitische Maßnahmen aktualisieren sich insofern für einen außerordentlich großen Bevölkerungsteil. Da schließlich die Schulpolitik in zunehmendem Maße als Gesellschaftspolitik verstanden und betrieben wird (Leussink),[3] u. a. weil sich nur so die Milieusperren überwinden lassen, entsteht eine direkte Beziehung zur Familienerziehung und zur Familienpolitik. Je nach politischem Standpunkt entsteht bei einigen Bildungspolitikern eine erhebliche Skepsis gegenüber den Stabilisierungseffekten der Familie: („Je größer der Einfluß der Familie im Erziehungsprozeß . . ., um so stabiler, weil konfliktärmer, ist das überkommene Schichtsystem der Gesellschaft"); demgegenüber weisen andere darauf hin, daß bei einer Ausdehnung der Schulerziehung aufgrund des zunehmenden Staatseinflusses das Kind immer stärker uniformierenden Tendenzen — wenn nicht einer staatlichen Manipulation — ausgesetzt wird.[4] Die einseitige Kritik bzw. die einseitige Begünstigung der familiären Bildungseinflüsse macht deutlich, wie stark gesellschaftspolitische Motive die Diskussion über die Beziehungen zwischen Elternhaus und Schule beeinflussen. Hier bestätigt sich Heckhausens Beobachtung, „daß Schulreformen in der Regel nicht aus dem Bildungssystem selbst stammen, sondern von außen in Bewegung gesetzt werden".[5] Aber die Diskussion über das Elternrecht und über eine elterliche Mitwirkung in der Schule wird nicht nur politisch beeinflußt, sondern auch durch die wissenschaftliche Forschung. Seit Ende der 50er Jahre haben z. B. soziologische und psychologische Analysen in Verbindung mit sprach- und politikwissenschaftlichen Untersuchungen allmählich bewußt gemacht, wie entscheidend die familiäre Erstsozialisation für den weiteren Schulerfolg und für die späteren Berufschancen ist. Als ausschlaggebend erweisen sich vor allem das Sprachniveau, Bildungsinteresse und die Zukunftsorientierung der Eltern. Aufgrund dieser Einsichten wird je nach gesellschaftspolitischer Präferenz entweder eine frühe Übernahme familiärer Erziehungsfunktionen in gesellschaftliche Sekundärgruppen befürwortet oder eine verstärkte Kooperation von Schule und Elternhaus angestrebt. Während man auf der einen Seite eine ‚Vergesellschaftung' des Kindes für notwendig hält, um ihm eine größere Chancengleichheit zu sichern, glaubt man auf der anderen Seite, die individuelle Entfaltung am besten durch eine integrierte Schul-, Familien- und Sozialerziehung gewährleisten zu können. In einer demokratisch pluralistischen Gesellschaft wird man sich eher der Kooperation von Familie, Schule und Gesellschaft zuwenden, da sie den Wertvorstellungen vom Individuum, der politischen Struktur und den wissenschaftlichen Analysen über den emo-

tionalen Sozialisationsprozeß stärker entspricht. Eine Kooperation erscheint aber auch als vorteilhaft, um den Lehrern angesichts der zunehmenden Differenzierung des Lehrkanons ‚Steuerungshilfen' für ihre ‚Guidance'-Funktion zu geben und um die unterschiedlichen Sprach- und Normierungsebenen von Schule und Elternhaus aufeinander beziehen und damit bildungshemmende Barrieren abbauen zu können. Sinnvoll ersetzen läßt sich die frühkindliche Erziehung in der Familie nicht. Zudem müßte ein derartiger Versuch notwendigerweise autoritär sein.

Wandlungen in der Familienstruktur und deren Auswirkungen[6]

Obwohl es zahlreiche theoretische wie praktische Bemühungen gibt, die Familie durch andere gesellschaftliche Gruppierungen zu ersetzen,[7] und obwohl die Familie zunehmenden Belastungen ausgesetzt ist und gewisse Auflösungserscheinungen zeigt, hat sie sich bisher als stabile, wenn nicht als stabilste menschliche Institution erwiesen. Zwar hat sich seit Beginn der technisch-industriellen Revolution die bäuerliche *Mehrgenerationenfamilie* allmählich auf die sogenannte ‚Kernfamilie' reduziert, es folgte darauf aber nicht die erwartete Auflösung der Familie, sondern eher setzte eine Neubelebung der internen Beziehungen ein. Diese *Kernfamilie* wird in der pädagogischen Literatur zuweilen sogar als Grundkonstante definiert, ohne die „unsere Welt von Grund auf verändert, wenn nicht sogar desorganisiert" würde.[8] Trotz dieser Konstanz lassen sich dennoch *strukturelle* und damit auch *funktionelle Wandlungen* der Familie beobachten. So ist die Familiengröße in der Bundesrepublik stark rückläufig. Während z. B. 1939 die Durchschnittsgröße eines Haushalts noch bei 3,27 Personen lag, sind es dreißig Jahre später nur noch 2,66 Personen gewesen. Angesichts des außerordentlichen Absinkens der Geburtenraten — von 1966 bis 1969 um nahezu 20 % — wird sich diese Entwicklung noch beschleunigen.[9]
Das Zusammenleben mehrerer Generationen in einem Haushalt ist mithin zur Ausnahme geworden. Diese Reduzierung der Großfamilie auf die „Zweigenerationenfamilie" bringt eine pädagogisch bedeutsame Einengung der kindlichen Erfahrungen mit sich, ferner eine zunehmende Isolation des Kindes gegenüber der sozialen Umwelt und seine wachsende Gefährdung, falls Störungen im familiären Intimkontakt eintreten. Der sozialen Isolation des Kindes kommt angesichts der Entwicklung zur ‚einsamen Masse', wegen der zunehmenden Mobilität der Eltern und aufgrund der modernen Architektur wachsende Bedeutung zu. Gleichzeitig vergrößert sich die kindliche Gefährdung durch *Desintegrationstendenzen* in der Kernfamilie. Beispielsweise stieg die Zahl der Ehescheidungen seit der Jahrhundertwende von 0,16 Scheidungen je 1000 Einwohner auf 1,08 im Jahre 1968. Bei über 60 % der Ehescheidungen, die 1970

immerhin eine Gesamtzahl von 65.000 erreichten, wurde ein unmündiges Kind betroffen. In 12% der geschiedenen Ehen waren sogar drei oder mehr minderjährige Kinder vorhanden. Mit einem weiteren Ansteigen der Ehescheidungen wird aufgrund der Reform des Ehescheidungsrechtes gerechnet. Insgesamt lebt in der Bundesrepublik heutzutage fast jedes 10. Kind in einem ‚unvollständigen' Elternhaus. Nach statistischen Angaben von 1961 befanden sich 235.000 Kinder und Jugendliche unter 18 Jahren in ‚Anstalten' verschiedenster Art, z. B. 18.000 allein in Waisenhäusern und Kinderdörfern. Ferner lebten 540.000 Kinder bei einem verwitweten, 290.000 bei einem geschiedenen, 170.000 bei einem ledigen Elternteil und 45.000 bei den Großeltern. Aber nicht nur die Unvollständigkeit des Elternhauses beeinträchtigt die Entwicklungschancen der Kinder, sondern z. T. auch die Frühehen. Die Anzahl der Kinder mit Müttern unter 18 Jahren ist in der Nachkriegszeit erheblich gestiegen.

	Eheschließungen insgesamt	Eheschließende unter 18 J.		Eheschließende unter 21 J.	
		Männer	Frauen	Männer	Frauen
1938:	645.062	4	8.997	2.965	77.743
1968:	444.150	5	22.771	33.674	162.824

Die Minderjährigkeit der Eltern muß die Kinder zwar nicht grundsätzlich benachteiligen, allgemein sind jene Eltern aber zusätzlichen Belastungen ausgesetzt. Beispielsweise sind sie materiellen Beschränkungen unterworfen und werden in ihrer Berufs-, Persönlichkeits- und Weiterbildung erheblich behindert. Viele Mütter können ihren Kindern deshalb nicht ‚jenes Minimum an Umweltkonsistenz' sichern, das Voraussetzung für die Entwicklung der kindlichen Lernfähigkeit und Lernbereitschaft ist.[10] Insofern ist es nicht unwesentlich, daß 1968 11.000 Kinder von Müttern unter 18 Jahren geboren wurden. Mit diesen statistischen Daten mag der Strukturwandel der Familie hinreichend skizziert sein. Die Kernfamilie schützt Kinder also nicht mehr in gleichem Maße wie die Mehrgenerationenfamilie vor den Problemen, die sich aus einer beruflichen Überbeanspruchung oder bei Krankheit der Eltern ergeben bzw. aus einer Scheidung folgen. Je weiter sich zudem die Kinderzahl der Familien verringert, desto mehr tritt an die Stelle einer wechselseitigen Selbsterziehung von Geschwistern der Erwachsenenkontakt oder die Isolierung. Teilweise bietet sicherlich die „peer group" der Gleichaltrigen einen gewissen Ersatz für die Geschwister und eine Möglichkeit zu altersgemäßer Kommunikation. Aufgrund dieser familiären Funktions- und Bildungsdefizite, die nicht zuletzt auch einen Schwund an elterlicher ‚Macht', ‚Autorität' und Erziehungskompetenz mit sich bringt, wird ein Ausbau der familienergänzenden Erziehung notwendig. Damit setzt sich jene Tendenz fort, die ursprünglich mit der Trennung von häuslichen Funktionen und beruflicher Tätigkeit der Eltern begann und die zu einer Übernahme von Unterrichts- und Erziehungsfunktionen durch die Gesellschaft bzw. den Staat führte. Die Einführung der allgemeinen Schulpflicht kennzeichnet die Abgrenzung der ‚privaten' und ‚öffentlichen' Erziehungsbereiche. Eingeschränkt wurde das elterliche Erziehungsmonopol im weiteren Verlauf

— durch die industriell bedingte Isolierung des Individuums, aus der sich eine Diskrepanz zwischen dem tradierten Autoritätsanspruch der Eltern und ihrer eingeschränkten Autonomie und Autorität in der Gesellschaft ergab;

— durch eine gesetzliche Reduzierung der elterlichen Gewalt über das Kind auf vormundschaftliche Funktionen;

— durch die ‚Verwissenschaftlichung' der Pädagogik und die Spezialisierung des Unterrichts, denen gegenüber sich Eltern in der Rolle von pädagogischen Laien befinden;[11]

— und schließlich, weil sich Pädagogik und Psychologie zum Anwalt des kindlichen Eigenrechts erhoben und eine der kindlichen Begabung entsprechende Schulbildung forderten.

Aufgrund dieser Entwicklung scheint die Schule, in der bisher die Aufgaben der ‚Wissensvermittlung' eindeutig im Vordergrund standen, in zunehmendem Maße auch Funktionen der Sozialerziehung und der Entwicklung von Verhaltens- wie Einstellungsweisen zu übernehmen (Vorschule; Sozial- und Sexualkunde).

Ob die Schule die Familiendefizite tatsächlich aufzufangen und auszugleichen vermag, wird bezweifelt. Die moderne Sozialisationsforschung bestätigt vielmehr, was sich nach Erfahrungen mit der Heimerziehung und aufgrund von Experimenten mit einer nichtfamiliengebundenen Erziehung von Kleinkindern aufdrängte: die kindlichen Bedürfnisse der ersten Sozialisationsphase lassen sich „wohl durch keine andere soziale Formation mit ähnlich hoher Erfolgswahrscheinlichkeit befriedigen wie durch die Familie". Insofern ist der Ausgleich für Schwächen der familialen Sozialisation „allein in Richtung familien*ergänzender* Sozialisation" zu sehen.[12] Die Ergebnisse der Forschung bestätigen dabei die bildungspolitischen Intentionen, die auf eine engere Zusammenarbeit von Elternhaus und Schule gerichtet sind, um eine stärkere Integration von Staat und Gesellschaft zu erreichen. Zugleich zeigt sich, daß die Familienpolitik letztlich ein entscheidender Bestandteil der Bildungspolitik ist, denn eine ‚intakte' und bildungsorientierte Familie bietet günstigere Voraussetzungen für die kindliche Entwicklung als eine kompensatorische Erziehung. Insgesamt scheint sich also eine neue Phase in der Diskussion über die Beziehungen von Schule und Elternhaus anzukündigen, die in Deutschland eine über vierhundertjährige Tradition besitzt.

Bildungspolitische und wissenschaftliche Entwicklung der Mitbestimmungsdiskussion

Für die deutsche Diskussion über eine Kooperation zwischen Elternhaus und Schule bzw. über die Abgrenzung der beiderseitigen Erziehungssphären scheint symptomatisch, daß sie von Anbeginn stark juristische und rechtsphilosophische Akzente trug. Diese Diskussion begann mit der Organisation des staatlichen Schulwesens. Zwar versuchte Luther mit sozialen und pädagogischen Argumenten zunächst einmal, ‚die Ratsherrn aller Städte deutschen Lands' zu veranlassen, ‚daß sie christliche Schulen aufrichten und halten' sollten (1524), wenn das Verantwortungsbewußtsein oder die Kompetenz der Eltern zur Erziehung der Kinder nicht ausreichten.[13] In dem Maße wie jedoch die öffentliche Schule entstand, (die zur ‚staatlichen Bekenntnißschule' wurde)[14] trat eine Abgrenzung des schulisch-öffentlichen Bereichs von der privaten Sphäre des Elternhauses ein. Comenius versuchte mit seiner ‚Mütterschule' (1633) noch, diese Kluft zu überwinden, indem er der Frage nachging, wie Eltern und Pfleger die Kinder auf die Schule vorbereiten könnten.[15] In der Folgezeit aber wurde immer mehr Gewicht auf die *Abgrenzung der Erziehungssphären* statt auf die *Zusammenarbeit der Erziehungsträger* gelegt. Das Schultor bildete in der Regel die Grenze für den schulischen und elterlichen Erziehungsbereich. Als Ausnahme muß es bereits gelten, wenn Eltern gelegentlich konzediert wurde, sich über eine ungerechte Züchtigung ihrer Kinder ‚mit Bescheidenheit' beim Pfarrer zu beschweren.[16] Im Zusammenhang mit dem Ausbau des absoluten Staates verstärkte sich im 17. Jahrhundert dann der schulische Eingriff in die häusliche Sphäre. Die Schulverantwortlichen nahmen nur noch Kontakt zu den Eltern auf, wenn die Kinder nicht regelmäßig zur Schule kamen oder wenn es galt, mit den Eltern über ‚unartige Kinder' zu sprechen, damit ‚der Leichtsinnigkeit und Bosheit gesteuret' würde.[17]

Erst gegen Ende des 18. Jahrhunderts werden entschiedene Zweifel an den entwickelten Schulformen und Unterrichtsmethoden geäußert. Unter dem Einfluß aufklärerischer, philanthropischer und politisch liberaler Ideen will man der kindlichen Entfaltung günstigere Möglichkeiten schaffen. Die Elternrechtsfrage wird wieder aktuell, und zwar zunächst als ein rechtstheoretisches Problem.[18] Erst eine Generation später, d. h. zur Zeit Humboldts und der preußischen Reformen, gewinnt die Frage nach der elterlichen Erziehungsfunktion bildungspolitische und pädagogische Bedeutung. Süverns Gesetzentwurf für das preußische Unterrichtswesen (1819) versucht, jeden ‚Hausvater' und jeden Bürger an der Aufsicht über das öffentliche Schulwesen zu beteiligen: „Die Eltern und häuslichen Vorgesetzten sind berechtigt, von der Schule, welcher sie ihre Kinder und Pfleglinge anvertrauen, Auskunft zu verlangen, wie das Erziehungs- und Unterrichtsgeschäft an diesen vorgenommen wird und welchen Fortgang es hat".[19] Diese Ansätze zu einer Demokratisierung des Schulwesens führten jedoch noch zu keinen praktischen Konsequenzen. Auch die theoretische Diskussion stagnierte angesichts der restaurativen Tendenzen. Zu einem Kernstück der politischen Auseinandersetzungen wurde die Schul- und Elternrechtsproblematik dann jedoch in der Paulskirche (1848).[20] Dabei wurden einseitige Entscheidungen zugunsten eines

Erziehungsmonopols von Eltern oder Gemeinden, Staat oder Kirche u. a. von G. v. Rümelin scharf kritisiert. Er erklärte am 25. September 1848 im Parlament: „Auf die Frage *‚Wer soll für den Unterricht sorgen?‘* gibt man vier Antworten. Die Einen sagen: die Eltern; und das ist der Standpunkt der völligen Unterrichtsfreiheit mit den trostlosen Folgen, die wir z. B. in England sehen. Da besteht die Freiheit, die Kinder zu unterrichten, in der Freiheit, sie nicht zu unterrichten. Der zweite Standpunkt ist: die Schule gehört den *Gemeinden;* und wenn man das streng durchführt, so heißt es: man gibt die Schule entweder der Unwissenheit oder der Geistlichkeit in die Hände. Der dritte Standpunkt ist: die Schule gehört der *Kirche.* Das ist der Standpunkt der vergangenen Jahrhunderte, aus dem wir herauswollen. Der vierte Standpunkt ist: die Schule gehört dem *Staate;* das ist der Standpunkt des Polizeistaates. Diese vier Lösungen der Frage sind vier Einseitigkeiten, und dennoch haben alle diese vier Lösungen ihre volle innere Berechtigung. Das ist gerade der Schule eigentümlich, daß sie nicht *einem* Lebensgebiet ausschließlich angehört, sondern daß verschiedene Interessen in ihr zusammenlaufen, daß sie den ganzen Menschen nach allen Richtungen umfaßt, und darum darf man nicht auf eine dieser vier Seiten den Nachdruck legen“.[21]
Gegen Ende des 19. Jahrhunderts wurde erneut energische Kritik am staatlichen Unterrichtsmonopol geübt. Während Kulturkritiker wie Nietzsche sich gegen die ‚uniformierte Staatskultur‘ wandten[22] und die katholische Kirche unter Berufung auf das Elternrecht ihren Kampf gegen die staatliche Simultanschule führte, forderte die sozialistische Bewegung eine Vergesellschaftung des Bildungswesens: dabei sollten die Eltern — und zwar als Mitglieder der Gesamtgesellschaft, und nicht aufgrund ihres individuellen Engagements — ‚die Ordnung des Erziehungswesens . . . in der Hand haben‘.[23] Gerade das individuelle Interesse der Eltern aber suchten die (privaten) Reformschulen und deren Befürworter (B. Otto, H. Lietz, J. Tews, H. Gaudig u. a.) zu mobilisieren. Sie betrachteten die Schule nicht primär als Institution des Staates oder der Kirche, sondern als eine Hilfseinrichtung der Familie.[24] Und zwar wollten sie z. T. wie F. W. Dörpfeld (1824—1893) das Familienprinzip zur Grundlage der Schulverfassung machen und den Staat auf die Aufsicht des öffentlich finanzierten Bildungswesens beschränken. In diesen Privatschulen bemühte man sich allgemein um eine enge Kooperation mit den Eltern, nicht zuletzt aus der Überlegung, dadurch eine ‚Erziehung der Eltern‘ zu erreichen.[25]

Die heute selbstverständlichen ‚demokratischen Formen des Mitspracherechts der Eltern in Elternschaften, Elternbeiräten, Schulpflegschaften‘ gehen ‚ebenso wie die Schülermitverwaltung‘ entscheidend auf Erziehungsideen und Praxis jener Privatschulen zurück.[26]

In den preußischen Staatsschulen wurde eine *elterliche Mitsprache* wenige Wochen vor Ende des Kaiserreiches *institutionalisiert.* 1919 wurde für alle preußischen Schulen verfügt: „An jeder Schule wird ein Elternbeirat gebildet. Er soll der Förderung und Vertiefung der Beziehungen zwischen Schule und Haus dienen und den Eltern wie der Schule die Arbeit miteinander und den Einfluß aufeinander gewährleisten“.[27] Preußen folgte damit der Entwicklung in Ländern wie zum

Beispiel Lippe.[28] *Im Prinzip ist der elterliche Anspruch auf Mitsprache also seit 1918/19 anerkannt.* Die Auswirkungen auf den praktischen Schulbetrieb blieben indessen gering, weil die Eltern — selbst dann, wenn sie es versuchten — kaum Einfluß auf die ‚Anstaltsgewalt der Schule' nehmen konnten.[29] Derart organisatorisch-schulrechtliche Barrieren bestanden zwangsläufig, solange es nicht zu einer inhaltlichen Füllung des Elternrechts kam. In dieser Situation schrieb damals die Philosophische Fakultät der Universität München (1922/23) einen Preis für die beste Analyse der Elternrechtsentwicklung aus. Sie sollte deutlich machen, inwieweit das ‚Elternrecht' damals Instrument geistiger, wirtschaftlicher und politischer Mächte war. Gleichzeitig versuchten u. a. G. Wyneken und P. Petersen, die Eltern stärker zu engagieren und wiesen E. Spranger und F. Blättner darauf hin, daß die staatlich verfügten Elternbeiräte erst pädagogisch motiviert werden müßten, bevor sie tatsächlich wirksam würden.

Diese Bemühungen um eine Elternmitsprache fanden mit dem Zusammenbruch der Weimarer Republik zunächst ihr Ende. Denn trotz der großen Aufmerksamkeit, die der Nationalsozialismus der Familie und dem Familienschutz widmete, bestand schon vor seiner Machtergreifung kein Zweifel mehr daran, daß er die Familie lediglich als ausführendes Organ seiner eigenen Intentionen betrachtete.[30]
Nach dem Zweiten Weltkrieg begann man in Westdeutschland, an den Diskussionsstand der Weimarer Zeit anzuknüpfen und unter dem Einfluß der westlichen Besatzungsmächte die obrigkeitsstaatlichen Strukturen abzubauen. Die Schule sollte einer demokratischen Staatsform entsprechen und das demokratische Engagement von Schülern, Eltern und Lehrern wecken. So kam es zur Neugründung von Lehrerverbänden, zur Einsetzung von Elternbeiräten und zur ‚verordneten' Schülermitverwaltung. Auch den Konfessionen wurde ein Mitspracherecht gesichert.[31] Die Diskussionen entzündeten sich auf die Dauer vor allem an den grundgesetzlichen Regelungen. Denn einerseits waren ‚Pflege und Erziehung . . . das natürliche Recht der Eltern und die zuvörderst ihnen obliegende Pflicht' (Art. 6 Abs. 2 GG), andererseits aber war dem Staat die Schulhoheit und das Recht zuerkannt worden, Kinder entsprechend ihrer Begabung zu beschulen.[32]
Zu schulpolitischen Auseinandersetzungen kam es zunächst aufgrund offenkundiger Mißstände (überfüllte Schulklassen, Schichtunterricht usw.), dann aber auch anläßlich der Auslese für die höhere Schule und bei der Diskussion über die Bekenntnisschule. Diese Auseinandersetzungen wurden — und das ist für die deutsche Entwicklung symptomatisch — primär mit juristischen und theologischen Argumenten geführt. Sehr viel seltener wurde aus einem demokratischen Selbstverständnis oder aufgrund pädagogischer Situationsanalysen über die Zusammenarbeit von Elternhaus und Schule diskutiert.[33]
Gegenüber den juristischen und konfessionellen Gesichtspunkten haben seit Ende der fünfziger Jahre dann andere Aspekte auf die Elterndebatte Einfluß gewonnen. Der Schuladministration war inzwi-

schen recht deutlich geworden, wie ‚störend' sich die *Uninformiertheit der Eltern auf bildungspolitische Reformbestrebungen* auswirkte. In Hamburg kam es z. B. 1953 aus schulpolitischen Kontroversen zu einem Regierungswechsel (Frage des Übergangs zum Gymnasium nach der 4. oder 6. Klasse); ferner ist der ‚Deutsche Ausschuß für das Erziehungs- und Bildungswesen' (Beratungsgremium zur Koordinierung der Bildungsreformen in Bund und Ländern) durch den Widerstand der Eltern gegen die ‚Förderstufe' zu der ‚Einsicht' gekommen, daß man Reformziele in einer Demokratie zunächst verständlich machen muß und sie nicht autoritär durchsetzen kann.[34] Insofern handelte der ‚Deutsche Bildungsrat' (Nachfolgeorganisation des Deutschen Ausschusses) wesentlich zweckmäßiger, wenn er in seinen ‚Empfehlungen zur Einrichtung von Gesamtschulen' eine ‚Beteiligung der Eltern an der materiellen Selbstverwaltung' forderte. Er hofft auf diese Weise, zwischen Schule und Elternhaus einen wechselseitigen Lernprozeß auszulösen und nimmt an, daß die Eltern dadurch zu einem hilfreichen Ferment in der Diskussion über die Gesamtschule werden.[35]
Weitere Anstöße hat die Diskussion über das Verhältnis von Elternhaus und Schule durch die sozialwissenschaftliche und die Bildungsforschung erhalten. In Anlehnung an die angelsächsische Forschung wurde seit Mitte der *fünfziger Jahre* nachdrücklich auf die Bedeutung von Milieufaktoren für den kindlichen Schulerfolg hingewiesen (vgl. Halsey, Bernstein, Havighurst) und seit Mitte der *sechziger Jahre* die Sozialisationsforschung forciert (vgl. Bloom, Douglas). Dadurch wurde der Familie als frühkindlicher ‚Sozialisationsagentur' (Habermas, Mollenhauer) zunehmend größere Aufmerksamkeit gewidmet. Zwar waren Zusammenhänge zwischen der elterlichen Schichtzugehörigkeit und dem Ausdrucksvermögen der Kinder bzw. ihrem Abschneiden bei Intelligenztests schon in den zwanziger Jahren erkannt (E. Hylla), und sind in den dreißiger Jahren die Beziehungen zwischen den Familienstrukturen und den damit verbundenen Wertorientierungen untersucht worden (E. Fromm, M. Horkheimer, H. Mayer, H. Marcuse),[36] doch gewannen diese Ansätze erst auf dem Umweg über die Vereinigten Staaten Einfluß auf die deutsche Pädagogik und Bildungspolitik. Noch immer glauben in Deutschland weite Kreise der Öffentlichkeit, daß die ‚Gleichheit der Bildungschancen' allein durch finanzielle Maßnahmen gesichert werden kann.[37] Erst seit Ende der 60er Jahre setzte sich allmählich die Auffassung durch, daß die kindlichen ‚Erfolgschancen wesentlich von vorschulischen Lernprozessen bestimmt werden.'[38] Und zwar sieht man die Ursachen für Korrelationen zwischen dem sozioökonomischen Status unterprivilegierter Eltern und dem geringen Schulerfolg von deren Kindern jetzt in stärkerem Maße: in dem mangelnden Bildungsinteresse bzw. der geringen Informiertheit der Eltern (W. Arnold, R. Pettinger), in den bildungsabgewandten Einstellungen und Verhaltensweisen der Eltern (G. Wurzbacher, F.

Neidhardt), in dem geringen Anregungspotential des Milieus für die geistige Entwicklung des Kindes (H. Heckhausen, K. Mollenhauer) und schließlich darin, daß die Sprachstrukturen der ‚Unterschicht' (restricted code) von der Schule nicht hinreichend berücksichtigt werden (U. Oevermann).[39] All diese Forschungen haben auf die Öffentlichkeit und die Bildungspolitik der Bundesregierung — sei es auf dem Wege über die Gutachten und Studien der Bildungskommission, sei es in popularisierter Form über die Massenmedien — erheblichen Einfluß genommen.

Das Kind zwischen elterlichem und schulischem Erziehungsauftrag

Die Forschungsergebnisse haben die Kontakte zwischen Schulverwaltung und Elternhaus bisher nicht entscheidend beeinflußt. Veränderungen werden auch schwierig sein, weil sich im Konfliktfall immer die juristische Abgrenzung der Erziehungssphären in den Vordergrund drängt. Letztlich liegt die Entscheidung über staatliche Schulreformversuche, Mitbestimmungswünsche von Elterngruppen oder individuelle Probleme von Schülern beim Gericht. Wenn beispielsweise die elterliche und schulische Auffassung über die Versetzung eines Schülers oder hinsichtlich seiner Eignung für das Gymnasium total divergieren, muß das Gericht entscheiden. (Zu solchen Auseinandersetzungen kann es u. a. kommen, weil den Eltern nach Entscheidung des Bundesverwaltungsgerichts kein ‚Rechtsanspruch . . . auf Mitteilung über schlechte Leistungen des Schulkindes' zusteht.)[40] Die einseitig juristische Regelung der Beziehungen zwischen Elternhaus und Schule trifft in letzter Zeit auf zunehmenden Widerstand. Eltern beginnen z. B. ihren Forderungen mit Demonstrationen, Flugblattaktionen oder auch mit dem Mittel des Schulstreiks politisch Nachdruck zu verleihen.[41] Fraglich ist natürlich, ob die Entscheidung pädagogischer Probleme durch Demonstrationen statt nach rechtlichen Kriterien in jedem Fall ein Fortschritt ist.

Das Verhältnis zwischen Elternhaus und Schule gilt juristisch als ein Sonderfall des Verhältnisses von Bürger und Staat. Je nachdem, ob man von einer am Individuum oder am Kollektiv ausgerichteten Rechtsauffassung ausgeht, kann man sowohl zu der Ansicht gelangen: ‚Elternrecht bricht Staatsrecht' als auch zu der entgegengesetzten Auffassung.[42] Ein naturrechtlicher Rechtsanspruch der Eltern auf Mitwirkung an der Schulerziehung kann rational-konstruktiv ebensowenig begründet werden wie ein gesellschaftlich-staatliches Erziehungsmonopol, denn das positivierte Recht besitzt selbst Wertcharakter. Für die Bundesrepublik ist durch das Grundgesetz eine derartige ‚Wertentscheidung' getroffen worden. Jedoch ist keine einseitige Entscheidung — sei es zugunsten des gesellschaftlichen oder elterlichen Erziehungsmonopols — getroffen worden (vgl. Rümelins Argument in der Paulskirche, S. 27). Vielmehr

wurden dem Elternhaus und der Schule *konkurrierende Erziehungsaufträge* zuerkannt, d. h. es wurde gleichzeitig ein elterliches (GG Art. 6,2) und staatliches Schulerziehungsrecht (GG Art. 7) verankert. Diese Regelung gilt vielfach als inkonsequent, und sie hat zu einer umfangreichen Rechtsliteratur sowie zu diversen Musterprozessen Anlaß gegeben. Unmittelbar läßt sich aus dem Grundgesetz nur eine Berechtigung der Eltern ableiten, über die Teilnahme ihrer Kinder am Religionsunterricht zu entscheiden, zwischen Konfessions- und Gemeinschaftsschulen zu wählen (falls beide Schultypen vorhanden sind), ihre Kinder auf Privatschulen zu schicken und sie bei weiterführenden Schulen anzumelden. Insgesamt räumt das Grundgesetz den Eltern ‚Vorrang' ein, wenn es um eine Verwirklichung des Rechts auf Bildung geht. So wurde die Auslese für die höhere Schule, d. h. der Anspruch der Schule, ‚die besonderen Neigungen, Anlagen und Befähigungen eines Kindes zu ermitteln', um es daraufhin der Volksschule oder dem Gymnasium zuzuweisen, als Verletzung des elterlichen Erziehungsrechts und damit als grundgesetzwidrig angesehen.[43]
Ausgefüllt wird der grundgesetzliche Rahmen aufgrund der Kulturhoheit der Länder durch deren Gesetzgebung. Die Länder haben insofern große Freiheit, ihre kulturpolitischen Vorstellungen und Schulreformpläne zu verwirklichen. Damit fällt ihnen auch in großem Maße das Recht zu, über die Elternmitwirkung in der Schule und Schulverwaltung zu entscheiden. Alle Länder haben Elternvertretungen auf Klassen- und Schulebene als pädagogische Organe in die Schulverwaltung eingegliedert, ohne ihnen jedoch Befugnisse der Schulleitung, Schulaufsicht oder der Schulverwaltung zuzuerkennen. Es lassen sich dabei unterscheiden: (1.) die reine Elternvertretung oder das System der Elternbeiräte, (2.) die kollegiale Vertretung von Eltern und Lehrern oder das System der Schulpflegschaften. In den meisten Ländern (insg. 8) bestehen reine Elternvertretungen. Unterschiedlich sind jedoch jene Elternvertretungen organisiert, die über die Einzelschule hinausgehen. Eine für das ganze Land bestehende reine Elternvertretung, den Landeselternbeirat, kennen fünf deutsche Länder.[44] Die spezifischen Probleme der Einzelländer und die sich daran anschließenden Diskussionen über die Elternmitsprache bzw. eine Elternmitentscheidung müssen jedoch detailliert betrachtet werden. Stellvertretend für einen Flächenstaat wird hier die Situation in Nordrhein-Westfalen, stellvertretend für einen Stadtstaat die Entwicklung in Hamburg und schließlich wird noch der derzeitige Stand in Hessen diskutiert, weil hier die Elternmitwirkung institutionell am weitesten ausgebaut ist.
Nach der *Nordrhein-Westfälischen* Verfassung von 1950 bildet das *natürliche* Erziehungsrecht der Eltern die Grundlage des Erziehungs- und Schulwesens.[45] Das Recht auf Schulwahl (zwischen Bekenntnis-, Gemeinschafts- und Weltanschauungsschulen) und auf Mitsprache der Elternvertretungen in der Schule sind verfassungsrechtlich

verankert. Realisiert wird das elterliche Mitspracherecht über die sog. ‚Pflegschaften'. Die Klassenpflegschaften bestehen aus Eltern und Lehrern einer Klasse. Aus den Reihen der Klasseneltern wird ein Vorsitzender gewählt, der die Eltern in der Schulpflegschaft repräsentiert. In der Schulpflegschaft sollen diese Elternvertreter mit den Repräsentanten der Lehrer partnerschaftlich kooperieren. Überörtliche Zusammenschlüsse der Eltern bzw. die Bildung eines Landeselternbeirates sind dabei nicht vorgesehen. Entsprechende Versuche der Elternschaft, sich auf Landesebene zu organisieren, sind bisher bei jeder Landesregierung auf zähen Widerstand gestoßen; z. B. monierte das Kultusministerium 1954: „Es bestehen im Lande Elternvereinigungen auf überörtlicher Ebene . . . treten neuerdings auch Schulpflegschaften als solche überörtlichen Elternvereinigungen bei. Dies Verfahren entspricht nicht dem Sinne der Vorschriften."[46] Eine derartige Situation macht es der politischen Opposition in diesem Bundesland naturgemäß leicht, sich durch weitreichende Vorschläge schulpolitisch progressiv zu profilieren. Nach Übernahme der Regierungsverantwortung pflegt sie dann jedoch — wie gegenwärtig die Regierung Kühn — ihre früheren Vorschläge zu relativieren, wenn nicht aufzugeben.[47] Im Jahr 1969 versuchte z. B. die christlich-demokratische Opposition (13. 5. 1969), ein „Gesetz über die Mitbestimmung der Erziehungsberechtigten an der Gestaltung des Schulwesens und über die Errichtung von Schulbeiräten im Lande Nordrhein-Westfalen" einzubringen.[48] Danach sollen die Schul- und Klassenpflegschaften größere Kompetenzen erhalten, Schulgemeindeversammlungen als Selbstverwaltungsorgane gegründet und auf regionaler Ebene ein Landesschulbeirat institutionalisiert werden. Weiter noch reicht die jüngste Gesetzesinitiative der CDU vom 14. 12. 1970. In Anlehnung an die drittelparitätische Mitbestimmung im Hochschulbereich sollen danach gemeinsame Schüler-, Lehrer- und Elternvertretungen (sowohl auf Schul- wie auf Landesebene) über Fragen des Unterrichts, der Unterrichtsmittel und die Organisation des Schulwesens beraten und z. T. mehrheitlich entscheiden können.[49] Ziel ist eine dezentralisierte, den lokalen Bedürfnissen angepaßte Schulorganisation: „Die CDU fordert die gesellschaftsnahe, aus der staatlichen Hierarchie ausgegliederte, autonome Schule, die mit eigenen, vom Staate unabhängigen Rechten ausgestattet ist." Die Schule soll ihre Angelegenheiten selbständig regeln, soweit nicht übergeordnete Bestimmungen notwendig sind.[50] Auch die Regierungspartei bereitet anscheinend einen ähnlichen Gesetzesantrag vor. Er soll gleichfalls am Grundsatz der drittelparitätischen Mitbestimmung orientiert sein, und er wird dem drittelparitätisch zusammengesetzten Schulparlament (Lehrer — Eltern — Schüler) möglicherweise sogar die Funktion zuerkennen, einen Schulleiter auf Zeit zu wählen.[51]

Insgesamt erinnert die politische Diskussion in Nordrhein-Westfalen an bildungspolitische Vorstellungen der zwanziger Jahre, z. T. auch an das Modell von Dörpfeld. Falls die Reformpläne verwirklicht werden, könnte das zu einer ‚besseren' Orientierung an den lokalen Bedingungen und Interessen der Schüler und Eltern führen. Aber es wird nicht nur eine Intensivierung der Beziehungen erreicht, sondern in gewisser Weise auch die Einheitlichkeit des allgemeinbildenden Schulwesens in Frage gestellt und möglicherweise die Chancengleichheit der Kinder beeinträchtigt. Einer Partikularisierung bzw. oberflächlichen Politisierung der internen Schulverhältnisse wäre zudem kaum eine Grenze gesetzt.

In *Hamburg* bestimmt das Schulverwaltungsgesetz (8. 7. 1968), daß „Eltern . . . an der Erziehung der Kinder in der Schule zu beteiligen" sind, und zwar wirken sie „an der Gestaltung des Schullebens insbesondere durch Klassenelternvertreter und durch Elternräte mit".[51] Die Eltern müssen in jedem Schuljahr mindestens zweimal zu einem Klassenelternabend eingeladen werden. Sie wählen aus ihrer Mitte zwei Elternsprecher für die Elternversammlung. Neun Repräsentanten werden dann in den Elternrat der Schule entsandt, zu dem außerdem zwei Lehrer und der Schulleiter gehören. Trotz seines Namens ist der Elternrat also keine reine Elternvertretung, sondern eine Schulpflegschaft.[52] Vertreter der Schulelternräte bilden die Kreiselternräte (der einzelnen Schulkreise), die ihrerseits Mitglieder in die Hamburger Elternkammer entsenden. Zusammen mit Schülerkammer, Lehrerkammer und Öffentlichkeitskammer hat die Elternkammer die Aufgabe, die Schulbehörde in allen Schulfragen zu *beraten.*

Gegenwärtig wird von der Regierung jedoch eine *Neufassung des Schulverwaltungsgesetzes* vorbereitet. Die Regierung will dabei mehr staatliche Lenkung (im Sinne der Sicherung einer Chancengleichheit) mit mehr Selbstverwaltung vereinen. Im Konfliktfall wird jedoch einer staatlichen Entscheidung Vorrang gegenüber der Selbstverwaltung mit der Begründung zuerkannt: die Schule brauche „auch in der demokratischen Gesellschaft ein bestimmtes Maß von staatlicher Lenkung, damit die Gleichheit der Bedingungen in den Schulen und damit die Gleichheit der Bildungschancen gesichert" ist. Auch müsse bei der Weiterentwicklung der Selbstverwaltung darauf geachtet werden, „daß die Selbstverwaltung sich nicht selbst und die Funktionsfähigkeit des Schulwesens paralysiert."[53] Demgegenüber wird von der CDU (24. 9. 1970) und der FDP (7. 9. 1970), ferner von der Landesschulkammer, dem Hamburger Schülerparlament (Oktober 1970) und dem Landesverband der Hamburger Gewerbelehrer vorgeschlagen, statt der Schulpflegschaften in Zukunft reine Elternvertretungen einzurichten. Schulleiter und Lehrkräfte sollen mithin am Elternrat nur noch auf Einladung teilnehmen können. Um eine Präzisierung der Elternkompetenzen bemühen sich vor allem der Hamburger Elternbund und die CDU. Der CDU-Entwurf will dem Elternrat einen größeren Einfluß auf die interne Schulorganisation sichern. So soll „die Aufstellung der Hausordnung, die Durchführung und Unterrichtsgestaltung von Schulversuchen (soweit von den geltenden allg. Richtlinien abgewichen werden soll), die Zusammenlegung, Verlegung oder Schließung der Schule sowie die Verlegung einzelner Klassen“ der Zustimmung des Elternrats bedürfen. Der Hamburger Elternbund möchte darüber hinaus sowohl Änderungen in den Unterrichtsplänen wie bestimmte Disziplinarmaßnahmen von der Zustimmung der Elternräte abhängig machen. Er plädiert schließlich seit vielen Jahren für eine generelle und rechtzeitige Informationspflicht der Schulverwaltung: „Der Elternrat ist über alle Angelegenheiten, die für die Schule von grundsätzlicher Bedeutung sind, rechtzeitig *vorher* zu unterrichten und anzuhören.“ Auch sollten Verwaltungserlasse und Entwürfe zu Gesetzen und Rechtsverordnungen „rechtzeitig der Elternkammer zur Stellungnahme“ zugeleitet werden. Bei Meinungsverschiedenheiten zwischen der Schulbehörde und der Elternkammer dürfe der Schulsenator erst nach gemeinsamer Beratung entscheiden.[54] Gegenüber diesen Forderungen des Elternbundes, die den negativen Erfahrungen vieler Jahre entspringen, hatten Hamburger Bildungspolitiker früher mit dem Hinweis reagiert: Schulen seien „Einrichtungen des Staates und nicht Erfüllungsgehilfen der Eltern bei der Erziehung der Kinder“. Auch könnten Eltern bei der Aufstellung von Lehr- und Bildungsplänen nicht mitentscheiden, da es sich um ‚Sachfragen‘ handle.[55] Solche und ähnliche Äußerungen zeigen, wie reserviert die Schulverwaltung bisher einer Elternmitwirkung gegenübersteht. Das neue Schulverwaltungsgesetz könnte da wesentliche Verbesserungen bringen.

Die Elternmitwirkung ist unter allen Bundesländern in *Hessen* am besten abgesichert. Nach Art. 56,6 der hessischen Verfassung von 1946 haben die Erziehungsberechtigten „das Recht, die Gestaltung des Unterrichtswesens *mitzubestimmen*“.[56] Um die verfassungsmäßig garantierte Mitbestimmung realisieren zu können, bedurfte es allerdings noch einer Entscheidung des Staatsgerichtshofs gegen die Landesregierung bzw. gegen deren Erlasse, die ohne Anhörung der Eltern verfügt worden waren.[57] Der Gerichtsbeschluß (1958) betrachtete das elterliche Mitbestimmungsrecht als ein Grundrecht: Das elterliche Recht beziehe sich deshalb nicht nur auf die Mitwirkung in der Schule, sondern erstrecke sich auch auf eine Mitwirkung bei der Ausarbeitung von Unterrichts-Richtlinien durch die Schulverwaltung. Damit erkannte der hessische Staatsgerichtshof, und das ist eine Ausnahme in der Bundesrepublik, die Elternschaft als Körperschaft mit einem selbständigen Recht auf Mitbestimmung an.[58] Gemäß der Verfassung und ihrer Interpretation durch den Staatsgerichtshof gab das „Gesetz über die Mitbestimmung der Erziehungsberechtigten und den Landesschulbeirat“ (gültige Fassung vom 30. 5. 1969) den Elternvertretungen ein Mitwirkungsrecht bei der Aufstellung von Schulordnungen und bei der Unterrichtsgestaltung, sofern von den üblichen Lehrplänen abgewichen werden sollte. Auf

Landesebene bedürfen die Einführung neuer Bildungspläne und Prüfungsordnungen sowie grundsätzliche Neuregelungen zur Aufnahme in die weiterführenden Schulen der Zustimmung des Landeselternbeirats. Generell hat die Landeselternvertretung einen Anspruch darauf, über die Neugestaltung des Unterrichtswesens informiert zu werden.[59]
In der Bundesrepublik haben Eltern also einen grundgesetzlich verankerten Erziehungsauftag, der mit der Schulerziehung konkurriert. Die einzelnen Bundesländer erkennen ihnen im Rahmen dieser Regelung ein Mitspracherecht auf Klassen-, Schul- und teilweise auch auf Bezirks- und Landesebene zu. Die gegenwärtige Diskussion wird vorwiegend darum geführt, ob das *Mitspracherecht* zu einem *Mitwirkungs-* oder gar zu einem *Mitentscheidungsrecht* ausgedehnt werden soll.

Ausmaß und Formen der Eltern-Schul-Kooperation

Die *Kooperationsaufgaben* von Elternhaus und Schule werden in Deutschland also seit vierhundert Jahren erörtert (Luther, Comenius); den Eltern wird seit 1918 ein *Mitwirkungsrecht* am Schulgeschehen eingeräumt; ein *Mitbestimmungsrecht* besitzen sie seit 1946 in Hessen. Generell ist die *Bereitschaft zur Zusammenarbeit* seit Mitte der sechziger Jahre sowohl bei Eltern wie Lehrern erheblich gestiegen.
Lehrer beginnen in ihrer Erziehungspraxis die Rolle der Eltern allgemein zu akzeptieren. Eine gute Kooperation mit den Eltern gilt bei vielen Klassenlehrern als ein Indiz für ihre berufliche Qualifikation und ihren pädagogischen Erfolg. Überwiegend verstehen sie darunter die Beziehung zur Gesamtelternschaft ihrer Klasse. Insofern ist das keine Aussage über die Art der Einzelkontakte. Aber auch die Einzelkontakte werden sowohl häufiger wie informeller. Schließlich bemühen sich einige Volks-, Real- und Gesamtschullehrer direkter um jene Eltern, die nie zu Elternabenden kommen. Wesentlich schwieriger und damit problematischer sind die Beziehungen zu den Fachlehrern, und zwar speziell an den Gymnasien. Hier kommt es überwiegend nur bei ungenügenden Leistungen der Kinder zu Kontakten. Ein gewisser Abbau der Klassenlehrerfunktion bringt insofern neue Probleme für die Beziehungen zwischen Elternhaus und Schule mit sich. Die Kontakte werden in den Schulgroßsystemen noch schwieriger, falls nicht durch den Beratungslehrer (Counsellor) ein gewisser Ersatz geschaffen wird. Insgesamt hat sich in den letzten Jahren aufgrund des steigenden Bildungsinteresses und der schwindenden Erziehungskompetenz der Eltern sowie aufgrund der zunehmenden Verunsicherung der Lehrer[60] die Überzeugung durchgesetzt, daß eine Kooperation notwendig ist. Die bereits von Kob beobachtete Tendenz (1963) einer ‚Anpassung der Lehrer an die Interessen und die Wünsche der Eltern-

schaft' scheint sich zu verstärken.[61] Wie stark der Lehrer in seinem Urteil über den Gymnasialerfolg eines Schülers (der 4. Klasse) von den Eltern beeinflußt wird, hat Preuß nachzuweisen versucht.[62] Dieser ‚Anpassungsprozeß' auf seiten der Lehrer sollte allerdings nicht darüber hinwegtäuschen, daß umgekehrt auch bei den Eltern eine Tendenz zur ‚Schulfrömmigkeit' (Kob) besteht. Da die wechselseitigen Anpassungsprozesse für das Kind nicht unbedingt förderlich sein müssen, weil sie die Offenheit der Erziehung gegenüber der gesellschaftlichen Realität beeinträchtigen können, sollte Eltern wie Lehrern bei einer Intensivierung der Kontakte ihre Zusammengehörigkeit und Fremdheit, bzw. ihre Vertrautheit und Andersartigkeit immer wieder bewußt gemacht werden.
Die *Schulen* bzw. die Schulleitungen scheinen einen guten Kontakt zur Elternschaft sowohl als Selbstbestätigung wie als hilfreiche Unterstützung bei der Unterrichtsarbeit zu betrachten. Elterliche Hilfe bei den Hausaufgaben, bei der Erziehung zu Disziplin, Pünktlichkeit und Regelmäßigkeit erwartet die Schule seit Jahrhunderten.[63] Je weniger sich Ziele, Inhalte und Methoden der schulischen Bildungsarbeit aber ‚von selber verstehen', desto mehr sucht die Schule nach Orientierungshilfen und nach zusätzlicher Legitimation für ihre Arbeit. Diese Legitimation sucht sie angesichts der Mitbestimmungs- und Demokratisierungstendenzen z. T. auch bei den Betroffenen, d. h. bei den Schülern und deren gesetzlichen Vertretern. Der Hamburger ‚Bildungsbericht' von 1970 empfiehlt geradezu, nicht nur angesichts momentaner Unsicherheiten, sondern auch im Hinblick auf ‚ständige Reformen und die dadurch bedingte Unruhe und Lebendigkeit in den Schulen' in größerem Maße ‚Aussprachen zwischen dem Schulrat, den Schulleitern, Eltern und Schülern' herbeizuführen.[64] Besonders Schulversuche (z. B. Gesamtschulen) bedürfen einer derartigen ‚Absicherung'. Sie sind eigentlich nur realisierbar, wenn sich die Eltern mit den Zielen und Methoden des pädagogischen Experiments identifizieren. Freilich wird gelegentlich auch nach dem Grundsatz verfahren: „Unsere Eltern sind prima, machen alles mit . . ., die meisten wohl nur, weil sie sich gar nicht darüber klar sind, was hier vor sich geht."[65] Obwohl sich Schule und Schulverwaltung in gewisser Hinsicht den Eltern gegenüber aufgeschlossen zeigen, erscheint ihre Haltung gegenüber einer elterlichen Einsichtnahme in innerschulische Vorgänge noch immer reserviert. Zwar dürfen Eltern in Baden-Württemberg seit kurzem überall einmal im Jahr am Unterricht teilnehmen (und zwar nach vorheriger Absprache mit Schule und Schulvertretungen[66]), dennoch können derartig vorbereitete Veranstaltungen keinen Eindruck vom normalen Schulgeschehen vermitteln. In den meisten Bundesländern ist eine derartige Unterrichtshospitation nicht üblich. Um deutlich zu machen, wie gering gerade in dieser Hinsicht die Entwicklung ist, sei erwähnt, daß in Hamburg die Elternvertreter bereits 1920 ein Hospitationsrecht hatten und daß damals einzelne Schulen

den Eltern 14 Tage lang ihren Unterricht zugänglich machten. In diesen Schulen wurde — wie E. Heuß-Knapp berichtet — dabei weiter nach dem Lehrplan unterrichtet und der Besuch bald nicht mehr als störend empfunden.[67] In Baden-Württemberg ist diese Tradition also nur aufgegriffen und institutionalisiert worden. Dennoch kann die Maßnahme eventuell zu einem hilfreichen Impuls werden, Eltern und Lehrer in näheren Kontakt zu bringen, ihre wechselseitige Ängstlichkeit zu reduzieren und das gemeinsame Verantwortungsbewußtsein zu stärken.

Aber nicht nur Lehrer, Schule und Schulverwaltung werden kooperationsbereiter, sondern auch *Eltern* beginnen in immer größerem Maße zu ahnen oder zu erkennen, daß sie selbst einen entscheidenden Einfluß auf die Bildungs- und Lebenschancen ihrer Kinder ausüben. Ist ihre Vorstellung zuweilen auch diffus, wie sie ihren Kindern helfen können, so bemühen sie sich dennoch um eine traditionelle Lernsicherung (Hausaufgabenkontrolle/Wiederholungen), um eine Erweiterung des Anregungspotentials oder um eine Eigeninformation (Elternbildung). Die Aufgeschlossenheit der Eltern für Bildungsfragen ist z. B. eine der Hauptursachen, daß mit Lernspielzeugen derartige Verkaufserfolge erzielt wurden, daß Elternzeitschriften (‚Eltern' seit 1966 / ‚Es' von 1966—1969) hohe Auflagen erlebten und daß in Frauenjournalen Erziehungsspalten üblich geworden sind.[68] Trotz dieser Bildungsorientiertheit fällt den Eltern der regelmäßige Kontakt zur Schule und die Mitwirkung in den Schulen zweifellos schwer. Er aktualisiert sich vielfach erst bei unerfreulichen Anlässen oder nur bei Elternabenden. Elternabende werden von der Mehrheit dabei als fester Bestandteil des Schuljahres betrachtet, aber nur ganz selten von den Eltern mitgeplant und mitorganisiert. Immerhin begnügen sie sich häufiger nicht mehr mit einem ‚Rechenschaftsbericht' des Lehrers über seinen Unterricht, sondern sie bitten auch um eine Vorausschau über die Klassenziele und den weiteren Unterrichtsverlauf. Derartige Dialoge werden möglich, weil immer mehr Eltern ein ähnliches Bildungsniveau haben wie die Lehrer, weil der Respekt vor der geisteswissenschaftlichen Ausbildung der Lehrer sich stark verringert hat, weil Hemmungen gegenüber der Schule rasch abgebaut werden und vor allem, weil Lehrer kooperationsbereiter geworden sind.

Dennoch halten Eltern und Lehrer, Schulverwaltung und Erziehungswissenschaft die *bestehenden Kontakte für unzureichend.* Daß die Kooperation tatsächlich noch nicht sehr groß ist, bestätigen zahlreiche Beobachtungen, u. a. auch einige empirische Daten. Vom Standpunkt der Eltern aus wird bemängelt, daß die institutionellen Möglichkeiten zur Mitwirkung ineffektiv sind[69] und daß den Elternräten in der Schule höchstens ein Informations- und Anhörungsrecht eingeräumt wird. Eine Mitentscheidung wird ihnen allgemein nicht zugebilligt, deshalb fühlen sie sich von einer Mitverantwortung ausgeschlossen. Noch immer werden zuweilen ‚Meinungsäußerungen zu pädagogischen Fragen, die die Schule oder den Lehrer betreffen, bereits als Überschreitung der Kompetenz einer Elternvertretung betrachtet. Man hat wirklich den Eindruck, die Schule — und das ist nicht nur die Schulverwaltung, sondern auch der Lehrkörper — sei zutiefst überzeugt, daß Eltern pädagogische Einsichten und Erfahrungen grundsätzlich nicht haben können'. Auch wird dem Elternbeirat und der Elternversammlung von der Schule oft nur dann größere Aufmerksamkeit gewidmet, ,wenn entweder den Eltern zu eröffnen ist, was *sie* falsch machen oder was sie zur Unterstützung der Schule beitragen könnten'.[70] Natürlich treffen derartige Urteile nicht auf jede Schule und Schulverwaltung zu, sie weisen tendenziell aber auf Verhaltenseinstellungen hin, die bei den Eltern leicht zur Resignation führen: „Was soll ich das erst in der Schule ansprechen? Die Lehrer sind dann verärgert, und mein Kind muß es ausbaden!"[71] Überall dort, wo die Schule die Zusammenarbeit aber tatsächlich anstrebt, ist die Kooperationsbereitschaft der Eltern meist wesentlich größer, als allgemein angenommen wird. Wenn zudem Elternvertreter engagiert sind, entdecken sie auch sehr schnell, wie sie den elterlichen Interessen und Forderungen Nachdruck verleihen können. In Nordrhein-Westfalen hat die Elternschaft auf Landesebene — und zwar aufgrund des Engagements einiger Elternvertreter — immerhin etwa den gleichen Einfluß wie in Hamburg erlangt, obwohl gesetzlich überhaupt keine Landesvertretung vorgesehen ist. Erst recht kann im Bereich der einzelnen Gemeinde oder Schule durch zweckmäßige elterliche Initiativen, sei es durch Appell an Legislative, Exekutive und Parteien oder sei es durch Verwendung der Massenmedien, ein Einfluß auf die Schulverwaltungen ausgeübt werden.[72]

Auf allen Ebenen ist für die Zusammenarbeit letztlich das individuelle Interesse der Eltern und die individuelle Kooperationsbereitschaft des Lehrers und Schulleiters ausschlaggebend. Wenn neue Möglichkeiten der Zusammenarbeit erprobt werden — sei es, daß ein Lehrer den Eltern wöchentlich eine Unterrichtsstunde zur Hospitation anbietet oder daß ein Lehrer auf dem Elternabend viele Fragen zum Unterrichtsinhalt direkt von den Schülern beantworten läßt (3. Klasse) — dann zeigt sich häufig an der Resonanz der Eltern, daß sie ihre eigenen ,Wünsche' oft nur nicht artikulieren können.[73] Grundsätzlich ist die Kritik sicherlich berechtigt, ,daß die elterliche Initiative in den öffentlichen Schulen . . . so schwach entwickelt ist, weil die zur Mitarbeit bereiten Eltern die öffentliche Schule nicht einladend finden'.[74] Wie wenig es der öffentlichen Schule bisher gelang, das elterliche Interesse herauszufordern, zeigt sich an einem Hinweis H. Beckers auf die Freien Waldorfschulen und an einer Umfrage des Hamburger Senats (1968). Nach Auffassung von H. Becker werden die Elternabende der Waldorfschulen ,vom Generaldirektor bis zum ungelernten Arbeiter unter den Eltern mit einer erstaunlichen Regelmäßigkeit besucht', obwohl (!) dort von pädagogischen Fragen gesprochen wird und sich die Elternschaft ‚zu 90% aus Nicht-Anthroposophen zusammensetzt'.[75] Im Vergleich zum elterlichen Engagement in den Privatschulen ist die Mitarbeit an den Staatsschulen gering. Dennoch waren nach der Umfrage des Hamburger Senats im Jahr 1968 39% der Ansicht, die elterlichen Wünsche würden von der Schule hinreichend berücksichtigt. Bezeichnend ist dabei, daß Eltern mit geringen Bildungsinteressen besonders zufrieden waren.[76]

Die Ursachen für das geringe Interesse und die große Zufriedenheit der Eltern sind vielfältig. Zunächst sehen viele Eltern die Kooperation nicht als besonders wichtig an und es fehlt ihnen an Erfahrung bzw. an Anregungen, wie sie sich konkret beteiligen können. Sodann werden sie der Aufgabe, im Rahmen von Klassen- und Schulelternschaften mitzuwirken, nur bedingt gerecht, weil die Schule ihnen nur wenig Möglichkeiten zu effektiver Mitarbeit bietet und die schulische Fachkompetenz sie in die Defensive drängt. Schließlich ist die Auffassung noch weit verbreitet, daß Elternhaus und Schule klar unterscheidbare Bildungsaufträge besitzen (‚Das Elternhaus erzieht, die Schule unterrichtet'). Mehr als zwei Drittel der von Kob befragten Eltern (von den Eltern der Grundschüler sogar vier Fünftel) lehnten es ab, im Fall von Erziehungsschwierigkeiten einen der Lehrer ihres Kindes als Fachmann um Rat zu bitten.[77] Aus dieser Einstellung verzichten die Eltern darauf, das bestehende Schulsystem überhaupt in Frage zu stellen. Ihre Kritiklosigkeit und ‚Schulfrömmigkeit' führen meist zu einem Verzicht auf jegliche Kontrolle und Mitsprache, und die Beziehungen zwischen Eltern, Schule und Schulverwaltung erschöpfen sich dann darin, ‚das staatlich verordnete Bildungs- und Erziehungswesen reibungslos zu verwalten'.[78]

Wenn sich Eltern und Elternvertretungen aber um eine Intensivierung des Kontaktes bemühen, bleiben ihnen oft Enttäuschungen nicht erspart, weil sie sofortige Erfolge ihrer Bemühungen erwarten, weil sie von der eigenen Gruppe nicht hinreichend unterstützt werden und weil sie sich gegenüber der Behördenstruktur von Schule und Schulverwaltung nur schwer durchsetzen können. Nahezu zwangsläufig muß sich die Bereitschaft zum Engagement verringern, wenn die Schulverwaltung zwar die Empfehlungen der Landeselternschaft ‚akustisch anhört', dann aber — wie der Vorsitzende des Landeselternbeirats aus Schleswig-Holstein berichtet — nach parteipolitischen Gesichtspunkten im klaren Gegensatz zum elterlichen Votum entscheidet.[79] Schwerer durchschaubar, aber nicht weniger problematisch ist es für die Zusammenarbeit, wenn man die elterlichen Ansichten zwar durch Meinungsumfragen erforscht, die Ergebnisse aber verwendet, um ‚die Wünsche der Eltern so zu lenken, daß die Eltern von sich aus wünschen, was Lehrer und Schule für notwendig halten'.[80]

So unberechtigt die Klagen über Inkompetenz oder Desinteresse der Eltern oft sind, so berechtigt ist die Ansicht, daß Eltern sich überwiegend aus partikularen Interessen zur Schule begeben. Die elterliche Kooperation mit der Schule richtet sich nicht in erster Linie auf die Schule als öffentliche Institution, sondern auf den Schulerfolg des eigenen Kindes. In Hamburg zeigten sich nach Kobs Untersuchung z. B. 84,5% der befragten Eltern an einer Aussprache mit dem Klassenlehrer interessiert, aber nur 16% waren gegebenenfalls bereit, sich als Elternvertreter wählen zu lassen. Das Interesse und die Kooperationsbereitschaft der Eltern sind aber auch insofern partikular, als sich Eltern mit verschiedener Bildungsaspiration und aus den einzelnen Gesellschaftsschichten recht unterschiedlich engagieren. Beispielsweise kamen in Hamburg (1957) 75,1% der Grundschul-Eltern, die ihr Kind aufs Gymnasium schicken wollten, regelmäßig zu den Elternversammlungen, dagegen nur 46,0% derjenigen Eltern, die ihre Kinder auf der Volksschule lassen wollten. Wenn der Übergang auf eine weiterführende Schule erreicht ist bzw. keine Chancen für diesen Übergang mehr gegeben sind, nimmt die Intensität der elterlichen Kooperationsbemühungen deutlich ab:[81]

Aussprache mit dem Lehrer:

Schulstufe	gar nicht	einmal	zweimal	dreimal und öfter
Grundschule	9,8	18,3	23,7	46,5
Volksschuloberstufe	24,1	19,8	28,5	25,1
Gymnasium	23,5	25,3	27,1	20,5

Die elterliche Kontakthäufigkeit, Kontaktabsicht und Einstellung gegenüber der Schule weist auch erhebliche schichtspezifische Unterschiede auf, wie die Untersuchung von Preuß bestätigt (befragt wurden über 4.000 Eltern mit Kindern in der vierten Klasse):[82]

Schichtzugehörigkeit der Eltern	Unterschicht ‚untere'	Unterschicht ‚obere'	Mittelschicht ‚untere'	Mittelschicht ‚obere'
Prozentsatz der Eltern, die mit dem Lehrer gesprochen hatten:	82,1%	86,5%	90,3%	95,0%
Prozentsatz der Eltern, die den Kontakt von sich aus anstrebten:	49,5%	56,0%	64,3%	70,2%
Prozentsatz der Eltern-Lehrer-Gespräche, die vor allem dem Übergang des Kindes an eine weiterführende Schule dienten:	30,0%	44,0%	59,3%	70,0%

Schichtzugehörigkeit der Eltern	Unterschicht ,untere'	Unterschicht ,obere'	Mittelschicht ,untere'	Mittelschicht ,obere'
Prozentsatz der Eltern mit einer (nach Ansicht des Lehrers) ,freundlichen' Einstellung zur Schule:	64,5%	75,5%	81,8%	93,2%

Diese schichtspezifischen Unterschiede in der Kooperationsbereitschaft sind von außerordentlicher Bedeutung; da sie mit dem jeweiligen Bildungsinteresse, den Bildungserwartungen und der Informiertheit über die Bildungsmöglichkeiten korrespondieren.[83]
Zusammenfassend läßt sich also über das Ausmaß und die Formen der Eltern-Schul-Kooperation feststellen:

— Je günstiger das soziale Milieu ist, um so besser ist die Vorbildung der Eltern und desto größer sind allgemein ihre Bildungserwartungen. Je höher aber ihr Aspirationsniveau ist, desto häufiger suchen sie Kontakt zur Schule. Insofern ist es keineswegs ein Zufall, daß zwischen der elterlichen Kooperationswilligkeit und dem schulischen Erfolg ihrer Kinder ein hochsignifikanter Zusammenhang besteht.[84]
— Je größer aber das Bildungsinteresse und je enger die Zusammenarbeit mit der Schule ist, desto aufgeschlossener sind Eltern gegenüber pädagogischen Reformen und desto bereitwilliger übernehmen sie allgemein neue Erziehungsmethoden in die eigene Praxis. Insofern besteht zwischen der häuslichen und schulischen Erziehung dieser Kinder eine gewisse Übereinstimmung.
— Da die Schule zudem allgemein wissenschafts- und damit mittelstandsorientiert ist und weil sowohl die kompensatorische wie die Vorschulerziehung im Gegensatz zum Elternhaus konzipiert sind,[85] erscheint es zweifelhaft, ob sich die Bildungsinteressen bei der Unterschicht steigern lassen und ob man ihre Kooperationsbereitschaft vergrößern und das sog. Milieudefizit ausgleichen kann.
— Schließlich aber wirken sich die schichtspezifischen Bildungs- und Kooperationsinteressen auch auf die Struktur und damit auch auf die bildungspolitischen Interessen der Elternverbände aus.

Freie Elternzusammenschlüsse außerhalb der Schule

Eltern befinden sich der Schulverwaltung gegenüber in einer ähnlichen Situation wie die Staatsbürger gegenüber dem Staat. In beiden Fällen ist eine *wirksame Einflußnahme* nur möglich durch einen *körperschaftlichen Zusammenschluß*.[86] Insofern hängt der elterliche Einfluß auf die Schule, Schulverwaltung und Schulpolitik von der Bereitschaft ab, eigene Interessen mit Hilfe von Organisationen (Elternvereinigungen) durchzusetzen. Nun sind derartige Zusammenschlüsse — wie oben gezeigt ist — staatlicherseits durchaus vorgesehen. Aber die Einflußmöglichkeit der Elternvertretungen ist sowohl juristisch (nur Mitspracherecht) als auch organisationstechnisch (partnerschaftliche Organisation, keine Bundesvertretung) sehr begrenzt. Aus diesem Grund, oder aber um regionale, weltanschauliche oder einzelne Schul- oder Elterngruppen zu vertreten, sind neben den gesetzlich verankerten Elternvertretungen *freie Vereinigungen* gegründet worden. Die Art der Zusammenschlüsse reicht von zeitlich begrenzten Bemühungen weniger Mütter, die ihre Kinder im Vorschulalter selbst abwechselnd betreuen, bis zu religiös-weltanschaulich ausgerichteten Elternverbänden auf Bundesebene. Die häufigste Form ist die des privatrechtlich eingetragenen Vereins. Als privatrechtlicher Verein begannen auch die Nordrhein-Westfälische Landeselternvertretung und der Bundeselternrat.

Der *Bundeselternrat* wurde 1952 durch einen Zusammenschluß von 18 Elternorganisationen (zur ‚Arbeitsgemeinschaft Deutscher Elternvertretungen') mit dem Ziel gegründet, Elterninteressen auch in jenen Gremien zu vertreten, die einer Koordinierung der Kulturpolitik (Länderhoheit) dienen. Seit 1968 vertritt der Bundeselternrat (1968 Beitritt des Saarlandes) die Eltern aller Bundesländer und zwar sowohl gegenüber den bildungspolitischen Beratungsgremien (Deutscher Bildungsrat etc.) als auch gegenüber der Kultusministerkonferenz und dem Wissenschaftsministerium. Beispielsweise ersuchte er die Kultusministerkonferenz, ‚sich auf eine Reifeprüfung zu einigen, die im ganzen Bundesgebiet eine (einheitliche) Regelung' schafft, und er forderte die Westdeutsche Rektorenkonferenz auf, klar und eindeutig festzulegen, ‚welche allgemeinen Bildungsforderungen als Voraussetzungen für das Studium gelten sollen'.[87] In Anbetracht der gegenwärtigen Zentralisierungstendenzen in der Bildungspolitik (Bund-Länder-Kommission etc.) kommt dieser Bundesvertretung der Eltern zunehmend größere Bedeutung zu, wenn Eltern an bildungspolitischen Konzeptionen beratend mitwirken wollen. Stärke und Schwäche der anderen *freien Elternzusammenschlüsse* liegen in ihrer Vielzahl und Vielgestaltigkeit. Die überregionalen unter ihnen sind entweder konfessionell ausgerichtet (z. B. ‚Katholische Elternschaft Deutschlands', ‚Familienbund der Deutschen Katholiken', ‚Bundesvereinigung Evangelischer Eltern und Erzieher') oder sie vertreten einzelne Schultypen bzw. spezielle Erziehungsziele (‚Verband der Elternschaften Deutscher Realschulen', Zusammenschlüsse von Elternschaften der Waldorfschulen, der Landerziehungsheime etc.). Zuweilen gewinnen diese Verbände relativ großen Einfluß, da sie aufgrund einer verhältnismäßig homogenen Mitgliedschaft ihre Interessen ziemlich scharf definieren können. Den konfessionellen Elternvertretungen ist darüber hinaus noch eine Anlehnung an die Kirchen möglich. Pädagogisch bedeutsam sind die religiös-weltanschaulichen und die Elternvereinigungen mit speziellen Erziehungsintentionen vor allem deshalb, weil sie meist pädagogisch besonders engagierte Eltern vertreten und sich z. T. frühzeitig um eine Elternbildung bemüht haben. Kritisiert wird an diesen Verbänden meistens, daß sie partikulare Interessen vertreten und daß sich aufgrund der starken Zersplitterung der Einfluß der Elternvertretungen auf das Bildungswesen verringert. Denn mit den Elternvertretungen konkurrieren bei der Gestaltung des Schulwesens straff organisierte Parteien und Gewerkschaften, ferner Wirtschaft, Wissenschaft und Verwaltung, schließlich einflußreiche Berufsgruppen wie Ärzte, Pädagogen etc.[88] All diese Verbände und Parteien versuchen dabei, wie an der bildungspolitischen Diskussion der letzten Zeit recht deutlich wird, die Eltern zu mobilisieren, um eigene Ziele durchzusetzen.[89] In welchem Ausmaß Eltern und elterliche Interessen tatsächlich zur Durchsetzung von parteipolitischen oder Verbandsinteressen gebraucht werden bzw. inwieweit sich Eltern manipulieren lassen, müßte dringend untersucht werden.

Statt auf diese Problematik richtet sich die Aufmerksamkeit auf strukturelle Einseitigkeiten in den Elternvertretungen. Zwar gibt es auch hier keine verbandssoziologischen Analysen und keine hinreichenden Untersuchungen über die Struktur der Elternräte, dennoch besteht den Elternvertretungen gegenüber ein gewisses Mißtrauen. So wird ‚vermutet', „daß es sich . . . bei den Elternverbänden um eine einseitig schichtenspezifische Organisation des Elternwillens und entsprechender Wahrnehmung des Elternrechts handelt, die . . . eine Form sozialer Ungerechtigkeit weiter konservieren könnte".[90] Zu untersuchen wäre in diesem Zusammenhang auch: ob und inwieweit Elternorganisationen ohne entsprechende Gruppeninitiative zu leblosen Institutionen degenerieren, ob das mittelständische Bildungsengagement pädagogische Reformen eher erleichtert oder verhindert,[91] inwieweit sich interessierte Eltern gewinnen lassen, ‚Desinteressierte' zu engagieren und ob die Einflüsse anderer Verbände und politischer Organisationen die soziale Ungerechtigkeit nicht wesentlich stärker konservieren als Elternverbände. Nach de Rudders Ansicht kann man „nicht Mitbestimmung fordern und gleichzeitig nicht wollen, daß man sich dafür organisiert".[92]

Von derartigen Überlegungen einmal abgesehen weist die soziologische Kritik zweifellos auf entscheidende Probleme hin. Erstens sind in allen Elterngremien (sei es auf der Schul- oder Bundesebene) *Eltern mit hohem Aspirationsniveau überrepräsentiert.* Das erleichtert der Schule wie Schulverwaltung in gewisser Weise ihre Arbeit, denn mit einem größeren Interesse ist allgemein auch eine größere Aufgeschlossenheit gegenüber dem gesellschaftlichen Wandel und eine größere Bereitschaft verbunden, das eigene Erziehungsverhalten zu rationalisieren.[93] Andererseits wirken sich diese Vorzüge wieder zum Nachteil von Unterschichtkindern aus, weil die Schule deren häusliches Milieu zu wenig beachtet, weil die Schulverwaltung noch immer versucht, die Milieudefizite im Gegensatz zu den Eltern statt in Zusammenarbeit mit ihnen auszugleichen, und weil Bildungspolitiker und bildungspolitische Beratungsgremien bis hin zum Deutschen Bildungsrat die Aufgaben der Elternbildung verkennen. —

Zweitens sind Elternvereinigungen, die aufgrund privater Initiative oder in enger Beziehung zu religiös-weltanschaulichen Gruppen bestehen, besonders stark *mittelstandsorientiert* oder in ihrer Perspektive fixiert, so daß sie die Gesamtelternschaft nur bedingt repräsentieren können. Beispielsweise sollen in der nordrhein-westfälischen Landesvertretung (die 1956 als privatrechtlicher Verein gegründet wurde) ca. 80 Prozent der Gymnasien, aber ein wesentlich geringerer Prozentsatz der Volks- und Realschulen vertreten sein. Obwohl aus einer ungleichen Mitgliederschaft nicht zwangsläufig eine einseitige Ausrichtung resultieren muß (nur so wird sich doch die Zusammensetzung der Schulverwaltungen rechtfertigen lassen), sieht man in dem speziellen und damit partikularen Interesse doch einen Widerspruch zur Volksbildungsaufgabe des Schulsystems. Deshalb begegnen Schulverwaltungen allen nicht schulrechtlich vorgesehenen Elternvertretungen meist mit großer Skepsis. Legitim ist nach ihrer Auffassung ‚das Mitspracherecht . . . an der von den Kindern besuchten Schule; legitim ist auch die Beteiligung der Eltern an den örtlichen Organen der Schulverwaltung und in einem zentralen Landesschulbeirat'. Jede diesen Rahmen überschreitende Organisation jedoch drohe ‚Berufseltern' und ‚Lobbyisten der Elternschaft' heranzuzüchten: Wer die Herrschaft der Verbände nicht wolle, müsse auch die Herrschaft der Elternverbände ablehnen.[94] In Einzelfällen befürchtete die Schuladministration (Nordrhein-Westfalen) bereits eine ‚Schmälerung ihrer Souveränität' durch die Landeselternschaft. Verständlich ist diese Befürchtung nur, wenn der Schule immer noch ein Behördencharakter zuerkannt wird.[95] Den demokratischen und pädagogischen Anforderungen wird sie zweifellos nicht gerecht. Noch schwerer verständlich als die staatliche Kritik ist jedoch der Vorwurf von Lehrerverbänden (wie in Hessen): der Landeselternbeirat sei „eine undemokratisch gewählte, reformfeindliche ‚geschlossene Gesellschaft'".[96]

Für die deutschen Verhältnisse ist insgesamt also bezeichnend, daß elterliche Interessen durch gewählte Repräsentanten von der Klassen- bis zur Länderebene vertreten werden. Ihre Mitsprache ist rechtlich verankert und fest institutionalisiert, obgleich nicht immer wirksam. Privater Initiative ist zu danken, daß Elterninteressen auch auf Entscheidungsebenen vertreten sind (wie auf der nordrhein-westfälischen Landes- und auf der Bundesebene), auf denen schulrechtlich keine Vertretung vorgesehen ist. Würden diese Organe von den Kultus- und Bundesbehörden stärker zur Mitarbeit herangezogen statt ignoriert und eventuell sogar als Repräsentativorgane institutionalisiert, dann müßte sich die Überrepräsentanz einer einzelnen Schulart in diesen Gremien verringern und könnte die vielbeschworene Demokratisierung auf diesen Ebenen Fortschritte machen. — Nun gibt es in der BRD nicht nur Staatsschulen, insofern können die freien Elternvereinigungen nicht überraschen. Da die Elternrechtsdiskussion sogar entscheidend auf den Streit um die Konfessionsschule zurückgeht und durch ihn immer wieder belebt wurde, erklärt sich die frühzeitige und traditionell starke

Organisation der konfessionell engagierten Eltern. Pädagogisch bedeutsam ist an den freien und konfessionellen Elterngremien, daß sie die Elternmitbestimmung ins Bewußtsein gebracht haben, daß sie Möglichkeiten einer Elternmitentscheidung zuerst erprobten, und vor allem, daß sie die Dringlichkeit einer Elternbildung erkannt und in Angriff genommen haben. Es ist kein Zufall, daß sich konfessionell ausgerichtete Institute, wie z. B. das Comenius-Institut, besonders um die Aufarbeitung der Elternrechtsdiskussion bemüht haben.[97]
Obwohl die Aufgabe der Elternmitentscheidung primär in der Klasse und Schule liegt, kann dennoch nicht übersehen werden, daß in einer Verbandsdemokratie alle Gruppen ihre Interessen — seien es Lehrer oder Eltern — durch Verbände artikulieren müssen. Den politischen Volksvertretungen fällt die Verpflichtung (!) zu, zugunsten des Kindes unter den Verbandsgegensätzen einen Ausgleich herbeizuführen.

Eltern- und Lehrerbildung

Das Hauptproblem für die Kooperation von Schule und Elternhaus besteht jedoch nicht darin, daß Kontaktgremien und Kooperationsmöglichkeiten fehlen. Vielmehr werden die bestehenden Möglichkeiten nicht voll ausgeschöpft, weil es den Beteiligten *an demokratischem Selbstverständnis, an Einsicht in die Dringlichkeit der Zusammenarbeit und an praktischer Erfahrung* mangelt. Und zwar fehlt es den Eltern an kontinuierlicher Information über die Schulvorgänge und an Verständnis für die Arbeit der Schule; aber auch Lehrer werden weder durch ihr Studium noch durch die Lehrerfortbildung auf diese Kooperation vorbereitet; und schließlich ist die Schulverwaltung immer noch hierarchisch als Behördenstruktur organisiert und in großem Maße parteipolitischen Einflüssen ausgesetzt. Insgesamt scheitert eine intensive Kooperation an der Unsicherheit und Uninformiertheit der Betroffenen sowie an einer allseitigen Reserve gegenüber Veränderungen.
Auf seiten der *Eltern* ist der Mangel an Informiertheit und Verständnis nicht als Vorwurf sondern unter folgenden Aspekten zu sehen. Im Vergleich zu früher gehört heutzutage ein wesentlich größerer Prozentsatz zur gleichen Bildungsschicht wie die Lehrer. In Einzelbereichen besitzen Eltern z. T. detailliertere Kenntnisse, und allgemein stehen sie in intensiverer Auseinandersetzung mit der Berufs- und Sozialwelt. Dennoch sind selbst gut unterrichtete Eltern den im Wandel befindlichen Unterrichtsinhalten, -methoden und -techniken gegenüber höchstens so gut informiert wie ein Lehrer über die Arbeit des anderen Fachkollegen. Ohne ausgiebige Vorbereitung ist in der Grundschule ein Zeichenlehrer z. B. nicht in der Lage, über Mengenlehre zu unterrichten. Wieviel schwieriger ist es für die Eltern, den verschiedenen Unterrichtsfächern zu folgen und sie zu unterstützen.[98] Ähnliches gilt auch angesichts der didaktischen Entwicklung und der Verwendung von Unterrichtstechnologien. Generell verliert das Schulwesen aufgrund seiner Spezialisierung, Unterrichtsdifferenzierung und angesichts der Entwicklung zu Schul-

großsystemen an Transparenz. Insofern wird es für die Betroffenen immer schwieriger, eine Kontrolle auszuüben oder sinnvoll zu kooperieren. Erst recht gilt das für die Ebene der Bildungsplanung, denn hier wird bereits der Zugang zu den Forschungen, Gutachten und Studien schwierig, z. T. ist er überhaupt erst *nach* getroffener Entscheidung möglich. Mithin setzt eine Elternmitwirkung, die über das Dekorative hinausgeht, selbst bei den kompetentesten und interessiertesten Eltern eine fortgesetzte Information und Elternbildung voraus.

Versteht man indessen Bildungspolitik als soziale Integrationspolitik, so wird man vor allem bei den ‚unteren' Sozialschichten das Bildungsinteresse wecken und eine Kooperationswilligkeit entwikkeln müssen. Die Voraussetzungen sind hier besonders ungünstig, weil Lehrer gerade mit jenen Eltern seltener ins Gespräch kommen, deren Kinder es aufgrund des andersartigen Sozialisationsmilieus am nötigsten hätten.[99] Erforderlich ist deshalb: einerseits Lehrer auf einen Intensivkontakt mit diesen Eltern vorzubereiten; andererseits den Eltern die hohe Korrelation zwischen dem Schulerfolg der Kinder und der elterlichen Kooperationswilligkeit bewußt zu machen. Die Information wird für sich allein jedoch wenig nützen, wenn den Eltern nicht gleichzeitig interessante wie praktikable Kooperationsmöglichkeiten angeboten werden.[100] Ohne Einbeziehung, Mitwirkung und Weiterbildung der Eltern erscheint selbst die kompensatorische Erziehung kaum erfolgversprechend, denn retardierende und hemmende Einflüsse des Elternhauses bleiben unverändert, die schulischen und häuslichen Erziehungsintentionen lassen sich nicht abstimmen, die kognitive Förderung steht isoliert neben dem kindlichen Erfahrungshintergrund und die emotionale Entwicklung des Kindes bleibt unberücksichtigt. Aus diesen und ähnlichen Überlegungen betrachtet Heckhausen die Vorschule als eine notwendige Ergänzung zur Familienerziehung, nicht aber als einen möglichen Ersatz. Vielmehr soll die Vorschule ‚anregend in die Familie hineinwirken', sich zur Familie hin öffnen und Mütter als Beobachter oder Mitwirkende einbeziehen.[101] Insgesamt wird das ‚Bürgerrecht auf Bildung' für viele Kinder erst dann Realität gewinnen, wenn Eltern aufgrund ihrer Mitwirkung die Schule besser verstehen, unterstützen und beeinflussen lernen.[102] Schließlich muß die Schule neben ihren herkömmlichen Funktionen auch Aufgaben der Erwachsenenbildung und Elternbildung übernehmen. Und zwar muß die Elternbildung sowohl als immanenter Prozeß (Elternmitwirkung) als auch nach Art der traditionellen Erwachsenenbildung (Vorträge und Kurse) angelegt sein.

Eine Bereitschaft zur Orientierung und ‚Weiterbildung' ist in weiten Elternkreisen durchaus vorhanden. Sie läßt sich auch kurzfristig aktivieren, wie die ‚Aktion Bildungswerbung' und ‚Student aufs Land' gezeigt haben. Auf die Dauer lassen sich Eltern aber nur dort engagieren, wo sie direkt betroffen sind und wenn ihnen alternative Handlungsmöglichkeiten gezeigt werden. Bisher aber pflegt die Schule desinteressierte Eltern eher zu kritisieren als zu engagieren, und die Elternbildungsarbeit setzt eine Motivation voraus, statt sie zu erzeugen.[103] Die Elternbildungsarbeit spricht überwiegend jene Minderheit an,[104] die sich für neue pädagogische Probleme interessiert bzw. die ihren Kindern einen Schulerfolg sichern will. Diese Eltern besuchen die Elternabende, Kurse über moderne Mathematik[105] und Vortragszyklen über Themen wie:

Malkurse für Großmütter, Mütter und Kinder,
Gehorsam und Vertrauen im Elternhaus,
Wie erleichtern wir den Kindern den Schulerfolg,
Elternhilfe bei den Schularbeiten,
Wie können wir Eltern Einfluß auf die Schule nehmen.[106]

Auf einen etwas größeren Elternkreis richten sich bereits Zeitschriften- und Buchproduktion sowie Rundfunk- und Fernsehsendungen. Wie Verlage versuchen, Eltern zu einer Förderung kindlicher Neigungen oder Fähigkeiten anzuregen, zeigen folgende Titel aus dem Verlagssortiment:

Das Wundertor. Ein Bilderbuch zum Lesenlernen. Hinweise für die Eltern.
Kleinkindfibel; Lesefibel für Kleinkinder.
Kinderfibel. Eine Fibel für Schule und Familie.
Musikfibel für Kleinkinder.
Sprach- und Denktraining. Werkspielblätter für 4- bis 7jährige.
Lies mit uns, schreib mit uns. Für die Klassenstufe 2/3.
Wir werden erwachsen. Was Kinder über Sexualität wissen sollten.

Auch Rundfunk und Fernsehen haben in den letzten Jahren den bildungspolitischen und pädagogischen Problemen größere Aufmerksamkeit gewidmet. Mit einzelnen Sendungen wandten sie sich dabei direkt an die Eltern:

Penne, Pauker und Pennäler.
Sprechen Sie doch mal mit dem Klassenlehrer.
Eltern fordern: Kinder fördern.
Elternschule.

In jüngster Zeit hat selbst eine große Tageszeitung begonnen, in ihrer Sonntagsausgabe einen Zyklus ‚Mathematik für Eltern' anzubieten.[107]

All diese Bemühungen von Publizistik, Volkshochschulen und Elternvereinigungen erreichen ‚unterprivilegierte' Eltern aber kaum, und wenn — dann nur sporadisch. Mithin droht sich der Abstand zwischen ihrer pädagogischen Orientierung einerseits und der Informiertheit von bildungsengagierten Eltern andererseits weiter zu vergrößern. Für ‚unterprivilegierte' Eltern wird es insofern auf die Dauer immer schwieriger, die Ziele und Arbeit der Schule zu verstehen und mit der Schule zu kooperieren. Die Bildungschancen ihrer Kinder dürften sich dadurch weiter verringern. Zuweilen neigt man auf seiten der Schulverwaltung deshalb zu der Auffassung von Habermas, daß ‚das soziale Grundrecht auf eine befähigungsgerechte Erziehung . . . eines Schutzes gegen die Gleichgültigkeit der Eltern' bedürfe.[108] Ein derart kompensatorischer Schutz kommt angesichts der familiären Frühsozialisation aber zu spät. Sollte man daraufhin an einen Familienersatz in Form der Heimerziehung denken, dann dürfen die außerordentlichen Defizite nicht übersehen werden, die bisher stets mit einer Heimerziehung im frühkindlichen Alter verbunden waren. Die kindlichen Bildungs- und Sozialchancen verbessern sich durch eine Heimerziehung allgemein nur dann, wenn es sich um zerrüttete Familienverhältnisse handelt. Den Hauptschutz gegen die Gleichgültigkeit der Eltern wird man deshalb vor allem in einer *verbesserten Elternbildung* suchen müssen. Zur Zeit findet sich ein geeigneter erster Ansatz dafür in der Elternberatung und in den Elternabenden der Schule. Hier bedürfte es eines systematischen Ausbaus der bestehenden Ansätze,[109] zugleich einer entsprechenden Lehrerbildung und Lehrerfortbildung und vor allem einer *Familienerziehung,* die schon bei Schülern angelegt und kontinuierlich weiterentwickelt werden muß. Eine derartige ,Familienerziehung' könnte beispielsweise von der Literatur oder Politik ausgehen, unter Verwendung des Rollenspiels zur Analyse von biologischen und psychischen bzw. soziologischen und rechtlichen Rollendispositionen in der Primärgruppe (Familie) vordringen und so ein Verständnis für unterschiedliche Rollenerwartungen, für familiäre Erziehungsbemühungen und für Sozialisationsprozesse anlegen. Dadurch würde verständlicher:

— inwieweit der Mensch als anthropologisches Mängelwesen (Gehlen/Lorenz) auf eine elterliche Für- und Vorsorge angewiesen ist;
— warum verschiedene Generationen von verschiedenen physiologischen, psychologischen und soziologischen Prämissen ausgehen;
— weshalb die verschiedenen Sozialisationseinflüsse, unter denen Eltern und Kinder aufgewachsen sind, zwangsweise zu Konflikten in der Familie führen.

Ebensogut ließe sich ein derartiger Unterricht mit den unterschiedlichen Verhaltensformen von Jungen und Mädchen beginnen. Unter Einbeziehung der Sexual,kunde' könnte zunächst ein Rollenverständnis für Gleichaltrige, dann aber auch für andere Altersgruppen entwickelt werden. Ein solcher Unterricht würde die Zusammenarbeit verschiedener Fächer begünstigen und könnte mit einem Unterrichtsfach ,Sozialerziehung' oder Pädagogik in Bezug gebracht und durch Berufspraktika ergänzt werden. — Welchen Einstieg man auch wählt, immer sollte der Unterricht durch neu zu bildende ,Eltern-Lehrer-Schüler-Gremien' Ergänzung finden (anstelle von Klassen- und Schulpflegschaften) und in enger Verbindung zur politischen Bildung stehen.[110] In der Berufsschulzeit könnte der ,Unterricht' durch eine ,polyhumane Praxis' (Sozialpraktika, Krankenhauspraktika etc.) ergänzt werden und in enger Zusammenarbeit mit Medizinern und Psychologen, mit der Eheberatung und ,Mütterschule' stattfinden. Wesentlich ist, daß alle Jugendlichen mit der

Dringlichkeit der Familienplanung und nicht nur mit der Sexualkunde — mit *Aufgaben der Familienführung und nicht nur mit der Hauswirtschaft* — mit den *Problemen der Familienerziehung und nicht nur mit der Säuglingspflege* vertraut werden. Eine derart langfristig angelegte Familienerziehung und Elternbildung könnte die Kommunikation zwischen Elternhaus und Schule, Schule und Schülern sowie Kindern und Eltern erleichtern. Außerdem könnte sie *dazu beitragen, daß ‚unterprivilegierte' Eltern nicht länger ‚unterprivilegierte' Kinder aufziehen, die wieder zu ‚unterprivilegierten' Eltern werden.*

Zusammenfassung

Für die Beziehungen zwischen Elternhaus und Schule ist insgesamt bezeichnend: eine relativ scharfe Abgrenzung der familiär-privaten von der schulisch-öffentlichen Erziehungssphäre, die Behördenstruktur der Schulverwaltung und ein erst schwach entwickeltes demokratisches Selbstverständnis der Eltern. In den letzten Jahren hat man sich jedoch verstärkt bemüht, über die Eltern*rechts*debatte hinaus zu einer konkreten Mitwirkung der Eltern zu kommen. Die Diskussion über die Möglichkeiten ihrer Mitwirkung wird sowohl unter pädagogischen wie politischen Aspekten geführt. Politisch kann die elterliche Mitentscheidung zu einer Demokratisierung der Schule, aber auch zu einer oberflächlichen Politisierung führen. Pädagogisch bedeutet sie für den Lehrer eine Hilfe bei seiner ‚guidance'-Funktion, zugleich wird sie die Einführung von neuen Unterrichtsmethoden und -inhalten komplizieren, jene aber langfristig erfolgreicher machen. Eltern werden durch die Mitwirkung zur Mitverantwortung herangezogen, sie werden mehr Verständnis für die Schule entwickeln und zur Weiterbildung angeregt. Wie weit man aber noch von einer wirklichen Kooperation entfernt ist, zeigt sich nicht zuletzt daran, daß man bei Vorschullehrern eine spezielle Ausbildung für nötig hält, aber nicht versucht, die häuslichen Milieubarrieren durch eine Elternbildung zu reduzieren. Die Vermutung drängt sich auf:

— daß eine Elternbildung ohne Elternmitwirkung erfolglos bleibt,
— daß eine permanente Schulreform ohne kontinuierliche Elternbildung außerordentlich erschwert wird,
— daß sich die schichtspezifischen Bildungsdifferenzen trotz aller Schulreformen eher vergrößern als verringern, wenn es nicht zu einer engen Kooperation von Schule und Elternhaus kommt.

Anmerkungen

1 Senat der Freien und Hansestadt Hamburg: Bildungsbericht. Hamburg 1970, S. 43.
2 Wurzbacher, G./Kipp, H.: Das Verhältnis von Familie und öffentlichem Raum unter besonderer Berücksichtigung der Bundesrepublik Deutschland. In: Wurzbacher, G. (Hg.): Die Familie als Sozialisationsfaktor. Stuttgart 1968, S. 16.
3 So z. B. Bundesminister Leussink in der Aussprache des Bundestages zur Bildungspolitik am 14. 10. 1970. In: Das Parlament 48/20. Jg., 28. 11. 1970, S. 1.
4 Neidhardt, F.: Stabilisierungseffekte der Familie. In: Hamburger Jahrbuch für Wirtschafts- und Gesellschaftspolitik. 14. Jahr, Tübingen 1969, S. 59. — Vor dem ‚technokratischen ‚Zugriff jener wissenschaftlich begründeten Sozialpraxis' und dem ‚generalisierten Einbruch von aufklärenden Sozialhelfern in die Familien' warnt beispielsweise W. Edelstein: Gezielte Innovation — zum Verhältnis von Bildungsforschung und Bildungspolitik in den USA. In: Froese, L. (Hg.): Aktuelle Bildungskritik und Bildungsreform in den USA. Heidelberg 1968, S. 254.
5 Heckhausen, H.: Förderung der Lernmotivierung und der intellektuellen Tüchtigkeiten. In: Roth, H. (Hg.): Begabung und Lernen (Deutscher Bildungsrat, Gutachten und Studien der Bildungskommission, Bd. 4). Stuttgart 1969, S. 223.
6 Die in diesem Abschnitt aufgeführten Zahlenangaben entstammen folgenden Werken: Länderrat des Amerikanischen Besatzungsgebietes: Statistisches Jahrbuch von Deutschland 1928—1944, München 1949. — Statistisches Bundesamt: Statistisches Jahrbuch für die Bundesrepublik Deutschland 1970, Stuttgart 1970. — Statistisches Bundesamt: Volks- und Berufszählung vom 6. Juni 1961. Stuttgart 1962 ff., Heft 8 (Bevölkerung in Anstalten), Heft 16 (Demographische und wirtschaftliche Struktur der Haushalte und Familien), Heft 17 (Erwerbstätigkeit von Frauen und Müttern), Heft 18 (Kinder und Jugendliche in Familien).
7 Zu denken ist an antike Bestrebungen mit einem familienlosen Kriegeradel, an mittelalterliche Kloster- und Rittergemeinschaften, an Gesellschaftstheorien der Russischen Revolution, an Kibbuzim in Israel, Volkskommunen in China und an Versuche mit „Kommunen" und „Großfamilien".
8 Groothoff, H.-H.: Familie. In: Pädagogik (Fischer Lexikon 36), Frankfurt/M. 1964, S. 98.
9 Angaben von MdB Baier. In: Das Parlament 11/71, 13. 3. 1971, S. 9.
10 Neidhardt, F.: Strukturbedingungen und Probleme familialer Sozialisation. In: Lüschen, G./Lupri, E. (Hg.): Soziologie der Familie, Opladen 1970, S. 145.
11 W. Geiger skizziert die Einstellung pädagogischer ‚Fachleute': Immer dann, wenn sich Eltern um ‚ihre' Schule oder um die Schulreformen kümmerten und dabei zu abweichenden Auffassungen kämen, reagierten Schulverwaltung, Lehrerverbände und Lehrerkollegien in ähnlicher Weise mit dem Satz: „Davon verstehen die Eltern nichts und deshalb müssen sie von der Diskussion darüber ausgeschlossen werden". (Geiger, W.: Rechtliche Überlegungen zum Verhältnis Eltern — Schule. In: Festschrift für Anton Betz, Düsseldorf 1963, S. 273).
12 Neidhardt a.a.O. (vgl. Anm. 10), S. 163 f.
13 Luthers Werke in Auswahl, hg. von Clemen, O., 2. Band, Berlin 1959[5], S. 447 f.
14 Arndt, A.: Aufgaben und Grenzen der Staatsgewalt im Bereich der Schulbildung. In: Geiger, W./Arndt, A./Pöggeler, F.: Schule und Staat, München 1959, S. 55.
15 Comenius, J.A.: Der Mutter Schul. In: Joh. Amos Comenius' Pädagogische Schriften, hg. von Lion, Th., 3. Band, Langensalza 1907[2], S. 60 ff.
16 Im ‚Schulmethodus' (Ausgabe von 1662) des Herzogs Ernst von Sachsen-Gotha: Ernst I., Herzog von Sachsen-Gotha, Special- und sonderbahrer Bericht. . . In: Sammlung selten gewordener pädagogischer Schriften früherer Zeiten, Bd. 10, hg. v. Schmidt, J., Zschopau 1883, S. 99.
17 Friedrich's des Großen Pädagogische Schriften und Äußerungen, hg. von Meyer, J. B., Langensalza 1885, S. 118.
18 Für diese Entwicklung ist die Preisfrage der Preußischen Akademie der Wissenschaften von 1787 bezeichnend: „Quels sont dans l'état de nature les fondemens et les bornes de l'autorité des parens sur les enfans? Y a-t-il de la différence entre les droits du père et ceux de la mère? Jusqu'à quel point les loix peuvent-elles étendre ou limiter cette autorité?"
19 Thiele, G.: Süverns Unterrichtsgesetzentwurf von 1819. Leipzig 1913, S. 76, S. 27.
20 Wigard, F. (Hg.): Stenographischer Bericht über die Verhandlungen der deutschen constituierenden Nationalversammlung zu Frankfurt am Main. Bd. 3., Leipzig 1848, S. 2183.
21 Nach: Wigard, F., a.a.O. (vgl. Anm. 20), 3. Bd., S. 2283.
22 Nietzsche, F.: Über die Zukunft unserer Bildungsanstalten. In: Werke in drei Bänden, hg. von Schlechta, K., Bd. 3, München 1956, S. 175 ff.
23 Bebel, A.: Die Frau und der Sozialismus. Stuttgart 1893 [20], S. 324 f.

24 Kaftan, Th.: Die Schule im Dienste der Familie, des Staates und der Kirche. Hamburg 1906, S. 30.

25 Otto, B.: Vom königlichen Amt der Eltern. Leipzig 1906.

26 Heckel, H.: Deutsches Privatschulrecht. Bln. 1955, S. 35.

27 Tews, J.: Elternabende und Elternbeiräte. Langensalza 1922, S. 31 f., S. 38.

28 Vgl. Dolch, J.: Das Elternrecht in der Erziehung. Langensalza 1928, S. 132, Anm. 4.

29 Mohs, W.: Schulgewalt und Elternrecht in Preußen. Langensalza 1930, S. 168.

30 „Die gesamte Erziehung der deutschen Volksgenossen zu deutschen Staatsbürgern liegt in den Händen des Staates und wird geleistet von der Familie, der Schule und der Kirche." H. Förster in einer programmatischen Erklärung des NSLB. In: Hamburger Lehrerzeitung, Nr. 9, 1932, S. 121. Vgl. Heckel, H.: Elternrecht, Schulrecht, Recht der Hitlerjugend. In: Reichsverwaltungsblatt 56, 1935, S. 315.

31 Vgl. z. B.: Hamburg. Verwaltungsanordnung betreffend Elternräte vom 30. 6. 1947. In: Bildung und Erziehung 1, 1948, Heft 2, S. 72 ff. — Educational and Cultural Relations Division der Militärregierung in Hessen: Grundsätzliches zur Demokratisierung des deutschen Bildungswesens. In: Hessische Beiträge zur Schulreform, Reihe 1, Heft 2, Wiesbaden 1949 (Alliierte Kontrollratsdirektive Nr. 54). — Vgl. Bungenstab, K.E.: Umerziehung zur Demokratie? Gütersloh 1970, vor allem S. 69 ff.

32 Im ersten Entwurf der Weimarer Verfassung von H. Preuß fand sich bereits der Satz: „Der Unterricht soll allen Deutschen gleichmäßig nach Maßgabe der Befähigung zugänglich sein" (§ 20 des Entwurfs, zitiert nach: Deutsche Schulgesetzgebung, Kleine pädagogische Texte, Heft 19, Langensalza o.J., S. 145). Nach dem 2. Weltkrieg wurde die Forderung, Kinder begabungsgemäß zu beschulen, u. a. in Art. 35 der Baden-Württembergischen Verfassung niedergelegt, ferner im Hamburger Gesetz vom 25. Oktober 1949 und in den Richtlinien zur „Schülerauslese". — Vgl. v. Campenhausen, A.: Erziehungsauftrag und staatliche Schulträgerschaft. Göttingen 1967. S. 35 — Seipp, P. u.a. (Hg.): Schulrecht. Ergänzbare Sammlung der Vorschriften für Schule und Schulverwaltung in Baden-Württemberg I, A 1, S. 53.

33 Aus konfessioneller Sicht argumentierten z. B. weitgehend P. Fleig, „Das Elternrecht im Bonner Grundgesetz" (1953), J. Mandl, „Das Elternrecht" (1960) und I. Röbbelen, „Zum Problem des Elternrechts" (1966). Dagegen wurden die elterlichen und staatlichen Erziehungsaufträge juristisch und rechtsphilosophisch betrachtet u. a. von E. Stein, „Die rechtsphilosophischen und positiv-rechtlichen Grundlagen des Elternrechts" (1958), W. Geiger, „Rechtliche Überlegungen zum Verhältnis Eltern-Schule" (1963), H. Heckel/ P. Seipp, „Schulrechtskunde" (1965) und A. v. Campenhausen, „Erziehungsauftrag und staatliche Schulträgerschaft" (1967). Auf die Probleme der schulischen Elternarbeit und der Elternorientierung richten sich u. a. die Schriften von O. Kampmüller, „Der Lehrer und die Eltern" (1961); „Das Mißverständnis zwischen Eltern und Lehrern" (1964) und K. Diedrich, „Elternhaus und Schule (1961). Hier liegt der Übergang zu den bewußt populär gehaltenen Erziehungsschriften für Eltern, wie jenen von F. Pöggeler, „Eltern als Erzieher" (1962) und R. Nave-Herz, „Die Elternschule" (1964).

34 Vgl. Schorb, A.O.: Für und wider den Rahmenplan, Stuttgart 1960, S. 108.

35 Deutscher Bildungsrat. Empfehlungen der Bildungskommission: Einrichtung von Schulversuchen mit Gesamtschulen. Bonn 1969, S. 125 f.

36 Vgl. z. B. Hylla, E.: Testprüfungen der Intelligenz, Braunschweig 1927, vor allem S. 178 ff. und S. 197 ff. — Fromm, E./Horkheimer, M./Mayer, H./Marcuse, H.: Autorität und Familie, 2 Bde., Paris 1936.

37 Strzelewicz, W./Raapke, H.-D./Schulenberg, W.: Bildung und gesellschaftliches Bewußtsein. Stuttgart. 1966, S. 134.

38 Roth, H., im Vorwort zu: Roth H. (Hg.): Begabung und Lernen (Deutscher Bildungsrat, Gutachten und Studien der Bildungskommission, Bd. 4). Stuttgart. 1969, S. 40.

39 Arnold, W.: Bildungswilligkeit der Eltern im Hinblick auf ihre Kinder. In: Roth, H. (Hg.): a.a.O. (vgl. Anm. 38), S. 357 ff. — Pettinger, R.: Arbeiterkinder und weiterführende Schule. Weinheim 1970. — Pettinger, R.: Zur Methode der Elternbildung. In: Deutsche Schule, 1/1971, S. 42 ff. — Heckhausen, H.: Förderung der Lernmotivierung und der intellektuellen Tüchtigkeiten. In: Roth H. (Hg.), a.a.O. (vgl. Anm. 38) S. 193 ff. — Mollenhauer, K.: Sozialisation und Schulerfolg. In: Roth, H. (Hg.) a.a.O. (vgl. Anm. 38) S. 269 ff. — Wurzbacher G. (Hg.): Der Mensch als soziales und personales Wesen. Stuttgart 1963. — Wurzbacher, G. (Hg.): Die Familie als Sozialisationsfaktor. Stuttgart 1968. — Neidhardt, F., Stabilisierungseffekte der Familie. In: Hamburger Jahrbuch für Wirtschaft- und Gesellschaftspolitik. 14. Jahr, Tübingen 1969, S. 53 ff. — Neidhardt, F.: Strukturbedingungen und Probleme familialer Sozialisation. In: Lüschen, G./Lupri, E. (Hg.): Soziologie der Familie, Opladen 1970, S. 144 ff. — Oevermann, U.: Schichtenspezifische Formen des Sprachverhaltens und ihr Einfluß auf die kognitiven Prozesse. In: Roth, H. (Hg.), a.a.O. (vgl. Anm. 38), S. 297 ff. — Oevermann, U.: Sprache und soziale Herkunft, Berlin 1970.

40 Aktenzeichen: VII CB 41/69. Zitiert nach: Frankfurter Allgemeine Zeitung, 9. 12. 1969: Eltern müssen Schulleistungen ihrer Kinder selbst überwachen.
41 Interviews mit Elternvertretern. In: Eltern fordern: Kinder fördern! Jugendfunk-Sendung des NDR I. 30. 3. 1971.
42 Vgl. Stein, E.: Die rechtsphilosophischen und positiv-rechtlichen Grundlagen des Elternrechts. In: Stein, E./Joest, W.,/Dombois, H.: Elternrecht, Heidelberg 1958, S. 20 und S. 24.
43 Hamburger Richtlinien Schülerauslese 1951 vom 7. 9. 1950, zit. nach v. Campenhausen, A.: Erziehungsauftrag und staatliche Schulträgerschaft, Göttingen 1967, S. 35 f. — Eltern können zum Verzicht auf den gewünschten Schultyp erst dann veranlaßt werden, wenn der Schüler „nach den für diese Schule gültigen Maßstäben versagt hat". Geiger, W. (vgl. Anm. 11), S. 284. Die Auslese wurde durch eine Probezeit bzw. Förderstufe ersetzt: In Hessen 1955, Berlin 1959, Niedersachsen 1964, Hamburg 1967.
44 Stein, E.: Das Mitbestimmungsrecht der Eltern und die staatliche Schulaufsicht. In: Fragen der Freiheit. 79. Folge, Weihnachten 1969, S. 6 f.
45 Seipp, P. ...(Hg.): Schulrecht. Ergänzbare Sammlung der Vorschriften für Schule und Unterricht in Nordrhein-Westfalen. 1, S. 62 (Art. 8,1 der Verfassung).
46 Seipp, P. ...(Hg.): Schulrecht ...Nordrhein-Westfalen (vgl. Anm. 45), 44, S. 20
47 Vgl. u. a. Frankfurter Allgemeine Zeitung, 2. 7. 1969, S. 3: Eltern sollen in der Schule stärker mitbestimmen.
48 Landtag Nordrhein-Westfalen — 6. Wahlperiode — Bd. 8, Drucks. 1303.
49 Landtag Nordrhein-Westfalen — 7. Wahlperiode, Drucks. 7/263, 14. 12. 1970. — Vgl. auch Frankfurter Allgemeine Zeitung, 15. 12. 1970, Drittelparität auch im Schulwesen?
50 Ziffer 99 des Aktionsprogramms, beschlossen auf dem Landesparteitag 1970 in Leverkusen. Zit. nach Mitteilung der CDU-Landtagsfraktion Nordrhein-Westfalen vom 19. 1. 1971.
51 Vgl. Die Welt, 19. 1. 1971, Verantwortung in der Schule geteilt durch drei.
52 Wortlaut des Gesetzes in: Mitteilungen der Schulbehörde 7/8, Hamburg 1968. — Vgl. v. Campenhausen A., (vgl. Anm. 43) S. 42 f., Anm. 88.
53 Senat der Freien und Hansestadt Hamburg: Bildungsbericht, Hamburg 1970. S. 16.
54 Bürgerschaft der Freien und Hansestadt Hamburg, 7. Wahlperiode 1970, Drucksache VII/340 (Antrag der CDU—Fraktion). — Bürgerschaft der Freien und Hansestadt Hamburg, 7. Wahlperiode 1970, Drucksache VII/288 (Antrag der FDP-Fraktion). — Landesschulkammer, Entwurf Schulverwaltungsgesetz der Freien und Hansestadt Hamburg (unveröffentl. Manuskript). — Hamburger Schülerparlament (HSP), Schulverwaltungsgesetz der Freien und Hansestadt Hamburg, Entwurf (unveröffentl. Manuskript). — Deutscher Verband der Gewerbelehrer, Landesverband Hamburg, Entwurf eines neuen Schulverwaltungsgesetzes (unveröffentl. Ms.). — Der Hamburger Elternbund, Vorschläge zur Änderung des Schulverwaltungsgesetzes (unveröffentl. Manuskr.) — Gewerkschaft Erziehung und Wissenschaft, Landesverband Hamburg, Ausschuß junger Lehrer und Erzieher, Ausschuß für Schulpolitik: Entwurf eines Schulverwaltungsgesetzes (unveröffentl. Manuskript).
55 Vgl. Hamburger Abendblatt, 3. 12. 1966, S. 4: Mehr Mitarbeit an Hamburgs Schulen. — Die Welt, 14. 1. 1967, S. 14: Mitarbeit der Eltern erwünscht. — Die Welt, 26. 8. 1967, S. 15. — Vgl. Hamburger Abendblatt, 27. 4. 1967, S. 3: Eltern behaupten: Schulsenator sagt die Unwahrheit. — Hamburger Abendblatt, 24. 1. 1968: Schule und Eltern. — Ähnliche Argumente von Kultusminister Holthoff, vgl. Frankfurter Allgemeine Zeitung, 2. 7. 1969, S. 3.
56 Nach Seipp, P. . . ., (Hg.), Schulrecht. Ergänzbare Sammlung der Vorschriften für Schule und Schulverwaltung in Hessen, I A I, S. 110.
57 Vgl. Seipp, P. . . . (Hg.) Schulrecht . . . Hessen (vgl. Anm. 56) IV A III, S. 29 ff.
58 Vgl. Stein, E. (vgl. Anm. 42), S. 56.
59 Text des Gesetzes bei Seipp, P. . . . (Hg.): Schulrecht . . . Hessen (vgl. Anm. 56) I C IV, S. 25 ff.
60 Zwei Beispiele von vielen (‚Eltern. Taube Ohren' und Schüler. Zehn Millionen erbeten') für erfolgreiche Durchsetzung schulischer Wünsche mit Hilfe von Eltern- und Schüleraktivität. In: Betrifft Erziehung 2/1970, Heft 2, S. 29. Über den Wandel bzw. Schwund der Erziehungsautorität bei Eltern *und* Lehrern z. B.: Kampmüller, O.: Das Mißverständnis zwischen Eltern und Lehrern, München 1964, bes. S. 12 ff.
—Aufschlußreiche Daten über die positive bzw. negative Einschätzung elterlichen Engagements durch Volksschullehrer bei Schuh, E: Der Volksschullehrer, Berlin 1962, vor allem S. 112, S. 114, S. 136, über „Geringe Anteilnahme der Eltern", „Ansprüche der Elternbeiräte", „Elterliche Anmaßungen".
61 Kob, J.: Erziehung in Elternhaus und Schule. Stuttgart 1963, S. 112 ff.
62 Vgl. Preuß, O.: Soziale Determinanten im Urteil von Volksschullehrern über die Eignung von Schülern für weiterführende Schulen (Soz. wiss. Diss., Münster) 1968.
63 Schon der Schulmethodus Herzog Ernsts I. von Sachsen-Gotha mahnt die Eltern, „daß sie jhre Kinder zu Hause des Morgens vnd Abens/ wie auch bey Tische/ dasjenige/ was sie gelernet/ wiederholen/ etwa aus der Bibel oder andern nützlichen Büchern

herlesen/ oder was sie außwendig können/ hersagen lassen/ damit sie es nicht wiederumb vergessen". Herzog Ernst I. (vgl. Anm. 16), S. 66.
64 Senat der Freien und Hansestadt Hamburg (Hg.): Bildungsbericht. Hamburg 1970, S. 43.
65 Die Zeit, 5. 3. 1971, S. 62.
66 Frankfurter Allgemeine Zeitung, 13. 1. 1971: ,Tag der offenen Tür' in den Schulen.
67 Dolch, J. (vgl. Anm. 28), S. 152. — Heuß-Knapp, E.: Schule und Elternhaus. In: Schola 1/1946, Heft 1, S. 201.
68 ,Kleine Elternschule', Serie in: Brigitte, ab Nr. 5/1971.
69 Arbeitskreis für Elternrecht Hamburg: Offener Brief des . . . zur Frage der Vorschulpflicht an den Bundesminister für Bildung und Wissenschaft. In: Die Drei, Zeitschrift für Wissenschaft, Kunst und soziales Leben. 1/1971, S. 42 f.
70 Geiger, W. (vgl. Anm. 11), S. 287 f.
71 Nahezu die Hälfte der Elternschaft fand 1968 die Berücksichtigung ihrer Wünsche als unzureichend. Hamburger Abendblatt, 8. 8. 1968: Mitsprache der Eltern reicht noch nicht aus. — Vgl. Hamburger Elternblatt 15/1968, Heft 11, S. 3.
72 „Beispiele, wie Eltern sich organisierten, Initiativen ergriffen und Aktionen veranstalteten" z. B. in der Jugendfunksendung des NDR I vom 30. 3. 1971: Eltern fordern: Kinder fördern (Manuskript von Schmitz, I./Müller, J.)
73 Vgl. Prahm, R.: Eltern schaun dem Lehrer über die Schulter. In: Betrifft Erziehung 2/1970, Heft 2, S. 30.
74 v. Campenhausen a.a.O. (vgl. Anm. 43), S. 52.
75 Becker, H.: Quantität und Qualität. Freiburg 1962, S. 141.
76 Staatliche Pressestelle Hamburg: Berichte und Dokumente aus der Freien und Hansestadt Hamburg 139, 29. 7. 1968, S. 9.
77 Diedrich, K.: Elternhaus und Schule, Berlin 1961, S. 14. — Kob a.a.O. (vgl. Anm. 61), S. 70. — Vgl. Hufen, F.: Eltern im Informationsnotstand. In: Loccumer Protokolle 11/1969: Der Beitrag der Eltern zur demokratischen Kontrolle der Schule, S. 33 ff.
78 Stein, E.: Das pädagogische Elternrecht im sozialen Rechtsstaat. In: Festschrift für E. Schütte, Politik — Wissenschaft — Erziehung. Frankfurt/M. 1969, S. 169.
79 Schirren, C.: Die gegenwärtige Situation der Elternbeiräte. In: Elternblatt (Ausgabe Berlin) 20/1970, Heft 2, S. 15.
80 Kampmüller, O.: Das Mißverständnis zwischen Eltern und Lehrern. München 1964, S. 51.
81 Kob a.a.O. (vgl. Anm. 61), S. 68 f., S. 62, S. 73.
82 Preuß, O.: Soziale Determinanten im Urteil von Volksschullehrern über die Eignung von Schülern für weiterführende Schulen (Soz. wiss. Diss., Münster), 1968. — Preuß, O.: Kontakte zwischen Eltern und Lehrern. In: Betrifft Erziehung 2/1969, Heft 9, S. 17 ff.
83 Vgl. Arnold, W.: Bildungswilligkeit der Eltern im Hinblick auf ihre Kinder. In: Roth, H. (Hg.): a.a.O. (vgl. Anm. 38) Stuttgart 1969, S. 363 f.
84 Vgl. Pettinger, R.: Zur Methodik der Elternberatung. In: Deutsche Schule 1/1971, S. 44. — Vgl. Staatliche Pressestelle Hamburg, Berichte und Dokumente aus der Freien und Hansestadt Hamburg 139, 29. 7. 1968, S. 4.
85 Es ist bezeichnend, daß auf deutschen Vorschulkongressen (Hannover 1970, Münster 1971) sich keine Thematik direkt mit der Kooperation von Schule und Elternhaus befaßte.
86 Vgl.: Winandy, Th.: Die Kindergarage in Aachen. Ein Wohnheim für Studenten-Ehepaare — und was noch fehlt. In: Frankfurter Allgemeine Zeitung, 8. Mai 1971. — vgl. v. Campenhausen, A. (vgl. Anm. 43), S. 41.
87 Bundeselternrat, Wünsche angemeldet. In: Betrifft Erziehung 2/1969, Heft 12, S. 8.
88 Geiger, W. (vgl. Anm. 11), S. 271.
89 In Hamburg veranlaßte die Schulverwaltung mit pseudopädagogischen Argumenten die Elternschaft, zugunsten einer Unterrichtsverkürzung und der 5-Tage-Woche der Schule zu stimmen. —
90 Thomas, H.: Lehrer- und Elternverbände, in: Schulz, W./Thomas, H.: Schulorganisation und Unterricht. Heidelberg 1967, S. 48 ff.
91 Vgl. Fend, H.: Sozialisierung und Erziehung. Weinheim/Bln./Basel 1969, S. 69.
92 de Rudder, H.: Soziale Systeme und Erziehung. In: Loccumer Protokolle 11/1969: Der Beitrag der Eltern zur demokratischen Kontrolle der Schule, S. 23.
93 Neidhardt, F.: Strukturbedingungen und Probleme familialer Sozialisation. In: Lüschen, G./Lupri, E. (Hg.): (vgl. Anm. 10), S. 154.
94 Heckel, H.: Jugendrecht, Elternrecht, Schule. In: Recht der Jugend, 6/1958, S. 145 ff.
95 Röbbelen, I.: Zum Problem des Elternrechts. Heidelberg 1966, S. 143.
96 Zitiert nach: Der Spiegel, Heft 46/1968, 11. 11. 1968, S. 89. — Wenn ein derartiger Vorwurf erhoben wird, müßten auch Lehrerverbände unter gleichem Aspekt untersucht werden. Vgl. z. B. Fröhder, W.: Auf den Spuren der Ämterpatronage, Merkwürdigkeiten bei der Bestellung von Schulleitern. In: Frankfurter Allgemeine Zeitung, 4. 8. 1964, S. 2.

97 Vgl.: Veröffentlichungen des Comenius-Instituts. Reihe: Pädagogische Forschungen, Nr. 7 = Stein, E./Joest, W./Dombois, H.: Elternrecht. Heidelberg 1958, Nr. 30 = Röbbelen, I.: Zum Problem des Elternrechts. Heidelberg 1966. Ferner: Schwanhäußer, G.: Zum Problem des Elternrechts. Kritischer Literaturbericht zum Elternrechtsproblem (Unveröffentl. Manuskript).

98 de Rudder, H. (vgl. Anm. 92), S. 21.

99 Kob, J. (vgl. Anm. 61), S. 113. — Preuß, O. In: Betrifft Erziehung; 2/1970, Heft 2, S. 18.

100 Lemberg, E./Klaus-Roeder, R.: Familie — Schule — Sozialisation. In: Wurzbacher, G. (Hg.): Die Familie als Sozialisationsfaktor. Stuttgart 1968, S. 143.

101 Heckhausen, H. (vgl. Anm. 41), S. 207 f.

102 Aurin, K.: Ermittlung und Erschließung von Begabungen im ländlichen Raum, Villingen 1966, S. 9.

103 Pöggeler, F.: Methoden und Inhalte der Erwachsenenbildung. In: Erwachsenenbildung, 12/1966, S. 10.

104 Flitner, A.: Vorschule — falsch programmiert? In: Die Zeit, 2. 4. 1970, S. 65.

105 So schreibt der Leiter einer Hamburger Schule 1970 an die Eltern: „. . . daß noch mehrere Eltern gern einen Kurs über ‚Moderne Mathematik in der Grundschule' besuchen würden . . . Herr . . . hat sich nach Rücksprache mit unserem Elternratsvorsitzenden . . . bereit erklärt, einen weiteren Kurs, beginnend im Januar 1971, einzurichten. . . Dieser Kurs . . . *kann nur durch Privatinitiative der Eltern zustande kommen".* (Hektographiertes Anschreiben vom 10. 12. 1970). — Vgl. die entsprechende Elternpublikation: Fuchs, W. R.: Eltern entdecken die neue Mathematik, München 1970. — Fuchs, W. R.: Eltern entdecken die neue Logik, München 1971.

106 Vgl. Freiburger Vortragsreihe: Eltern — Lehrer — Schüler — Gespräche. Gemeinsam veranstaltet vom Freiburger ‚Frauenring', den Schulämtern, der Volkshochschule und der Arbeitsgemeinschaft ‚Bürger im Staat'.

107 ‚Sprechen Sie doch mal mit dem Klassenlehrer'. Manuskript: Klose, W. In der Reihe ‚Elternschule' des SWF, 2. und 3. Programm, 11. 1. 1971. — ‚Eltern fordern: Kinder fördern'. Manuskript: Schmitz, I./Müller, J., In der Reihe ‚Jugendfunk' des NDR, 1. Programm, 30. 3. 1971. — ‚Elternhaus — Schule — Ausbildung'. 1. Programm NDR, 21. 5. 1971. — ‚So bleiben Eltern nicht mehr sitzen'. In: Welt am Sonntag 30/1971, 16. 5. 1971, S. 28 f.

108 Habermas, J.: Konservativer Geist — und die modernistischen Folgen. In: Der Monat, Heft 133, Bd. 12, 1959/60, S. 46.

109 Einen Überblick über die Ansätze gibt Nave-Herz, R.: Die Elternschule. Neuwied 1964 (bes. S. 81). — Die Zahl der Elternschulen scheint rasch anzusteigen: In Hamburg wurde im Frühsommer 1971 die zehnte eröffnet. Vgl. Die Welt, 3.6. 1971, S. 23: Die neue Elternschule hat noch viele schwache Seiten. — Vgl. auch: Bäuerle, W.: Theorie der Elternbildung. Sozialpäd. Reihe, Bd. 4, 1971. — Anregende Überlegungen zu Elternforschung, Elternbildung und Eltern-Lehrer-Kooperation bei Lemberg, E.: Elternlose Schule. In: Seidelmann, K. u. a.: Schüler, Lehrer, Eltern. Hannover 1970, S. 139 ff.

110 Selbstverständlich müssen die einzelnen Gruppen — je nach Alter der Schüler — in verschiedenem Ausmaß an Entscheidungsprozessen beteiligt werden.

Bibliographie

I. Einführende Literatur

Campenhausen, A.v.: Erziehungsauftrag und staatliche Schulträgerschaft. Göttingen 1967.

Dolch, J.: Das Elternrecht in der Erziehung. Langensalza 1928.

Kob, J.: Erziehung in Elternhaus und Schule. Stuttgart 1963.

Röbbelen, I.: Zum Problem des Elternrechts. Heidelberg 1966 (mit Bibliographie).

Roth, H. (Hg.): Begabung und Lernen (Deutscher Bildungsrat, Gutachten und Studien der Bildungskommission, Band 4). Stuttgart (1969).

Stein, E./ Joest, W./ Dombois, H.: Elternrecht. Heidelberg 1958.

Stein, E.: Das Mitbestimmungsrecht der Eltern und die staatliche Schulaufsicht. In: Fragen der Freiheit, 79. Folge, Weihnachten 1969, S. 3 ff.

II. Literatur zur speziellen Information

Bach, H.: Schulische Erziehungsberatung. (Phil. Diss. Zürich) Hannover 1960.
Bäuerle, W.: Jugendhilfe und Elternbildung. (Phil. Diss.) Hamburg 1970.
Bäuerle, W.: Theorie der Elternbildung. Sozialpäd. Reihe, Bd. 4, Winheim 1971.
Berthelmann, E.: Der Klassenbeirat, Ein Organ zur Steigerung der Effektivität des Zusammenwirkens aller Erziehungsträger. In: Berufsbildung 22 (1968), S. 185 ff.
Blättner, F.: Das Elternrecht und die Schule. Leipzig 1927.
Brezinka, W.: Über Elternberatung. In: Die Sammlung, 1956, S. 309 ff.
Diedrich, K.: Elternhaus und Schule. (Berlin 1961).
Dörpfeld, F. W.: Die freie Schulgemeinde und ihre Anstalten auf dem Boden der freien Kirche im freien Staate. 2. Aufl. Gütersloh 1898.
Ederer, K. A.: Von der Schulpflegschaft zum Elternbeirat. In: Die katholische Schule 14 (1968), S. 177 ff., S. 200 ff.
Fromm, E./ Horkheimer, M./ Mayer, H./ Marcuse, H. u. a.: Autorität und Familie, 2 Bände, Paris 1936.
Friedeburg, L. v. (Hg.): Jugend in der modernen Gesellschaft. Köln 1965.
Gaudig, H.: Schule und Elternhaus. In: Gaudig, H.: Die Schule im Dienste der werdenden Persönlichkeit. 2. Band, 2. Aufl., Leipzig 1927, S. 1 ff.
Geiger, W.: Rechtliche Überlegungen zum Verhältnis Eltern — Schule. In: Festschrift für Anton Betz, Düsseldorf (1963), S. 269 ff.
Heckel, H./ Seipp, P.: Die Demokratisierung der Schule. In: Heckel, H./ Seipp, P.: Schulrechtskunde, Berlin 1965, S. 343 ff.
Heppes, G.: Die Grenzen des Elternrechts. o.O.u.J. (1955).
Kampmüller, O.: Der Lehrer und die Eltern. Ansbach (1961).
Kampmüller, O.: Das Mißverständnis zwischen Eltern und Lehrern. München 1964.
Lieth, E.v.d.: Pädagogische Aspekte des Elternrechts. In: Stimmen der Zeit, April 1971.
Loccumer Protokolle 11/1969: Der Beitrag der Eltern zur demokratischen Kontrolle der Schule.
Lucker, E.: Elternpädagogik und Psychohygiene. Weinheim (1967).
Lüschen, G./Lupri, E. (Hg.): Soziologie der Familie. Opladen (1970).
Mandl, J.: Das Elternrecht. Freiburg 1960.
Maurer. M.: Das Elternrecht und die Schule. (Jur. Diss.) München 1962.
Middelhauve, B. (Hg.): Die neuen Eltern. Opladen 1968.
Nave-Herz, R.: Die Elternschule (Neuwied 1964).
Neidhardt, F.: Stabilisierungseffekte der Familie. In: Hamburger Jahrbuch für Wirtschafts- und Gesellschaftspolitik. 14. Jahr 1969, Tübingen, S. 53 ff.
Oevermann, U.: Sprache und soziale Herkunft. Berlin 1970.
Pöggeler, F.: Eltern als Erzieher. Osnabrück (1962).
Pöggeler, F.: Methoden und Inhalte der Elternbildung. In: Erwachsenenbildung, 1966, S. 9 ff.
Preuss, O.: Soziale Determinanten im Urteil von Volksschullehrern über die Eignung von Schülern für weiterführende Schulen. (Soz. wiss. Diss.) Münster 1968.
Preuss, O.: Kontakte zwischen Eltern und Lehrern, In: Betrifft Erziehung 1969, Heft 9, S. 17 ff.
Reininghaus, W.: Evangelische Kirche und Elternrecht. Lüneburg 1961.
Restrepo, F.: Die Entwicklung des Elternrechts in Deutschland seit der Reformation. Mönchen-Gladbach 1924.
Rössner, L.: Handbuch für Elternabende. Berlin 1967.
Schelsky, H.: Schule und Erziehung in der industriellen Gesellschaft. Würzburg (1957).
Schleicher, K.: Die Funktion der Eltern in der pädagogischen Öffentlichkeit. In: Zeitschrift für Pädagogik, Beiheft 9, 1971, S. 227 ff.
Schuh, E.: Der Volksschullehrer. Berlin 1962.
Schulz, W./Thomas, H.: Schulorganisation und Unterricht. Heidelberg 1967.
Seidelmann, K. u. a.: Schüler, Lehrer, Eltern. Hannover 1970.
Seufert, W.: Von der Schulpflegschaft zum Elternbeirat. In: Blätter für Lehrerfortbildung. Das Seminar 20. Jg. 1/1968, S. 68 ff.
Spranger, E.: Die wissenschaftlichen Grundlagen der Schulverfassungslehre und Schulpolitik. Berlin 1928.
Tews, J.: Elternabende und Elternbeiräte. 5. Aufl. Langensalza 1922.
Veit, D.: Elternberatung an Landschulen, aber wie? In: Die Ganzheitsschule 17 (1968), S. 78 ff.
Veit, D.: Elternmitbestimmung ohne Selbstbesinnung? In: Unterricht heute. 7/1971, S. 289 ff.
Wurzbacher, G. (Hg.): Der Mensch als soziales und personales Wesen. Stuttgart 1963.
Wurzbacher, G. (Hg.): Die Familie als Sozialisationsfaktor. Stuttgart 1968.

Elternhaus und Schule in der DDR

Mit dem Gewicht der Stimmen von Walter Ulbricht und Margot Honecker ist auf dem VII. Pädagogischen Kongreß im Mai 1970 unterstrichen worden, was seit Beginn des Aufbaus des sozialistischen Bildungssystems in der DDR als unumstößlicher bildungspolitischer Grundsatz gilt: die sozialistische Bildung und Erziehung ist Aufgabe und Anliegen der gesamten Gesellschaft. Sie erfordert den Einsatz aller gesellschaftlichen Kräfte und deren enges Zusammenwirken, wobei die führende Rolle der Schule zukommt.[1] Vor dem Hintergrund dieser Vorstellungen soll dargelegt werden, wie nach offizieller Auffassung in der DDR das Verhältnis der Eltern zum Haupterziehungsträger Schule gesehen wird, wie groß der Umfang ihrer Mitverantwortung an der sozialistischen Erziehung durch die Schule ist und welche Hilfen von seiten der Gesellschaft für die Durchführung des elterlichen Erziehungsanteils vorgesehen sind. Wie bei fast allen Themen aus dem Bereich der DDR-Forschung ist auch hier zu berücksichtigen, daß eine Untersuchung der anstehenden Fragen im wesentlichen auf Grund von Texten amtlichen und halbamtlichen Charakters (Gesetze, Verfassungsartikel, Parteiverlautbarungen, Verfügungen, Richtlinien und Anordnungen gesellschaftlicher Organe) durchgeführt werden muß, da empirisches Material, wenn überhaupt vorhanden, kaum zugänglich ist. — Bevor auf Einzelheiten eingegangen werden soll, sind einige Angaben über die Stellung der Schule im sich entwickelnden gesellschaftlichen System des Sozialismus erforderlich.

Funktion der Schule im gesellschaftlichen System des Sozialismus

Die schulpolitische und pädagogische Entwicklung der DDR ist von Anfang an durch das Bestreben gekennzeichnet, ein leistungsfähiges und einheitliches Bildungssystem zu schaffen. Mit dem „Gesetz über das einheitliche sozialistische Bildungssystem vom 25. Februar 1965“[2] ist dieses Bemühen nach einigen tiefgreifenden Experimenten zum Abschluß gekommen und das Konzept eines geschlossenen staatlichen Bildungssystems rechtlich verankert worden. Das einheitliche sozialistische Bildungssystem umfaßt alle Bereiche der Bildung und Erziehung, von den Einrichtungen der Vorschulerziehung (Krippen und Kindergärten) bis zu den Hochschulen und Institutionen der Erwachsenenbildung. Es ist auf der einen Seite gekennzeichnet durch „Rationalität des äußeren Aufbaus“ und „Anpassung an die wirtschaftlichen Erfordernisse“, auf der anderen Seite durch den Führungsanspruch der Partei und der damit verbundenen politisch-ideologischen Herrschaft über die Schule, „die alle regimefremden geistigen Einflüsse von der Erziehung und dem Unterricht fernzuhalten trachtet".[3] Mit der zehnklassigen polytechnischen Oberschule, der allgemeinen Pflichtschule in der DDR, hat sich die sozialistische Gesellschaft eine Einrichtung geschaffen, die ganz bewußt der Durchsetzung der Interessen des Sozialismus dienen soll. Diese Funktion der Schule gewinnt nach G. Neuner, Direktor der im September 1970 gegründeten Akademie der Pädagogischen Wissenschaften der DDR, vor allem deswegen an Bedeutung, weil wir in einer „Zeit der verschärften Klassenauseinandersetzung zwischen Sozialismus und Imperialismus" leben. Die Schule steht nach seiner Meinung in diesem Kampf „an entscheidender Stelle, und sie muß ihn führen als ideologische Institution"; d. h. sie hat nicht mehr nur die Aufgabe, „die Ideologie der siegreichen Arbeiterklasse in die Köpfe und Herzen der gesamten heranwachsenden Generation zu pflanzen", sondern muß „aktiver Faktor . . . im politischen und ideologischen Klassenkampf" sein.[4]

Diese kompromißlose Absage an eine wert- und ideologiefreie Bildung als eine mögliche Funktion der Schule, die zugleich eine Absage an die vor allem von westlichen Pädagogen nachgewiesene Konvergenz pädagogischer und bildungspolitischer Aufgaben in unterschiedlichen Gesellschaftssystemen ist,[5] gilt es zu beachten, wenn die Grundbedingungen der Kooperation der verschiedenen Erziehungsträger, insbesondere von Schule und Elternhaus, näher betrachtet werden sollen.

Grundbedingungen für eine Kooperation der verschiedenen Erziehungsträger

Aus der Bestimmung der Funktion der Schule ergibt sich eindeutig auch ihre führende Stellung im Gesamtprozeß der Bildung und Erziehung. Es gehört jedoch zu einer Besonderheit des Bildungswesens in der DDR, daß trotz dieser in jeder Phase der Entwicklung des Bildungswesens betonten Vorrangstellung der Schule immer auch das Verhältnis der verschiedenen Erziehungsträger zueinander Gegenstand der Diskussion und Neubestimmung gewesen ist. Dabei ist der Gedanke, daß die verschiedenen Erziehungsträger an der Heranbildung der jungen Generation zu beteiligen sind, nicht spezifisch sozialistisch; er gibt vielmehr eine alte pädagogische Wunschvorstellung, die unabhängig ist von einer bestimmten Gesellschaftsordnung, wieder. Sozialistische Züge erhält diese Vorstellung durch die mitgegebenen Begründungen und durch die Bestimmung der führenden Kräfte im Wechselverhältnis der Erziehungsträger. Die Notwendigkeit des einheitlichen Zusammenwirkens aller Erziehungsträger wird nämlich aus den Lehren der marxistischen Klassiker abgeleitet. Danach sind die Durchführung der proletarischen Revolution und die Erziehung und Bildung der ‚unterdrückten Volksmassen' die entscheidenden Bedingungen für die Errichtung der sozialistischen Gesellschaft. Diese grundlegende politische, ökono-

mische und kulturelle Umwälzung hat nach Meinung der Verantwortlichen in der DDR bereits stattgefunden.
Auf der Grundlage der Arbeiter- und Bauernmacht entstand auch „ein völlig neues Verhältnis" zwischen Schule und Elternhaus. Nach M. Honecker hat es seine Grundlage darin, daß die demokratische Schule eine Schule des ganzen Volkes ist, daß die Ziele dieser Schule bzw. des sozialistischen Bildungssystems den Interessen der Eltern entsprechen und daß der Familie im Sozialismus „eine neue moralische und erzieherische Rolle zuerkannt" wird.[6] Für ein enges Zusammenwirken von Schule und Elternhaus ist also die Übereinstimmung der Erziehungsziele der Eltern und der ganzen Gesellschaft notwendig. Durch die Vereinigung der privaten mit der öffentlichen Sphäre, durch die prinzipielle Aufhebung aller antagonistischen Widersprüche zwischen Familie und Gesellschaft und durch die Orientierung auf die einheitliche sozialistische Menschengemeinschaft, so meint man, ist auch diese Voraussetzung in der DDR gegeben. Da aber die innerfamiliären Entwicklungen von Traditionen und alten Gewohnheiten beeinflußt werden, wird die Vorstellung von der Interessenidentität mit einer Einschränkung versehen: Die Übereinstimmung der Erziehungsabsichten und Interessen zwischen Familie und Gesellschaft ist „objektiv" gegeben, „subjektiv" jedoch noch nicht in jedem Fall vorhanden.
Die Familie wird im Sozialismus als Erscheinung verstanden, die die gesamtgesellschaftlichen Verhältnisse widerspiegelt. Ihre Funktionen und Aufgaben sind somit gesellschaftlich determiniert. Daraus wird das gesellschaftliche Interesse sowohl an der Festigung und Weiterentwicklung der Familie als auch an der Wahrnehmung aller ihrer Funktionen, insbesondere der „kulturell-erzieherischen Funktion" abgeleitet.[7] Da die Erziehung der Kinder im Familiengesetzbuch der DDR zudem als eine staatsbürgerliche Aufgabe bezeichnet wird, ist auch das Interesse der Gesellschaft an der Erfüllung dieser Aufgabe durch die Eltern verständlich.
Der wichtigste Grundsatz im Verhältnis der verschiedenen Erziehungsträger ist der gleiche, der auch im gesamten politischen Raum Gültigkeit hat und Anwendung findet, und der „demokratischer Zentralismus" genannt wird. Dieser Grundsatz, von Lenin entwickelt, meint die „Zentralisierung der planmäßigen Leitung des wirtschaftlichen und kulturellen Aufbaus bei strenger Unterordnung der unteren Organe unter die übergeordneten".[8] Angewandt auf die Erziehung als ein Gemeinschaftswerk aller gesellschaftlichen Kräfte unter Führung der Schule bedeutet das: das von der Gesellschaft geforderte und wissenschaftlich begründete sozialistische Erziehungsziel mit den Mitteln und Methoden der untergeordneten Institution — hier der Familie — durchzuführen. Die ‚operative Lösung' aller mit der sozialistischen Erziehung der jungen Generation verbundenen Probleme ist also die eigentliche Aufgabe des Elternhauses; während die Schule die Aufgabe hat, den Bildungs- und

Erziehungsprozeß inhaltlich und organisatorisch zu leiten. Dies wird unter Bezugnahme auf Gedanken des sowjetischen Pädagogen A. S. Makarenko festgestellt: „Es gibt gute Familien, und es gibt schlechte Familien. Sich dafür verbürgen, daß die Familie so erzieht, wie es notwendig ist, kann man nicht. Sagen, die Familie könne erziehen, wie sie wolle, dürfen wir nicht. Wir müssen die Familienerziehung organisieren, und das organisierende Prinzip muß die Schule sein als die Vertreterin der staatlichen Erziehung. Die Schule muß die Familie anleiten."[9]

Elternrecht in der DDR

Ganz im Sinne dieser Grundbedingungen der Zusammenarbeit von Schule und Elternhaus ist die Frage nach dem Elternrecht in der DDR entschieden. Die seit dem 19. Jahrhundert in Abständen geführte deutsche Elternrechtsdiskussion, die in der BRD leidenschaftlich fortgesetzt wurde, hat in der DDR zu keiner Zeit eine Parallele gefunden.[10] Für eine solche Diskussion gab es nach offizieller Auffassung im „Arbeiter- und Bauern-Staat" keine Grundlagen. Denn es „bestand objektiv kein Gegensatz mehr zwischen dem Recht der staatlichen Schule und dem Elternrecht. Die berechtigten Interessen des überwiegenden Teiles der Elternschaft entsprechen (·) vollkommen den Absichten und Handlungen der staatlichen Schule als eines Instrumentes in den Händen der Arbeiterklasse und ihrer Verbündeten. Die Rechte und Pflichten der Eltern aus der Arbeiterklasse und aus den Reihen ihrer Verbündeten zur häuslichen Erziehung ihrer Kinder und zur Mitwirkung bei der schulischen Erziehung (...) ergänzen sich mit den Pflichten des von ihnen geschaffenen Staates zur Heranbildung der Jugend durch die Einrichtungen des öffentlichen Bildungs- und Erziehungswesens. Man kann sagen, daß erst im Arbeiter- und Bauern-Staat von einer Verwirklichung des Elternrechts im besten Sinne des Wortes gesprochen werden kann, da es im Einklang mit dem Recht des Volkes, das selbst Inhaber der Staatsgewalt ist, durchgesetzt werden kann."[11]

In dieser Formulierung aus dem Jahr 1956 werden die wesentlichen Züge der Auffassung vom Elternrecht in der DDR bereits deutlich. Sie haben bis heute ihre Gültigkeit nicht verloren. Danach gibt es keinen ‚absoluten Begriff' vom Elternrecht, der in jeder Gesellschaftsordnung und zu allen Zeiten Gültigkeit hätte, da die Wurzeln dieses Rechts, „die Moral (und mit ihr die moralischen Anschauungen) ebensowenig ewig und unwandelbar (sind) wie das Recht selbst". Je nach Klassenstandpunkt und Situation der gesellschaftlichen Verhältnisse werden also vom Staat Verhaltensregeln festgesetzt und sanktioniert, d. h. zu Rechtsnormen erhoben, um gesellschaftliche Zustände und Verhältnisse, „die der *Mehrheit* des Volkes genehm und vorteilhaft sind", zu schützen und zu stärken.[12] Zur Zeit der ersten Verfassung der DDR sah das so aus, daß vom „natürliche(n) Recht der Eltern" auf die Erziehung des Kindes „zu geistig und körperlich tüchtigen Menschen im Geiste der Demokratie" gesprochen wurde. Darüber hinaus wurde die Erziehung der Kinder durch die Eltern zur obersten Pflicht erhoben, für deren Erfüllung sie der Gesellschaft gegenüber verantwortlich waren.[13] Das Recht und die vornehmste Pflicht der Eltern, „ihre Kinder zu gesunden und lebensfrohen, tüchtigen und allseitig gebildeten Menschen, zu staatsbewußten Bürgern zu erziehen" ist auch in die neue Verfassung von 1968 aufgenommen worden. Dagegen ist das 1949 in den Artikeln 40 und 44 den kirchlich gebundenen Eltern garantierte Recht auf religiöse Unterweisung und Erziehung ihrer Kinder in dieser neuen Verfassung nicht mehr enthalten. — In der 1963 erschienenen ‚Pädagogischen Enzyklopädie' wird das sozialistische Elternrecht zusammenfassend als „Mitwirkungsrecht der Eltern" verstanden. Diese Bestimmung sei der Ausgangspunkt für die Festlegung der allgemeinen Grundsätze der Zusammenarbeit von Schule und Familie, denn das Elternrecht in der DDR „ist die Gesamtheit der juristischen Normen, die durch die gesetzgeberischen Organe unseres Staates im Interesse der Arbeiterklasse und aller Werktätigen erlassen werden, um das planmäßige Wirken oder Mitwirken von Eltern bei der Bildung und Erziehung ihrer Kinder zu regeln".[14]

Organisation des Kontakts zwischen Schule und Elternhaus

Es kann an dieser Stelle nicht im einzelnen auf die über 20jährige Geschichte der Elternvertretungen in der DDR eingegangen werden.[15] Die vorliegenden Quellen rechtfertigen jedoch die Feststellung, daß das Verhältnis von Schule und Elternhaus aufs engste mit der Entwicklung des sozialistischen Bildungssystems verknüpft ist und in jeder Phase von der Reform der Schule geprägt wurde. Seit Bestehen der SBZ/DDR wurde es in Gesetzen, Verordnungen und Anweisungen immer wieder dem jeweiligen Entwicklungsstand der Schule angepaßt und rechtlich geregelt. Fast ausnahmslos folgten wichtigen schulpolitischen Dokumenten kurze Zeit später Verordnungen, die die Zusammenarbeit von Schule und Elternhaus auf die jeweiligen Schwerpunkte der Arbeit der allgemeinbildenden Schulen orientierten.[16] Seit der ersten Elternbeiratsverordnung vom 12. April 1951, die die bis dahin mögliche Zweigleisigkeit in der Ausübung der elterlichen Mitverantwortung durch das Nebeneinanderbestehen von Elternausschüssen und den Arbeitsgemeinschaften ‚Freunde der neuen Schule' beendete[17] und in Erfüllung des Artikels 37 der Verfassung der DDR vom 7. 10. 1949, an allen Schulen Elternbeiräte einrichtete, ist es den gewählten Elternvertretern immer wieder zur Aufgabe gemacht worden, die Politik der Partei zu erläutern und die Parteibeschlüsse zu schulpolitischen Fragen durchsetzen zu helfen. — Dem ‚Gesetz über das einheitliche sozialistische Bildungssystem vom 25. Februar 1965' folgte die ‚Verordnung über die Elternvertretungen an den allgemeinbildenden Schulen (Elternbeiratsverordnung) vom 15. November 1966', auf deren Grundlage derzeit das Zusammenwirken von Schule und Elternhaus rechtlich geregelt ist. Diese letzte der bisher vier Elternbeiratsverordnungen bestätigt die Tendenz, die sich seit Anfang der 60er Jahre abzeichnet, der Zusammenarbeit von Schule und Elternhaus den Charakter einer Massenbewegung zu geben. Immer mehr Eltern sollten zur Beteiligung am Bildungs- und Erziehungsprozeß in der Schule und zur weiteren Entwicklung der sozialistischen Gesellschaft gewonnen werden. Nicht nur die gewählten Elternvertreter, sondern möglichst alle Eltern sollen in irgendeiner Weise im Rahmen der schulischen Erziehung ihrer Kinder aktiv werden.

Als gewählte Organe der Eltern, die die Aufgabe der „Mitverantwortung für die Sicherung hoher Bildungs- und Erziehungsergebnisse" wahrnehmen, bestehen an allen allgemeinbildenden Schulen in der DDR Elternbeiräte und Klassenelternaktive;[18] der Elternbeirat ist dabei die Vertretung aller Eltern der Schüler einer Schule, das Klassenelternaktiv die Vertretung der Eltern aller Schüler einer Klasse. Darüber hinaus sind keine weiteren Elternorganisationen vorgesehen bzw. zugelassen. — Die derzeit gültigen Verordnungen sehen vor, daß der Elternbeirat aus mindestens fünf Mitgliedern, im Höchstfall jedoch aus 25 Mitgliedern bestehen soll (an kleineren Schulen in der Regel 5 bis 15, an größeren 15 bis 25 Mitglieder), während das Klassenelternaktiv in der Regel 3 bis 7 Mitglieder umfaßt.

Die Wahlen zu den Elternvertretungen sind in den vergangenen Jahren häufig diskutiert und neu geregelt worden. Seit Mitte der 60er Jahre setzt sich die Ansicht durch, daß „die Klassenelternaktive das Fundament der Arbeit mit den Eltern" bilden;[19] sie wurde von offizieller Seite in der Weise aufgegriffen, daß seit 1966/67 auch die Mitglieder der Klassenelternaktive in einem großangelegten Wahlverfahren auf Republikebene zu wählen sind.[20] Diese Neuregelung führte aber offensichtlich nicht zu dem gewünschten Erfolg, immer mehr Väter und Mütter in die aktive Arbeit von Elternhaus und Schule einzubeziehen. Die Ursache für diesen Mißerfolg wird in organisatorischen Schwierigkeiten gesehen. Diese wurden 1968 offenbar, als erstmals die Elternbeiräte im Anschluß an die jährlichen Elternaktivwahlen innerhalb von wenigen Wochen neu zu wählen waren. Der dabei beobachtete zeitliche und organisatorische Aufwand wurde als so erheblich empfunden, daß am 15. Januar 1970 eine Neuregelung für die Elternbeiratswahl in Kraft gesetzt wurde. Diese sieht — erstmals für das laufende Schuljahr 1970/71 — vor, daß die Wahl der Elternbeiräte in der Form einer Delegiertenkonferenz durchgeführt werden kann. Die Wahlen zu den Klassenelternaktiven haben laut Wahlordnung in der ersten Klassenelternversammlung des neuen Schuljahres — in der Regel im September — zu erfolgen. In dieser Klassenelternversammlung werden auch die

3 bis 10 Eltern je Schulklasse auf Vorschlag des Klassenleiters und nach Rücksprache mit dem neugewählten Elternaktiv gewählt, die als Delegierte für die Elternbeiratswahlversammlung vorgesehen sind.[21] Die Delegiertenkonferenz als Wahlorgan für den Elternbeirat — über die noch keine Erfahrungsberichte vorliegen, weil sie erstmals am 15. Dezember 1970 erprobt wurde — hat nach Auffassung der für die Neuregelung Verantwortlichen folgende Vorteile: 1. Die Lösung des Raum- und Verkehrsproblems; es entfallen die in der Elternbeiratsverordnung vorgeschriebenen Teilwahlversammlungen für Oberschulen mit Kindern aus mehreren umliegenden Ortschaften. 2. Die Beschränkung auf einen Wahltermin. 3. Die qualitative Verbesserung der Elternbeiratsarbeit; die neue Wahlordnung sieht indirekt vor, daß zur Delegiertenkonferenz solche Eltern gewählt werden, „die besonders an Schulproblemen interessiert sind, die etwas dazu zu sagen haben," was jedoch nicht bedeuten soll, daß alle gewählten Mitglieder der Elternaktive zwecks Vereinfachung gleich die Delegierten für die Elternbeiratswahl sind.[22] Die Wahlordnung 1970 greift auf, was bisher bei allen Wahlen zu den Elternvertretungen in der DDR üblich war: über die von einer Wahlkommission aufgestellte Kandidatenliste wird in den entsprechenden Wahlversammlungen „offen und im ganzen abgestimmt. Die Kandidaten sind gewählt, wenn die Mehrheit der anwesenden Wahlberechtigten der Liste zustimmt".[23] Die Wahlordnungen von 1966 und 1970 sind in einer Hinsicht als die bisher fortschrittlichsten Regelungen der Wahlen der Elternvertretungen zu betrachten, da sie zum ersten Male vorsehen, daß in den Wahlkommissionen auch vom Elternbeirat benannte Eltern vertreten sind; bis 1966 bestand die Wahlkommission nur aus Vertretern der Schule und der gesellschaftlichen Organisationen.
Der Anspruch der Partei, die Arbeit der Elternvertretungen zu kontrollieren, ist jedoch nicht aufgegeben worden. Die ‚Direktive: Über die Verantwortung und die Arbeit der Genossen in den Elternvertretungen an den allgemeinbildenden Schulen. Beschluß des Sekretariats des ZK der SED vom 9. 8. 1967' sieht folgendes vor: „Die Parteigruppen der Elternvertretungen der Schulen werden nach jeder Wahl des Elternbeirats neu gebildet . . . Es ist ratsam, daß vor jeder wichtigen Entscheidung im Elternbeirat bzw. in den einzelnen Klassenelternaktiven die Genossen aus dem Elternbeirat . . . zusammenkommen."[24]

Die Konzeption für die Tätigkeit der Elternbeiräte und Elternaktive ist in der Elternbeiratsverordnung von 1966 verbindlich umschrieben und geht von den eingangs dargelegten Grundsätzen über die Zusammenarbeit von Schule und Elternhaus aus. Danach ist es die wichtigste Aufgabe des Elternbeirats, die Bereitschaft und Initiative der Eltern zu fördern und „auf die aktive Unterstützung der Bildungs- und Erziehungsarbeit an der Schule, auf die sozialistische Erziehung der Kinder in der Familie, auf die Unterstützung einer inhaltsreichen

und interessanten Tätigkeit der Freien Deutschen Jugend und der Pionierorganisation ‚Ernst Thälmann', auf die Zusammenarbeit mit den an der Erziehung beteiligten gesellschaftlichen Kräften (zu lenken)".[25] Im einzelnen ist damit gemeint: die Unterstützung der Lehrer und Erzieher bei ihrem Bemühen, die sozialistische Erziehung der Schüler zu sichern und die Lernergebnisse zu verbessern; das Verhindern des Zurückbleibens von Schülern, die Beseitigung von Disziplin- und Erziehungsschwierigkeiten sowie die Förderung begabter Schüler; die Einflußnahme auf die sozialistische Erziehung der Kinder in der Familie durch die organisatorische Hilfestellung bei der Vermittlung schulpolitischer, pädagogischer und psychologischer Kenntnisse an Eltern im Rahmen der Elternweiterbildung; die Unterstützung der außerunterrichtlichen Tätigkeit der sozialistischen Jugendorganisation; die Hilfe bei der Festigung der Verbindung von Schule und Betrieb im Rahmen der polytechnischen Bildung durch Förderung der Patenschaftsbeziehungen zu Betrieben und Genossenschaften; schließlich die Weckung der Initiative der Eltern, bei der Verbesserung der materiellen Ausstattung der Schulen mitzuhelfen.[26]
Zur sachgemäßen und fachkundigen Durchführung dieses umfangreichen Programms hat der Elternbeirat die Möglichkeit, ständige und zeitweilige Kommissionen zu bilden. In den Kommissionen arbeiten unter der Leitung eines Mitglieds des Elternbeirates neben den Eltern der Schüler „auch andere geeignete und befähigte Bürger mit . . . insbesondere Arbeiter und Genossenschaftsbauern, Arbeitsveteranen, Ingenieure, Techniker, Agronomen, Sportler, Ärzte, Künstler, Schriftsteller".[27] An den meisten Schulen bestehen ständige Kommissionen für staatsbürgerliche Erziehung, Familienerziehung und Pädagogische Propaganda, FDJ- und Pionierarbeit und für materielle, wirtschaftliche und hygienische Fragen. — Den Klassenelternaktiven sind im Grunde die gleichen Aufgaben wie dem Elternbeirat zugewiesen — nur soll er sie in unmittelbarerem Kontakt zu allen Eltern der Schüler einer Klasse durchführen.[28] Elternbeirat und -aktiv arbeiten nach einem Jahresplan, der unter Berücksichtigung schulpolitischer Anforderungen und gesetzlicher Bestimmungen zu Beginn der jeweiligen Arbeitsperiode aufgestellt wird. Es ist vorgesehen, daß der Elternbeirat etwa alle 8 Wochen, das Elternaktiv alle 6 Wochen zu Beratungen zusammenkommt.
Die Zusammenarbeit von Schule und Elternhaus ist nicht nur in Verordnungen und Gesetzen unterschiedlichsten Charakters rechtlich gesichert,[29] sondern auch mit zahlreichen Planungs- und Kontrollvorschriften versehen, um die Durchführung der angeordneten oder vorgeschlagenen Aufgaben zu garantieren. In diesem Zusammenhang verdienen die folgenden Vorschriften besondere Erwähnung:
1. Der jährlich zu erstellende Arbeitsplan einer jeden Schule hat u. a. die geplanten Maßnahmen zur Gestaltung der Beziehungen zwischen Schule und Öffentlichkeit, sozialistischen Betrieben, Genossen-

schaften und Eltern zu enthalten.[30] 2. Jeder Klassenleiter hat in seinem Jahresarbeitsplan verpflichtende Angaben über Zusammenarbeit mit dem Klassenelternaktiv und zur Beratung der Eltern bei der sozialistischen Erziehung ihrer Kinder in der Familie zu machen. Der Klassenleiter hat diesen Plan in der ersten Klassenelternversammlung des Schuljahres mit dem Ziel zu erläutern, „die Eltern zur Mitarbeit zu gewinnen. Am Ende des Schuljahres berät (. . .er) mit dem Klassenelternaktiv den Stand der Erfüllung seines Klassenleiterplanes".[31] 3. Der Vorsitzende des Elternbeirates ist Mitglied des Pädagogischen Rates, der Vollversammlung aller Lehrer und Erzieher einer Schule; der Pädagogische Rat ist ein beratendes Organ des Direktors einer Schule.[32] 4. Der Direktor ist dafür verantwortlich, daß regelmäßig Elternversammlungen, Elternsprechstunden und Elternbesuche durchgeführt werden.[33] 5. In den Abteilungen Volksbildung der Kreis- und Bezirksvertretungen bestehen Arbeitsgruppen ‚Elternarbeit und Pädagogische Propaganda', die als spezielle Einrichtungen zur Öffentlichkeitsarbeit ebenfalls die Aufgabe haben, im Sinne der allgemeinen Grundsätze des Eltern-Schul-Kontaktes auf die Familien Einfluß nehmen.[34]

Elternbeirat und Klassenelternaktiv sind in erster Linie Leitungs- und Kontaktorgane, mit deren Hilfe die beschriebenen Aufgaben und Ziele im Rahmen des Eltern-Schul-Kontaktes realisiert werden sollen. Ihre wichtigste Funktion ist also nicht, gegenüber der Schule oder den Organen der Volksbildung die Elternschaft zu vertreten, sondern die Bereitschaft und Initiative aller Eltern zu fördern, im Sinne der sozialistischen Schule am Bildungs- und Erziehungsprozeß mitzuwirken. Es würde jedoch bedeuten, die Besonderheiten des Zusammenwirkens von Schule und Elternhaus in der DDR zu ignorieren, wollte man Elternbeirat und Elternaktiv ausschließlich als ‚verlängerten Arm' des Direktors oder des Klassenleiters betrachten.

Unter der Voraussetzung, daß die Erziehungsabsichten und Interessen ‚des Elternhauses bzw. der Familie mit denen der Schule' übereinstimmen und die Schule darüber hinaus ‚weiß', welche Aufgaben und Probleme zu lösen sind, kann die primäre Aufgabe der gewählten Elternvertretungen kaum eine andere sein als die, an der Realisierung dieser Vorstellungen mitzuwirken,[35] indem sie versuchen, an möglichst alle Eltern heranzukommen, um sie mit den Aufgaben und Problemen des sozialistischen Bildungswesens bekannt zu machen und um sie mit den entsprechenden Kenntnissen auszustatten, die für eine verantwortungsvolle Mitwirkung bei ihrer Lösung erforderlich sind.

Um die Arbeit mit den Eltern im Sinne der dargelegten Grundsätze möglichst effektiv zu gestalten, hat sich in den letzten Jahren die eigentliche Arbeit mehr und mehr auf die Ebene der Klassenelternversammlungen verlagert. Man machte auch in der DDR die Erfahrung, daß die Eltern für die Fragen und Probleme des schulischen Lebens am ehesten dann zu interessieren sind, wenn diese sie selbst unmittelbar betreffen. Nach Angaben von R. Walther, die die Forschungsgemeinschaft ‚Sozialistische Familienerziehung' leitet und Dozentin für Familienpädagogik an der Humboldt-Universität Berlin ist, nahm darüber hinaus das Interesse an den Klassenelternversammlungen vor allem auch dann zu, wenn es weniger um Fragen ging, die das Verhalten und die Leistungsfähigkeit einzelner Schüler betrafen, als um Hilfen für die Einschätzung und die Lösung konkreter Erziehungsprobleme.

Wissenschaftliche Untersuchungen über die Zusammenarbeit von Schule und Elternhaus

Etwa seit Mitte der 60er Jahre werden in der DDR Probleme der Zusammenarbeit von Schule und Elternhaus unter empirisch-wissenschaftlichen Gesichtspunkten erforscht. Die meisten der bibliographisch bekannt gewordenen Arbeiten sind dem westdeutschen Leser nicht zugänglich. Aus Anmerkungen zu ihnen und aus den über den Leihverkehr zugänglichen unveröffentlichten Dissertationen kann gefolgert werden, daß sie weniger den Stand der Arbeit in den Elternvertretungen und die bildungspolitische Informiertheit der Bevölkerung, besonders der Elternschaft untersuchen, als vielmehr helfen sollen, die praktische Arbeit effektiver zu gestalten und neue Wege und Methoden der Zusammenarbeit von Schule und Elternhaus zu erproben.[36]

Instruktive Beispiele für diese Art von wissenschaftlichen Untersuchungen sind die Dissertationen von Paul Kunath und Horst Parlow. Kunath deckt in seiner relativ frühen Arbeit aus dem Jahre 1957 am Beispiel einer Schule auf, wie die „neue deutsche demokratische Schule in der täglichen Praxis die Zusammenarbeit mit dem Elternhaus auch tatsächlich gestaltet und verwirklicht".[37] Durch Auswertung von Protokollbüchern und Schulakten wird dargestellt, wie wichtig die führende Rolle der Schule — und hier das besondere Engagement des Schulleiters — für die Verwirklichung der Zusammenarbeit zwischen Elternhaus und Schule ist, wie der Elternbeirat und seine Kommissionen eingesetzt werden, um die Erziehungs- und Bildungsarbeit der Schule zu unterstützen, durch welche zusätzlichen Veranstaltungen der Kontakt zur gesamten Elternschaft gesucht werde, auf welche Weise die Klassenlehrer den unmittelbaren Kontakt mit den einzelnen Eltern pflegen. Für die Zusammenarbeit in der von Kunath untersuchten Schule scheint die Überzeugung charakteristisch zu sein, daß durch umfassende und lückenlose Organisation (und Kontrolle) effektive Arbeit im Sinne des sozialistischen Erziehungszieles geleistet werden kann.

Die unveröffentlicht gebliebene Dissertation von Parlow ist dagegen eine Untersuchung im Sinne des zentralen pädagogischen Forschungsprogramms und der Elternbeiratsverordnung von 1966, wonach die Einflußnahme des Elternbeirats auf die Erziehung der Kinder in der Familie eine vordringliche Aufgabe geworden ist. Auf der Grundlage eines „natürlichen pädagogischen Experiment(es)", durch gezielte Arbeit mit 50 ausgewählten „problemlosen Familien" aus 5 Versuchsschulen werden zweckmäßige Formen und Methoden der Einflußnahme des Elternbeirates auf die Familienerziehung erprobt.[38] Am Ende des Experimentes glaubt Parlow mindestens 5 solcher ‚zweckmäßigen' und ‚effektiven' Formen der Einflußnahme ermittelt zu haben:

1. Die individuelle Arbeit mit einer kleinen konstanten Gruppe von Eltern (3 bis 6 Familien) über einen längeren Zeitraum: Ein Mitglied des Elternbeirates macht Hausbesuche in ‚seinen' Patenfamilien, bespricht die vom Beirat gestellten Aufgaben, erkundigt sich nach familiären Sorgen und gewinnt so „Autorität und Einfluß" auf die Familie.[39]

2. Der Hausbesuch mit festgelegter pädagogischer Zielstellung und konkreter Aufgabenstellung für die Eltern. Diese Hausbesuche finden weniger zu dem Zweck statt, „Einblick in die häusliche Situation" zu erhalten, als vielmehr um „praktische Erziehungshilfe" zu leisten. Ein Elternbeiratsmitglied führt eine Aussprache mit den Eltern über ein festgesetztes Thema,[40] erteilt Ratschläge und spricht von eigenen Erfahrungen in der Kindererziehung; abschließend stellt es den Eltern „eine kleine pädagogische Aufgabe (z. T. zeitlich begrenzt) für die häusliche Erziehung".[41]

3. Der kollektive Erfahrungsaustausch zwischen Eltern und Beiratsmitgliedern zu einem pädagogischen Problem. Dazu lädt der Elternbeirat drei bis fünf Elternpaare ein, um mit ihnen gleiche oder ähnliche Themen wie bei den Hausbesuchen zu diskutieren.[42]

4. Die thematische Elternversammlung für alle Eltern in der jeweiligen Klasse mit langfristiger Vorbereitung: Der Schulleiter oder eine andere ausgewiesene Persönlichkeit referieren über ein pädagogisches Thema und stellen es anschließend zur Diskussion; oder es treten Elternvertreter auf mit eigenen Beiträgen, gestützt auf Veröffentlichungen der Zeitschrift ‚Elternhaus und Schule' bzw. auf eigene pädagogische Erfahrungen.[43]

5. Das öffentliche Auftreten der Elternvertreter in Dorf oder Stadt. Die Elternvertreter nutzen die Veranstaltungen gesellschaftlicher Organe am Ort (Nationale Front, DFD, LPG) als „Tribüne der pädagogischen Agitation", um über „Ergebnisse der Elternbeiratsarbeit zu sprechen, Erfahrungen und Empfehlungen vorzutragen" und auf die Lösung drängender „pädagogischer Aufgaben" aufmerksam zu machen.[44]

Im Rahmen der Darstellung dieser ‚erprobten Formen der Elternarbeit' werden leider keine Angaben darüber gemacht, wie weit die Bemühungen auch wirklich die Familienerziehung verbesserten. Parlow glaubt vielmehr, daß die Erfolge ‚evident' seien, weil die „Mehrheit der Eltern" die Veranstaltungen bejahten und „lebhaften Anteil" nahmen.[45]

Der Zusammenhang zwischen der Teilnahme der Eltern am Elternabend und dem Schulerfolg der Kinder ist 1966 von H. R. Böttcher an 557 Schülern mehrerer Leipziger Oberschulen untersucht worden.[46]

Böttcher ging davon aus, daß der Elternabendbesuch in der Regel als eine Form pädagogischer Aktivität der Eltern angesehen werden kann. Seine Ergebnisse sind — gemessen an allgemeinen Lehrererfahrungen — keineswegs unerwartet oder typisch für die DDR. Sie belegen eindrucksvoll einen Zustand, der in keiner Weise als erfreulich für den Eltern-Schul-Kontakt zu bezeichnen ist. Nicht die Eltern schwacher oder unangepaßter Kinder besuchen regelmäßig den Elternabend, um sich über ihr Kind zu informieren, um „Ratschläge einzuholen und die Lehrsituation sowie die pädagogische Tendenz näher kennenzulernen"; vielmehr ergab sich in 17 von 18 Klassen „eine positive Korrelation zwischen guten Noten der Schüler und der Beteiligung der Eltern am Elternabend". Darüber hinaus fand Böttcher, daß in den 3. und 8. Klassen noch am meisten Eltern schwacher Schüler zum Elternabend erschienen, was nach seiner Meinung bei den 3. Klassen „als noch vorhandenes Anfangsinteresse", bei den 8. Klassen als „Tendenz der Eltern . . ., ihr Kind schon nach dem 8. Schuljahr in eine Berufsausbildung überwechseln zu lassen", zu deuten ist.[47] — Die Motive für das Erscheinen bzw. Nicht-Erscheinen der Eltern beim Elternabend hat Böttcher nicht systematisch untersucht. Auf Grund von „Einzelbeobachtungen" fand er, daß vor allem folgende Gründe für die Teilnahme am Elternabend maßgebend sind: Interesse an der Entwicklung des eigenen Kindes, Verantwortungs- und Verpflichtungsgefühle, die ohne direktes Interesse zur Teilnahme anhalten, Informationsbedürfnisse, positive Erwartungen, über das eigene Kind Gutes zu hören, persönliches Kontaktbedürfnis, politische Überzeugungen sowie Neugier und Eitelkeit. Als letzten Grund nennt Böttcher die „Sorge um das Kind und das Bedürfnis nach pädagogischer Hilfe", und das deswegen, „weil dieses Motiv, wenn es ausgeprägter wäre, viel mehr Eltern leistungsschwacher, undisziplinierter und verhaltensgestörter Kinder herbeibringen müßte".[48] — Motive für das Nicht-Erscheinen sieht Böttcher entsprechend im „Mangel an Anteilnahme, Mangel an Verantwortungs- und Pflichtgefühl (. .), Mangel an Wertschätzung der Information, Furcht, über das eigene Kind Ungünstiges gesagt zu bekommen, und das vor anderen, womöglich verknüpft mit der Forderung, es zu ändern". Böttcher hält es für wichtig, einmal zu ermitteln, „ob nicht etwa die fernbleibenden Eltern als Kinder sehr schlechte Erfahrungen mit der Schule und den Lehrern gemacht haben bzw. ob solche negativen Prägungen der Vergangenheit in bedeutsamem Maße auf die sozialistische Schule übertragen werden. Damit verbunden, aber auch unabhängig davon spielen ferner die Gleichgültigkeit gegenüber gesellschaftlichen Institutionen und deren Entwicklung überhaupt sowie die politische Ablehnung unserer Schule im besonderen eine gewisse Rolle".[49]

In diesem Zusammenhang muß wenigstens auf die empirischen Untersuchungen von Löwe, Rösler und Wiedemann hingewiesen werden, und zwar deswegen, weil sich aus ihrem unter anderen Fragestellungen gewonnenen Material eine wichtige Erkenntnis ableiten läßt, daß nämlich die Teilnahme der Eltern am Elternabend bzw. die Intensität des Eltern-Schul-Kontaktes nur einen untergeordneten Einfluß auf den Lernerfolg der Schüler hat. Löwe meint, daß der Lernerfolg in erster Linie von Bedingungen abhängt, die nur zum Teil vom Elternhaus zu beeinflussen sind (spezielle Leistungsschwäche, Verhaltensstörungen) bzw. nur indirekt mit Leistungsdispositionen zu tun haben (gestörte Familienverhältnisse, Ehescheidungen),[50] während nach Wiedemann nur positiv gewendete Vermutungen — auf Grund fehlender statistischer Signifikanz — geäußert werden können. Danach kann nur angenommen werden, daß das schulische Lernen und die Herausbildung der sozialistischen Lernhaltung gefördert wird, wenn die Eltern an pädagogischen Fragen interessiert sind, regelmäßigen Kontakt mit

der Schule halten und in ihren Erziehungsmethoden mit der sozialistischen Schule übereinstimmen.[51]
In den Jahren 1966 und 1967 wurde von Studenten der Pädagogischen Hochschule Potsdam unter Leitung des Instituts für Marxismus-Leninismus eine Untersuchung durchgeführt, die klären sollte, welche Motive die Eltern zur Mitarbeit in den Elternvertretungen haben.[52] Von der Erforschung dieser Motive erhoffte man sich weiterhin Aufschluß zur Frage, welche Rolle Elternbeirat und Elternaktiv „im Denken und Handeln unserer Bürger spielen". Aus der Befragung (n = 61) geht u. a. hervor, daß zu den Hauptmotiven für die Mitarbeit im Elternbeirat gehören: 1. das Interesse an schulpolitischen Fragen (56,7%); 2. das Interesse an der Entwicklung des eigenen Kindes (40,6%); 3. die Einsicht in die politische Notwendigkeit (29,8%); 4. aus anderen Gründen (21,6%). — Auf die Frage: in welchem Bereich nach Meinung der Befragten die wirkungsvollste und für die Schule nützlichste Arbeit vom Beirat geleistet würde, lauteten die Angaben: 1. im materiell-ökonomischen Bereich (37,8%); 2. bei der staatsbürgerlichen Erziehung (35,2%); 3. in der sozialistischen Familienerziehung (27,0%); 4. in der außerunterrichtlichen Tätigkeit (21,6%). Der Berichterstatter meint, daß gegenüber früheren Jahren die „Unterstützung der staatsbürgerlichen Erziehung der Kinder und die sozialistische Familienerziehung in den Mittelpunkt der Tätigkeit gerückt sei".[53] — Interessant ist auch das Ergebnis der Frage: Welche Mittel und Methoden entsprechen Ihren Wünschen, wenn Sie sich mit theoretischen und praktischen Fragen der sozialistischen Erziehung in der Familie vertraut machen möchten? Danach sprachen sich von 238 Befragten 152 (63,8%) für Elternversammlungen, 95 (39,8%) für das Studium der Presse, 80 (33,6%) für Sendungen des Fernsehfunkes und nur 31 (13%) für persönliche Gespräche mit Mitgliedern des Elternbeirates aus.[54]

Elternarbeit und Elternbildung

Nicht nur in sozialistischen Ländern ist gegenwärtig bei der Elternschaft auf der einen Seite eine enorme Unsicherheit bei der praktischen und tagtäglichen Verwirklichung des Erziehungsauftrages zu beobachten, auf der anderen Seite aber auch ein wachsendes Interesse an pädagogischen Problemen und dem Erwerb entsprechender Kenntnisse aus Pädagogik und Psychologie, um mit den auftauchenden Schwierigkeiten bei der Kindererziehung besser fertig zu werden. Gleichzeitig scheint sich die Einsicht allgemein durchzusetzen, daß es heute für die Wahrnehmung des Erziehungsauftrages nicht mehr ausreicht, wenn Eltern die selbst erfahrene Erziehung kopieren bzw. das Gegenteil davon praktizieren oder sich darauf verlassen, daß mit der Geburt von Kindern auch ‚irgendwie' die Fähigkeit zutage tritt, diese Kinder zu erziehen.[55] Im Kommentar zum Familiengesetzbuch der DDR heißt es dazu: „Der Erwerb pädagogischer Grundkenntnisse zur Befähigung der Eltern, die in ihrer Familie liegenden Möglichkeiten richtig für die Bildung und Erziehung einzusetzen, wird zur Notwendigkeit."[56] Das dürfte für jede

Gesellschaft zutreffen, wenn auch die Bereitschaft der Eltern, sich helfen zu lassen bzw. von den vorhandenen Angeboten zur Weiterbildung Gebrauch zu machen, unterschiedlich sein wird.
In der DDR — das muß im Unterschied etwa zur BRD herausgestellt werden — ist die Unterstützung der Eltern bei der Lösung ihrer Erziehungsaufgaben, kurz Elternarbeit oder auch Pädagogische Propaganda genannt, nicht nur rechtlich geregelt und festgelegt, sondern hat auch zu einem umfassenden und durchdachten System der Pädagogischen Propaganda geführt, das alle staatlichen und gesellschaftlichen Kräfte vereint, gleichzeitig die Trägerschaft und die spezifische Verantwortung einzelner Organisationen und Institutionen festlegt. — Eine besondere Rolle in der Bildungsarbeit mit den Eltern kommt der ehemaligen ‚Gesellschaft zur Verbreitung wissenschaftlicher Kenntnisse', jetzt (wieder) URANIA genannt, zu. Gemeinsam mit dem Ministerium für Volksbildung entwickelte deren Sektion Pädagogik schon 1965 „Empfehlungen für die inhaltliche Gestaltung der pädagogischen Propaganda".[57] Die Pädagogische Propaganda wird in der DDR als Teil der gesamtgesellschaftlichen Bildungs- und Erziehungsarbeit verstanden, die sich an alle Werktätigen, besonders aber an die Eltern wendet. Sie will, von der konkreten Erziehungssituation in der Familie ausgehend, „eine vielgestaltige, differenzierte, zielstrebige und interessante Bildungsarbeit (.) entwickeln, die eine eindeutige Orientierung auf die Hauptfragen der sozialistischen Erziehung nicht nur einschließt, sondern als Schwerpunkt wählt".[58] Damit wird zwar der politische Auftrag erneut unterstrichen; ob er dagegen in der Praxis den ihm zugedachten Raum einnimmt, ist eine andere Frage. Es ist anzunehmen, daß sich die Eltern zunächst mehr für die Einschätzung und Lösung konkreter Erziehungsprobleme interessieren als etwa für die Unterschiede in der Bildungspolitik der beiden deutschen Staaten. Nach Rolf Borrmann ist die Pädagogische Propaganda „populärwissenschaftliche Arbeit im besten Sinne des Wortes. Sie ist wissenschaftlich dem Inhalt nach, aber populär in der Form" und hat sich die „wissenschaftliche Qualifizierung der Eltern" zum Ziel gesetzt.[59] Es ist geradezu selbstverständlich, daß dieses Ziel in erster Linie für Eltern mit vorschul- und schulpflichtigen Kindern zu erreichen versucht wird. Das bedeutet, daß sich fast alle Bemühungen im Rahmen des Eltern-Schul-Kontaktes abspielen. Unter diesen ist als erste die Vortragstätigkeit zu nennen, für die in der Regel die URANIA in Verbindung mit bestimmten Volksbildungsorganen, z. B. dem Elternbeirat, verantwortlich ist.[60] Den Schwerpunkt soll dabei nicht mehr der Einzelvortrag, sondern die Veranstaltungsreihe mit der für sie charakteristischen Folge von Vortrag und Diskussion bilden. Für die Durchführung von Vortragsreihen sind die Klassenelternversammlungen besonders bedeutungsvoll, weil sie — auf der Grundlage des unmittelbaren Interesses der Eltern — ein breites Forum für die Vermittlung pädagogischer Kenntnisse abgeben. Die Klassenelternversammlung wird vor allem

deswegen für die Hauptform zur Vermittlung pädagogischer Kenntnisse gehalten, weil sie über einen längeren Zeitraum — nach Brinckmann/Schmidt „über einen Zeitraum von zehn Jahren“[61] — Eltern und Kindern einer relativ einheitlichen Altersstufe kontinuierlich und systematisch pädagogisch weiterbilden kann. Dem Klassenleiter fällt in Verbindung mit dem Elternaktiv die Organisation der Veranstaltungen zu.

Eine weiterführende Stufe der Pädagogischen Propaganda bilden die sog. Elternseminare, eine bereits seit 1951 bestehende Einrichtung zur Weiterbildung zunächst der Elternbeiratsmitglieder, jetzt in neuer Form als langfristig geplante Veranstaltungen an den einzelnen Schulen vorgesehen und von den Elternvertretern in Zusammenarbeit mit Schule und URANIA vorbereitet und gestaltet. In der Regel umfassen die Seminare vier bis acht thematisch aufeinander abgestimmte Veranstaltungen. Die wenigen in der Literatur zu findenden Angaben über Ziel, Aufgaben und Durchführung der Elternseminare lassen nicht deutlich werden, ob und gegebenenfalls welche Unterschiede zu den Klassenelternversammlungen bestehen; denn auch in den Elternseminaren sollen den „Eltern in planvoller Weise durch aufeinander abgestimmte Themen im Längs- oder Querschnitt Kenntnisse vermittelt (werden), um sie zu befähigen, den einheitlichen Prozeß der Erziehung und Bildung wirkungsvoll mitgestalten zu können“.[62]

Die Kreiselternseminare, in einigen Bezirken auch Treffpunkte „Der Elternbeirat tagt“ genannt, sind monatlich stattfindende Veranstaltungen zur Anleitung von Elternbeiratsmitgliedern; sie dienen zugleich der Zusammenarbeit des Kreisschulrates mit den Vorsitzenden der Elternbeiräte der Schulen seines Kreises. Hier sollen aktuelle theoretische und praktische Probleme der Elternbeiratsarbeit beraten und Erfahrungen ausgetauscht werden.

Eine neue Einrichtung sind die in einigen Bezirkshauptstädten im Aufbau befindlichen Elternakademien, die offensichtlich in den ‚Elternuniversitäten‘ der Sowjetunion ihr Vorbild haben.[63] In Vorträgen, Vortragsreihen und geschlossenen Lehrgängen mit Abschlußurkunden sollen sie in erster Linie die gewählten Elternvertretungen, dann aber auch alle interessierten Eltern mit neuen theoretischen Erkenntnissen und Forschungsergebnissen der Elternarbeit bekanntmachen. Die Elternakademie Berlin hat im Oktober 1968 als erste Einrichtung dieser Art ihre Arbeit aufgenommen.[64]

Weitere Formen einer kontinuierlichen Zusammenarbeit der Schule mit dem Elternhaus sind der Hausbesuch des Klassenlehrers, die Elternsprechstunde in der Schule und die schriftliche Mitteilung in Form von Elternbriefen. Der pädagogische Wert dieser „Propagandaarbeit“ wird in der Möglichkeit der individuellen Einwirkung des Lehrers auf die Eltern gesehen. Neben Informationen über die schulischen Fortschritte des Kindes und evtl. erforderliche Erziehungsmaßnahmen soll der Lehrer in diesen ‚Veranstaltungen‘

„durch direkte und indirekte Hinweise helfen, das pädagogische Wissen und Können der Eltern zu verbessern, um damit die Erziehungstüchtigkeit zu heben".[65]
Innerhalb der Elternarbeit kommt auch dem geschriebenen Wort eine große Bedeutung zu. Man kann nicht sagen, daß das Angebot an ‚Elternliteratur' in der DDR außerordentlich groß und vielfältig ist, dafür ist aber das, was erscheint, genau geplant und auf weite Verbreitung angelegt.[66] Ein Blick auf die Skala des Angebotenen zeigt allerdings sofort, daß auch in der DDR die Frage, wie populärwissenschaftliche Literatur geschrieben sein muß, um eine echte und wirksame Hilfe für die Leserschaft — hier vor allem für die Eltern — zu bedeuten, noch nicht beantwortet ist. Es läßt sich leichter sagen als tatsächlich realisieren, daß in der populär-wissenschaftlichen Literatur alle Fragen, die Eltern interessieren könnten, so zu beantworten sind, daß die Eltern verstehen, „worauf es ankommt", daß die Texte „lebensverbunden" gestaltet und auf die „Einbeziehung breitester Kreise der Eltern und Werktätigen" bedacht sein müssen. Das gilt auch für die Veröffentlichungen zur Förderung des Eltern-Schul-Kontaktes. — Seit 1952 erscheint als einzige pädagogische Zeitschrift für Eltern „Elternhaus und Schule".[67] Auf monatlich 32 Seiten werden neben aktuellen schulpolitischen und pädagogischen Fragen spezielle Erziehungsprobleme bei Kindern der verschiedenen Altersstufen behandelt und den gewählten Elternvertretungen in Beirat und Aktiv Anleitungen für ihre Arbeit gegeben.
Als Ergänzung zur Zeitschrift erscheint seit 1955 mit jährlich vier Titeln die Schriftenreihe „Elternhaus und Schule". In jedem Heft wird auf ca. 50 bis 60 Seiten ein begrenztes pädagogisch, psychologisch oder schulpolitisch relevantes Thema behandelt. Bis heute haben die pädagogisch-psychologischen Themen eindeutig Vorrang. Einer Übersicht über die Elternliteratur in der DDR ist zu entnehmen, daß gerade diese Schriftenreihe seit Mitte der 60er Jahre bei den Eltern starken Zuspruch gefunden hat und die Auflage pro Heft auf 75000 erhöht wurde.[68] Das dürfte zum Teil damit zusammenhängen, daß viele der in den Heften behandelten Themen zur Diskussionsgrundlage in Klassenelternversammlungen und Elternseminaren gemacht wurden. Damit besitzt die Schriftenreihe den Charakter eines Arbeitsmittels für die Veranstaltungen im Rahmen der Elternarbeit.
Zusammenfassend läßt sich sagen, daß in der Elternarbeit im Rahmen des Eltern-Schul-Kontaktes zwei Schwerpunkte zu erkennen sind: 1. die Erziehung der Eltern — durch Vermittlung eines festen Klassenstandpunktes und Einsicht in die schul- und bildungspolitischen Aufgaben der sozialistischen Gesellschaft der DDR. 2. die Befähigung der Eltern zu bewußtem pädagogischem Handeln — durch Analyse problematischer Erziehungssituationen, damit sie „pädagogisch-psychologische Zusammenhänge (.) erkennen und mit Hilfe der gewonnenen Erkenntnisse ihre künftige praktische Erziehungsarbeit in der eigenen Familie bewußter (.) gestalten".[69] Auch wenn sich

die Erfolge der Elternarbeit nicht exakt messen lassen — und ohnehin wissenschaftliche Untersuchungen mit dem Ziel der Erfolgsmessung fehlen — dürfte es keine Frage sein, daß zentrale Lenkung und die enge Verbindung zur Praxis der Elternarbeit in der DDR Erfolge bringen werden; zumal, da man nicht müde wird, auf immer neuen Wegen beharrlich und systematisch die Ziele der Pädagogischen Propaganda — Information und Weiterbildung — zu realisieren.

Zusammenfassung

In der DDR hat man sich in jeder Phase der Entwicklung des sozialistischen Bildungssystems um eine Verbesserung des Kontaktes zwischen Schule und Elternhaus bemüht. Zu keiner Zeit hat es Bestrebungen gegeben, die Eltern von der Mitwirkung am schulischen Leben im weitesten Sinne auszuschließen. In den ersten Jahren der SBZ/DDR wurde die Beteiligung der Eltern an der schulischen Entwicklung und an der Erziehung der Kinder noch nicht streng und konsequent durch staatliche Institutionen geregelt und kontrolliert. Deswegen war es in dieser Zeit einzelnen Gruppen in der Elternschaft möglich, Vorstellungen zu entwickeln und durchzusetzen, die nicht in Einklang mit der offiziellen Schulpolitik standen. Seit 1951 besteht für die Elternschaft diese Möglichkeit nicht mehr. Es werden einheitlich Elternbeiräte eingerichtet, die als gewählte Organe der Mitverantwortung der Elternschaft gemeinsam mit der Schule und der Staatsmacht den ‚Kampf gegen alle Störversuche bei der Demokratisierung der Schule' führen sollen; ein Spitzengremium wie etwa den Bundeselternrat der BRD gibt es nicht. Allerdings existiert in der DDR seit einigen Jahren eine zentrale Vereinigung ‚Familie und Schule', von der man erstmal 1966 international hörte, als sie auf der 2. Generalversammlung in Tunis als 42. Mitglied in die Weltorganisation ‚Federation Internationale des Ecoles de Parents et d'Educateurs' aufgenommen wurde. In dieser Vereinigung, Familie und Schule' sind „40 der erfahrensten Vorsitzenden der Elternbeiräte, bewährte Pädagogen, Wissenschaftler, Ärzte, Juristen, Vertreter des Fernsehens, des Rundfunks und der pädagogischen Presse sowie der ‚Urania' (Gesellschaft zur Verbreitung wissenschaftlicher Kenntnisse) und des Demokratischen Frauenbundes Deutschland zusammengefaßt." Ihre Aufgabe ist es, „das Zusammenwirken von Schule und Familie zu koordinieren und zu festigen; die inhaltliche Gestaltung der Elternseminare und Elternversammlungen zu verbessern; die erzieherische Wirksamkeit der Familie zu erhöhen; die Erfahrungen aus der Arbeit der Elternvertretungen zu verallgemeinern und den staatlichen Stellen — vor allem dem Ministerium für Volksbildung der DDR — regelmäßig Vorschläge und Verordnungsentwürfe zu unterbreiten".[70]
Seit Bildung der Elternbeiräte im Jahre 1951 ist das Verhältnis von Schule und Elternhaus durch die Forderung nach konsequenter

Identifizierung der Elternschaft mit dem sozialistischen Bildungs- und Erziehungsziel gekennzeichnet. Die an allen Schulen bestehenden Parteiorganisationen unterstreichen den Führungsanspruch der Partei in den Elternvertretungen und sind verantwortlich für die Anleitung und Kontrolle der Arbeit in Beirat und Aktiv.

In den 60er Jahren erhielt die Zusammenarbeit zwischen Schule und Elternhaus den Charakter einer Massenbewegung. Die Mitarbeit und Mitverantwortung der *gesamten* Elternschaft wird gesucht und nun ständig weiterentwickelt. Dabei wird aber den Eltern kein konzeptionsentscheidender Einfluß zugestanden. Daran ändert auch nichts, daß bei jeder Gelegenheit — so z. B. zur Vorbereitung des Familiengesetzbuches 1965, der Elternbeiratsverordnung 1966 oder der neuen Verfassung 1968 — umfangreiche öffentliche Diskussionen stattfinden, die als Beweis und Mittel der „schöpferischen Demokratie" im Sozialismus gewertet werden.[71] Sie stellen für die Partei offensichtlich eine Art ‚Resonanzboden' für die Erziehungs- und Schulgesetzgebung in der DDR dar. Aber auch wenn man nicht den Eindruck haben kann, daß in den Volksaussprachen zu Gesetzesvorlagen und Verordnungen eine politische bzw. bildungspolitische Willensbildung von unten möglich ist, und die Beteiligung der Öffentlichkeit sich im wesentlichen auf sekundäre bzw. technisch-praktische Fragen der Vorlagen und Entwürfe beschränkt, ist diese Art der ‚Öffentlichkeitsarbeit' nicht geringzuschätzen. Sie unterstreicht das Bestreben der Partei, die Bevölkerung durch regelmäßige und umfassende Informationen und durch Auseinandersetzung mit vorgesehenen Änderungen und Neuerungen zu interessieren und sich bei allen wichtigen Entscheidungen ihrer Zustimmung zu versichern. Das Verständnis für politische und bildungspolitische Entscheidungen wächst, wenn ihr deren Bedeutung für den eigenen Lebensbereich einsichtig wird.[72] Insofern ist in der DDR eine wesentliche Voraussetzung auch für die Verbesserung der Beziehungen zwischen Schule und Elternhaus gegeben. Die Eltern werden als wichtiger Teil der Öffentlichkeit ernst genommen und angesprochen. Darüber hinaus haben sich die Methoden im Umgang miteinander gewandelt: an die Stelle von Zwang und Administration der 50er Jahre ist das Überzeugen von der Notwendigkeit bestimmter Aufgaben durch Information und Argumentation getreten. Das schließt aber nicht aus, daß zur Intensivierung des Eltern-Schul-Kontaktes gelegentlich noch ‚Kampagnen' durchgeführt werden. So fand am 25. Juni 1965 die ‚Erste zentrale Elternkonferenz der Deutschen Demokratischen Republik' statt. Auf ihr berieten über 500 Elternvertreter, wie die Aufgaben des Bildungsgesetzes von 1965 von Schule und Elternhaus gemeinsam zu verwirklichen sind.[73] Aktionscharakter in dem eben angesprochenen Sinne haben auch die in der Presse ausgetragenen Rechenschaftsberichte im Zusammenhang mit den Wahlen zu den Elternvertretungen. So lief seit dem 18. Juli 1970 im ‚Neuen Deutschland' unter dem Motto „Deine Kinder, unsere Kinder — wer erzieht sie?“ eine Leserdiskussion mit dem Ziel, durch Gedanken- und Erfahrungsaustausch die Vorbereitung der Wahlen zu den Klassenelternaktiven (September) und Elternbeiräten (15. Dezember) zu unterstützen und Anregungen für die Arbeit im neuen Schuljahr zu geben.[74] Dieses aktuelle Ereignis zeigt noch einmal, daß die zu Wort kommenden Eltern ihre Rechte und Pflichten als gewählte Elternvertreter nicht anders sehen als in den ‚Leitungsdokumenten‘ umschrieben. Den Verpflichtungen, den allgemeinen Grundsätzen für die Zusammenarbeit von Schule und Elternhaus zu folgen, werden Zusicherungen über die Übernahme bestimmter Aufgaben und ‚Kampfpositionen‘ hinzugefügt, wie das „Sitzenbleiben (..) in der Unterstufe völlig und in der Mittel- und Oberstufe im wesentlichen (zu) überwinden“ (8. 11., S. 3), die „Disziplinhürde“ zu nehmen (30. 10., S. 3) oder „noch konkreter mit den gewählten Elternaktiven (zu) arbeiten, (. .) noch gründlicher die Eltern über schulpolitische Probleme (zu) informieren, differenzierter mit ihnen (zu) arbeiten“ (24. 10., S. 6). Vielleicht zeigt diese ‚Leserdiskussion‘ in erster Linie, daß auf seiten der Eltern der DDR die Bereitschaft zum Engagement vorhanden ist und sich an bestimmten Mißständen entzündet, daß aber ohne eine kontinuierliche Anleitung und Weiterbildung sowie eine überregionale Kooperation keine langfristigen Erfolge zu erzielen sind. Ansätze sind auch hierzu vorhanden, und so angelegt, daß es auch einer ideologisch anders orientierten Elternschaft — wie z. B. der christlichen — möglich ist, an der Erziehungsarbeit der sozialistischen Schule mitzuwirken.[75] Vielleicht stellen sich die erwarteten Erfolge aber erst dann in vollem Umfang ein, wenn nicht mehr nur verordnet und organisiert, sondern der inhaltlichen Seite des Eltern-Schul-Kontaktes größere Aufmerksamkeit geschenkt wird, indem mit der wissenschaftlichen Untersuchung des ‚Ist-Zustandes‘ der Zusammenarbeit von Schule und Elternhaus begonnen wird und aus der Analyse der Ergebnisse die entsprechenden Schlußfolgerungen gezogen werden.

Anmerkungen

1 Vgl. Ministerium für Volksbildung (Hg.): VII. Pädagogischer Kongreß der Deutschen Demokratischen Republik vom 5. bis 7. Mai 1970. Protokoll. Berlin 1970, S. 68 f. und S. 120 f.

2 Vgl. den Wortlaut des Gesetzes in: Baske, S./Engelbert, M. (Hg.): Zwei Jahrzehnte Bildungspolitik in der Sowjetzone Deutschlands. Dokumente. 1. Teil 1945—1958, 2. Teil 1959—1965. Berlin 1966; hier 2. Teil, S. 373—406.

3 Anweiler, O.: Entwicklungsperspektiven des Bildungswesens in beiden Teilen Deutschlands. In: Bildung und Erziehung. H. 1/20. Jg., 1967, S. 16—30; hier S. 19.

4 Neuner, G.: Die Schule — eine ideologische Institution. In: Einheit, H. 12/23. Jg., 1968, S. 1494—1504; hier S. 1494 und S. 1496 (ohne Hervorhebungen).

5 Für Einzelheiten vgl. hierzu Anweiler, O.: Entwicklungsperspektiven . . . a.a.O.; Vogt, H.: Bildung und Erziehung in der DDR. Sozialistisch-industriegesellschaftliche Curriculum-Reform in Kindergarten, Schule und Berufsbildung. Stuttgart 1969, S. 251 ff.

6 Vgl. Honecker, M.: Die sozialistische Bildung und Erziehung der jungen Generation — gemeinsame Aufgabe von Elternhaus und Schule. In: Deutsche Lehrerzeitung. Nr. 26/ 12. Jg., 1965, DLZ-Dokumentation, u. a. S. 5.

7 Vgl. Busch, F. W.: Die Rolle der Familienerziehung in der sozialistischen Pädagogik der DDR. Düsseldorf 1972 (in Vorber.). Ders.: Probleme der Familienerziehung in der DDR. In: Pädagogik und Schule in Ost und West. H. 9/17. Jg., 1969, S. 270—274; H. 10, S. 296—299.

8 Ministerium für Volksbildung (Hg.): Schulrecht und Schulverwaltung in der Deutschen Demokratischen Republik. Allgemeinbildende Schulen. Berlin 1956, S. 141: Die Prinzipien der Schulverwaltung in der Deutschen Demokratischen Republik.

9 Makarenko, A. S.: Werke in sieben Bänden. Berlin 1952 ff., Bd. IV, S. 525.

10 Es sieht so aus, als habe es in der Frühzeit der DDR in bestimmten Kreisen doch Ansätze einer Elternrechtsdiskussion gegeben. Die Zeitschrift ‚die neue schule' veröffentlichte im Jahre 1948 in Heft 15, S. 487—490, den ersten Teil einer ‚Übersicht über die Entwicklung des Elternrechts' von Gustav Menzel. Dieser historische Rückblick wurde von der Redaktion der Zeitschrift mit der Bemerkung eingeleitet, daß ein „grundsätzlicher Beitrag zur Frage des Elternrechts (.) in einem der nächsten Hefte folgen" würde. Dieser Beitrag ist nie erschienen.

11 Ministerium für Volksbildung (Hg.): Schulrecht . . . a.a.O., S. 73.

12 Ebd. S. 11.

13 Vgl. Art. 31 der Verfassung der DDR von 1949.

14 Melchert, H.: Elternrecht. In: Pädagogische Enzyklopädie. Berlin 1963, Bd. 1, S. 239—241; hier S. 240.

15 Vgl. dazu den Beitrag des Verfassers „Zwanzig Jahre Elternbeiräte in der DDR". In: Pädagogik und Schule in Ost und West. H. 7/8/19. Jg., S. 170—172.

16 Vgl. dazu folgende Dokumente: Verordnung über die Bildung und die Aufgaben der Elternbeiräte an allgemeinbildenden Schulen. Vom 12. April 1951. In: GBl, Nr. 44, 1951, S. 279—280. Verordnung zur Verbesserung der Arbeit der allgemeinbildenden Schulen. Vom 4. 3. 1954. Regierungsvorlage. In: Baske, S./Engelbert, M. (Hg.): Zwei Jahrzehnte Bildungspolitik . . . a.a.O., 1. Teil, S. 244—262. Verordnung über die Aufgaben und die Arbeit der Elternbeiräte an allgemeinbildenden Schulen. Vom 14. Oktober 1955. In: GBl I, Nr. 87, 1955, S. 689—691. Empfehlung des Sekretariats des ZK für die Arbeit der Parteigruppen in den Elternbeiräten. Vom 20. 3. 1957. In: Neuer Weg. H. 9/12. Jg., 1957, S. 1—4 (Beilage). Über die sozialistische Entwicklung des Schulwesens in der DDR. Thesen des ZK der SED vom 15. 1. 1959. In: Baske, S./Engelbert, M. (Hg.): Zwei Jahrzehnte Bildungspolitik . . . a.a.O., 2. Teil, S. 1—17. Verordnung über die Elternbeiräte an den allgemeinbildenden Schulen. Elternbeiratsverordnung. Vom 7. 1. 1960. In: GBl I, Nr. 4, 1960, S. 37—40. Gesetz über das einheitliche sozialistische Bildungssystem. Vom 25. Februar 1965. In: Baske, S./Engelbert, M. (Hg.): Zwei Jahrzehnte Bildungspolitik . . . a.a.O., 2. Teil, S. 373—406. Verordnung über die Elternvertretungen an den allgemeinbildenden Schulen. Elternbeiratsverordnung. Vom 15. 11. 1966. In: GBl II, Nr. 133, 1966, S. 837—841.

17 Neben den nach 1945 entstandenen Elternausschüssen, deren Arbeit heute in der DDR als wenig einheitlich und planvoll, gelegentlich sogar als im Widerspruch zur Demokratisierung des Schulwesens beschrieben wird, bildeten sich Ende 1947 die Arbeitsgemeinschaften ‚Freunde der neuen Schule', um „die bereits tätigen Schulfreunde aufzufinden und zu beraten, um neue zu gewinnen und die gesamte Erziehungsarbeit auf außerschulischem Gebiet zu organisieren, ihr Inhalt zu geben und eine bestimmte Richtung zu weisen. . ." Vgl. Kunath, P.: Historische Skizze über die Entwicklung der Zusammenarbeit zwischen Schule und Elternhaus in der Deutschen Demokratischen

Republik von 1945—1959. In: Wiss. Zft. der Deutschen Hochschule für Körperkultur Leipzig. H. 1/2. Jg., 1959/60, S. 9—22; hier S. 12. Zu den Arbeitsgemeinschaften ‚Freunde der neuen Schule' vgl. auch Günther, K.-H./Uhlig, G.: Zur Entwicklung des Volksbildungswesens auf dem Gebiet der Deutschen Demokratischen Republik 1946—1949. Berlin 1968, S. 107—111 und S. 193—196.

18 Auf die in den Einrichtungen der Vorschulerziehung vorgesehene Mitwirkung der Eltern und deren gesetzliche Regelung kann an dieser Stelle nicht näher eingegangen werden.

19 Seidel, K.: Wie leitet unser Elternbeirat die Klassenelternaktive an? In: Wisotzky, A. (Hg.): Unsere Elternvertretung. Helfer der sozialistischen Schule. Berlin 1968, S. 7—11; hier S. 7.

20 Die Klassenelternaktive bestehen zwar bereits seit 1955, wurden aber bis zum Jahre 1966/67 von einem vom Elternbeirat beauftragten Klassenpaten, der Mitglied des Elternbeirates war, nach Rücksprache mit dem Klassenleiter zusammengestellt.

21 Vgl. Brinckmann, K.-E.: Neuregelung für die Elternbeiratswahl (mit dem Text der neuen Wahlordnung ‚Anordnung über die Wahl von Elternvertretungen an den allgemeinbildenden Schulen (Wahlordnung) vom 15. Januar 1970.') In: Elternhaus und Schule. H. 4/19. Jg., 1970, S. 19—20. Für eine echte Beratung der Delegationskandidaten dürfte kaum Zeit bestehen, da diese in der gleichen Veranstaltung noch gewählt werden müssen.

22 Landsberg, I.: Die Delegiertenkonferenz. In: Elternhaus und Schule. H. 7/19. Jg., 1970, S. 24—25; hier S. 25.

23 Elternbeiratsverordnung von 1966, § 8.

24 In: Neuer Weg. Nr. 17/22. Jg., 1967, S. 807—810; hier S. 809.

25 Elternbeiratsverordnung von 1966, § 2.

26 Vgl. ebd. § 3.

27 Ebd. § 11.

28 Vgl. ebd. § 9.

29 Vgl. z. B. die entsprechenden Passagen im Gesetzbuch der Arbeit (1966), im Jugendgesetz (1964), im Familiengesetz (1965) oder in der Verfassung von 1968.

30 Vgl. Verordnung über die Sicherung einer festen Ordnung an den allgemeinbildenden Schulen. Schulordnung. Vom 20. Oktober 1967. In: GBl II, Nr. 111, 1967, S. 769—780; hier § 6.

31 Ebd. § 7; vgl. auch § 25.

32 Vgl. ebd. § 24.

33 Vgl. ebd. § 38.

34 Diese Einrichtungen haben seit 1965 die Arbeit der aufgelösten Pädagogischen Kreiskabinette übernommen.

35 Während bis 1966 Elternbeiräte, die ihre Aufgaben nicht erfüllten, von ihrer Funktion entbunden werden konnten, ist dies in der Elternbeiratsverordnung von 1966 (§ 7,3) nur noch für Aktivmitglieder vorgesehen.

36 Insgesamt konnten 9 Diplomarbeiten und 3 Dissertationen ermittelt werden. Die Dissertationen von J. J. Turczynski, Die Zusammenarbeit zwischen Familie und Schule bei der Erziehung der Kinder, Berlin 1955, von P. Kunath, Der Inhalt und die Organisation der Zusammenarbeit zwischen Elternhaus und Schule (untersucht an der Pestalozzi-Schule Pirna-Copitz), Potsdam 1957, und von H. Parlow, Die Einflußnahme und Wirksamkeit der Elternbeiräte auf die sozialistische Familienerziehung in kleinen Landgemeinden, Berlin 1967, waren über den öffentlichen Leihverkehr zu erhalten und konnten ausgewertet werden. Dabei stellte sich heraus, daß die Arbeit von Turczynski ganz außer acht gelassen werden kann; sie ist bestenfalls als Situationsschilderung einer ‚Randschule von Groß-Berlin' interessant. Praktisch alle Angaben über das Verhältnis von Schule und Elternhaus sind nicht objektivierbar. Wahrscheinlich hat diese Arbeit deswegen auch in der DDR-Literatur nie weitere Erwähnung gefunden. Die Dissertation von P. Kunath ist in Auszügen 1958 unter dem Titel ‚Über die Zusammenarbeit zwischen Elternhaus und Schule' veröffentlicht worden.

37 Kunath, P.: Dissertation, S. XIV.

38 Parlow, H.: Dissertation, S. 38.

39 Vgl. ebd. S. 69—72. Vergleiche dort auch den Hinweis, daß es einige Eltern bzw. Familien ablehnten, sich an dieser ‚individuellen Arbeit' zu beteiligen.

40 Z. B. Wie unterstützen die Eltern zweckmäßig das Lernen der Kinder, und wie können sie eine sozialistische Lerneinstellung anerziehen? — Warum ist eine gute Koordinierung der Familienerziehung mit der Schule notwendig, und wie beziehen wir Eltern in das schulische Leben ein? — Wie erziehen wir zum verantwortungsbewußten Verhalten, zur Disziplin in der Familie und in der Öffentlichkeit? — Wie erziehen wir unsere Kinder zur aktiven Mitarbeit an gesellschaftlich-nützliche Aufgaben und zur Liebe zur Landwirtschaft? Vgl. ebd. S. 74.

41 Ebd. S. 74.

42 Vgl. ebd. S. 75—78. Dort finden sich auch Hinweise auf die Schwierigkeiten solcher

Veranstaltungen: sie wurden von manchen Eltern ‚als Vorladung vor den Elternbeirat „mißverstanden"'.
43 Ebd. S. 82.
44 Ebd. S. 82 f.
45 Vgl. die zusammenfassende Wertung der Ergebnisse durch Parlow, ebd. S. 128 ff.
46 Böttcher, H. R.: Teilnahme der Eltern am Elternabend und Schulerfolg der Kinder. In: Wiss. Zft. der Universität Leipzig. H. 4, 5/15. Jg., 1966, S. 727—731.
47 Ebd. S. 729 und S. 730: „Die Eltern der besten Schüler nahmen zu 81%, die der schlechtesten Schüler zu 30% an jenen 54 Elternabenden teil". Ferner kamen 92% der Eltern der Besten zwei- oder dreimal zu den angesetzten drei Elternabenden, bei den Schlechtesten aber nur 26%.
48 Ebd. S. 730.
49 Ebd. S. 730.
50 Vgl. Löwe, H.: Probleme des Leistungsversagens in der Schule. Berlin 1963, S. 99 f. [2. stark bearbeitete und erweiterte Neuauflage 1971]. Ähnlich auch Rösler, H.-D.: Leistungshemmende Faktoren in der Umwelt des Kindes. Leipzig 1967^2, S. 116 ff.
51 Vgl. Wiedemann, M.: Über die Erziehung der Schüler zur sozialistischen Lernhaltung im Elternhaus unter besonderer Berücksichtigung der Rolle des Klassenleiters. Diss. Leipzig 1964 (unveröffentlicht), S. 94 ff.
52 Vgl. Kießig, D.: Der Elternbeirat. Ergebnisse einer Untersuchung. In: Elternhaus und Schule. H. 11/15. Jg., 1966, S. 24—25. Ders.: Inhalt und Wirksamkeit. Eine weitere Untersuchung über Potsdamer Elternvertretungen. In: Ebd., H. 11/17. Jg., 1968, S. 20—21.
53 Vgl. Kießig, D.: Inhalt und Wirksamkeit . . . a.a.O., S. 20.
54 Vgl. Kießig, D.: Der Elternbeirat . . . a.a.O., S. 25. Vgl. auch die weiter oben gemachten Ausführungen über die von Parlow erprobten neuen Formen und Methoden der Elternarbeit.
55 Vgl. Walther, R.: Über die Vermittlung pädagogischer Kenntnisse an Eltern. In: Jugendhilfe. H. 1/1.Jg., 1963, S. 13—23. Brinckmann, K.-E./Schmidt, H.: Befähigung der Eltern und Werktätigen zur Wahrnehmung ihrer erzieherischen Verantwortung. In: Pädagogik. H. 10/23. Jg., 1968, S. 863—870.
56 Das Familienrecht der DDR. Lehrkommentar zum Familiengesetzbuch der Deutschen Demokratischen Republik vom 20. Dezember 1965. Berlin 1967, S. 183.
57 Vgl. Empfehlung für die inhaltliche Gestaltung der pädagogischen Propaganda vom 1. September 1965. Zit. nach Walther, R./Grassel, H./Parlow, H. (Hg.): Lehrer und Eltern . . . a.a.O., S. 182—193.
58 Borrmann, R.: Aufgabenstellung, Probleme und Tendenzen der Elternarbeit und pädagogischen Propaganda in der DDR. In: Urania, Präsidium der (Hg.): Die Einheit von Familie und Schule . . . a.a.O., S. 27—35; hier S. 28.
59 Ebd. S. 28.
60 Über die Vortragstätigkeit der URANIA vgl. ebd. S. 29.
61 Vgl. Brinckmann, K.-E./Schmidt, H.: Befähigung der Eltern . . . a.a.O., S. 867.
62 Zit. nach ebd. S. 868.
63 Vgl. Talysina, N.: Unsere Eltern-Universität. In: Die Presse der Sowjetunion. Nr. 113/Jg. 1957, S. 2425.
64 Vgl. Wisotzky, A.: Ein Jahr Elternakademie Berlin. In: Neue Erziehung im Kindergarten. H. 8/22. Jg., 1969, S. 21—23. Ders.: Elternakademie — das jüngste Kind im Haus des Lehrers. In: Elternhaus und Schule. H. 4/19. Jg., 1970, S. 20—21.
65 Walther, R./Grassel, H./Parlow, H. (Hg.): Lehrer und Eltern . . . a.a.O., S. 20.
66 Darüber hinaus besitzt der Verlag Volk und Wissen, Berlin, nahezu ein Monopol für ‚Elternliteratur'.
67 Vgl. Elternhaus und Schule. Illustrierte Zeitschrift für alle Fragen der Erziehung. Verlag Volk und Wissen, Berlin, 1970 im 19. Jahrgang. 1966 hatte die Zeitschrift ca. 200000 Leser. Heute gültige Zahlen waren vom Verlag nicht zu erfahren.
68 Vgl. Forst, H.: Zum Stand und zu einigen Entwicklungstendenzen der populärwissenschaftlichen Literatur für Eltern. In: Urania, Präsidium der (Hg.): Die Einheit von Familie und Schule . . . a.a.O., S. 68—72; hier S. 68 f.
69 Borrmann, R.: Aufgabenstellung . . . a.a.O., S. 30.
70 Brinckmann, K.-E.: Internationaler Kongreß in Tunis. In: Pädagogik. H. 2/22. Jg., 1967, S. 172—174; hier S. 174. Neuere Angaben als diese aus dem Jahre 1967 waren nicht zu erhalten.
71 Vgl. Brinckmann, K.-E.: Die Diskussion ist eröffnet. Meinungen zu einer neuen Elternbeiratsverordnung. In: Elternhaus und Schule. H. 2/15. Jg., 1966, S. 26—27. Ders.: Richtlinie und Ansporn. Zum Stand der Diskussion über eine neue Elternbeiratsverordnung. In: Ebd., H. 9, S. 24—25.
72 Vgl. Anweiler, O.: Wissenschaft, Bildungspolitik und Öffentlichkeit. In: Bildung und Erziehung. H. 2/21. Jg., 1968, S. 93—109.
73 Vgl. Brinckmann, K.-E.: Sozialistische Gemeinsamkeit von Schule und Familie. Erste

zentrale Elternkonferenz der Deutschen Demokratischen Republik. In: Pädagogik. H. 9/20. Jg., 1965, S. 858—861.

74 Vgl. die Leserdiskussion im ‚Neuen Deutschland' vom 18. 7.; 25. 7.; 1. 8.; 10. 9.; 24. 10.; 30. 10.; 8. 11. . . . (1970).

75 Vgl. Überlegungen zur schulischen Situation in der DDR. Hg. von einem Arbeitskreis katholischer Eltern (Manuskriptdruck). o. O. (Berlin), o. J. (1969). Nur für den innerkirchlichen Dienstgebrauch.

Bibliographie

Einführende Literatur

Brinckmann, K.-E./Parlow, H./Walther, R.: Mehr Hilfe den Elternvertretern. In: Pädagogik. H. 2/22. Jg., 1967, S. 129—138.

Brinckmann, K.-E./Schmidt, H.: Befähigung der Eltern und Werktätigen zur Wahrnehmung ihrer erzieherischen Verantwortung. In: Pädagogik. H. 10/23. Jg., 1968, S. 863—870.

Busch, F. W.: Die Rolle der Familienerziehung in der sozialistischen Pädagogik der DDR. Düsseldorf 1972 (in Vorber.).

Kunath, P.: Über die Zusammenarbeit zwischen Elternhaus und Schule. Berlin 1958.

Urania, Präsidium der (Hg.): Die Einheit von Familie und Schule im Prozeß der sozialistischen Erziehung der jungen Generation. Konferenzmaterial der 1. internationalen Tagung ‚Zu Problemen der Familienerziehung und Zusammenarbeit von Elternhaus und Schule' am 7./8. Juni 1967 in Berlin. Schriftenreihe für den Referenten, H. 1/1968. o. O. (Berlin) 1968.

Walther, R./Grassel, H./Parlow, H. (Hg.): Lehrer und Eltern. Hinweise für Lehrer zur Zusammenarbeit mit den Eltern. Berlin 1968.

Weiterführende Literatur

(Die in den Anmerkungen angegebene Literatur wird an dieser Stelle nicht noch einmal aufgeführt.)

Anweiler, O.: Probleme eines Leistungsvergleichs der Bildungssysteme in der Bundesrepublik und der DDR. In: Bildung und Erziehung. H. 4/22. Jg., 1969, S. 241—253.

Autorenkollektiv: Die Funktion des Elternbesuches in der sozialistischen Erziehung. In: Pädagogik. H. 3/16. Jg. 1961, S. 233—246.

Benjamin, H.: Das Grundgesetz der Familie im Sozialismus. In: Ein glückliches Familienleben. Anliegen des Familiengesetzbuches der DDR. Aus der Tätigkeit der Volkskammer und ihrer Ausschüsse. H. 7. Berlin 1965, S. 13—35.

Brinckmann, K.-E./Walther R.: Familienerziehung und Schule. Bericht über eine Arbeitstagung der Forschungsgemeinschaft ‚Sozialistische Familienerziehung'. In: Pädagogik. H. 10/22. Jg., 1967, S. 939—943.

Brinckmann, K.-E.: Aufgaben und Funktionen der Elternvertretungen an den Schulen in der Deutschen Demokratischen Republik. In: Urania, Präsidium der (Hg.): Die Einheit von Familie und Schule. . . a.a.O., S. 19—26.

Charčev, A. G.: Die Rolle der Familie in der kommunistischen Erziehung. In: Jugendhilfe. H. 2/1. Jg., 1963, S. 60—70.

Deutsches Pädagogisches Zentralinstitut (Hg.): Zur sozialistischen Familienerziehung. Pädagogik, 3. Beiheft 1968. Berlin 1968.

Elternhaus und Schule — es muß ein Herzschlag sein. Erfahrungsaustausch über die Zusammenarbeit zwischen Lehrern und Eltern. Materialien und Beispiele. Berlin 1961.

Die Familie und ihre Rolle beim Aufbau des Kommunismus. In: Jugendhilfe. H. 10/4. Jg., 1966, S. 289—294; H. 11, S. 321—329.

Fischer, L./Wiedemann, M./Fuchs, H.: Lernhaltung der Schüler und pädagogisches Klima im Elternhaus. In: Pädagogik. H. 3/17. Jg., 1962, S. 229—242.

Friedrich, W.: Jugend heute. Berlin 1967^2.

Geissler, A.: Probleme der Familie. In: Probleme und Ergebnisse der Psychologie. H. 13, 1965, S. 7—46; H. 14, 1965, S. 35—64.

Grandke, A./Kuhrig, H./Weise, W.: Zur Situation und zur Entwicklung der Familie in der DDR. In: Neue Justiz. Nr. 8/19. Jg., 1965, S. 231—235.

Güldner, K.: Über Beziehungen zwischen mütterlicher Erziehungshaltung und Leistungsverhalten des Kindes in der Schule. In: Wiss. Zft. der Universität Rostock. H. 4/13. Jg., 1964, S. 523—527.

Günther, K.-H./Lost, Ch. (Hg.): Dokumente zur Geschichte des Schulwesens in der Deutschen Demokratischen Republik. Teil 2: 1956—1967/68, 1. und 2. Halbband. Berlin 1969.
Günther, K.-H./Uhlig, G.: Geschichte der Schule in der Deutschen Demokratischen Republik. 1945 bis 1968. Berlin 1969.
Hofmann, H.-G.: Ideologisch-theoretische Probleme der sozialistischen Erziehung. In: Pädagogik. H. 10/24. Jg., 1969, S. 917—931.
Krahn, H.: Rechte und Aufgaben der Elternvertretungen. In: Elternhaus und Schule. H. 3/18. Jg., 1969, S. 20—21; H. 4, S. 20—21.
Krüger, H.: Familiäre Bedingungen und Zusammenarbeit mit den Eltern. In: Padagogik. H. 2/22. Jg., 1968, S. 149—158.
Kuhrig, H.: Zur Entwicklung sozialistischer Familienbeziehungen in der Deutschen Demokratischen Republik. In: Einheit. H. 8/17. Jg., 1962, S. 38—50; H. 9, S. 101—111.
Kurz, O.-E.: Der Elternbeirat in der deutschen demokratischen Schule. Berlin 1956.
Lindner, W.: Sozialistisches Menschenbild und Erziehungsziel. In: Pädagogik. H.2/24. Jg., 1969, S. 112—123.
Mannschatz, E.: Die Verantwortung der Gesellschaft für die Wirksamkeit der Familienerziehung. In: Jugendhilfe. H. 1/6. Jg., 1968, S. 1—11.
Mannschatz, E.: Einführung in die sozialistische Familienerziehung. Berlin 1971.
Pädagogisches Forum: Elternhaus und Schule sind eins. In: Pädagogik. H. 1/17. Jg., 1962, S. 72—76.
Rückert, G./Krahn, H.: Elternrecht und Verfassung. Das Grundrecht auf Bildung und die Rechte der Eltern auf seine Ausgestaltung und Durchsetzung. In: Deutsche Lehrerzeitung. Nr. 13/15. Jg., 1968, Beilage DLZ-Dokumentation.
Schlicht, G.: Das Recht zwischen Eltern und Kindern nach dem neuen FGB der SBZ. In: Recht in Ost und West. H. 2/10. Jg., 1966, S. 59—67.
Stolz, H./Herrmann, A.: Über das Kind und seine sozialen Beziehungen in der DDR. München 1967.
Uhlig, G. (Hg.): Dokumente zur Geschichte des Schulwesens in der Deutschen Demokratischen Republik. Teil 1: 1945—1955. Berlin 1970.
Walther, R.: Die Zusammenarbeit des Klassenleiters mit den Eltern. In: Pädagogik. 3. Beiheft 1966, S. 21—23.
Walther, R./Witte, K.-H.: Erziehung in der Familie. In: Einheit. H. 10/21. Jg., 1966, S. 1279—1290.
Walther, R.: Die gesellschaftliche Stellung der Familie und Probleme der sozialistischen Familienerziehung. In: Pädagogik. 3. Beiheft 1968, S. 1—10.
Wisotzky, A. (Hg.): Unsere Elternvertretung. Helfer der sozialistischen Schule. Beiträge aus der Arbeit unserer Elternbeiräte und Klassenelternaktive. Berlin 1968.
Zerle, H.: Sozialistisch leben. Arbeitsmoral — Familienmoral — Erziehung. Berlin 1964.

Elternhaus und Schule in England[1]

Die Beziehungen zwischen Elternhaus und Schule sind in England ebenso vielfältig wie unübersichtlich: und zwar unübersichtlich aufgrund des stark dezentralisierten Schulwesens, vielfältig, weil die Kooperation zwischen Eltern und Schule kaum institutionalisiert und vor allem rechtlich nicht abgesichert ist. Wenn ferner die Beziehungen relativ gering sind und meist nur wenig Kontinuität besitzen, so hat das vor allem dreierlei Gründe: Zum einen wirkt sich bei den Eltern noch immer die traditionelle Auffassung von ‚einer Nichteinmischung in die Schulerziehung' aus, die zu einer Zeit entstand, als die „meisten Eltern weder intellektuell, finanziell noch politisch in der Lage waren, die lokale Schule . . . zu unterstützen" bzw. auf sie Einfluß zu nehmen. Zum anderen ist das elterliche Engagement aber auch gering, weil die ‚elitären Internate' (‚public schools'), an die die Eltern ihre Erziehungsverantwortung zu delegieren pflegten, lange Zeit als Erziehungsvorbild betrachtet wurden. Drittens kommt hinzu, daß englische Eltern einen größeren Entscheidungsraum haben hinsichtlich ihrer Schulwahl und damit auch hinsichtlich der Bildungsziele und Erziehungsformen als deutsche. In England besuchten 1968 von den 15jährigen Schülern immerhin 11,3% bzw. von den 18jährigen 20,8% eine Privatschule (‚direct grant-', ‚independent school'). Außerdem können die Eltern in der Hälfte aller staatlichen Schulbezirke (insges. 162 in England und Wales) unter den öffentlichen Schulen wählen. Nach der erfolgten Schulwahl ist der elterliche Anspruch auf Mitwirkung dann recht zögernd. „Zu lange hat man sie am Besuch der Schulen gehindert" und zu ausschließlich sah die Schule ihre Funktion darin, Eltern und Kinder zu trennen, um die Eigeninteressen der Kinder zu sichern und um ihnen zu einer emotionalen Emanzipation zu verhelfen. Erst kürzlich sind die letzten Tafeln mit der Aufschrift verschwunden: „Eltern dürfen das Schulgelände über diese Linie hinaus nicht betreten".[2]

Wenn den Beziehungen zwischen Elternhaus und Schule in den letzten Jahren dennoch erhöhte und neuartige Aufmerksamkeit geschenkt wird, so vor allem deshalb:

— weil es zu einem Bewußtseinswandel hinsichtlich des kindlichen Anspruchs auf soziale Gerechtigkeit und Chancengleichheit gekommen ist;

— weil die Bedeutung des häuslichen Milieus für die frühkindliche Entwicklung und Schulleistung inzwischen genauer erforscht wurde;

— weil die Macht- und Entscheidungsstrukturen im Schulwesen allmählich in Frage gestellt werden;

— und schließlich, weil die Eltern bildungsbewußter geworden sind und einen größeren Anspruch auf Information und Mitwirkung erheben.

Für die bildungspolitische Diskussion der Gegenwart sind vor allem drei Tendenzen bezeichnend: Den *Eltern* wird in zunehmendem Maße bewußt, daß sie „die ersten Lehrer ihrer Kinder sind"; in der *Lehrerschaft* setzt sich die Einsicht durch, daß „Lehrer ihrem eigenen Unterrichtserfolg im Wege stehen, wenn sie den häuslichen Einfluß ignorieren"; und im *Erziehungsministerium* plädiert man zumindest für eine bessere Information der Eltern, wenn nicht sogar für eine Erweiterung ihres Mitspracherechts, weil die Eltern „eine Schlüsselposition für die kindliche Entwicklung" besitzen.[3] Insgesamt findet die Diskussion über eine mögliche oder notwendige Kooperation der Eltern um so mehr Resonanz, je stärker sich seit Ende der fünfziger Jahre das *wissenschaftliche und bildungspolitische Interesse* von der Sekundar- auf die Primarerziehung und von hier auf das Problem der frühkindlichen Sozialisation verlagert hat.

Dringlichkeit der Kooperation

Die Einbeziehung der Eltern in den Aufgabenkreis der Schule wird u. a. gefordert: um die Sozialchancen der Kinder anzugleichen und um die Schule dem milieubedingten Bewußtsein der Schüler lernpsychologisch anzupassen; um den Eltern nach Abschaffung der Auslese für die höhere Schule (‚11 + selection') die Schul- und Fächerwahl zu erleichtern; ferner um bei dem raschen Lehrer- und Methodenwechsel eine gewisse Kontinuität in den Bildungsprozessen zu sichern; und schließlich um die Schule zu demokratisieren und die Eltern weiterzubilden.

Die *Sozialchancen des Kindes* werden durch das elterliche Interesse oder Desinteresse an der kindlichen Entwicklung außerordentlich, wenn nicht irreversibel beeinflußt. Douglas hat z. B. festgestellt, daß sich die kindlichen Durchschnittsleistungen erheblich verbesserten, wenn die Eltern ein großes Interesse am kindlichen Fortkommen zeigten. Bei einem nur durchschnittlichen Interesse der Eltern stieg die kindliche Leistung dagegen nur geringfügig und bei einem elterlichen Desinteresse verringerte sie sich. (Statistik siehe Anmerkung).[4] Das elterliche Interesse am Schulgesehehen ist dabei in den Sozialschichten recht unterschiedlich, und zwar in den Mittelschichten generell größer als in den Arbeiterschichten. Es differiert jedoch auch innerhalb der einzelnen Schichten erheblich. Für die intellektuelle Entwicklung ist das elterliche Interesse geradezu lebensentscheidend. Sieht man die vorgenannten Ergebnisse von Douglas im Zusammenhang mit Blooms Forschung (danach ist der Umwelteinfluß in der vorschulischen Phase für die Intelligenzentwicklung am größten), so folgt daraus, daß das elter-

liche Interesse vor allem bei den ‚Unterprivilegierten' stimuliert werden muß. Sollte es gelingen, bei unterprivilegierten Eltern das Bildungsinteresse wesentlich zu steigern, so drängt sich nach empirischen Analysen von Lehrerurteilen und nach Testergebnissen die Vermutung auf, daß über 50 % der Arbeiterkinder statt wie bisher 15 % ein Gymnasium (‚grammar school') besuchen könnten.
Die Notwendigkeit einer verbesserten Kooperation mit dem Elternhaus zeigt sich aber auch in der *‚Unangepaßtheit der Schule'* an die Umweltbedingungen der Schüler. Unterprivilegierte, speziell Immigrantenkinder, vermag die Schule nur bedingt, die Kinder aller Schichten nicht optimal zu fördern. Statt bei benachteiligten Kindern deren Vorbildung und Sprachstrukturen zu berücksichtigen, treibt die Schule einen Keil zwischen das Kind als Mitglied der Familie und als Mitglied der Schule. Wenn aber „die ‚Kultur' des Lehrers Bestandteil des kindlichen Bewußtseins werden soll, dann muß die ‚Kultur' des Kindes zuerst im Bewußtsein des Lehrers vorhanden sein". Diese Forderung gilt insbesondere für Immigrantenkinder. Zwar sind im nationalen Durchschnitt ‚nicht mehr' als 3 % der sechsjährigen oder jüngeren Schüler Immigrantenkinder (1969), jedoch beträgt ihr Anteil in Inner-London bereits 17,8 % und in Haringey sogar über 30 %.[5] Diesen benachteiligten Kindern wird die Schule erst dann erfolgreich helfen können, wenn sie ihren kulturellen und häuslichen Hintergrund berücksichtigt bzw. auch die Eltern in den Bildungsprozeß mit einbezieht.
Sodann werden die Eltern überall dort, wo die *Auslese für die ‚höhere Schule' abgeschafft* worden ist, vor Bildungsentscheidungen gestellt, denen sich selbst Pädagogen und Psychologen nicht gewachsen zeigen. Dennoch gibt es keine angemessenen Beratungshilfen für die Eltern, und — weder im dreigliedrigen Schulsystem noch in den Gesamtschulen — eine hinreichende interschulische und innerschulische Mobilität zur Korrektur der Fehlentscheidungen.[6] Da das elterliche Verständnis aber durch die Abschaffung der Auslese nicht spontan verändert wurde, stellt sich die Frage, ob aufgrund der erwähnten Veränderungen tatsächlich „mehr Kinder als bisher ihren Fähigkeiten und Begabungen entsprechend erzogen werden".[7] Wahrscheinlich wird man erst dann, wenn Schule und Elternhaus bei der Entscheidungsfindung über den kindlichen Bildungsweg (einschließlich der Fächerwahl) in einem Beratungssystem (‚counseling system') zusammenwirken, den Bildungsinteressen und -möglichkeiten der einzelnen Schüler besser gerecht werden können.[8]
Schließlich wird die Kooperation von Schule und Elternhaus wegen des raschen *Lehrer- und Methodenwechsels* zur Voraussetzung für eine kontinuierliche Weiterbildung der Schüler, denn, da englische Lehrer keine Beamten sind, ist es bisher nicht gelungen, die große Fluktuation bei den Lehrern zu verringern. Eltern könnten mithin neueintretende Lehrer über die voraufgegangene Unterrichtspraxis

informieren. Solange Kinder aufgrund des methodischen wie personellen Wechsels sich weitgehend selbst überlassen bleiben, müssen Eltern nach Meinung des Black Papers auch Funktionen der Lernsicherung und Anleitung zur Arbeitskontinuität übernehmen. Pointiert heißt es im Black Paper II: „Die heutige Primarschulerziehung läßt nur noch Kinder mit besonders ‚fähigen' Eltern in der Schule überleben — das sind Eltern . . .; die Zeit haben, ihren Kindern zu helfen, die die notwendigen Bücher über moderne Unterrichtsmethoden kaufen, die sie tatsächlich unterrichten."[9]

Soziale Schicht der Eltern:	Professional	Managerial	Non-manual	Skilled manual	Semi-skilled	Unskilled
Eltern hatten für d. häusl. Benutzung Schulbücher gekauft:	57 %	49%	50%	36%	29%	19%

Kooperationswilligkeit von Lehrern und Eltern

Obwohl in England weitgehende Übereinstimmung besteht, daß eine enge Zusammenarbeit zwischen Schule und Elternhaus den Kindern förderlich ist, sind die *Möglichkeiten zur elterlichen Mitwirkung* noch begrenzt. Ob und inwieweit es in dieser Hinsicht zu einer Entwicklung kam, wird *aus historischer Dimension* verständlich.

Ansatzweise wurde bereits zu Beginn des Jahrhunderts, verstärkt jedoch im und nach dem Zweiten Weltkrieg auf die Bedeutung des häuslichen Milieus für die kindliche Entwicklung hingewiesen; und zwar hatte man sich in den 20er Jahren zunächst aus philosophischer und psychologischer Perspektive für eine bessere Kooperation ausgesprochen. Jene Diskussion wurde in den 40er Jahren dann unter dem Kriegseinfluß und im Zusammenhang mit der Bildungsgesetzgebung wieder aktualisiert (Evakuierung, Trennung der Familien, Ausbau des Wohlfahrtsstaates, ‚Education Act' von 1944). Im und nach dem Zweiten Weltkrieg kam es einerseits zum Ausbau von Fürsorge- und Wohlfahrtsorganisationen, die ‚Funktionsmängel' der Familie ausgleichen sollten, andererseits gab es zahlreiche Versuche, das gesellschaftliche Engagement an der Basis zu stärken (Clarke Report). Zu den letztgenannten Bemühungen gehörte auch der Versuch, die Elternkontakte in den Schulen zu beleben. Diese Kontakte wurden 1944 im Auftrag des ‚Committee for Parent Teacher Co-operation' empirisch untersucht, um „eine bessere Kooperation unter den betroffenen Gruppen herbeiführen zu können". Wenn damals aber nicht Lehrer und Eltern sondern Schulleiter über den Kontakt befragt wurden, so ist das für die damalige Auffassung bezeichnend. Die Untersuchung ergab, daß individuelle Kontakte zwischen Eltern und Lehrkörper an 57 % der Schulen ‚üblich' waren, daß es an 38 % der Schulen anläßlich von ‚open days' oder Schulveranstaltungen zu entsprechenden Kontakten kam und daß an weniger als 3 % der Schulen Elternvereinigungen (Parent-Teacher Associations) bestanden. Insgesamt trat die überwältigende Mehrheit der Direktoren für eine engere Zusammenarbeit mit den Eltern ein; sie stellten jedoch fest, daß „man aus gewissen Gründen nicht recht zur Verwirklichung dieser Intention käme." Die Ergebnisse der Umfrage wurden drei Jahre später von W. D. Wall (1947) überwiegend bestätigt. Wiederum war sich der Lehrkörper durchaus bewußt, welche Vorteile eine Kooperation mit den Eltern bieten würde, dennoch argwöhnte man abermals negative Rückwirkungen aus der Zusammenarbeit:[10]

Mögliche Vorteile einer Kooperation v. Eltern u. Lehrern:	*Ja*	*Nein*
Das elterliche Interesse an Schulfragen steigt	90%	2%
Lehrer werden die Kinder besser verstehen lernen	89%	5%
Die kindliche Mitarbeit am Unterricht wird gefördert	79%	5%
Eventuell nachteilige Nebenwirkungen einer Kooperation:		
Der Lehrer wird im Elternhaus kritisiert	32%	26%
Eltern beeinträchtigen die Unterrichtsarbeit des Lehrers	24%	37%

Wenngleich also bei Lehrern und Schulleitern eine gewisse Skepsis zu beobachten ist, bestand nach dem Kriege dennoch eine erhebliche Kooperationsbereitschaft. An vielen Schulen entstanden damals Eltern-Lehrer-Vereinigungen (‚Parent-Teacher Associations'). Wenn es im Sommer 1947 über 800 derartige Schulvereine gab, „so dokumentiert sich darin im Vergleich zu den früheren Verhältnissen ein außerordentlich verbesserter Kontakt". 1954 traf man auch Vorbereitungen, um über regionale Zusammenschlüsse hinaus zu einer nationalen ‚Federation of Associations' zu gelangen.[11]
Jedoch verringerte sich in den 50er Jahren mit zunehmender Stabilisierung der gesellschaftlichen Verhältnisse das Interesse bei den Eltern und an den Eltern wieder. Aus jener Zeit sind kaum noch neue Impulse bekannt geworden, vielmehr scheint die anfängliche Demokratisierung der Schule rückläufig gewesen zu sein. Erst im Zusammenhang mit dem politischen und gesellschaftlichen Krisenbewußtsein wurde zu Beginn der 60er Jahre auch das Interesse am elterlichen Engagement wieder lebendig. Seit 1961 wird z. B. spezielle Literatur für die Eltern und über den Einfluß der Eltern publiziert und werden an den Pädagogischen Hochschulen (‚Colleges of Education') Kurse über ‚home-school relations' angeboten. Vereinzelt sind Seminare auch gemeinsam für ‚Lehrer und Eltern' durchgeführt worden. 1967 haben sich dann die drei nationalen ‚Elternvereinigungen' (‚Advisory Centre of Education', ‚Confederation for the Advancement of State Education', ‚National Federation of Parent Teacher Associations') mit dem Ziel zusammengeschlossen, „den Eltern im Rahmen des Erziehungssystems eine Anerkennung als gleichwertige Partner zu sichern". Gegenwärtig tritt selbst das Erziehungsministerium für ein erweitertes Mitspracherecht der Eltern (u. a. in den ‚Governing Boards' der Schulen) ein; und im Ministerium scheint sogar diskutiert zu werden, ob nicht eine rechtliche Regelung der Elternmitwirkung sinnvoll wäre.[12]

Insgesamt sollen die Eltern durch eine verstärkte Beteiligung weitergebildet und informiert werden. Zugleich sollen sie dafür sorgen, daß Lehrer und Direktoren die Schule nicht mehr als eine sublimierte Form von Eigentum betrachten. Schließlich kann die Mitwirkung der Eltern ein wesentlicher Beitrag zur Verwirklichung der ‚community school' und eines ‚community orientated curriculum' sein. Eine entscheidende Voraussetzung dafür ist aber, daß desinteressierte Eltern und widerstrebende Lehrer von der Notwendigkeit einer Kooperation überzeugt werden. Deshalb werden seit einiger Zeit regionale und nationale ‚home and school days' durchgeführt.[13]

Entwicklung und Einfluß der wissenschaftlichen Forschung

Die verstärkten Bemühungen um eine Integration der Erziehungssphären sind nicht nur Ausdruck des politischen Bewußtseinswandels, sondern sie gehen auch entscheidend auf den *Einfluß der wissenschaftlichen Forschung* zurück.[14]

Bereits im ersten Drittel des Jahrhunderts war u. a. von J. H. Williams (1916), K. Lindsay (1926), D. N. Paton und L. Findlay (1926) darauf hingewiesen worden, daß körperliche und emotionale, soziale und schulische ‚Fehlentwicklungen' durch die häuslichen Umwelt- und sozio-kulturellen Faktoren mitbedingt werden. Während die Forschungen jener Zeit vorwiegend an kindlichen Fehlentwicklungen ansetzen, wurde die Aufmerksamkeit durch A. G. Hughes (1934) und C. Burt (1947) generell auf die Bedeutung der Familieneinflüsse für die Entwicklung der Kinder gelenkt. Hughes kam aufgrund empirischer Analysen zu der Hypothese, daß die häuslichen Verhältnisse größere Bedeutung für den Examenserfolg eines Kindes haben als für die Entwicklung seiner Intelligenz. Damit hatte er die Frage aufgeworfen, inwieweit Examenserfolge tatsächlich mit der Intelligenz korrespondieren. C. Burt kam darüber hinaus zu der Annahme, daß „der kulturelle Hintergrund des Elternhauses, sein tagtäglicher Einfluß . . . bis hin zu den emotionalen Spannungen, die im Kind entstehen könnten . . . — kurz gesagt, der soziologische Hintergrund" des Kindes seine weitere Entwicklung maßgeblich beeinflußt. Nach Burts grundlegenden aber noch recht allgemeinen Hinweisen bemühte sich die Forschung, Einzelfaktoren und Faktorenbündel zu spezifizieren. So haben J. W. B. Douglas und J. M. Blomfield in einer ‚follow up' Studie (1946—1950) auf den Zusammenhang von Schichtzugehörigkeit, äußeren Lebensumständen und physischer Entwicklung hingewiesen, hat W. J. Campbell (1952) Korrelationen zwischen ‚home environment' und Schulleistung, und J. Nisbet (1953) Beziehungen zwischen ‚family environment' und Schulleistung aufgezeigt. Der Early Leaving Report (1954) wies dann auf Konsequenzen hin, die sich aus den familiären Defiziten für Kinder aus den unteren Milieuschichten ergaben — wie z. B. ihr vorzeitiger Schulabgang und ihr ungünstiges Abschneiden bei der ‚mittleren Reife'. Die erwähnten Untersuchungsergebnisse wurden von J. Floud und A. H. Halsey (1957, 1961) bestätigt und durch ihre Edition (1961) in Beziehung gesetzt. Darüber hinaus wurden die Autoren bereits auf Zusammenhänge zwischen den Bildungserwartungen (dem Aspirationsniveau) der Eltern und dem Bildungserfolg der Kinder aufmerksam. In South West Hertfordshire stellten sie z. B. fest, daß „die Einkommens- und Besitzunterschiede der Eltern für den Prüfungserfolg von Kindern aus ein und derselben Sozialschicht nicht ausschlaggebend waren. Selbst wenn ärmliche und schlechte Schulverhältnisse hinzukamen, waren Kinder aus ärmlichen Verhältnissen erfolgreicher als jene aus besser gestellten Kreisen, wenn das Bildungsinteresse der ärmeren Eltern größer war". Diese Feststellung erwies sich auf die Dauer als überaus bedeutsam. Von diesen Andeutungen abgesehen, hatte man bis zur Mitte der 50er Jahre allgemein nur auf Beziehungen zwischen den Schulleistungen oder der verbalen Intelligenz einerseits und dem Familieneinkommen, der Familiengröße sowie Schichtzugehörigkeit andererseits hingewiesen. Ein neuer Impuls kam aus der Sprachsoziologie, und zwar wurden hier die Forschungen von B. Bernstein (1958, 1961) und D. Lawton (1963, 1970) sehr einflußreich. Sie wiesen auf Auswirkungen der verschiedenen Sprachregister für die Denkstrukturen und Kommunikationsprozesse hin. Bernstein und Lawton ‚erklärten' den ungleichen Schulerfolg von Kindern damit, daß einige bereits in der Familie die abstrakte Schulsprache (elaborated code) erlernt hätten, während andere sich beim Schuleintritt nur in der beschreibenden Umgangssprache (restricted code) auszudrücken vermöchten. Ende der 50er Jahre vollzog sich außerdem der Übergang von einer Erforschung der Makrostrukturen (demographische Faktoren) zu einer stärkeren Betonung der Mikrofaktoren (subkulturelle Einflüsse). So wiesen z. B. E. Fraser (1959), F. Musgrove (1966) und B. Sugarman (1970) auf den Einfluß der elterlichen Bildungserwartung und Zukunftsorientierung sowie auf die Bedeutung ihres Wertbewußtseins für den Bildungserfolg der Kinder hin. D. M. Toomey (1969) und J. H. Goldthorpe (1969) gelang es, in diesem Zusammenhang nachzuweisen, daß innerhalb einer sozialen Schicht, z. B. bei Arbeiterkindern, der Bildungserfolg nicht so sehr von der elterlichen Einkommenshöhe noch von ihrem ‚embourgeoisement' abhing, sondern von der Bildungserwartung und Familienorientiertheit der Väter (‚privatised worker'). Unbeantwortet ist, welche Familieneinflüsse sich im Rahmen welcher Motivationscluster als ‚günstig' bzw. ‚ungünstig' erweisen. Noch immer scheint „die Häufigkeit der elterlichen Schulbesuche der beste und objektivste Maßstab für das Bildungsinteresse" der Eltern und damit auch für den Schulerfolg der Kinder zu sein.[15]

Aber es ist nicht nur der Familieneinfluß auf die Schulleistung untersucht sondern auch analysiert worden, welche Bedeutung der Familie für die *emotionale Entwicklung* des Kindes zukommt. Bereits 1952 hatten M. E. Highfield und A. Pinsent darauf hingewiesen, daß ‚eine nachgiebige und verantwortungslose ebenso wie eine autoritäre Erziehung bei Kindern zu schulischen Verhaltensschwierigkeiten führten'. In ähnliche Richtung lenkten sowohl H. Lewis (1954) mit seiner Studie über deprivierte Kinder als auch J. Bowlby (1956) und das ‚Platt Committee' (1959) die Aufmerksamkeit. Lewis hatte z. B. signifikante Korrelationen zwischen ‚mental health' der Kinder und der mütterlichen Fürsorge bzw. zwischen den neurotischen Neigungen der Kinder und ihrer Vernachlässigung im Elternhaus gefunden. Aufgrund ähnlicher Einsichten empfahl das Platt Committee, in den Kinderabteilungen der Krankenhäuser Wohngelegenheiten für Mütter (mother-in units) einzurichten, um den Gefahren des Hospitalismus zu begegnen. Derartige Bemühungen kommen nach D. H. Stott (1957, 1966) jedoch spät, weil emotionale Dispositionen bereits in der pränatalen Phase

angelegt würden. Stott hat in Fortsetzung amerikanischer Untersuchungen von L. W. Sontag (1941) und B. Pasamanick (1956) auf enge Zusammenhänge zwischen den psychischen Belastungen der Mutter während der Schwangerschaft und den späteren Verhaltensgestörtheiten der Kinder hingewiesen.
Die skizzierten Forschungsansätze hinsichtlich der intellektuellen und der emotionalen Entwicklung von Kindern versuchten J. und E. Newson (1963, 1968) und J. W. B. Douglas (1964) aufzunehmen und zusammenzufassen; und zwar hat Douglas 1946 (im Auftrag des ‚Population Investigation Committee') begonnen, empirisch die Entwicklung von 5.000 Kindern zu verfolgen. Er analysiert die Beziehungen zwischen den Familienverhältnissen, den Bildungserwartungen der Eltern und der kindlichen Entwicklung. Demgegenüber erforschen J. und E Newson (mit Unterstützung der ‚National Foundation for Educational Research') Probleme der kindlichen Selbstentfaltung im familiären Sozialisationsfeld. Sie beobachten die kindliche Entwicklung vom ersten Lebensjahr an und betrachten das Kind nicht nur als Produkt verschiedener Sozialisationsmechanismen, sondern erkennen ihm auch Eigenständigkeit zu. Beide Studien bestätigen die Auffassung, daß Mittelschichteltern eine höhere Bildungserwartung als Unterschichteltern besitzen; daß aber „auch innerhalb der einzelnen Sozialschichten eine Korrelation zwischen den kindlichen Leistungen und den elterlichen Verhaltens- und Erziehungsweisen fortbesteht. Insofern könnten die Bildungserwartungen und der Bildungseinfluß der Eltern nicht nur als soziale Selektionsmechanismen interpretiert werden".[16]
All diese Forschungen darf man sich jedoch nicht von der Bildungspolitik isoliert vorstellen; vielmehr haben sie die Bildungspolitik frühzeitig und zwar vor allem auf dem Wege über die offiziellen Bildungsreports (z. B. Clarke Report, Early Leaving Report) beeinflußt. Vor allem hat sich der Crowther Bericht (1959) ausführlich mit den milieubedingten Bildungsbarrieren befaßt. Diese Barrieren wurden damals jedoch primär nur im Rahmen der Sekundar- und im Hinblick auf die Hochschulerziehung (Robbins Report, 1961) beobachtet. Erst zu Beginn der 60er Jahre beauftragte die Regierung die sog. Plowden Kommission mit einer Studie über die Primarschulen. Jene Kommission veranlaßte ihrerseits — weil sie dem Einfluß der Eltern eine außerordentliche Bedeutung zuerkannte — ein Befragung von 3.000 Eltern. Aufgrund jener Ergebnisse kam der Plowden Bericht (1967) zu der Auffassung, daß „die Verschiedenartigkeit der elterlichen Einstellungen für den kindlichen Schulerfolg bedeutsamer ist als der unterschiedliche Lebensstandard der Familien oder die Differenzen unter den Schulen".[17]
Daß sich der Einfluß des Elternhauses nicht auf die frühe Kindheitsphase beschränkt, war bereits früher gezeigt worden. Der Schools Council (1968) analysierte darüber hinaus, wie sich Vorstellungen und Einstellungen der Eltern auch auf ihren Kontakt zur Sekundarschule und auf die Motivationen, Wert- und Zukunftsorientierungen der Schulabgänger auswirken.

Insgesamt wird an der Forschungsentwicklung folgendes sichtbar: Zunächst erkannte man den materiellen Faktoren eine herausragende Bedeutung zu, dann widmete man den subkulturellen und vor allem den Sprachstrukturen größere Aufmerksamkeit, schließlich aber wandte man sich den emotionalen und motivierenden Sozialisationsmechanismen im Elternhaus zu. Eine Konsequenz der wissenschaftlichen Untersuchungen müßte sein, daß der Familie als Erziehungs- und Bildungsinstitution (!) größere Aufmerksamkeit gewidmet wird.

Familienstruktur und Selbstverständnis der Schule

Obwohl die Erforschung der familiären Sozialisationsprozesse die Kooperationsbereitschaft von Schule und Elternhaus stimulierte, hat sie die familiär bedingten Insuffizienzen nicht behoben und die Schulstrukturen nicht grundlegend verändert. Denn die Zusammenarbeit von Schule und Elternhaus hängt entscheidend von der bestehenden *Familienstruktur* und dem *familiären Bildungsinteresse,* von der *Schulorganisation* und dem *traditionellen Selbstverständnis der Schule* ab.
Die Struktur und Sozialisationsfunktion der Familie wird in erheblichem Umfang von den gesellschaftlichen Verhältnissen und Zielsetzungen beeinflußt. Die familiäre Sozialisation findet mithin nicht in einem sozialpolitischen Vakuum statt, sondern es bestehen enge Beziehungen zwischen der Familienpolitik und der Sozialordnung. Obwohl die Familie einerseits also in gesellschaftspolitischer Abhängigkeit existiert, ist der Familieneinfluß andererseits so groß, daß die ‚Effektivität‘ der gesellschaftlichen Bildungsinstitutionen erheblich eingeschränkt wird. Der Familieneinfluß gilt als dominant, weil sich hier die Erstsozialisation vollzieht, weil die Reduktion auf die Intimgruppe die emotionalen Bindungen des Kindes verstärkt und weil die Familie erhebliche Möglichkeiten hat, den Einfluß der Massenmedien zu kontrollieren. Jedoch unterscheidet sich die Erziehungswirksamkeit der Familien je nach Kinderzahl und Alter der Eltern, nach wirtschaftlichen Bedingungen und ‚Intaktheit‘ der Familien außerordentlich. Vierte und fünfte Kinder sind allein schon dadurch benachteiligt, daß ihnen nicht mehr die gleiche physische und psychische Aufmerksamkeit wie Erstkindern gewidmet wird (Benachteiligung in der Sprachentwicklung z. B.) und daß sie überwiegend unter ungünstigeren Umweltbedingungen (seltener eigene Zimmer, oft weniger Lernmittel) aufwachsen. In Anbetracht der *Benachteiligung von jüngeren Geschwistern* — die z. T. auch aus einem absinkenden Bildungsinteresse der Eltern resultiert —

Zusammenhang von Kinderzahl und Interesse am Schulerfolg[18]

Schichtzugehörigkeit	Mittelschicht				Arbeiterschicht			
Kinderzahl	1	2	3	4	1	2	3	4
Gute Kleinkinderpflege	*58,4*	46,5	36,6	*27,8%*	*37,1*	23,5	16,0	*5,9%*
Großes Interesse am Schulerfolg	*31,5*	30,7	28,5	*18,7%*	*15,0*	10,6	6,6	*1,8%*
Gymnasialbesuch der Kinder angestrebt (‚grammar school places‘)	*74,8*	76,2	71,9	*62,1%*	*69,0*	59,1	50,3	*40,3%*

ist von großer Bedeutung, daß sich der Kinderreichtum der Familie in den letzten 100 Jahren erheblich verringert hat. Während 1870 in England noch 35,5 Geburten je Bevölkerungstausend registriert wurden, waren es 1968 nur noch 16,9.[19] Verringert hat sich dabei vor allem die Kinderzahl der ‚unteren' Sozialschichten. Zwar ist deren Kinderreichtum noch immer größer als in höheren Sozialschichten, er hat sich bei den unteren Schichten jedoch vergleichsweise weitaus stärker reduziert als bei den ‚Mittelschichten'. Insofern besteht für die unteren Sozialschichten im Vergleich zu früher eine günstigere Chance, ihren Kindern größere, wenn auch noch keine gleichwertige Aufmerksamkeit zu widmen.[20] Diese Beobachtung gilt um so mehr, als heutzutage in den verschiedenen Sozialschichten ein annähernd gleich großer Prozentsatz der Frauen berufstätig ist.[21]
Die Chancengleichheit der Kinder wird jedoch durch die zunehmenden *Frühheiraten* und die zunehmende Zahl von Kindern aus *unvollständigen Familien* in neuartiger Weise gefährdet. Ein Teil der bisher noch als unmündig geltenden Eltern unter 20 Jahren hat noch keinen ‚Bildungs-' und Berufsabschluß erreicht, ist noch stark egozentriert und nur bedingt bereit, das Eigenrecht des Kindes zu akzeptieren oder gar in den Vordergrund zu stellen. Sodann beginnen die Eltern ihr Familienleben vielfach unter materiell recht ungünstigen Bedingungen, und schließlich werden sie aufgrund der vielseitigen Inanspruchnahme und Belastung sowohl an ihrer eigenen Weiterbildung als auch an der affektiven und emotionalen Sicherung ihrer Kinder gehindert. Es ist dabei kaum verwunderlich, daß die Scheidungsrate bei Heiraten von ‚Minderjährigen' besonders hoch ist.

Geburten der 15—19jährigen Mütter je Tausend (England u. Wales)[22]
1939 = 16,0   1949 = 22,65   1958 = 31,04   1967 = 48,55

Prozentsatz von Kindern mit einem Elternteil (England und Wales)[23]
1870 = 5,6%   1955 = 4,7%   1964 = 7,2%   1968 = 8,5%

Insgesamt ist die Entwicklung zu Frühheirat und Scheidung ein Abbild gesamtgesellschaftlicher Tendenzen. Hatte sich die Scheidungsrate nach dem Zweiten Weltkrieg zunächst wieder verringert und 1955 ihren Tiefstand erreicht, so ist 1968 der Höchststand erreicht worden.
Ausschlaggebender als die genannten Faktoren ist für den Schulerfolg der Kinder jedoch, ob die Eltern den Kindern ihre Freizeit widmen, und wie groß das elterliche Interesse an schulischen Fragen ist. „Es ist bemerkenswert, daß in allen Sozialschichten nur etwa die Hälfte der Mütter allabendlich (‚most weekday evenings') Zeit für ihre Kinder finden. Ob die Mütter dabei berufstätig sind bzw. wieviele Stunden sie arbeiten, scheint keinen allzu großen Einfluß auf die abendliche Beschäftigung mit den Kindern zu haben." Während die Freizeit der Mütter den Kindern verschiedener Sozialschichten mithin unge-

fähr in gleicher Weise zugute kommt, zeigt sich bei den Vätern jedoch ein außerordentlicher Unterschied.

Sozialschicht des *Vaters*	Profes-sional	Mana-gerial	Non-manual	Skilled manual	Semi-skilled	Un-skilled	Durch-schnitt
Interesse a.d. Schule d. Mutter überlassen	15%	22%	27%	43%	48%	56%	38%
Interesse am kindl. Schulerfolg d. Mutter überlassen	3%	9%	10%	19%	19%	28%	16%
Vater war noch nicht i. d. zur Zt. besucht. Schule des Kindes	*19%*	23%	26%	45%	48%	*65%*	40%

Über 40% der Väter aus der Arbeiterschicht überlassen die Kontakte mit der Schule allgemein ihren Frauen, und „beinahe die Hälfte von diesen Vätern war überhaupt noch nicht in der Schule des Kindes".[24] Die Bildungschancen dieser Kinder sind gegenüber jenen mit familienorientierten Vätern — auch wenn diese ebenfalls zur Arbeiterschaft gehören — sehr viel geringer, wie Toomey und Goldthorpe statistisch nachgewiesen haben.[25]

	Freizeitaktivität des Vaters familienorientiert		Familienorientierte Ausgaben in Familien mit Prüflingen (GCE exams sat)	
	ja	nein	hoch	niedrig
Mehr als 4 Schulbesuche des Vaters	38%	22%	77%	41%
Jungen wählen als ersten keinen manuellen Beruf	50% *	27% *	18%	18%
hohe elterliche Bildungserwartungen	46% *	25% *	77% **	77% **
Eltern helfen d. Kind	—	—	86%	50%

(* = p.05; ** Signifikanz .05 oder 01)

Welche Bedeutung den elterlichen Bildungserwartungen (Aspirationsniveau) zukommt, darauf hat Douglas bereits 1964 hingewiesen:[26] Und zwar „erreichen Kinder, die von ihren Eltern bei der Arbeit ermutigt werden, nicht nur bessere Testergebnisse, sondern sie vergrößern auch noch ihren intellektuellen Vorsprung (zwischen dem 8. und 11. Lebensjahr) gegenüber den vernachlässigten Kindern". An dieser Situation ist die Schule nicht unbeteiligt, denn ihre Einstellung zu den Kindern und die Beurteilung ihrer Leistungen wirkt sowohl auf das elterliche Interesse am kindlichen Schulerfolg wie auf die Schulleistung des Kindes zurück. John Barker Lunn hat z. B. festgestellt, ‚daß die Einstufung der Kinder in Leistungszüge (streams) das elterliche Aspirationsniveau verändert; und zwar wirkt der Besuch einer leistungsdifferenzierenden Schule auf Eltern von begabten Kindern derart zurück, daß die elterlichen Bildungserwartungen gesteigert werden. Das gilt insbesondere für das Aspirationsniveau von Arbeitereltern. Auf Eltern von kaum durchschnittlich begabten Kindern dagegen hat die Leistungsdifferenzierung den entgegengesetzten Effekt'.[27] *Insgesamt scheint sich bei den Unterschichten das Aspirationsniveau und Bildungsinteresse in der Nachkriegszeit* jedoch *erheblich verändert zu haben.* Z. B. wollten 1952 nach den Untersuchungen von Martin nur 48% der ‚skilled manual workers' (43% der semiskilled or unskilled) ihre Kinder auf die ‚grammar school' schicken. Wie Douglas berichtet, hatten 1958 bereits 57,7% der Mütter aus der ‚upper working class' (48,8% der ‚lower working class') diesen Wunsch, und 1969 waren es nach der Analyse von Donnison 58% der ‚working class' und nach Goldthorpe 83% der ‚craftsmen and sellers' (bzw. 63% der ‚manual couples').[28] Trotz gewisser Unterschiede in den Erhebungen scheint sich tendenziell immerhin eine Annäherung im Aspirationsniveau bei den verschiedenen Sozialschichten anzubahnen. Goldthorpe weist mit Recht darauf hin, „daß bei Arbeitereltern nicht in erster Linie der ernsthafte Wille und die Bereitschaft fehlen, ihren Kindern zu helfen, sondern daß darüber hinaus eben noch gewisse Dispositionen und Fähigkeiten erforderlich sind, damit die Bereitschaft auch wirksam werden kann". Der Mangel an entsprechenden Fähigkeiten erklärt seiner Meinung nach, „daß zwar über 60% der interviewten Arbeitereltern ihre Kinder am liebsten auf ein Gymnasium (‚grammar school') geschickt hätten, aber nur ca. 10% ihrer Kinder tatsächlich diese Schulart besuchten.[29]

Die beschriebenen Bildungsinteressen und Bildungsbarrieren des Elternhauses müssen nun noch im Zusammenhang gesehen werden mit den *Schulstrukturen* und dem *traditionellen Selbstverständnis der Schule,* denn „die traditionell geprägten Schulstrukturen, Unterrichtsmethoden und Beziehungen zwischen Lehrern und Eltern töten die elterlichen Bildungsaspirationen nur zu leicht ab".[30]

In England sprach man bis zur Jahrhundertwende allgemein von einer gesellschaftlichen Selbstregulierung und negierte deshalb vielfach den Staatseinfluß auf die Gesellschaft. Diese liberale Tradition wirkte sich im Zusammenhang mit der evolutionär-demokratischen Tradition dahin aus, daß „der Staat zunächst nicht gegen die Vernachlässigung der elterlichen Erziehungspflichten einschritt".[31] Erst in den letzten Jahrzehnten des 19. Jahrhunderts kam es zu entsprechenden Maßnahmen; und zwar wurde 1870/76 eine allgemeine Unterrichtspflicht eingeführt und unter dem Druck der ‚National Society for the Prevention of Cruelty to Children' 1889 die sogenannte Children's Charter verabschiedet. Bis dahin war das Bildungswesen fast ausschließlich vom Interesse der Eltern, ihrer sozialen Position, von wohltätigen Organisationen und unterschiedlich motivierten Schulträgern abhängig. Seither entwickelten sich öffentliche Schulen und Sozialdienste mit der ausdrücklichen Zielsetzung, „die Defizite des häuslichen Lebens und der elterlichen Fürsorge auszugleichen".[32] Durch die Erziehungsgesetze von 1876 und 1921 wurden die Eltern zunächst der Gesellschaft rechenschaftspflichtig. Sie hatten dafür zu sorgen, daß ihre Kinder einen Elementarunterricht in Schreiben, Lesen und Rechnen erhielten. Das Erziehungsgesetz von 1944 verfügte darüber hinaus für alle Kinder im ‚schulpflichtigen' Alter eine Vollzeiterziehung. Und zwar sollte die Erziehung ihrem Alter, ihren Fähigkeiten und ihrer Neigung (‚age, ability and aptitude') entsprechen.[33] Damit waren Forderungen der Pädagogik und Psychologie in die Gesetzgebung eingegangen. Aus dem staatlichen Negativrecht zur Überwachung der Eltern war das Recht geworden, Kinder begabungsentsprechend zu beschulen. Unter dieser Zielsetzung ist es nur folgerichtig, daß eine ‚School Attendance Order' (1944) erlassen und der Zugang zum dreigliedrigen Sekundarschulwesen durch eine Ausleseprüfung (‚11 + selection') geregelt wurde. Konsequenz jener Selektion war, „daß wesentliche Entscheidungen über das Kind — vor allem die Entscheidung über seine ‚akademische' oder ‚nichtakademische' Bildung — in die Hände der Lehrer und lokalen Erziehungsbehörden gelegt wurden".[34] Durch diese und ähnliche Maßnahmen wurden *„den Eltern* in der Nachkriegszeit zahlreiche *Vorsorge- und Fürsorgepflichten abgenommen, wie* z. B. der Zwang zur Orientierung über die kindlichen Neigungen und Fähigkeiten sowie über die Sekundarschulen und ihre Berufschancen. Die Eltern fühlen sich von den genannten Funktionen z. T. derart entlastet, daß der Albemarle Report (1965) den Angestellten der Berufsberatung (‚youth employment officers') nachdrücklich empfehlen mußte , sie „sollten zusammen mit den Schulen Wege zu einem früheren und wirksameren Kontakt mit den Eltern suchen". Aufgabe des Beratungsdienstes wäre es, die Eltern so nah wie möglich an seine Tätigkeit heranzuziehen.[35]

Obwohl die elterlichen Funktionen also einerseits durch die Schule und Sozialdienste eingeschränkt worden sind, und sie diese Einschränkung durchaus akzeptierten, wenn nicht begrüßten, behielten sie andererseits jedoch einige *Möglichkeiten zur Einflußnahme* auf die Schulerziehung ihrer Kinder. Eine Möglichkeit zur demokratischen und öffentlichen Kontrolle der Schulen besteht z. B. in der

Bestimmung des Education Acts (1944), daß alle Schulen lokal zu wählende ,governing and managing boards' einrichten mußten. Jedoch führte diese Bestimmung „weder zu einer Rechenschaftspflicht der Unterrichtenden dem ,board' gegenüber", denn Lehrer sind Angestellte der Lokalbehörde, „noch bot sie den Eltern eine hinreichende Möglichkeit, ihre Auffassungen zu vertreten, denn ,governors' sind keine Elternvertreter".[36] Sodann haben Eltern auch ein Recht zur Schulwahl, und zwar sowohl in den staatlichen Schulbezirken (falls nicht außergewöhnliche Engpässe vorliegen), als auch unter den Privatschulen. Zwar besuchten 1968 insgesamt nur 6,5% der englischen Schüler eine Privatschule (,independent' und ,direct grant schools'); jedoch wird immerhin jede 5. Prüfung zur mittleren Reife (GCE o-level) und jedes 4. Abitur (GCE a-level) an ,Privat'-Schulen absolviert.[37] Von diesem Recht zur Schulwahl kann oder will die Mehrheit der Eltern aber keinen Gebrauch machen. Die folgende Statistik zeigt, daß die Eltern allgemein mit den Beschulungsmöglichkeiten recht zufrieden sind.[38]
In dieser Haltung kommt die eingangs erwähnte Auffassung von einer „Nichteinmischung in die Schulerziehung" zum Ausdruck.

Sind Sie mit der Erziehung, die Ihr Kind erhält, zufrieden?	sehr zufrieden	60%
	recht zufrieden	30%
	nicht recht zufrieden	7%
	ganz unzufrieden	2%

Außerdem aber geht die Bereitschaft, die bestehenden Schulverhältnisse zu akzeptieren, auch darauf zurück, daß die einzelne Schule eine relativ große Autonomie hinsichtlich der internen Verwaltung und Lehrplangestaltung besitzt und daß sie einen Konsens mit den Eltern sucht.
Mit der Autonomie der einzelnen Schule ist in England eine große *Machtfülle der Direktoren* verbunden. Aus der schulischen Autonomie und direktorialen Führungsposition ergibt sich, daß die Formen der elterlichen Mitbestimmung an nahezu allen Schulen verschieden und generell vom Direktor abhängig sind. Noch 1969 wurde von einigen Direktoren die Auffassung vertreten, daß „die Direktoren absolute Entscheidungsbefugnisse hinsichtlich der Schulleitung haben müßten".[39] Aber nicht nur einzelne Direktoren, sondern auch die ,National Association of Head Teachers' ist der Elternmitsprache gegenüber reserviert, weil sich deren Einfluß leicht zuungunsten der Kinder auswirken und „die fachlichen Beziehungen (professional relationships) zwischen Kind und Lehrer stören" könne.[40] In absehbarer Zeit wird sich dies Verhältnis zwischen Schulleitung und Eltern voraussichtlich auch nicht ändern: 1. weil noch immer 50% der Eltern (1968) glauben, daß „sie sich in Schulaffären einmischen, wenn sie unaufgefordert zur Schule kommen" — 2. weil die ,National Federation of Parent-Teacher Associations' empfiehlt, daß „der Schulleiter stets Präsident der Eltern-Lehrer-Vereinigung

sein soll“ und 3. weil sich auch die Lehrergewerkschaft gegen eine Unterrichtsmitwirkung oder -hilfe der Eltern ausspricht.[41]
In England besteht demnach nicht nur eine traditionelle Reserve gegenüber der Elternmitwirkung, sondern es bestehen auch schulorganisatorische Hindernisse. Zur Zeit ist es für Eltern aufgrund der partnerschaftlichen Organisation in ‚Parent-Teacher Organisations‘ kaum möglich, divergierende Auffassungen zu artikulieren und dann der Schule gegenüber durchzusetzen. Bei dieser Konstellation kann nicht verwundern, daß Kritiker wie z. B. Pedley fordern, die Freiheit von Lehrern und Schulleitern zu überprüfen. Die Vehemenz der Kritik hat bereits Befürchtungen ausgelöst, es könne bald zu einer juristischen Kodifizierung des elterlichen Mitspracherechts kommen.[42]

Organisation und Ausmaß der elterlichen Schulkontakte

Obgleich der *Kontakt zwischen Elternhaus und Schule* durch das traditionelle Vorverständnis auf beiden Seiten beeinträchtigt wird, bestehen zuweilen dennoch ausgezeichnete Beziehungen zwischen Eltern und Schule. Da die ‚Zusammenarbeit‘ jedoch an nahezu allen Schulen verschiedenartig ist, sind generalisierende Aussagen über den Kontakt nur anhand empirischer Einzeluntersuchungen und auch hier nur bedingt möglich. Nach Darstellung des ‚Department of Education and Science‘ lassen sich zunächst vier Hauptarten einer elterlichen ‚Mitwirkung‘ unterscheiden, und zwar kommt es: 1. „zu einer praktischen Hilfe, sei es beim Büchereinbinden oder sei es beim Bau von Schwimmbassins“; 2. „zu Geldsammlungen, mit denen zusätzliche Materialien oder Geräte beschafft werden“; 3. zu „verschiedenen Hilfsleistungen für die Lehrer“ wie z. B. bei Exkursionen und 4. schließlich fördern Eltern auch außerschulische Clubaktivitäten.
Den ‚Parent Teacher Associations‘ wird vom Erziehungsministerium also keine herausragende Bedeutung zuerkannt; statt dessen wird auf weniger formelle Kontakte zwischen Elternhaus und Schule hingewiesen. „In einigen Schulbezirken begrüßen Lehrer es zum Beispiel sehr, wenn die Mütter bei auftretenden Problemen sofort zur Schule kommen“; in anderen Schulen nehmen Mütter bereits in größerem Umfang am Unterricht teil, „um ihre Kinder bei der normalen Arbeit zu beobachten“; und schließlich wird den Eltern immer häufiger Gelegenheit gegeben, „die Unterrichtsmaterialien der Kinder selbst auszuprobieren“.[43]
Zu einem derart informellen Gedankenaustausch scheint es vor allem in den *‚nursery schools‘* zu kommen. Denn „die meisten Lehrer in diesen ‚Schulen‘ widmen sowohl den Beziehungen zu den Eltern als auch der kindlichen Eingewöhnung in das Schulleben große Aufmerksamkeit“. Die Kooperation wird in den *Primarschulen* wegen des straffer organisierten Schullebens z. T. schon schwieriger.

Hier konzentriert sie sich überwiegend auf die Einschulungs- und auf die Übergangsphase zu den Sekundarschulen. In den *Sekundarschulen* verringert sich das elterliche Engagement weiterhin. Vielfach bleibt es bei sporadischen Kontakten anläßlich von Schulveranstaltungen und Sportfesten. Erst unmittelbar vor dem Schulende kommt es noch einmal zu lebhafteren Beziehungen, und zwar im Hinblick auf die bevorstehende Studien- oder Berufswahl der Schüler.[44]
Welcher Gedankenaustausch tatsächlich zwischen dem Elternhaus und den Schulen stattfindet, das haben der Plowden Report (1967) für den Primarschulsektor und der Schools Council (1968) für den Sekundarschulbereich empirisch ermittelt. Der *Plowden Report* untersuchte die ‚Teilnahme und Mitwirkung der Eltern' in den *Primarschulen* recht genau. Aufgrund einer Befragung von 3.000 Eltern kam er zu folgenden Aussagen:[45]

a) *Zu Schulveranstaltungen wurden eingeladen:*

Tage der offenen Tür	*81%*	eingeladen	72%	erschienen	(- 9%)
Eltern-Lehrer Zusammenkünfte	25%	eingeladen	*14%*	erschienen	(-11%)
Sport- u. Schwimmveranstaltungen	55%	eingeladen	39%	erschienen	(-16%)

b) *Rücksprache mit dem Lehrkörper pro Jahr* (bei 5 Bevölkerungsschichten):

Soziale Schicht der Eltern	I professional ...	III non manual ...	V unskilled	I—V total
kein Gespräch	*2%*	7%	*15%*	8%
ein Gespräch	8%	12%	16%	13%
mehr als zwei	81%	66%	52%	63%
mehr als vier	*64%*	48%	*36%*	*45%*

c) *Rücksprache mit dem Direktor bzw. dem Lehrer:*

über das eigene Kind:	mit Direktor 0,76	mit Lehrer 0,05
über die Schulsituation:	mit Direktor 0,46	mit Lehrer 0,01

(Werte hier als: means)

Aus dieser Analyse geht u. a. hervor: 1. wie gering der elterliche Prozentsatz ist, der an ‚PTA-meetings' teilnimmt. Die Funktion und Bedeutung der organisierten Schulkontakte relativiert sich dadurch erheblich; 2. wird deutlich, daß die Kontaktbereitschaft schichtspezifisch bedingt ist (20% der ‚professionals', aber nur 5% der ‚unskilled worker' nehmen an den ‚PTA-meetings' teil). Die bestehenden Beziehungen reichen mithin nicht aus, um milieubedingte Bildungsbarrieren abzubauen; 3. wird ersichtlich, daß der Gedanken-

austausch mit dem Elternhaus überwiegend in Händen der Direktoren und nur in geringem Maße bei den Lehrern liegt. Aufgrund der bildungspolitischen Tradition kann es jedoch kaum verwundern, daß nur 11 % der Eltern die Kontaktmöglichkeiten für unzureichend hielten. Mit Recht beurteilt deshalb der Plowden Report die Eltern-Schulkontakte skeptisch. Selbst wenn Eltern an der Errichtung von Schwimmbassins aktiv mitwirkten und selbst wenn von Direktoren berichtet würde, „wir haben sehr gute Beziehungen zu unseren Eltern", so bestätige das nach Auffassung des Berichts nur, „daß die Mehrzahl dazu neigt, diejenigen Bedingungen zu akzeptieren, die sie kennt, und nicht zu fordern, was noch nicht versucht wurde". Zu jener Kritik fügt L. Green hinzu, daß selbst dann, wenn günstige Kontaktmöglichkeiten bestünden, „sie entweder nicht oder aber phantasielos genutzt würden, so daß sie wirkungslos blieben". Wenn die elterliche ‚Mitwirkung' aber derart gering ist, muß die Furcht einiger Schulen vor den Eltern zumindest verwundern, wenn nicht dekuvrierend wirken. Sie befürchten, daß die PTAs in den Schulbetrieb eingreifen könnten, „that the tail might start to wag the dog".[46]
Ähnlich unzulänglich wie an den Primarschulen sind auch die Kontakte in den *Sekundarschulen.* Auch hier sind sie erst in jüngster Zeit analysiert und ist ihre Bedeutung wieder stärker betont worden. So wird im Newsom Report (1963) darauf hingewiesen, daß „die Schule die Erziehungsaufgabe nicht allein bewältigen könnte und Eltern die lenkende Verantwortung für die Entwicklung ihrer Kinder nicht einfach delegieren dürften". Es bleibt jedoch bei diesen vagen Hinweisen. Auch ein Gesamtschulbericht der ‚Inner London Education Authority' (1967) erwähnt nur, daß „engen Verbindungen zwischen Schule und Eltern eine herausragende Bedeutung zukommt". Er begrüßt deshalb die Bereitwilligkeit mancher Schulen, mit den Eltern „die Leistungen der Kinder, ihren schulischen Fortschritt und ihre möglichen Examensleistungen" zu besprechen.[47]
Selbst der Gesamtschulbericht der National Foundation of Educational Research (1968) begnügte sich mit dem Hinweis, daß an 50,5 % der Gesamtschulen ‚Parents Associations' bestünden. Eine ausführliche Untersuchung über die elterlichen Kontakte in der Sekundarschule legte erst der *Schools Council* (1968) vor. Danach können etwa folgende Kontakte als repräsentativ gelten:[48]

a) *Schulveranstaltungen* (besucht von Eltern der 15- bzw. 17/18jährigen Schüler):

Angebotene Aktivitäten	angebotene Aktivitäten in Prozent		Teilnahme an angebotenen Aktivitäten in %	
Alter	15	17/18	15	17/18
Tage der offenen Tür	83%	81%	*69%*	*87%*
Vorberufsorientierung	28%	*42%*	47%	66%
PTA-Veranstaltungen	25%	*55%*	*34%*	*61%*
Sport- u. Schwimm-Veranst.	63%	63%	54%	58%

b) *Rücksprache mit dem Lehrkörper* (Eltern von Fünfzehnjährigen):

Soziale Schicht der Eltern	non manual	skilled manual	semi- and unskilled manual
Kein Gespräch	*38%*	46%	*54%*
Ein Gespräch	21%	21%	18%
Mehr als zwei	40%	34%	27%
Mehr als vier	*14%*	12%	7%

c) *Art des Elternkontaktes:*

Schultyp	Gespräch m. Direktor o. Klassenlehrer	Kein Gespräch aber Kontakt mit Schule	Kein Kontakt mit Schule
Grammar school	*76%*	21%	3%
Comprehensive school	65%	25%	10%
Secondary modern school	58%	29%	*12%*

Insgesamt geben die Daten einen recht guten Einblick in die bestehenden Kontakte zwischen Elternhaus und Schule. Aber sie geben noch keinen vollständigen Aufschluß; denn es handelt sich um elterliche Selbstaussagen. Indirekte Kontakte wurden nur bedingt ermittelt, und schließlich besagen die statistischen Angaben kaum etwas über die Art des Kontakts. Dennoch lassen sich die Untersuchungsergebnisse dahingehend zusammenfassen:

1. Die Kooperationswilligkeit von Eltern und Schule steigt in den beiden letzten Schuljahren. In dieser Phase wächst auch das Interesse an den Elternvereinigungen.
2. Der Gedankenaustausch ist in den Sekundarschulen ähnlich schichtspezifisch wie in den Primarschulen, insgesamt aber erheblich geringer als dort. (In den primary schools hatten z. B. nur 8% der Eltern „kein Gespräch mit dem Schulleiter oder einem Lehrer gehabt", in den Sekundarschulen waren es immerhin 37% der Eltern mit Kindern in der 3.—5. Sekundarschulklasse.)
3. Schließlich steigt das Interesse der Eltern an den Schulkontakten im Zusammenhang mit den Leistungsanforderungen und dem Prestige der Schulart.

Nimmt man einige Untersuchungsergebnisse der National Foundation for Educational Research (1970) hinzu — wenngleich es sich dort um eine Untersuchung von zwei Schulen handelt — so erhält man etwas genauere Auskunft über das elterliche Interesse an Kontakten und Informationen. Eltern scheinen danach vor allem ausführliche Information über die Berufschancen ihrer Kinder zu suchen und an Kriterien interessiert zu sein, die Aufschluß über die kindliche Entwicklung geben. Die neuen ‚Lehrpläne', Probleme der Schulorganisation und Elternabende finden vergleichsweise weniger Aufmerksamkeit.[49]

Elterninteresse an Einzelaspekten der Schule: (insg. 18 Fragen)

	Compreh. school	Sec. mod. school
An der Berufsorientierung	91,6%	82,2%
An Beurteilungskriterien f. d. Leistungsentwicklung der Schüler	87,4%	83,2%
An neuen Kursen und Curricula	*73,1%*	54,2%
An der Schulorganisation	71,1%	67,3%

Elterninteresse an Schulveranstaltungen: (insg. 13 Fragen)

An Sport- und Schwimmfesten	89,8%	81,3%
An Tagen der offenen Tür mit Ausstellung von Schülerarbeiten	85,7%	89,7%
Demonstrationsunterricht	47,9%	53,3%
Elterntreffen	*21,0%*	*38,3%*

Faßt man die verschiedenen Untersuchungsergebnisse über die Kontakte in den Primar- und Sekundarschulen zusammen, so wird sichtbar, daß die Kooperationsbereitschaft während der ersten und letzten Schuljahre, d. h. beim Eintritt in die Schule und vor dem Übergang in das Berufsleben am größten ist. Dreiviertel der Eltern sind nach Donnison mit der Beratung über das Fächerangebot zufrieden[50] und nur etwa 50 % an Demonstrationsstunden interessiert. Daß Eltern in so großem Maße mit der Beratung über das Fächerangebot zufrieden sind, geht wahrscheinlich auf ihr geringes Interesse an den Lehrplänen zurück. Wenn sie ferner den Schulveranstaltungen mehr Aufmerksamkeit als den ‚clubs or classes for parents' bzw. den ‚parent-teacher associations' widmen, so wird man die Ursachen z. T. in der Struktur und Funktion der PTAs suchen müssen.
Die ‚*parent-teacher associations*' sind meistens nur auf der Schul- und nicht auf der Klassenebene organisiert. Präsident der Organisation ist der Direktor, die fortlaufenden Geschäfte führt ein gewählter Council, und die Vollversammlung tritt nur ein- bis zweimal im Schuljahr zusammen. Selbst wenn es ein Argument zugunsten der PTAs ist, „daß sie eine Möglichkeit zum demokratischen Meinungsaustausch und zur Information der Eltern bieten",[51] so sind sie zweifellos nicht zur Diskussion über spezielle Klassenprobleme oder über einzelne Kinder geeignet. Mithin sind englische Eltern in dieser Hinsicht weitgehend auf informelle Kontakte mit Lehrern oder Schulleitern angewiesen.
Insgesamt ist für die englischen Verhältnisse wohl bezeichnend, daß man sich erst seit kurzem bemüht, die Anzahl der PTAs zu

ermitteln. Green schätzte ihre Zahl 1964 auf ca. 550. Einige Jahre später sind vom Plowden Report (1967) und dem School Council (1968) genauere Ermittlungen veröffentlicht worden. Danach besaßen etwa 17% der Primarschulen Elternvertretungen und besuchten 16% der 15-Jährigen (46% der 17- und 18-Jährigen) Sekundarschulen, in denen PTAs bestanden. Schließlich hat auch die National Federation 1967 begonnen, einen Nachweis über die angeschlossenen PTAs zu führen. 1969 wurden in diesem Verband insgesamt 358 „directly affiliated county associations" und 18 „associated members" zusammengeschlossen. Mit der National Federation aber haben sich 1967 zwei weitere ‚Eltern'organisationen, das Advisory Centre for Education und die Confederation for the Advancement of State Education (CASE) in dem Home and School Council zusammengeschlossen. Durch diesen Dachverband werden z. Z. 180 Primar-, 100 Sekundarschulen, 60 PTAs, 60 Colleges of Education und University Departments und 10 Unterorganisationen der CASE repräsentiert.[52] Die Vielfalt der Mitgliedsformen zeigt ebenso wie die unkoordiniert weiter existierenden Lokalgruppen, in welchem Maße in England noch immer die Auffassung von einer gesellschaftlichen Selbstorganisation fortbesteht. Insofern unterscheiden sich die englischen Elternvertretungen grundlegend von den verwaltungsmäßig organisierten Bezirks- oder Landeselternschaften der Bundesrepublik.
Bezeichnend ist für die englischen Eltern darüber hinaus, daß es außerhalb der PTAs zu erheblichen *Aktivitäten einzelner Eltern oder Elterngruppen* kommt. Täglich erhält der Erziehungsminister z. B. etwa 30 Briefe „von Eltern, die ihn auffordern, den verpflichtenden Religionsunterricht (seit 1944) nicht abzuschaffen". Der Minister ist ziemlich sicher, daß dies elterliche Engagement den Mehrheitswillen repräsentiert.[53] In Sheffield kam es in letzter Zeit zu erheblichen Elternprotesten wegen der Reorganisation und Überfüllung der Schulen. In einer Schule, in der 8 Klassen mehr als 46 Kinder hatten, haben 600 Eltern demonstriert, den verantwortlichen ‚education officer' ins Erziehungsministerium entsandt und sich für den Fall eines unzureichenden Erfolgs weitere Maßnahmen vorbehalten. Andere Eltern haben in derselben Gegend gegen die einseitige finanzielle Förderung von Gesamtschulen protestiert, wieder andere einen Verein zur Intensivierung des Gedankenaustausches mit Politikern (Association for Better Consultation) gegründet, um die Kandidaten der Parteien über die elterlichen Wünsche zu informieren. Sheffield ist jedoch kein Einzelfall. Die Aktivitäten zeigen m. E., daß auf seiten der Elternschaft durchaus eine Bereitschaft zum Engagement besteht, daß sich ihr Engagement aber vielfach erst an lokalen Mißständen entzündet und daß es weitgehend an einer kontinuierlichen und überregionalen Kooperation fehlt.

Notwendigkeit und Möglichkeit einer Elternmitwirkung und Elternbildung

Wenn das elterliche Bildungsinteresse aufgrund der begrenzten Kooperationsmöglichkeiten nur in bestimmten Perioden (Einschulung, Berufsübergang) oder nur punktuell (Mißstände, Schulfeste) wirksam wird, wenn ferner das elterliche Interesse für den Bildungserfolg der Kinder ausschlaggebend ist (das in den Sozialschichten erheblich differiert), dann wird eine größere Chancengleichheit nur zu sichern sein, indem die milieubedingten Wertorientierungen institutionell aufgefangen und die unterschiedlichen Bildungsaspirationen angeglichen werden. Beide Überlegungen setzen jedoch voraus, daß das häusliche Milieu der Kinder berücksichtigt und die Kooperation zwischen Schule und Elternhaus intensiviert wird. Diese *Kooperation ist in sozial benachteiligten Gebieten besonders dringlich,* sie *kann nicht früh genug beginnen* und sie muß als ein direkter *Bestandteil der Elternbildung* angesehen werden.

In den ‚educational priority areas' (EPA) muß den Eltern die Arbeit der Schule zunächst überhaupt einmal ins Bewußtsein gebracht werden. Hier wäre es bereits ein Bildungserfolg, wenn es gelänge, Eltern, Lehrer und Kinder in einen sozialen Wechselbezug zu bringen. Denn „die Allerärmsten erhalten nicht nur weniger Bildung, sondern sie sind auch weniger darauf bedacht, den Armenvierteln bevorzugte Bildungsmöglichkeiten zu sichern". Konsequenz aus der elterlichen Einstellung ist, daß es „zu einer progressiven Selbsteliminierung von Unterschichtkindern kommt".[54] Bisher ist die Kooperation mit jenen Eltern an mangelnden ‚public relations' der Schulen, aber auch daran gescheitert, daß „ein großer Teil der schulischen Arbeit zu akademisch und steril ist". Mithin muß gleichzeitig versucht werden: die Schule als ‚community school' zu beleben und einen ‚community orientated curriculum' zu entwickeln. Selbstverständlich darf „eine Betonung der ‚community school' nicht aus der Einstellung resultieren, als könne man die eng verflochtene ländliche Gemeinde, wie sie in der Vergangenheit bestand, wiederherstellen. Vielmehr muß ein auf Mobilität bedachter Sinn entwickelt und gleichzeitig bewußt gemacht werden, daß man zu einer ‚community' gehört. Nur so kann es zu einer „Feststellung der Bedürfnisse, zur Ermittlung von Mängeln in den Sozialdiensten und zu einer besseren Erschließung der lokalen Hilfsmittel kommen.[55] Eine derartige ‚community school' wird sich aber nur entwickeln lassen, wenn Lehrer erkennen, daß Kinder „doppelte Sprachstile, Verhaltensformen und Verantwortungsebenen entwickelt haben" und daß sich ‚neue Bildungskonzeptionen' nur im Zusammenhang mit verbesserten Kontakten zu den Eltern durchsetzen lassen. Vereinzelte Versuche haben bereits gezeigt, welch durchschlagenden Erfolg Hausbesuche der Lehrer, eine fortlaufende Information der Eltern über das Schulgeschehen oder eine elterliche Mitwirkung bei der Zeugnisgebung haben können, sobald Eltern erkennen, „daß ihnen von der Schule und in der Schule wirklich wesentliche Funktionen zugedacht werden". Innerhalb weniger Jahre hat sich an einigen Schulen die schulfeindliche Elternschaft z. B. um die Hälfte reduziert, die kooperationswillige Gruppe um ein Drittel vergrößert und die Zahl der sehr interessierten Eltern vervierfacht. Weitere Beispiele dafür, wie einzelne Schulen entweder „direkt die Eltern oder indirekt die Kinder über die Eltern beeinflussen", finden sich bei Green, McGeeney, Cave oder im Plowden Bericht.[56]

Derartige Bemühungen werden um so *wirkungsvoller, je frühzeitiger* sie beginnen. In Gloucestershire bemühen sich 5 Primarschulen bereits „vor der Einschulung der Kinder, den Grundschullehrern Kurzbiographien und Persönlichkeitsprofile der Kinder zugängig zu machen". Die Vororientierung der Lehrer setzt sich aus einer Analyse elterlicher Ansichten (Fragebogenanalyse), aus einem vertraulichen Bericht des ‚health visitors' (der bei der Beantwortung der Fragebögen als Berater fungierte) und aus Mitteilungen des Schulpsychologen und des Schularztes zusammen. Mithin können die Lehrer vom ersten Schultag an auf individuelle Probleme ihrer Schüler eingehen. Außerdem erleichtert ihnen die Hintergrundinformation den Unterrichtsbeginn und die Beurteilung der individuellen Leistungen. Aber auch die Eltern werden auf diese Weise über die Einschulung und Einschulungsprobleme vorinformiert. Mit Schulbeginn besteht also eine relativ günstige Basis für einen unvoreingenommenen Dialog zwischen Schule und Elternhaus.[57]

Derartige *Bemühungen* sollten sich aber *nicht nur auf die Einschulungsphase beschränken,* denn gerade vielen Unterschichteltern fehlt aufgrund ihrer Eigenbildung ein hinreichendes Verständnis für moderne Bildungsmethoden und die weiterführenden Schulformen. Dieser Mangel an Information ist bisher ein entscheidendes Hindernis für den ‚Gymnasial'besuch von Unterschichtkindern gewesen. Und zwar fehlt es an Informationen und nicht so sehr an einem Informationsinteresse. Die folgende Statistik zeigt beispielsweise (1957), daß ein größerer Prozentsatz unter den Arbeitereltern als unter den Akademikern eine bessere Orientierung über die weiterführenden Schularten wünscht:

Prozentsatz der Familien aus verschiedenen Berufsgruppen, die über die unterschiedlichen Bildungsmöglichkeiten Genaueres zu erfahren wünschten:

Leitende und akademische Berufe	27%
Technische, Aufsichts-, Büroberufe	49%
Gelernte Arbeiter	42%
Ungelernte Arbeiter	39%

Bei dem gegenwärtigen Informationsangebot für Eltern und angesichts des unzulänglichen Counseling-Systems erscheint es insofern zweifelhaft, ob man allein den Eltern eine verständnislose und uninformierte Haltung vorwerfen kann. Sinnvoller ist wohl, „Eltern, die bessere Informationen benötigen, eine bessere Information anzubieten, so daß sie sich ein ausgewogenes Urteil bilden können". Die nationale Elternvertretung empfiehlt in diesem Sinne, Eltern gründlicher als bisher mit dem Unterricht ihrer Kinder, mit den Problemen des Schulkreises und darüber hinaus auch mit der Arbeit der Colleges, d. h. der Lehrerbildung vertraut zu machen. Und zwar sollten sie über die kindlichen Schwierigkeiten in verschiedenen Altersstufen, über die hieraus resultierenden Unterrichtsprobleme und -inhalte sowie über die bildungspolitische Organisation des Schulbezirks orientiert werden.[58] Welchen Bildungsvorstellungen man jedoch bei Eltern begegnet und wie schwer sie mit den Unterrichts- und Erziehungsaufgaben der Schule zu vereinen sind, das mögen einzelne Beispiele aus der Untersuchung des Schools Council verdeutlichen (1968):

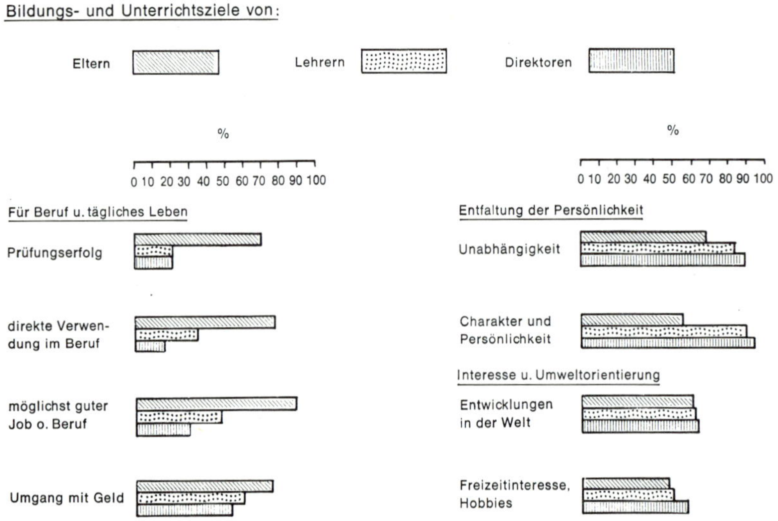

Wenn man sich an dieser Stelle noch die Ergebnisse des Forschungsberichts (vgl. S. 85 ff) und die Ausführungen über das schichtspezifische Aspirationsniveau der Eltern in Erinnerung ruft (Bedeutung der Bildungserwartung für den Bildungserfolg der Kinder) und damit die statistische Aussage über die berufsbezogene und erfolgsorientierte Perspektive der Eltern sowie die konträre Position der Schulleiter in Verbindung bringt, dann wird deutlich, welche Schwierigkeiten bei der Kooperation von Schule und Elternhaus auftreten. Und zwar wird eine Verständigung über die Bildungsziele, eine Kooperation der beteiligten Erzieher und eine Elternbildung zur Voraussetzung für den Bildungserfolg der Schule und für die Überwindung von Vorurteilen bei allen Beteiligten. Solange Eltern aber nicht hinreichend informiert sind, und solange Informationen nicht fortlaufend im Rahmen der elterlichen Mitwirkung handlungsrelevant werden, ist der Widerstand von Eltern gegen eine moderne Unterrichtsgestaltung nahezu zwangsläufig zu erwarten. Insofern erweist sich die Elternbildungsarbeit als notwendiger Bestandteil der Unterrichtsreform und der Bemühungen um eine Chancengleichheit.[59]

Wesentlicher Bestandteil einer *Elternbildungsarbeit* ist die Information über das Schulwesen und die kindliche Entwicklung. Ein akutes Informationsinteresse besteht offensichtlich vor der Einschulung und beim Übergang ins Sekundarschulwesen. Es sollte über diese Perioden hinaus — obgleich nicht ausschließlich im Hinblick auf die Unterrichtsinhalte — stimuliert werden. Wer könnte den Eltern aber entsprechende Orientierungshilfen geben? Bisher lag die Informationsaufgabe wegen des elterlichen Rechts zur Schulwahl und aufgrund der bildungspolitischen Dezentralisierung bei der Einzelschule. Infolgedessen aber war das Ausmaß, die Art und Kontinuität der elterlichen Vororientierung außerordentlich unterschiedlich. Der weitaus größte Teil erhielt und erhält vor der Ein- oder Umschulung zwar schriftliche oder mündliche Informationen, jedoch sind die Hinweise ungleichartig, erfolgen sporadisch und motivieren desinteressierte Eltern nicht. 1967 hielten sich nur 34% auf den Übergang ihrer Kinder in die Sekundarschule hinreichend vorbereitet. Strittig ist deshalb, ob der einzelnen Schule weiterhin anheimgestellt werden kann, wieviel und welche Informationen sie den Eltern anbietet.[60] Eventuell wird man viele Eltern überhaupt erst erreichen können, wenn man mit einer ‚Elternbildung' in den Abschlußklassen der Sekundarschule beginnt. Hier könnte eine Familienorientierung, sei es mit der Sexualkunde, mit einem Unterricht über ‚parent-teacher-teenage relationships' oder mit Arbeitsprojekten über die Familie, angelegt werden, die sich in Form der Ehe- und Erziehungsberatung fortsetzen ließe. Entsprechende Unterrichtsprojekte würden nach Ansicht des School Council für den Schulabgänger mehr Relevanz als die bisherigen ‚humanities' (geisteswissenschaftlichen Fächer) haben, und sie sollen angeblich zu einer erheblichen Rollenverfremdung und einem größeren Rollenverständnis führen.[61] Darüber hinaus wird in England z. Z. diskutiert, ob und inwieweit auch die Elternbildung eine Aufgabe der Schule ist. Eine entsprechende Umfrage bei 1.000 Lehrern ist noch nicht abgeschlossen.[62]

Insgesamt bemüht sich die Schule bisher jedoch weder um eine kontinuierliche Information und Beratung der Eltern, noch um eine Elternbildung (von gelegentlichen Sprachkursen für Immigranteneltern abgesehen).[63] Wie ergänzungsbedürftig die traditionellen Informationskontakte sind, das läßt der Erfolg eines ‚Education Shop' in Ipswich ahnen. Dort hatte das ‚Advisory Centre for Education' eine öffentliche Informationsstelle (für ‚ordinary members of the public') eingerichtet. Diese Beratungsstelle wurde in einer Woche von 174 Eltern, d. h. von mehr Eltern aufgesucht, als ein

einzelner Schulleiter in Ipswich pro Jahr empfing. Als vorteilhaft erwies sich weiterhin, daß alle Sozialschichten in ähnlicher Weise Auskunft suchten.[64]
So begrüßenswert die Einrichtung derartiger Informationszentren ist, so wenig können sie den individuellen Elternkontakt mit der Schule, vor allem mit den einzelnen Lehrern und Counselors, ersetzen. Gelingt es dagegen, die Beziehungen derartiger Zentren zu den Schulleitern, Schulberatungsdiensten und Schulpsychologen auszubauen, eventuell sogar die Elternbildung und Schule im ‚community centre' zusammenzufassen, so bestehen zweifellos optimale Möglichkeiten, die Elterninformation zu verbessern, die Elternberatung der Schulhierarchie zu entziehen und vielfältigere wie offenere Kommunikationsformen zu entwickeln. Bisher findet die Elternbildung jedoch nicht in derartigen Zentren, sondern über Lektüre statt. In dieser Hinsicht haben sich die Informationsmöglichkeiten für die Eltern seit Anfang der 60er Jahre erheblich verbessert; z. B. werden entwicklungspsychologische Fragen nicht mehr allein vom Kind aus betrachtet, sondern in Bezug zu den elterlichen Wertvorstellungen und Erziehungsintentionen gesetzt. Auch vermeidet man vereinfachende Lösungsvorschläge, leitet statt dessen zum Beobachten an und weist auf Zusammenhänge zwischen der kindlichen Entwicklung und der Weiterbildung der Eltern hin.[65]
Insgesamt beginnt in England in den letzten Jahren eine lebhaftere Diskussion über die Elternmitwirkung. Noch bleiben Eltern, Lehrer und Lokalbehörden überwiegend bei punktuellen Reflexionen oder Aktionen. Der innere Zusammenhalt der Elternverbände ist ebensowenig gesichert wie deren Zusammenarbeit mit anderen Verbänden. Ferner findet eine Elternbildung nur in recht fragmentarischer Weise und kaum im Hinblick auf bildungspolitische Reformen statt. Schließlich fehlt eine erziehungstheoretische Diskussion über folgende Probleme:
1. welches Mitspracherecht den Eltern zuerkannt werden kann und wie sich ihre Mitwirkung auf breiterer Basis realisieren läßt;
2. wie die elterliche Mitwirkung angelegt sein muß, wenn man eine Stabilisierung der schichtenspezifischen Bildungschancen vermeiden will;
3. wie die von Familie und Schule geschaffenen kognitiven und emotionalen Fixierungen aufeinander bezogen werden können.
Vorteilhaft erscheint an den englischen Verhältnissen, daß seit längerer Zeit empirische Erhebungen durchgeführt werden und daß die Dringlichkeit der Thematik dadurch ins öffentliche Bewußtsein gehoben ist. Es entspricht englischen Gepflogenheiten, daß elterliche ‚Rechte' nicht im juristischen Vorgriff formalisiert, sondern dynamisch entwickelt werden. Eine Folge dieser Situation ist, daß im rivalisierenden Meinungsstreit ein strukturiertes Bewußtsein entsteht und eine Tabuisierung der Schule vermieden wird.
Dennoch darf folgende Kritik nicht übersehen werden:

— „gegenwärtig legt jeder Lippenbekenntnisse zugunsten einer elterlichen Beteiligung an der Schulerziehung ab“;
— das liberale Prinzip hat die Uninteressiertheit von Eltern aus den ‚Unterschichten‘ nicht beseitigen können;[66]
— Elternversammlungen finden allgemein nicht auf Klassenebene statt und bieten insofern keine hinreichende Gelegenheit zur Kontaktnahme und Kooperation mit den Lehrern;
— zwischen den lokalen PTAs besteht nur eine lockere Verbindung, so daß Eltern im Rahmen der Verbandsdemokratie als bildungspolitische Gesprächspartner kaum aktiv werden können;
— die Organisation von PTAs und die elterliche Mitsprache sind weitgehend dem Ermessen der Schulleiter anheimgestellt und rechtlich nicht abgesichert;
— vor allem aber wird der Elterninformation und Elternbildung noch geringe Aufmerksamkeit gewidmet.

Anmerkungen

(Verwendete Abkürzung: TES = Times Educational Supplement)

1 Die schottischen Verhältnisse unterscheiden sich aufgrund der eigenständigen Bildungstradition von den englischen erheblich. In Schottland wurden die Eltern bereits 1918 durch ein Education Act in die ‚School Management Committees' einbezogen. Seitdem haben Eltern vor allem über ‚Parent Associations' günstigere Kontaktmöglichkeiten.
2 Gross, R.E.: British secondary education — An appraisal. In: Gross, R.E. (Hg.): British secondary education. Ldn. 1965, S. 575. — Schools Council: Enquiry I. Young school leavers. Ldn. HMSO 1968, S. 105. — Craft, M./Raynor, J./Cohen, L.: Linking home and school. Ldn. 1970[7], S. 229, 235.
3 Goodacre, E.: Home and school relations. O.O. 1968, S. 1. — Confederation for the Advancement of State Education: Parents and schools. 4/Bd. 3, 1969. — Home and School Council: Newsletter, May 1969. — Views on the Bill. In: TES 4. 4. 1969. — Comment. In: TES 28. 3. 1969.
4 Douglas, J.W.B.: The home and the school. Ldn. 1969[7], S. 55 f., 58, 148, 156. — Bloom, B.S.: Stability and change in human characteristics. N.Y. 1964, S. 68.
Die nachfolgende Tabelle wurde nach Douglas resümiert:
Parents' attitudes to education by social class-average test scores: (Douglas unterscheidet 4 Schichten, hier sind die oberste und unterste gegenübergestellt. Er benutzt für seinen Test sog. T-Skalen mit einem ‚Mittelwert' von 50 (mean 50) und eine Standardabweichung von 10 (standard deviation 10).

Social Class of parents	Age at test	Parents Level of Interest: high	average	low
		average score of pupils	average score of pupils	average score of pupils
Upper middle	11 years 8 years	59.26 58.29	55.65 56.14	55.60 54.84
Lower manual working	11 years 8 years	55.38 54.30	50.20 50.27	46.39 47.12
Social class held constant*	11 years 8 years	56.25 55.19 } + 1.06	52.16 51.87 } + 0.29	48.78 48.96 } + 0.18

*(„These scores are obtained for each column by weighting the average score in each social class by the proportion in which this class is represented in the whole population. These weighted average scores are then summed up to give the figures for social class held constant").

5 Bernstein, B.: Der Unfug mit der ‚kompensatorischen' Erziehung. In: betrifft: erziehung. 9/Bd. 3, Jg. 1970. S. 15 ff. — Schools Council: Immigrant children in infant schools. Working Paper No. 31. Ldn. HMSO 1970, S. 5—9.
6 Schools Council: Counseling in schools; A study of the present situation in Great Britain. Working Paper No. 15. Ldn. HMSO 1967. — Monks, T.G.: Comprehensive education in England and Wales; A survey of schools and their organization. NFER, Research Reports; Second Series No. 6. Slough 1968, bes. S. 49.
Eine Umstufung in andere Leistungszüge findet in der Gesamtschule kaum statt, wie die folgende Übersicht zeigt:

Transfer of pupils between streams

School-year	percentages of schools where any transfers were recorded	percentages of pupils who moved up		percentages of pupils who moved down	
	streams	A	B	A	B
first	84	7.0	8.3	4.6	5.4
second	84	4.6	5.3	3.1	3.7
third	80	3.2	4.0	2.0	2.4
fourth	67	1.2	1.8	0.9	1.3

A = expressed as percentages of pupils (in the year) in all relevant schools.

B = expressed as percentages of pupils (in the year) in those relevant schools where any transfers were recorded.

7 Whalley, G.H.: Guided parental choice. In: Trends in Education. 18/1970, S. 28, 34.

8 Raynor, J.M.: The school counselor. In: Craft, M. (Hg.): Linking home and school. Ldn. 1970[7], S. 209 ff.

9 Cox, C.B./Dyson, A.E. (Hg.): Black paper two; The crisis in education. O.O. 1969, S. 87. — Morton-Williams, R.: The survey of parental attitudes and circumstances, 1964. In: Craft, M. (Hg.): Family, class, and education. Ldn. 1970, S. 167.

10 Wall, W.D.: The opinions of teachers on parent-teacher cooperation. In: Brit. J. of Ed. Psychol., Bd. 17, 1947, S. 97 ff., bes. S. 100, 102.

11 Clarke Report; Report of the Central Advisory Council for Education in England: School and life. Ldn. HMSO 1947, S. 18 ff. — Jacks, A.L.: Modern trends in education. Ldn. 1952[2], S. 130.

12 Where, Journal of the Advisory Centre for Education. Camb. seit 1960. — P.E.P.: Parents' views on education. In: PEP Planning, 448/Bd. 27, 1961. — Green, L.: Parents and teachers. Ldn. 1968. — Craft, M./Raynor, J./Cohen, L.: Linking home and school. Ldn. 1970[7]. — Pitcairn, L.: Parents of the future. Camb. 1968. — Mc.Geeney, P.: Parents are welcome. Ldn. 1969. — Department of Education and Science: Parent-teacher relations in primary schools. Education Survey 5. Ldn. HMSO 1969[2]. — Craft, M. (Hg.): Family, class, and education. Ldn. 1970. — Sharrock, A.N.: Home school relations. Ldn. 1970.

Vgl. Bibliographie bei: Goodacre, E.: Home and school relations. O.O. 1968. — Sharrock, A.N.: Home and school. A select annotated bibliography. NFER, Ldn. 1971.

13 Green, L.: (vgl. Anm. 12) S. 11 und Vorwort. — Midwinter, E.: The parents case. In: TES 25. 7. 1969. — Unqualified mums and the NUT. In: TES 22. 8. 1969. — Parents' open day. In: TES 4. 10. 1968.

14 Vgl. oben erwähnte, weiterführende Literatur. Speziell: Burt, C.: Symposium on the selection of pupils for different types of secondary schools. In: Brit. J. of Ed. Psychol. Bd. 17, 1947, S. 65 ff. bes. S. 66. — Campbell, W.J.: The influence of home environment on the educational progress of selective secondary school children. In: Brit. J. of Ed. Psychol. Bd. 22, S. 52. — Central Advisory Council for Education (England). Gurney-Dixon Report: Early Leaving. Ldn. HMSO 1954 (§ 97). — Central Advisory Council for Education (England). Plowden Report: Children and their primary schools. Ldn. HMSO 1967. Bd. I, bes. S. 29 ff. — Douglas, J.W.B.: The home and the school. Ldn. 1969[7], bes. S. 55. — Floud, J.E./Halsey, A.H./Martin, F.M.: Social class and educational opportunity. Ldn. 1958, bes. S. 144, 98, 108. — Halsey, A.H./Floud, J.E./Anderson, C.A. (Hg.): Education, economy, and society, N.Y., Ldn. 1967[3], bes. S. 213. — Highfield, M.E./Pinsent, A.: A survey of rewards and punishments in schools. NFER, Ldn. 1952, bes. 191 ff. — Hughes, A.G.: Discrepancies between the results of intelligence tests and entrance examinations to secondary schools. In: The Brit. J. of Ed. Psychol. Bd. 4, 1934, bes. S. 227. — Musgrove, F.: The family, education, and society. Ldn. 1966 bes. S. 1. — Stott, D.H.: Evidence for Pre-natal impairment of temperament in mentally retarded children. In: Vita Humana 2/1959, S. 125 ff., bes. S. 127 f. — Sugarman, B: Social class, values and behaviour in school. In: Craft, M. (Hg.): Family, class, and education. Ldn. 1970, S. 241 ff., bes. S. 249.

15 Musgrove, F.: The ‚good home'. In: Craft, M. (Hg.): Family, class, and education. Ldn. 1970, S. 188.

16 Douglas, J.W.B.: The home and the school. Ldn. 1969[7], S. 55.

17 Central Advisory Council for Education (England); Plowden Report: Children and their primary schools. Ldn. HMSO 1967. Bd. I, S. 35, 33 f.

18 Douglas, J.W.B. (vgl. Anm. 16) S. 171.

19 Central Statistical Office: Annual abstract of statistics 1969, Ldn. HMSO 1969, Nr. 106, S. 22.

20 General Register Office: Sample Census 1966, England and Wales. Household composition tables. Ldn. HMSO 1968, S. 149.

21 Ibid. S. 258. — Vgl. Morton-Williams, R.: The survey of parental attitudes and circumstances. In: Craft, M. (Hg.): Family, class, and education. Ldn. 1970, S. 164 f., 174.

22 Central Statistical Office (vgl. Anm. 19) 1959, Nr. 96, S. 23; 1969, Nr. 106, S. 29. — Vgl. Fletcher, R.: The family and marriage in Britain. Penguin 1969[4], S. 244.

23 Central Statistical Office (vgl. Anm. 19) 1959, Nr. 96, S. 24; 1969, Nr. 106, S. 26.

24 Morton-Williams, R. (vgl. Anm. 21) S. 165 f.

25 Toomey, D.M.: Home-centered working class parents' attitudes towards their sons' education and careers. In: Sociology, 3/Bd. 3, 1969, S. 310, 313, vgl. 305. — Vgl. Goldthorpe, J.H./Lockwood, D./Bechhofer, F./Platt, J.: The affluent worker; Political attitudes and behaviour. Bd. 3, Camb. 1968, S. 107, 125.

26 Douglas, J.W.B. (vgl. Anm. 4) S. 57.

27 Lunn, J.B.C.: Streaming in the primary school. NFER. Slough, 1970, S. 184 f.

28 Floud, J.E./Halsey, A.H./Martin, F.M.: Social class and educational opportunity. Ldn. 1958[2], S. 82. — Douglas, J.W.B. (vgl. Anm. 4) S. 45. — Donnison, D.V.: What we think about secondary schools. In: New Society, 25. 6. 1970, S. 1096 ff. — Goldthorpe, J. H., et. al. (vgl. Anm. 25) S. 130, 134 f., 137.

29 Goldthorpe, J.H. et al., (vgl. Anm. 25.) S. 131 f., 135, — Donnison, D. V. (vgl. Anm. 28) S. 1098.

30 Donnison, D.V.: Education and opinion. In: New Society, 26. 10. 1967, S. 587.

31 Musgrove, F.: The family, education, and society, Ldn. 1966, S. 7.

32 Stern, H.H.: Parent-education — An international survey. UNESCO, Inst. of Ed., Hamburg 1960, S. 22.

33 Taylor, G./Saunders, J.B.: The new law of education. Ldn. 1965[6], S. 37, 147 f., 194, vgl. 377, 380, 475, 490, 496, 599, 615.

34 Kogan, M.: Parents and children first. TES 9. 10. 1970.

35 Zit. nach: Committee on Local Authority and Allied Personal Social Services; Seebohm Report. Ldn. HMSO 1968, S. 270.

36 Kogan, M. (vgl. Anm. 34) TES 9. 10. 1970. — Vgl. Alexander, Sir W.: Towards a new education act. Ldn. 1969, S. 15.

37 Department of Education and Science: Statistics of education 1965. Ldn. HMSO 1967, Bd. 1, S. 3 f.; 1968. Ldn. HMSO 1969, Bd. 1, S. 8 f.

38 Donnison, D.V.: Education and opinion (vgl. Anm. 30) S. 584.

39 Head's power must be ‚absolute'. In: TES 29. 3. 1969 — Vgl. Heads should have more say. In: TES 24. 10. 1969.

40 Stevens, A./Finch, B.: Teachers v. parents. In: TES 18. 7. 1969 — Vgl. Mays, J.B.: The head and the home. In: Allen, B. (Hg.): Headship in the 1970's. Oxfd. 1968, S. 33.

41 Unqualified mums and the NUT. In: TES 22. 8. 1969. — Vgl. Schools Council, Enquiry I (vgl. Anm. 2) S. 120. — National Federation of Parent Teacher Associations: Constitution suggested suitable for a parent teacher association. Repr. July 1967, o.O. — The parent-teacher supplement. May 1969, 1/Bd. II S. 8 f. — McGeeney, P.: Parents are welcome. Ldn. 1969, S. 57.

42 Sharrock, A.: Relations between home and school. In: Educational Research, 3/Bd. 10, 1968, S. 190. — Vgl. Pedley, R.: Zur Entwicklung der Gesamtschule in England und Schweden. In: Rang, A./Schulz, W. (Hg.): Die differenzierte Gesamtschule, Münch. 1969, S. 69.

43 Department of Education and Science: Parent teacher relations in primary schools; Education survey 5. Ldn. HMSO 1969[2], S. 12, 17, 21, 23, 25, 31 ff.

44 Ebd. S. 1, 4, 9.

45 Plowden Report (vgl. Anm. 17) Bd. II, S. 129, 139, 223 f.

46 Green, L. (vgl. Anm. 12) S. 13. — Plowden Report (vgl. Anm. 17) Bd. 1, S. 38, 42. — Department of Education and Science, Trends in Education, 7/1967, S. 25.

47 Central Advisory Council for Education (England); Newsom Report: Half our future. Ldn. HMSO 1963, S. 70. — Inner London Education Authority: London comprehensive schools, 1966. Ldn. 1967, S. 47 f. — Monks, T.C.: Comprehensive education in England and Wales; A survey of schools and their organization. NFER, Research Reports; Second Series No. 6. Slough 1968, S. 133.

48 Schools Council; Enquiry I (vgl. Anm. 2) S. 116 f. 109, 107.

49 Sharrock, A.N.: Aspects of communication between schools and parents. In: Educ. Research, 3/Bd. 12, 1970. S. 196, 198.

50 Donnison, D.V.: Education and opinion. (Vgl. Anm. 30) S. 585 f.

Do you find enough opportunity to discuss your child's education?

Schulart	private	infant	primary	grammar	compreh.	sec. mod. etc.
should be improved:	13%	**32%**	21%	**16%**	15%	22%

Do you feel there is adequate guidance as to the subjects your child takes or will take. . .

Schulart	private	infant	primary	grammar	compreh.	sec. mod. etc.
should be improved:	10%	25%	25%	**11%**	**27%**	36%

51 McGeeney, P. (vgl. Anm. 12) S. 56 f.
52 Home and School Council, Newsletter Nov. 1968. — Sharrock, A.N.: Relations between home and school. (vgl. Anm. 42) S. 191, 193.
53 Parents demand R.E. In: TES 4. 4. 1969.
54 Donnison, D.V.: Education and opinion (vgl. Anm. 30) S. 583 — Lunn, J.C.B.: Streaming in the primary school (vgl. Anm. 27) S. 185. — Vgl. Young, M./Willmott, P.: Family and kinship in East London. Penguin 1969, S. 99 f.
55 Midwinter, E.: The parents case. In: TES 25. 7. 1969 — Seebohm Report (vgl. Anm. 35) S. 147 f.
56 Green, L. (vgl. Anm. 12) S. 56 f. — Plowden Report (vgl. Anm. 17) Bd. I, S. 37. — Vgl. Cave, R.G.: Partnership for change: Parents and schools.
57 Trauttmansdorff, A.: Gloucester parents tell all. In: TES 31. 10. 1969 — Getting the facts on record. In: TES 31. 10. 1969 — Green, L. (vgl. Anm. 12) S. 23 ff., 49. — Newson, J. and E.: Four years old in an urban community. Penguin 1970[2]. S. 25.
58 PEP: Parents' views on education. In: PEP, 448/Bd. 27, 1961, S. 17. — McGeeney, (vgl. Anm. 12), S. 56 f. — Schools Council, Enquiry I (vgl. Anm. 2) S. 43. („Proportions . . . saying that various school objectives were very important"). Von 24 Skalen wurden 6 ausgewählt, die Auffassungen der Schüler sind hier nicht aufgeführt.
59 Sharrock, A.N.: Relations between home and school (vgl. Anm. 42) S. 193 f.
60 Donnison, D.V.: Education and opinion (vgl. Anm. 30) S. 585. — Whalley, G.E.: Guided parental choice. In: Trends in Education, 18/1970, S. 31 ff.
61 Schools Council: Society and the young school leaver. Working Paper 11, Ldn. HMSO 1967. — Skinner, R.: The generation gap. In: Trends in Education, 16/1969, S. 10 ff.
62 Sharrock, A.N.: Relations between home and school (vgl. Anm. 42) S. 192.
63 Schools Council: Immigrant children in infant schools. Working Paper 31, Ldn. HMSO 1970, S. 9, 20.
64 Allen, B. (Hg.): Headship in the 1970's. Oxfd. 1968, S. 38.
65 Pitcairn, L. (vgl. Anm. 12) S. VIII, S. 3 f. — Dawkins, J.: Teach your child about sex. Ldn. 1964. — Watts, A.J.: Teach your child about God. Ldn. 1964.
66 Comment. In: TES 15. 8. 1969. — Apathetic parents disastrous to North. In: TES 12. 9. 1969.

BIBLIOGRAPHIE

Sharrock, A.: Home and school. A select annotated bibliography. NFER, Ldn. 1971.

Einführende Lektüre

Craft, M. (Hg.): Family, class and education. A reader. Ldn. 1970.
Craft, M./Raynor, J./Cohen, L. (Hg.): Linking home and school. Ldn. 1970[7].
Cubitt, K.: Choosing your child's school. Ldn. 1970.
Douglas, J.W.B.: The home and the school. Ldn. 1969[7].
Green, L.: Parents and teachers — partners or rivals? Ldn. 1968.
McGeeney, P.: Parents are welcome. Ldn. 1969.
Pitcairn, L.: Parents of the future. Cambr. 1968.
Sharrock, A.N.: Home school relations. Ldn. 1970.

Weiterführende Literatur

Bernstein, B.: Some sociological determinants of perception. In: Brit. J. of Sociology. Bd. 9, 1958, S. 159 ff.
Bernstein, B.: Social structure, language and learning. In: Educ. Research. 3/Bd. 3, 1961. S. 163 ff.

Bowlby, J./Ainsworth, M./Boston, M./Rosenbluth, D.: The effects of mother-child separation. A follow-up study. In: Brit. J. of Med. Psychology. Bd. 29, 1956, S. 211 ff.
Burt, C.: Symposium on the selection of pupils for different types of secondary schools. In: Brit. J. of Ed. Psychol. Bd. 17, 1947, S. 65 ff.
Central Advisory Council for Education (England). Gurney-Dixon Report: **Early Leaving.** Ldn. HMSO 1954.
Central Advisory Council for Education (England). **Crowther** Report: 15 to 18. Ldn. HMSO 1959.
Central Advisory Council for Education (England). **Plowden** Report: Children and their primary schools. Ldn. HMSO 1967.
Campbell, W.J.: The influence of home environment on the educational progress of selective secondary school children. In: Brit. J. of Ed. Psychol. Bd. 22, 1952, S. 89 ff.
Douglas, J.W./H. Blomfield, J.M.: Children under five. Ldn. 1958.
Floud, J.E./Halsey, A.H.: Intelligence tests, social class, and selection for secondary schools. In: Brit. J. of Sociology. Bd. 8, 1957. S. 33 ff.
Floud, J.E./Halsey, A.H./Martin, F.M.: Social class and educational opportunity. Ldn. 1958[2].
Fraser, E.: Home environment and the school. Ldn. 1968[2].
Goldthorpe, J.H./Lockwood, D./Bechhofer, F./Platt, J.: The affluent worker in the class structure. Bd. 3, Camb. 1969.
Halsey, A.H./Floud, J.E./Anderson, C.A. (Hg.): Education, economy and society. N.Y., Ldn. 1967[3]
Highfield, M.E./Pinsent, A.: A survey of rewards and punishments in schools. NFER, Ldn. 1952, bes. 191 ff.
Hughes, A.G.: Discrepancies between the results of intelligence tests and entrance examinations to secondary schools. In: Brit. J. of Ed. Psychol. Bd. 4, 1934.
Lawton, D.: Social class differences in language development: A study of some samples of written work. In: Language and Speech. Bd. 6, 1963.
Lawton, D.: Social class language differences in group discussions. In: Language and Speech. Bd. 7, 1964.
Lewis, H.: Deprived children. Ldn. 1954.
Lindsay, K.: Social progress and educational waste. A study of the ‚free-place' and scholarship system. Ldn. 1926.
Musgrove, F.: The family, education, and society. Ldn. 1966.
Newson, J. u. E.: Patterns of infant care in an urban community. Penguin 1965[2].
Dieselben: Four years old in an urban community. Penguin 1970[2].
Nisbet, J.: Family environment and intelligence. In: Eugenics Review. Bd. 45, 1953, S. 31 ff.
Paton, D.N./Findlay, L.: Poverty, nutrition and growth. Medical Research Council, Special Report, Series No. 101. Ldn. HMSO 1926.
Platt Committee: Welfare of children in hospital. Ldn. HMSO 1959.
Schools Council: Young school leavers. Enquiry I. Ldn. HMSO 1968.
Stott, D.H.: Studies of troublesome children. Ldn. 1966.
Stott, D.H.: Physical and mental handicaps following a disturbed pregnancy. In: Lancet. Bd. 1, 1957, S. 1006 ff.
Stott, D.H.: Evidence for prenatal impairment of temperament in mentally retarded children. In: Vita Humana 2/1959, S. 125 ff.
Sugarman, B.: Social class, values and behaviour in school. In: Craft, M. (Hg.): Family, class, and education. Ldn. 1970, S. 241 ff.
Toomey, D.M.: Home-centered working class parents' attitudes towards their sons' education and careers. In: Sociology. 3/Bd. 3, 1969. S. 229 ff.

Die Elternvereinigungen in Frankreich

In der Zeitschrift ‚Familles dans le Monde', die von der Internationalen Union der Familienorganisationen herausgegeben wird, schrieb Dr. Wahl von der UNESCO im Jahre 1956: „Es ist nicht länger möglich, Schule und Familie in einem Gegensatz zu sehen und davon auszugehen, daß die Familie erzieht und die Schule einzig und allein unterrichtet." Vielmehr sei eine Zusammenarbeit beider Institutionen (die sich in ihren Zielen ergänzen) unbedingt erforderlich, und zwar während sämtlicher Entwicklungsphasen des Kindes — vom zartesten Alter bis zu jenem Tag, an dem der junge Mensch für sich selbst verantwortlich wird.

Dieser von Dr. Wahl geforderte Bewußtseinsstand ist in Frankreich allgemein erreicht — wie der nachstehende Bericht zeigen wird. Und diejenigen, die eines Tages in einer Geschichte des französischen Bildungswesens unsere Epoche beschreiben, werden die gemeinsamen Erziehungsbemühungen von Elternhaus und Schule und das zunehmende Verständnis von Eltern und Lehrern für einander hervorheben und schließlich zeigen, wie man sich in den letzten fünfzig Jahren gemeinsam der Aufgabe gewidmet hat: die Kinder auf das Leben vorzubereiten.

Gewiß haben die ‚natürlichen' Erzieher des Kindes immer mit jenen in Beziehung gestanden, deren Aufgabe es ist zu unterrichten. Doch beschränkten sich die Kontakte meistens auf den Austausch von Höflichkeiten, auf Äußerlichkeiten oder auf die Mitteilung von Verwaltungsmaßnahmen und Vorschriften. Eltern erhielten z. B. tägliche oder wöchentliche Noten bzw. vierteljährliche Berichte und wurden über Strafen und Belohnungen informiert. Man muß gestehen, daß dies recht vergebliche Versuche waren, solange die regelmäßigen Informationen nicht zu persönlichen und menschlichen Kontakten ausgedehnt wurden. Denn schriftliche Mitteilungen sind nur hinreichend, wenn eine Bank ihre Kunden über Abrechnungsvorgänge unterrichtet, wenn über Unfälle oder Mißerfolge berichtet wird oder wenn gerichtliche Urteile ergehen. Man darf sich in der Erziehung aber nicht am Beispiel Karls des Großen orientieren, der noch glaubte, die „Guten" von den „Schlechten" unterscheiden zu können.

Es besteht hier aber nicht die Absicht, bei der Vergangenheit zu verweilen. Wir müssen einfach erkennen, daß früher das Leben nicht dasselbe war wie heute und daß die Erziehung damals (als sie verschiedenen Gesellschaftsschichten zugeordnet und unbestrittenen Stereotypen unterworfen war) nicht dieselben Schwierigkeiten machte, mit denen sie heute Lehrer und Eltern konfrontiert. Heutzutage ist es weder für Eltern noch für Lehrer leicht, sich den Kindern — „diesem Nachwuchs des menschlichen Geschlechtes“, wie Bossuet sagt — gegenüber so zu verhalten, daß sie in einer gequälten und unerträglichen Welt wie der unsrigen „den Platz finden, an dem sie ihrer eigenen Berufung entsprechend am glücklichsten sind und an dem sie für ihre Mitmenschen am nützlichsten sind“. Das ist das doppelte und unteilbare Ziel unserer Bestimmung.

Meine Aufgabe ist es, die Zusammenarbeit von Familie und Schule, oder genauer, von Eltern und Lehrern zu beschreiben. Ich vermute, daß meine Leser mit den neuen Verhältnissen bzw. mit der Bildungsrevolution vertraut sind, die 1958 durch ein *Gesetz zur Reform des Unterrichts* ausgelöst wurde und die in den letzten beiden Jahren zu erheblichen Veränderungen geführt hat (vgl. später S. 117 ff.). Auf alle Fälle muß man wissen, daß jetzt eine Schulpflicht bis zum sechzehnten Lebensjahr besteht, daß die neue Ordnung für alle schulpflichtigen Kinder gilt und daß sie — abgesehen von einigen Einzelheiten — unumstritten ist. Eine Folge der mit einzigartiger Präzision verfügten Demokratisierung und Mitbestimmung war allerdings, daß alle in völlige Verwirrung gestürzt waren, als sie plötzlich mitarbeiten sollten. Und zwar entstand diese Verwirrung in ähnlicher Weise bei den Lehrern, bei der Verwaltung, den Eltern und selbst bei den Schülern, die alle plötzlich feststellten, daß diese Mitbestimmung sie selbst betrifft und daß sie zugleich genötigt sind, von Zeit zu Zeit ihr Urteil abzugeben.

Insgesamt ist die Schule in Frankreich vollständig verändert worden, und zwar nicht nur ihre Organisation, sondern auch ihre eigentliche Aufgabe und ihr Geist. Die Schule ist jetzt in eine dynamische Wandlung eingetreten. Alte Menschen und jene, die sich in die Vergangenheit zurücksehnen, können jene Veränderung nur schwer begreifen.

Nach diesen kurzen, aber notwendigen Vorbemerkungen sollen die Beziehungen zwischen Familie und Schule unter drei Aspekten dargestellt werden. Und zwar werden nacheinander untersucht:

— Struktur und zahlenmäßige Bedeutung der Elternvereinigungen sowie ihre Aktivitäten gegenüber dem Staat, der Öffentlichkeit und innerhalb der Schule;

— ferner Vorschriften, durch die diese Aktivitäten offiziell geregelt und institutionalisiert werden;

— Ansätze und Versuche, über leere Absichtserklärungen hinauszukommen und die Kooperation zu verwirklichen, wo sie bisher noch utopisch erscheint.

Das Hauptproblem besteht darin, daß man einen regelmäßigen Kontakt, ja fast schon einen automatischen Kooperations- und Verwaltungsmechanismus erwartet, obwohl die Kooperation bzw. ihre Wirksamkeit ganz von dem guten Willen der Menschen abhängt. Sie müssen bereit sein, neben ihrem erschöpfenden Beruf noch großzügig die Sorgen und Aufgaben der Schule, ja der Gegenwart auf sich zu nehmen, und sie müssen einen Dienst am Gemeinwohl übernehmen, auf den sie nicht vorbereitet sind.

Die großen Elternverbände

Durch das Gesetz vom 1. April 1901 ist es in Frankreich sehr erleichtert worden, einen Verein oder einen Verband zu gründen. Es genügt, die Existenz des Vereins zu proklamieren, dann der Präfektur von seinem Sitz, seiner Satzung sowie seinem Vorstand Nachricht zu geben und schließlich den Namen sowie die Ziele öffentlich im ‚Journal Officiel' anzuzeigen.

Der eingetragene Verein hat dann den Charakter einer juristischen Person. Er kann vor Gericht auftreten, er kann rechtskräftig erwerben, besitzen und verwalten. Alles dies jedoch nur in den Grenzen, die zur Verwirklichung seiner satzungsgemäßen Ziele notwendig sind, und ohne daß seinen Mitgliedern daraus ein finanzieller Gewinn entstehen darf.

Jenes Gesetz war die Voraussetzung für die seit Beginn des Jahrhunderts an den meisten Grundschulen (écoles), Mittelschulen (collèges) und Gymnasien (lycées) entstandenen *Elternvereinigungen* (associations de parents d'élèves). Die erste derartige Elternvereinigung wurde 1905 am Lycée Carnot in Paris gegründet. Diese Vereine haben meistens keinen anderen Namen als: „Vereinigung der Eltern der Schüler des Gymnasiums oder der Schule von x . . .", sie bestehen aus aktiven Mitgliedern und Förderern, besitzen einen Verwaltungsrat und entwickeln je nach der Dynamik des Vorsitzenden, Sekretärs oder seiner Mitarbeiter sehr verschiedene Aktivität. Diese Lokalvereinigungen haben sich recht bald in Dachverbänden zusammengeschlossen und zwar zunächst je nach der Schulstufe in einen Primarschul- und einen Sekundarschulverband. 1910 entstand auf diese Weise die *‚Fédération des Associations de parents d'élèves des lycées et collèges français'.* Insgesamt gibt es z. Z. 5 Verbände. Sie haben ihre Tätigkeit inzwischen alle auf die verschiedenen Schulstufen erweitert und unterscheiden sich vor allem nach ihren weltanschaulichen Programmen. Alle Verbände haben, und das ist in Frankreich fast unvermeidlich, weil alles so schrecklich zentralisiert ist, ihren Sitz in Paris.

Die Eltern der staatlichen Schulen werden durch folgende Organisation vertreten:

Die *‚Fédération des Parents d'Elèves de l'Enseignement Public',* die heute etwa 800.000 Mitglieder und 700 Lokalgruppen hat. Ihre monatlich erscheinende Zeitschrift ist ‚La voix des Parents'.

Die *‚Fédération des Conseils de Parents d'Elèves des Ecoles Publiques',* die heute sicher über eine Million Mitglieder zählt. Ihre Zeitschrift heißt ‚Pour l'enfant . . . vers l'homme'.

Die *‚Fédération Nationale des Associations des Parents d'Elèves de l'Enseignement Public'.* Sie interessiert sich vor allem für die technische Erziehung und ist mit ihren etwa 200.000 Mitgliedern relativ klein. Ihr Mitteilungsblatt heißt ‚Parents d'Elèves'.

Schließlich entstand nach den Ereignissen vom Mai 1968 die *,Union Nationale des Associations Autonomes de Parents d'Elèves'.* Ihre Mitgliederzahlen sind z. Z. noch schwer zu bestimmen.

Eltern der Privatschulen werden dagegen durch einen eigenen Verband vertreten. Es ist:

die *,Union Nationale des Parents d'Elèves de l'Enseignement Libre',* die 790.000 Mitglieder und 10.000 Lokalgruppen vertritt. Sie veröffentlicht ,La nouvelle famille éducative'.

Dieser Verband wird energisch und intelligent durch die ,Cercles de Familles' unterstützt, die Eltern, Lehrer und Geistliche vereinigen. Die ,Cercles' sind auf Initiative der Zeitschrift ,Parents et Maîtres' entstanden; das ist eine Erziehungszeitschrift, die alles Lob verdient.

Allein schon ein Zusammenrechnen der Mitgliederzahlen — das ergibt immerhin über drei Millionen Eltern — weist auf die Bedeutung der französischen Elternverbände hin. Dennoch ist die eindrucksvolle Mitgliederzahl mit Vorsicht zu betrachten, denn die Wirklichkeit, die hinter ihr steht, ist schwer abzuschätzen. Auch hier sind die Mitglieder genauso wie in allen entsprechenden Organisationen meistens nur Beitragszahler und selten bewußte und aktive Mitstreiter. Zudem ist das Steigen der Mitgliederzahlen durch eine gesetzliche Vorschrift sehr gefördert worden, nach der Eltern eine Haftpflichtversicherung abschließen müssen, um sich vor möglichen „Schäden, die anderen Personen durch ihre Kinder zugefügt werden", zu schützen (Code Civil, Artikel 1382—1384). In Anbetracht dieser Bestimmungen haben die Elternvereinigungen mit Versicherungsgesellschaften Kontrakte abgeschlossen, die es ihnen ermöglichen, Mitgliedern vorteilhafte Versicherungssätze anzubieten. Dadurch gelingt es ihnen zweifellos in vielen Fällen, neue Mitglieder anzuziehen.

Insgesamt ist die Vermutung nicht unbegründet, daß jede französische Familie, die Kinder im schulpflichtigen Alter hat, einem Elternverein angehört. Zuweilen gehört dieselbe Familie sogar mehreren an, wenn ihre Kinder verschiedene Schulen besuchen. Ihre Mitgliedschaft können die Eltern nur so lange aufrechterhalten, wie sie noch Kinder auf der Schule haben. Darin stimmen die Satzungen aller Vereinigungen überein. Man weigert sich also, Eltern weiterhin als Mitglieder zu behalten, die kein direktes Interesse mehr an der Schule haben. Und zwar gilt die Bestimmung ohne Ansehen der Verdienste, die einzelne Eltern sich in dem Verein erworben haben. Mit noch mehr Recht schließt man diejenigen aus, die niemals ein direktes Interesse an der Schule gehabt haben.

Schließlich aber sei erwähnt, damit man die Größenordnung der Elternverbände richtig einschätzen kann, wieviel Kinder in Frankreich insgesamt die Vorschulen, Primar- oder Sekundarschulen besuchen, deren Eltern hier mitarbeiten könnten. Im Schuljahr 1969/1970 gingen 9.350.275 Kinder in staatliche und 1.879.464 in private Schulen. Bedenken muß man allerdings, daß eine Vereinigung sechs oder sieben Kinder derselben Familie vertreten kann, und

daß eine einzige Familie zur gleichen Zeit sechs oder sieben Vereinigungen angehören kann. — Wie sich die statistischen Angaben auch immer interpretieren lassen, dem Staat stehen in jedem Fall eine oder mehrere ‚pressure groups‘ und der Regierung steht eine bedeutende Wählermasse gegenüber. Ihr Einfluß verringert sich in gewisser Weise jedoch auf Grund des organisatorischen Pluralismus und der Tatsache, daß sich die Verbandsideologie zuweilen durchaus über den eigentlichen Grund für den Zusammenschluß, nämlich das kindliche Interesse, hinwegsetzt.
Gewiß zeigt eine vergleichende Analyse der jeweiligen Satzungen, daß die Vereinigungen es in ähnlicher Weise als ihre Aufgabe betrachten — sei es in den Schulen, auf Ebene der Departements, der Regionen oder der Nation —,ihre Mitglieder überall da zu vertreten, wo die materiellen und moralischen Interessen der Kinder es erfordern. So bemühen sich die Vereinigungen z. B. in ähnlicher Weise darum, Eltern in folgender Weise zu unterstützen: Auf der Schulebene richten sich die Aktivitäten u. a. auf den Transport der Schüler zur Schule, die äußere Disziplin, Schulbücherei, auf Beihilfen für Bücher, Reisen oder einen Schüleraustausch, auf kulturelle Aktivitäten, Sportveranstaltungen, Studienkreise und alle nebenschulischen Tätigkeiten. Außerdem nehmen Elternvertreter an den Klassenräten (‚Conseils de Classe‘) oder am Verwaltungsrat der Schule (‚Conseil d'Administration de l'établissement‘) teil. Ihre Teilnahme ist dabei, wie später gezeigt wird, durch Gesetz geregelt.
Auf Ebene des Hochschulbezirks, der Region oder des Ministeriums ist es die satzungsmäßige Aufgabe der Verbände, durch ihre Vertreter in den Kommissionen und in den beratenden Staatsorganen die Beschwerden, Wünsche und grundsätzlichen Positionen ihrer Mitglieder vorzutragen. Dabei gilt es, die Verbandsinteressen — notfalls auch mit Hilfe von Streiks — zu verfolgen, und diejenigen zu informieren und zu bilden, die den Verbänden ihr Vertrauen geschenkt haben.
Bei der Verwirklichung dieses riesigen und herausfordernden Programms kommt es zuweilen zu peinlichen *Divergenzen unter den Verbänden.* Während z. B. drei Verbände durch ihre Satzungen „jede politische und religiöse Parteinahme“ ausgeschlossen haben und sich in dieser Hinsicht möglichst neutral zu verhalten suchen, lehnen die beiden mächtigsten Verbände eine derartige Neutralität ab.

Die ‚Fédération des Conseils de Parents d'Elèves‘, die nach ihrem Vorsitzenden und Führer allgemein ‚Fédération Cornec‘ genannt wird, erstrebt z. B. eine *Trennung von Kirche und Staat.* Sie erklärt eindeutig, daß es ihr wichtigstes Ziel sei, die Departements-Räte zu informieren, wie die bildungspolitische Trennung von Kirche und Staat und die *Ausbreitung der staatlichen Schule* gefördert werden kann. Diesen Kampf um eine Trennung von der Kirche und für einen Ausbau der Staatsschule führt sie gemeinsam mit dem ‚Comité National d'Action laïque‘ (C.N.A.L.). Diese Aspekte führten beide Verbände sowohl in ihrer leidenschaftlichen Opposition gegen das Gesetz Debré zusammen, das eine staatliche Hilfe für Privatschulen vorsah (1959), als auch in ihrem Ziel, den Staatsschulen ein Unterrichtsmonopol zu sichern. Demgegenüber tritt die ‚Union Nationale des Parents d'Elèves de l'Enseignement libre' (A.P.E.L.) — der man ebenso wie der ‚Fédération Cornec' ein Lob für ihre ernsthaften und wirklich bedeutenden Bemühungen um die pädagogische Kooperation aussprechen muß — zugunsten einer *größeren Freiheit* im Schulwesen und *gegen das staatliche Unterrichtsmonopol* ein. Diese Interessen konvergieren zum Teil mit jenen des ‚Comité National de l'Enseignement Catholique', in dem sich katholische Eltern und Geistliche zusammengeschlossen haben.

Der ausländische Leser, der die Geschichte Frankreichs und die religiösen Kämpfe seit Anfang des Jahrhunderts kennt, wird sofort bemerken, daß diese Auseinandersetzungen für die französischen Verhältnisse kennzeichnend sind.

Dennoch ist die Trennung zwischen „Liberalen" und „Anhängern der Staatsschule" nicht ganz so scharf, wie man nach der schematischen Darstellung vermuten könnte. Denn in allen Verbänden wächst die Zahl der Gleichgültigen und der Nichtbeteiligten ständig. Immerhin handelt es sich um einen alten Streit, der tief eingewurzelt ist und dessen Beilegung oder Wiederaufleben einerseits von der geistigen Entwicklung der katholischen Kirche abhängt, die anderweitig eine Antwort auf ihre apostolische Aufgabe sucht, und andererseits davon, inwieweit der Antiklerikalismus aus der Mode kommt.

Viele Eltern sind heute der Meinung, daß die Vereinigungen ihre Kräfte an anderer Stelle einsetzen und nicht bei Kämpfen vergeuden sollten, in die sie auch noch die Lehrergewerkschaften mit dem Schlagwort „Öffentliche Mittel für die staatliche Schule" (Losungswort eines kürzlichen Streiks) treiben.

Gesetze, die die Elternverbände betreffen

Die Analyse der gesetzlichen Bestimmungen über die Elternmitwirkung macht ebenso wie der Zeitpunkt ihrer Veröffentlichung klar, wie sehr das Erziehungsministerium und die staatlichen Stellen zögern, den Weg zu einer wirklichen Zusammenarbeit von Elternhaus und Schule einzuschlagen. Das zögernde Verhalten des Staates stimmt mit der erheblichen Reserve überein, die bei den Lehrern und einigen Gewerkschaften besteht. Sie sehen in der elterlichen Mitbestimmung vielfach ein Eindringen fremder Kräfte in ihr eigenes Gebiet, die Schule. Ich erinnere mich noch, wie in einem Gymnasium anläßlich der Gründung von Elternvereinigungen Versammlungen stattfanden, auf denen es zu teilweise bitteren Vorwürfen und persönlichen Angriffen auf einzelne Lehrer kam, die man zu kompromittieren suchte. Trotz derart ungünstiger Einzelfälle gelang es der Klugheit und Vernunft von örtlichen und nationalen Elternvertretern allgemein noch immer, die Aufmerksamkeit ihrer Mitglieder auf die entscheidende Verantwortlichkeit der Eltern zu lenken und allmählich die nachteilige Spannung — der einen gegen die anderen und auch bei

den Schülern — wieder abzubauen. Langsam kam es zu einer positiven und konstruktiven Mitwirkung der Elternvertreter in den Räten, Versammlungen und bei verschiedenen Veranstaltungen, zu denen sie als Berater oder einfach als Teilnehmer hinzugezogen wurden.
Aber auch das regelmäßige Erscheinen von Mitteilungsblättern und Elternzeitschriften, die von qualifizierten und gut informierten Redakteuren und Korrespondenten veröffentlicht werden, haben ebenso wie Generalversammlungen und jährliche Kongresse der Elternverbände, an denen Vertreter der Schulbehörden und Ministerien teilzunehmen pflegen, dazu beigetragen, die Vorurteile, vorgefaßten Meinungen und Hintergedanken zu zerstreuen. Ein derartiges Mißtrauen ist zunächst fast zwangsläufig mit dem Entstehen von neuen Bewegungen auf nationaler Ebene verbunden, zumal wenn an ihrer Spitze hervorragende Persönlichkeiten stehen, die sich auf neue Einsichten der Psychologie und Pädagogik berufen.
Die Familien wollen dabei *weder ein ‚Kampfinstrument' noch ein Hindernis für die Bemühungen um eine Schulreform* sein, sondern *konstruktiv* auf allen Ebenen — d. h. auch auf nationaler Ebene — *kooperieren.* Ihr Anspruch auf Mitwirkung an der nationalen Schulpolitik wurde durch das Gesetz Nr. 64.1325 vom 26. 12. 1964 (veröffentlicht am 29. 12. 1964 im Journal Officiel) anerkannt. Vertretern der Elternverbände wurde dadurch der Zugang zum ‚Conseil supérieur de l'Education National' geöffnet. Dies ist der höchste nationale Bildungsausschuß, der den Minister berät.
Damit ist der Entwicklungsstand skizziert, der im *Mai 1968 bei Ausbruch der Staatskrise* bestand. Bei jenen Auseinandersetzungen haben jedoch weder die Lehrer- noch die Elternverbände wirksam eingegriffen. Vielmehr erwies sich ein Elternverband nach dem anderen als innerlich gespalten. Ihre zögernden Mitteilungen wurden von der Revolte überrollt. Sie aber wurde von jungen Leuten getragen, die teilweise bereits juristisch und moralisch volljährig, ‚erwachsen' waren, teilweise einen Anspruch darauf erhoben, ohne es zu sein, und die vielfach nur die Älteren in ihrem brutalen Willen nach Unabhängigkeit nachahmten.
Kaum hatten sich die Unruhen gelegt, da machte die *Regierung* den Eltern ein begeistert aufgenommenes *Angebot zu einer echten Mitbestimmung.* Den ganzen Sommer und Herbst 1968 über wirkten die Elternverbände offiziell in Kommissionen und öffentlichen Debatten mit, in denen sie in einem zunächst recht mühsamen Rhythmus mit Vertretern der Lehrer, Techniker und der Schulverwaltung zusammentrafen. Immerhin bemüht man sich in einem aufgeschlossenen Klima recht intensiv um die verwirrende Vielfalt der pädagogischen Probleme. Und zwar wurde diskutiert: über Lehr- und Stundenpläne, eine pädagogische Erneuerung und die Lehrerbildung, über Lerngeräte, den Schülertransport, die Ferien- und Freizeitorganisation sowie über Noten, Prüfungen und Zeugnisse und schließlich über Disziplin und Selbstdisziplin.

Nachdem die Mitbestimmung der Eltern damit in den bildungspolitischen Spitzengremien wie nie zuvor verankert war, mußte sie sich auch an der Basis, d. h. in der einzelnen Schule, durchsetzen. Im November 1968 erschienen die ersten Gesetze, die die Elternräte an den staatlichen Sekundarschulen betrafen. Ihnen folgten im Juni 1969 weniger entschiedene Eingriffe für die Grundschule, die aber im Vergleich zu dem bisher Üblichen ebenso kühn waren.

Die Situation an der Sekundarschule (Von der sechsten Klasse bis zum Baccalaureat)

An allen öffentlichen Sekundarschulen setzt sich der *Schulverwaltungsrat* (‚Conseil d'Administration') aufgrund der gesetzlichen Bestimmung aus folgenden Gruppen zusammen:

— zu einem Sechstel aus Vertretern der Schulverwaltung
— zu zwei Sechsteln aus gewählten Vertretern des Lehrkörpers
— zu einem Sechstel aus gewählten Vertretern der Eltern
— zu einem Sechstel aus Schülern der Oberstufe, während die Schüler der Mittelstufe (‚premier cycle') noch durch die Eltern vertreten werden
— zu einem Sechstel aus Persönlichkeiten, die an der Tätigkeit der Schule interessiert sind: und zwar ständig der Vertreter der Gemeinde oder hinzugewählte Vertreter.

Der Verwaltungsrat, der mindestens einmal im Trimester zusammentreten muß, hat bedeutende Aufgaben:

> „Er übt seine Funktionen auf allen Gebieten aus, die das pädagogische, moralische, finanzielle und materielle Leben der Schule betreffen bzw. einen Einfluß auf die Entwicklung des Schullebens haben" (1. Absatz, Artikel 6 des Dekrets 68—968).

Der Schulverwaltungsrat stimmt dementsprechend über das Budget ab und prüft die Rechnungslegung. Dennoch sollte man sich angesichts dieser Formulierungen über die tatsächlichen Möglichkeiten des Rats — vor allem hinsichtlich seiner finanziellen Befugnisse — nicht täuschen; denn letztlich hängt doch alles von der Zentrale ab. Hier muß man sich vergegenwärtigen, daß in Frankreich eine ziemlich starke Ausrichtung des Schulleiters auf den Schulaufsichtsbeamten im Departement (es gibt einen für jedes Departement), des Schulaufsichtsbeamten auf den Rektor der Universität (es gibt siebzehn Hochschulbereiche) und der Rektoren auf den Minister besteht. Aufgrund dieser Ausrichtung wird erreicht, daß im ganzen Land das Bildungswesen einheitlich strukturiert ist. Z. B. sind das Schuljahr, die Lehrpläne, der Fortgang des Unterrichts, die Stundenpläne und die Examina im ganzen Land gleich. Sie gelten gleichermaßen für die Privat- wie die Staats-Schulen. Selbst die Unterrichtsmethoden des Oberschulwesens (‚du second degré') waren lange Zeit von der ‚Inspection générale' — und die Methoden der Grundschule von den ‚Inspections primaires ou académiques' abhängig, die weder dem Gymnasial- noch dem Volksschullehrer viel Phantasie bei der Unterrichtsgestaltung erlaubten.

Auch heute geht diese *verwaltungsmäßige und pädagogische Zentralisierung* noch sehr weit. Der Lehrkörper wird weiterhin vom Staat bezahlt, und praktisch kann ohne ministerielle Zustimmung keine neue Stelle geschaffen werden. Ferner sind die Gymnasien und die meisten höheren Lehranstalten staatlich, nur die Grundschulen bleiben den Gemeinden anvertraut. Diese unterscheiden sich mithin grundlegend von den deutschen, zu denen manche französische Politiker hinneigen. Wenn man sich diesen Zentralismus vergegenwärtigt hat, wird man erst richtig erkennen, welch revolutionärer Schritt es ist, den Eltern die Möglichkeit zu geben, das Leben in der Schule umzuformen. Und zwar dürfen sie für die Schule eine Schulstruktur, „eine schlichte, helle, luftige, gesunde, den Aufgaben entsprechende, schützende (denken wir an die Garderoben, Toiletten und Fahrradabstellräume) und erzieherische ‚Architektur' erträumen". Sie dürfen eine Erziehung anstreben, die die Schüler in eine angenehm einladende Umwelt versetzt, den Lehrern Arbeitsbedingungen bietet, die sie vorher nicht kannten, und die schließlich auch den Eltern gestattet, durch das Schultor an der Wache vorbei in freundliche und ruhige Säle einzutreten. Eine Struktur also, die dem Erwachsenen wie dem Schüler ein Gefühl von Ruhe und Frieden vermittelt, die zum Studium günstig sind.'
In der hier beschriebenen neuen Schulstruktur und den daraus folgenden Konsequenzen muß man die wirkliche Bedeutung des analysierten Gesetzes von 1968 (Artikel 6, Absatz 1) sehen.
Eine Vertretung der Eltern ist auch in der *ständigen Kommission* (so wird der Verwaltungsrat kurz bezeichnet) vorgesehen. Und zwar sollen Eltern gegenüber Lehrern im Verhältnis zwei zu vier vertreten sein. Die ständige Kommission ist ein neu geschaffenes Gremium, das den Schulleiter ‚bei allen Problemen berät, die er der Kommission vorträgt oder die nach seiner eigenen Auffassung diskutiert werden sollten'. Außerordentlich bedeutsam ist daran, daß dieses Gremium im Rahmen der Befugnisse des Schulverwaltungsrats rechtskräftig entscheiden kann. Dasselbe gilt für die Entscheidungen des *Disziplinarrats* (‚Conseil de Discipline'), der je nach Schwere der Vergehen Sanktionen aussprechen kann, die von der Verwarnung bis zum Ausschluß aus der Schule reichen. Vor allem kommt der Elternmitwirkung aber in den *Klassenräten* (‚Conseils de Classe') große Bedeutung zu. Hier können sie eine nützliche Aktivität entfalten und in großem Maße dazu beitragen, die Spannungen zwischen Lehrern und Schülern zu verringern. Sie gelten in gleicher Weise wie die Sprecher der Schülerschaft als Vertreter der Schüler.
Diese bewußt summarische Beschreibung der Elternvertretung betrifft ein Drittel, wenn nicht sogar die Hälfte aller schulpflichtigen Kinder, nämlich die Oberschüler. Auf Studenten, die keiner ‚Bevormundung' durch Elternvertreter mehr bedürfen, findet sie keine Anwendung. Die Beziehungen der Eltern zur Vor- und Primar-Schule aber sind gesondert geregelt. In der Primarschule, in der heute etwa

vier Millionen Kinder im Alter von sechs bis elf Jahren unterrichtet werden, bestand vor 1948 eine große Kluft zwischen Lehrern und Eltern. Seitdem ist aber auch hier ein erheblicher Wandel eingetreten.

Vorschule und Primarschule (Von dem Vorbereitungskurs bis zur sechsten Klasse, Alter 6—11 Jahre)

Seit der Gründung der ,Conseils de parents d'élève autour de l'Ecole publique' haben sich die Dinge verändert. Diese Elternräte haben sich regional auf Ebene der Departments zusammengeschlossen, und die Regionalverbände werden ihrerseits auf nationaler Ebene durch die (bereits erwähnte) ,Fédération Cornec' vertreten.

Diese *Elternräte der Vor- und Primarschulen* befinden sich in voller Entwicklung. In einem ministeriellen Rundschreiben vom 4. Juni 1969 wurde vorgeschlagen, die elterliche Mitbestimmung in diesen Schulen nach dem Vorbild der Sekundarschulen zu organisieren. Und zwar ermächtigte jenes Rundschreiben die ,Inspecteurs d'académie', in den Vor- und Primarschulen einen Schulrat (,Conseil de l'école') zu gründen, wenn der Schulleiter und Lehrerrat das wünschten. In dem Schulrat sollten dann vertreten sein: der Inspekteur des Departements als Vorsitzender, der Direktor der Schule, ein oder zwei Vertreter der Gemeinde-Vertretung und der Delegierte des Kantons sowie je sechs Vertreter der Lehrerschaft und Eltern. Hinzutreten können dann noch: ein Vertreter der Schulklassen, ein Vertreter der nichtkirchlichen und außerschulischen Einrichtungen, zwei Vertreter der Schüler, darunter der Vorsitzende der ,Coopérative scolaire'. Die Elternvertreter werden anteilmäßig dazu gewählt.

Dieser Schulrat soll dann zwei- oder dreimal im Jahr zusammentreten. Zu seinen Aufgaben gehören drei Bereiche: Erstens soll er Gelegenheit zur Begegnung und zur besseren Information über pädagogische Probleme bieten. Zweitens soll er sich zu Fragen der Schulorganisation und vor allem über folgende Aspekte äußern:

— die besonderen Probleme, die sich aus dem lokalen Milieu für die Schule ergeben;
— über die zeitweilige Klassenverlegung in die Berge, zum Meer oder auf das Land;
— über die Organisation von Festen, Schulentlassungen und Schulreisen;
— die Beschäftigung von Schülern nach und neben der Schule;
— die Beförderung der Schüler;
— die Organisation der Schulküche und Beaufsichtigung von Schülern während der Mahlzeiten;
— ferner über Hygiene in der Schule, Ernährung und Impfung,
— die Benutzung von Schulräumen außerhalb des Unterrichts

(Diese neuartige Maßnahme zielt darauf ab, die Gemeindeschule zum Mittelpunkt einer ständigen Erziehung und zum Kulturzentrum zu machen).

Drittens schließlich kann der ,Conseil de l'école' auch Vorstellungen über jene Bereiche der Schulorganisation entwickeln, „die offenkundig in der Verantwortung der Gemeindeverwaltung bleiben".

Es war vorgesehen, diese ‚Schulräte' auf Initiative der Lehrkörper hin im Schuljahr 1969/70 zu verwirklichen. Die Räte sollten zunächst experimentellen Charakter haben. Die Experimente will man begutachten lassen und anhand der Gutachten dann Gesetze entwickeln, die eine allgemeine Einführung von ‚Schulräten' ermöglichen.

Die gegenwärtige Situation

Nach der Beschreibung der Elternverbände und jener Gesetze, die ihre Aktivität an den Schulen regelt, ergibt sich jetzt die Aufgabe, die tatsächliche Kooperation und Funktionsfähigkeit der Verbände zu analysieren.
Da die gewaltigen Mitgliederzahlen dieser Verbände tatsächlich ‚pressure groups' entstehen lassen, die entscheidenden Einfluß auf die Schulpolitik ausüben können, und da die elterliche Mitwirkung an der Organisation und am Leben der Schule offiziell anerkannt ist, müssen die weltanschaulichen Unterschiede der Elternvereinigungen an sich zu Spannungen führen, die ihre Wirksamkeit und Arbeit an der Schule beeinträchtigen. Und zwar geht es hier um die unterschiedlichen Auffassungen: einerseits von drei Verbänden, die ihre vollständige politische Unabhängigkeit erklärt haben: Armand, Hennequet und Demaret, und andererseits des Verbands Cornec, von dessen kämpferischer Haltung bereits gesprochen wurde.
Gewiß verstehen Eltern, die an der Basis mitarbeiten, die Streitigkeiten der nationalen Verbände und ihre philosophischen Meinungsverschiedenheiten kaum. Sie interessieren sich deshalb für die Auseinandersetzungen nur bedingt, halten sie allgemein für unfruchtbar und würden gemeinsame Aktionen aller Verbände zugunsten ganz konkreter Aufgaben vorziehen. Weil die jeweiligen Verbandsorganisationen aber nicht wollen, daß man von derart gemeinsamen Aktionen spricht, entsteht eine große Verwirrung. Wenn Eltern aber die Verbandsunterschiede nicht verstehen, können sie damit auch keine bewußte Wahl treffen. Sie treten dann einfach dem Verband bei, der sich gerade anbietet. Dagegen geraten Eltern, die pflichtbewußt sind und ihre Verantwortung der Schule gegenüber sehr ernst nehmen, bei den Wahlen zu den Elternvertretungen in all diese Divergenzen und Spannungen hinein. Wie sie dabei in aktuelle politische Auseinandersetzungen hineingezogen werden, zeigt folgendes Beispiel:

Die ‚Fédération Cornec', die, wie erwähnt, Gründungsmitglied des ‚Comité National d'Action Laïque' war, hat entschlossen erklärt, daß sie gemeinsam mit den politisch links stehenden Gewerkschaften, ferner mit der ‚Fédération de l'Education Nationale' und vor allem mit dem ‚Syndicat National des Instituteurs', kämpfen werde für die *Verstaatlichung der Erziehung.* Diese Ankündigung stellte die ‚Fédération Cornec' unter Beweis, als sie zur Unterstützung des Lehrerstreiks auch Streiks der Eltern veranlaßte. Im Unterschied zur ‚Fédération Cornec‘ war die ‚Fédération Armand‘ nicht für einen Streik, weil er im Widerspruch zu den direkten Interessen der Schüler stehe. Aus ähnlichen Motiven widersetzten sich auch die Verbände ‚Demaret‘ und ‚Hennequet‘ dem Streik.

Wie sich die jüngsten Ereignisse auf die Mitgliederzahlen der Verbände auswirken, ist zur Zeit noch nicht abzusehen. Zwar haben zu Beginn des neuen Schuljahrs 1970/71 zum zweitenmal Elternratswahlen in den Sekundarschulen stattgefunden. Um Eltern „eine absolut neutrale Information zu bieten“, war vorher durch einen Erlaß verfügt worden, daß die Namen und Adressen aller wahlberechtigten Eltern in einer Wahlliste zusammengestellt und den Elternvereinigungen zur Verfügung gestellt werden sollten. Als Wahlkandidaten durften schließlich nicht nur Mitglieder der Elternverbände präsentiert werden, sondern es konnten auch Eltern, die keinem Verband angehörten, eine Kandidatenliste (wenn auch eine unvollständige) aufstellen. Die Ergebnisse dieser Wahlen liegen z. Z. noch nicht vor. Die Bearbeitung wird sich eventuell ähnlich lange wie bei den Wahlen 1969/70 hinziehen. Auch damals erschienen die endgültigen Ergebnisse erst am Ende des Jahres. Immerhin ist bereits so viel bekannt, daß nicht mehr als 38 % der Eltern gewählt haben, daß die ‚Fédération Cornec‘ ca. die Hälfte aller Stimmen und die ‚Fédération Armand‘ etwa ein Viertel gewonnen hat. Auf die anderen Verbände verteilen sich die übrigen Stimmen bis auf 3 %, die für Elternvertretungen abgegeben wurden, die keinem Verband angehören.
Eine genauere Untersuchung der Ergebnisse mag für die Leser uninteressant sein, die wahrscheinlich denken, daß hier erst Anfänge sichtbar werden, die zu großen Hoffnungen berechtigen. Zugleich aber wird man angesichts des abgegebenen Stimmenanteils realistisch erkennen, daß eine Erneuerung der Schulstruktur nicht verwirklicht werden kann, solange es nicht zu einem größeren Wandel in der Mentalität der Beteiligten gekommen ist. Zwar besteht zwischen Eltern und Schule kein absoluter Gegensatz mehr, aber man ist noch nicht zu einer engagierten Zusammenarbeit vorgedrungen, die gleichzeitig gefühlsmäßig bejaht, aus Einsicht befürwortet und durch persönlichen Einsatz getragen werden muß.
Die intensivste Kooperation müßte sich nach meiner Ansicht in der Klasse abspielen, d. h. zwischen den Eltern von Pierre und Paul und ihren Lehrern. Dabei sollten die Spezialisten, die diese Eltern und Lehrer umgeben, ebenso wie diesen dem Schüler zur Verfügung stehen und ihn dabei schon jetzt als den ‚Erwachsenen‘ behandeln, der er werden muß. Hier geht es letztlich um einen Dialog zwischen dem ernst genommenen Schüler auf der einen Seite und der kooperativ abgestimmten Gruppe der Erziehenden auf der anderen Seite. Diesen Dialog sollte man jetzt beginnen und nicht mehr abreißen lassen. Ein derartiger Dialog erfordert nach meiner eigenen Erfahrung wie auch nach der meiner Kollegen eine entscheidende Verän-

derung. Seit ich als Gast oder Leiter an Elternzusammenkünften, sei es auf Klassen- oder Schulebene, teilgenommen habe, habe ich oft ein Unbehagen gehabt, wenn wir von den Kindern, den Heranwachsenden oder von unseren großen Jungen und Mädchen sprachen, ohne daß sie dabei waren. Und zwar erscheint mir daran problematisch: einmal, daß wir uns in unserem Bereich als Erwachsene isolieren, zum anderen, daß wir dadurch den Anschein einer Verschwörung erwecken und so das Vertrauen der Kinder erschüttern. Deshalb müßten sie meiner Ansicht nach beteiligt werden. Sie sollten aber nicht nur in der Schulorganisation vertreten sein, sondern auch im Leben der Klasse mitwirken, d. h. bei der Wahl der Arbeit, bei der Durchsetzung der Disziplin, bei der Bewertung ihrer Anstrengungen, und schließlich sollten wir sie an unseren Beziehungen zur Verwaltung und zu ihren Eltern beteiligen. Wir, das heißt die Gruppe der Sekundarschullehrer. Wir gingen so weit, ihnen bereits vor dem Eintritt in die Schule ein Rundschreiben zuzuschicken, das sie über die Vorschriften und Stundenpläne ebenso informierte wie über die Studien, die sie betreiben sollten. Außerdem gab das Rundschreiben über viele materielle Fragen Auskunft, die den zehn- bis zwölfjährigen Kindern Sorge bereiten. Im Laufe des Schuljahres haben sie auch an unseren Elternkreisen und Klassenräten teilgenommen. Das Ergebnis war außergewöhnlich: weil sie als Erwachsene behandelt wurden, reagierten sie auch wie Erwachsene. Und zwar war die Schule speziell für Schüler mit Charakter, aber auch für die weniger Intelligenten und für die Starrköpfe zu ihrer eigenen Sache, zu ihrem eigenen Unternehmen geworden.

Allgemein ist für die französischen Verhältnisse bisher bezeichnend, daß man unter dem Druck der Ereignisse begann, dies System mit Erlassen und Empfehlungen offiziell einzuführen, daß der kooperative Geist aber noch fehlt. Warum? Weil viele Lehrer und Eltern nicht über Absichtserklärungen hinausgehen wollen. Sie sind nicht bereit, die entsprechenden Verpflichtungen zu übernehmen, die sich aus den Reformen ergeben. Noch sind sie nicht bis zum eigentlichen Grund — zum Verständnis dessen, was Erziehung heute sein muß — vorgedrungen. Deshalb sind sie nicht bereit, einsichtsvoll und großzügig die notwendige Entwicklung zu akzeptieren.

Ein weiteres Hindernis für eine schnelle Verwirklichung der Reformvorschläge bestand darin, daß die Schüler nicht auf das vorbereitet waren, was sie anspruchsvoll Mitbestimmung nennen. Erst allmählich hat sich deshalb die Einsicht durchgesetzt, daß es sich bei einer Zusammenarbeit und Mitbestimmung grundsätzlich zunächst um eine *gemeinsame Verantwortung* handelt und erst dann um eine Verantwortung für sich selbst und für das eigene Geschick. Zu einer entsprechenden Mitbestimmung und Selbstbestimmung aber waren die Schüler nicht erzogen. Eine derartige *Erziehung zur Freiheit durch die Freiheit* aber muß zu jeder Zeit und an jedem Ort, im Eltern-

haus, auf der Straße und in der Klasse, in der Vorschule und in der Primarschule angelegt werden, damit es in der Sekundarschule zur gewünschten Kooperation kommt. Wenn man in den Oberschulklassen dagegen unvorbereitet und aus dem Stegreif durch eine Bestimmung verordnet, was man „Disziplin aus freiwilliger Zustimmung“ nennt (‚une discipline librement consentie‘), so ist das ein pädagogischer Unsinn. Diese Selbstorganisation einzuführen, ohne daß die Erzieher sich frei gemacht haben von ihrer traditionellen Haltung und ihren pädagogischen Stereotypen, ist ein fast noch verhängnisvollerer Fehler. Denn die Erzieher setzen zuviel Vertrauen in ihr erworbenes und eingetrichtertes Wissen, in ihre Eingebungen und ihre Erleuchtungen, um die neue Erziehung zu erdenken und zu verwirklichen, von der man in Frankreich seit langem geträumt hat und noch immer träumt. — Damit hoffe ich, zumindest eine Teilantwort aus der Sicht eines Lehrers an die Eltern seiner Schüler gegeben zu haben, die zeigt, wo die Voraussetzungen für eine Kooperation in der Schule liegen.
Viele Lehrer denken ähnlich wie ich, daß Elternvertretungen an einem Gymnasium X oder einer Schule Y notwendig und vorteilhaft sind, wie immer der Verband heißt, dem sie sich anschließen. Ferner sind Lehrer allgemein der Ansicht, daß für Pierre und Paul die Klasse als soziale Einheit, als menschliche Gruppe, die ihr eigenes Leben hat und die ihre Väter und Mütter direkt tangiert, die unmittelbarste und größte Bedeutung hat. Deshalb sind sie vielfach ebenso wie die Eltern der Auffassung, daß eine Neubelebung des Schulsystems von der Basis ausgehen muß. Hier kann es am ehesten zu einer leidenschaftslosen und ehrlichen Belebung der Beziehungen ohne politische Kompromisse und ohne Schlacken kommen.
Die bisher gezogene Bilanz wäre jedoch unvollständig, wenn nicht noch die nützliche Aktivität erwähnt würde, die neben der Schule und parallel zu den Elternvereinigungen von den *Familienorganisationen* ausgeht. Ihre Aufgaben erstrecken sich auf alle Gebiete des Familienlebens, mithin auf die „allgemeine Verteidigung seiner materiellen und moralischen Rechte“.
In Frankreich gehören etwa 500.000 Familien lokalen Familienvereinen an. Diese Lokalvereinigungen haben sich einerseits gemäß ihrer jeweiligen Weltanschauung in nationalen Bewegungen zusammengeschlossen, andererseits aber werden sie auf der Ebene der Departements durch Unionen vertreten, die wiederum Mitglieder der ‚Union Nationale des Associations Familiales‘ sind.

Die *‚Union Nationale des Associations Familiales‘* (U.N.A.F.) ist — wie alle Elternverbände — eine private Vereinigung. Trotzdem erhielt sie im März 1945 durch eine vom damaligen Regierungschef, General de Gaulle, unterschriebene Anweisung das Recht, alle Familien des Landes gegenüber den staatlichen Stellen zu vertreten. So ist ihr eine wirklich institutionalisierte Aufgabe im Unterschied zu anderen Verbänden anvertraut. Zu ihrem Funktions- und

Kompetenzbereich gehören u. a. allgemeine Probleme der Erziehung, des Unterrichts sowie des Arbeitseinsatzes von jungen Menschen. In diesem Aufgabenbereich hat die U.N.A.F. — ohne daß ihr damit größere Bedeutung als den Elternvereinigungen zuerkannt oder die wechselseitige Anregung zwischen diesen Organisationen in Abrede gestellt werden soll — schon dadurch Außerordentliches bewirkt, daß sie die Familien zu Diskussionen über Schul- und Erziehungsfragen zusammenführte.

Auch hat die U.N.A.F. genaue Untersuchungen veranlaßt über:

- die Ferien und die Einteilung des Schuljahrs;
- die Studentenhilfe für die Schüler und die Unterrichtsreformen;
- die Kosten der Erziehung und die Verlängerung der Schulpflicht;
- die Kosten eines unentgeltlichen Unterrichts, wie er von der ‚Confédération syndicale des Familles' gefordert wird;
- die Beschäftigung junger Menschen von 14—20 Jahren.

In diesen Studien wurden die materiellen Schwierigkeiten, denen sich die Familien gegenüber sehen, klar analysiert und wurden Ansätze erarbeitet, die zu deren Überwindung beitragen können.

Sodann ist die U.N.A.F. neben den anderen Elternverbänden auch im ‚Conseil Supérieur de l'Education Nationale' vertreten, und sie hat an allen Sitzungen der nationalen Erziehungskommission (‚Education Nationale') anläßlich des 5. und 6. Planes teilgenommen. Aber auch in der bewegten Zeit von 1968 wirkte sie in diesem Gremium mit.

Bereits vor der Krise hatte sie ein bedeutendes Dokument über die Mittelschule veröffentlicht. Darin wurden Reformen angeregt, die inzwischen wenigstens dem Prinzip nach akzeptiert sind. Empfohlen wurde: eine Mitwirkung der Eltern am Leben der Schule, eine Einteilung der Schüler in Niveaugruppen, eine ständige Schülerberatung und viele andere pädagogische Neuerungen.

Diese Tätigkeit der Familienorganisationen hat die Aktivität der Elternvereinigungen an den einzelnen Schulen keineswegs beeinträchtigt, wie man leicht zeigen könnte. Vielmehr haben die Familienorganisationen z. B. entscheidend zur Entwicklung des Schülertransports beigetragen, der mit dem Ausbau des Sekundarunterrichts notwendig wurde. Der Schülertransport, der erst nach 1950 entstand, macht über 20.000 Schulbezirke für 35.000 Gemeinden zugänglich.

Nachdem damit auf lokale und nationale Bemühungen der Familienvereine hingewiesen ist, sollen nun auch die besonders verdienstvollen Initiativen beschrieben werden, denen der Staat noch stärkere Unterstützung gewähren sollte.

Zum einen ist von jenen 496 ‚Familienheimen zur Erziehung und Beratung von Landkindern' (‚Maisons familiales d'éducation et orientation rurales') zu berichten, die durch 65 Institute unterstützt werden. In völliger Eigenverantwortung betreuen diese Familien 35.000 Schüler während ihrer Schulpflicht. Sie vermitteln eine landwirtschaftliche

und vielseitige Ausbildung und wollen ausgeglichene Männer und Frauen auf ihren Beruf vorbereiten.
Zweitens hat die ‚Confédération Syndicale de Familles de milieu populaire' die ‚Ecole et Famille' als eine juristisch selbständige Organisation gegründet. Deren Ziele sind:

— die spezielle Förderung von nicht mitgekommenen Schülern, damit sie wieder den Anschluß finden;
— die Entwicklung von Elternbildungskursen, damit die Eltern ihren Kindern besser helfen können;
— die Entwicklung einer gegenseitigen Schulhilfe, die von den Schülern in den Familien in Form von Gruppenarbeit organisiert wird. Das ist zweifellos ein großartiges Beispiel.

Drittens soll noch auf ein herausragendes Beispiel sozialer Solidarität hingewiesen werden, auf die ‚Associations de Parents d'Infirmes Mentaux' (A.P.E.I.). Dabei geht es um 300 Vereinigungen von Eltern mit lernbehinderten Kindern. Diese Eltern haben in zehn Jahren etwa 500 Lehranstalten für Kinder gegründet, die einen unter 0.65 liegenden Intelligenzquotienten haben. Selbstverständlich werden die Einrichtungen, die etwa 20.000 Plätze haben, mit öffentlichen Mitteln finanziert, doch die Familien haben einen erheblichen Finanzierungsbeitrag geleistet.
Um bei der Berichterstattung wenigstens ungefähr vollständig zu sein, muß zumindest noch mit ein paar Einzelbeispielen auf die fast täglichen *Aktivitäten von Eltern* hingewiesen werden, die sich auf die *Klasse oder Schule* ihres Kindes beziehen.
In einem großen Gymnasium in der Nähe von Paris lösen sich Mütter z. B. bei der Aufsicht in den Speisesälen ab und sorgen hier für Ordnung und gutes Benehmen. Anderenorts haben Väter und Mütter zusammen mit Lehrern Studienkreise gebildet, in denen sie in Gegenwart der älteren Schüler die schwierigen Probleme der geschlechtlichen Aufklärung erörtern. Auch kenne ich ein Gymnasium, an dem Lehrer noch vor dem Schulbeginn im Oktober die Eltern einladen, damit man sich gegenseitig kennenlernt. Man trifft sich in dem Klassenzimmer, in dem das Kind das Schuljahr verbringen wird. Dort erläutern die Lehrer die Lehrpläne und vorgesehenen Methoden und diskutieren über die allgemeine Disziplin und die konkreten Probleme ihrer Schüler. Im zweiten Trimester (in Frankreich hat das Schuljahr drei Trimester) beginnt man mit einer Analyse der Klassenverhältnisse, bestimmt den Leistungsdurchschnitt der Klasse (Klassenprofil), faßt die Schüler (ohne ihre Namen zu nennen) in Leistungsgruppen zusammen und legt die Ursachen dar für ihre mangelnden Leistungen im Rahmen der Klasse. Während des letzten Trimesters zeichnet sich nach einer weiteren Zusammenkunft mit den Eltern allmählich die Zukunft der Klasse ab. Denn in persönlichen Aussprachen wird jetzt die Situation des einzelnen Schülers besprochen und über Folgerungen beraten, wenn nicht entschieden.

Diese in Versuchsklassen erprobte Form, die mit gewissen Abänderungen hier und dort aufgenommen wurde, ist keineswegs gesetzlich vorgeschrieben. Dennoch haben die beteiligten Eltern, Väter wie Mütter, sie begeistert gebilligt. Die Klassentreffen wurden eifrig besucht und sie verminderten keineswegs die persönlichen Kontakte. Vielmehr entstanden um das Kind, mit dem Kind und für das Kind Beziehungen zwischen Eltern und Lehrern, die sich als außergewöhnlich fest erwiesen und manchmal zu Freundschaften führten.
Damit kann ich den Überblick, um den man mich gebeten hat, abschließen. Daraus Schlüsse zu ziehen, steht mir nicht zu. Ein Urteil soll vielmehr der Leser fällen, und zwar im Zusammenhang mit den Entwicklungen in seinem Lande und aufgrund seiner Vorstellung von Erziehung. Angemerkt sei lediglich: falls die Einleitung eine Erfolgsmeldung anzukündigen schien — so wissen wir doch nur zu gut, daß wir noch weit davon entfernt sind.
‚Die Erziehung ist wirklich', wie der Generaldirektor der UNESCO, Herr Maheux, am 1. Januar 1970 erklärt hat, ‚ein Gegenstand, der in seinen Formen und seinem Inhalt nach ernstlich in Frage gestellt wird'.
Die Erziehung kann die zukünftige Gesellschaft nicht mehr — wie es früher z. T. noch möglich war — nach einem strukturell festgelegten Vorbild, bzw. nach momentanen Bedürfnissen oder Ideen formen; d. h. sie darf junge Menschen nicht mehr auf bestimmte Lebensformen festlegen.
Ist diese Einsicht inzwischen auch vielen Menschen selbstverständlich geworden, fordert sie dennoch von Eltern und Lehrern ein neues und revolutionäres Verständnis ihrer Aufgabe.
Erziehen heißt nicht, als Künstler einer dumpfen Materie Leben zu vermitteln, und nicht, als Gärtner die Apfel- und Birnbäume zu veredeln, sondern erziehen heißt, die profunden Fähigkeiten des jungen Menschen zur Entwicklung kommen zu lassen und ihm zu helfen, zu dem zu werden, der er sein will und sein kann; das aber bedeutet, die freie und bewußte Entfaltung seiner Persönlichkeit zu fördern.
Angesichts dieses Ziels dürfen sich Eltern und Lehrer aber nicht damit begnügen, Inhalte, Programme, Strukturen und materielle wie pädagogische Bedingungen zu diskutieren, vielmehr fordert jene Erziehung von ihnen darüber hinaus sowohl eine neue Besinnung auf das Ziel ihrer Tätigkeit als auch die tiefe Überzeugung, daß es um die Würde des Menschen geht. Ohne diese vom Gewissen bestimmte Haltung blieben wir oberflächlich, oft negativ und ohne Kooperationsbereitschaft bei der Erziehungsaufgabe. Auf der einen Seite stünden dann die ‚Guten', auf der anderen die ‚Bösen', hier die Erfolgreichen und dort jene, denen alles mißlingt. Und gerade heute hat doch jeder Mensch den berechtigten Anspruch, sich in seinem Sein zu bestätigen.
Ohne übereilte Verallgemeinerungen anzustreben, drängt sich insgesamt doch der Eindruck auf, daß die gesellschaftlichen Gruppie-

rungen um die Schule in vielen Ländern in eine heilsame Unruhe geraten sind, die eventuell eine gerechtere Bewertung und mehr gegenseitiges Verständnis der verschiedenen Generationen ermöglichen wird — und zwar der Generation, die abtritt, und der Generation, die aufsteigt.

Familienverbände, die an Problemen des Unterrichts interessiert sind

Association Française pour le développement du ramassage scolaire
4, Cité de Londres — Paris 9 — Tél. Tri. 93.43.
Ecole des Parents et des Educateurs.
4, rue Brunel — Paris 17 — Tél. Gal. 29.00.
Défense de la Jeunesse Scolaire et Universitaire.
14, rue de l'Abbé-de-l'Epée — Paris 5 — Tél. Med. 92.12.

Statistische Zahlen

Frankreich hat etwa 50 Millionen Einwohner.
Die Zahl der Kinder eines Jahrgangs beträgt 800.000.

Schulpflichtige Kinder: (1969—1970)	Staatlicher Unterricht	Privater Unterricht
Vorschule	1.794.249	321.627
Cycle élémentaire (6—11 Jahre)	4.322.296	697.541
1 Cycle	2.119.231	499.480
2 Cycle court (11—16 Jahre)	487.609	176.218
2 Cycle long	626.890	184.598
Sonderschulen	173.764	24.121
	9.524.039	1.903.585

Die Zahlen stammen von dem „Service Central des Statistiques et de conjoncture" — 58, Boulevard du Lycée — 92 VANVES.
Zahl der Eltern, die an Elternverbänden interessiert sind: 11.500.000
Zahl der Familien mit Kindern: 6 Millionen
Zahl der Familien mit 1 oder 2 Kindern 4.500.000

Elternverbände

Staatliche Schule

Fédération nationale des parents d'élèves de l'enseignement public (Armand)
91, Boulevard Berthier — Paris 17 — Tél. 755-63-20.
Fédération des conseils de parents d'élèves des écoles publiques (Cornec)
22, rue Notre-Dame-de-Lorette — Paris 9 — Tél. 878.71.21.
Fédération Nationale des associations de parents d'élèves de l'enseignement public, général, technique et professionnel (Demaret)
5, rue d'Alsace — Paris 10 — Tél. 202.83.15.
Union Nationale des associations autonomes de parents d'élèves (Hennequet)
177, rue Saint-Jacques — Paris V — Tél. 326.78.81.

Private Schulen

Union nationale des associations de parents d'élèves de l'enseignement libre (abréviation courante A.P.E.L.)
277, rue Saint-Jacques — Paris V — Tél. 633.94.50.

Familienverbände, die an den Problemen der Schule interessiert sind

Union nationale des Associations Familiales (U.N.A.F.)
28, Place Saint-Georges — Paris 9 — Tél. Tru. 96.70 à 75.
Confédération nationale des Associations Familiales catholiques
28, Place Saint-Georges — Paris 9 — Tél. Tru. 81.61.
Confédération nationale des Associations populaires familiales
15, rue Chabrol — Paris 10 — Tél. Tai. 57.54.
Confédération nationale de la Famille rurale
22, Boulevard de Latour-Maubourg — Paris 7 — Tél. Inv. 81.19.

Confédération syndicale des Familles
54, Boulevard Garibaldi — Paris 15 — Tél. Fon. 82.81.
Union Nationale des Associations de Parents d'Enfants Inadaptés (U.N.A.P.E.I.)
28, Place Saint Georges — Paris 9 — Tél. Tru. 53.62.

Allgemeine Richtlinien und Vorschriften über die Elternverbände an staatlichen Schulen.

I Sekundar- und technische Erziehung

Ministerielles Rundschreiben (‚Circulaire Ministerielle') vom 19. Okt. 1932

Es fordert zur Bildung von Elternvereinigungen auf und bittet die Schulleiter, behilflich zu sein bei der Gewinnung neuer Mitglieder.

Rundschreiben vom 21. Nov. 1932

Es wendet sich an die Leiter der höheren Schulen und betont das Interesse an einer Zusammenarbeit mit den Gruppen.

Rundschreiben vom 14. Aug. 1942

Es empfiehlt, die Stundenpläne in Übereinstimmung mit den Elternverbänden festzulegen und deren Vertreter in jene Kommissionen aufzunehmen, die die Kandidaten für Stipendien auswählen.

Rundschreiben vom 16. Juli 1948

Es fordert die Beachtung der Neutralität bei der Tätigkeit der Elternverbände.

Rundschreiben vom 16. Sept. 1949

Hier handelt es sich um eine Ausführungsbestimmung zur Anordnung vom 2. Mai 1945. Danach soll jeweils ein Mitglied der Elternvereinigungen in die Räte und Verwaltungsgremien der Sekundarschulen und besonders in die inneren Räte entsandt werden.

Anordnung vom 7. Nov. 1950

Es enthält genaue Anweisungen über die Zusammensetzung der Verwaltungsräte und regelt die Vertretung der Eltern.

Rundschreiben vom 28. Okt. 1960

Hier werden die Zusammenkünfte der Elternvereinigungen an den Schulen geregelt. Ergänzend dazu siehe: Rundschreiben vom 1. März 1962, vom 15. Sept. und 5. Okt. 1967.

Dekret n̊ 68-968 vom 8. Nov. 1968

Es bezieht sich auf die Räte an den öffentlichen Sekundarschulen und regelt die Mitwirkung der Elternvereinigungen im Verwaltungsrat, in der Ständigen Kommission, im ‚Conseil de discipline' und in den Klassenräten. Das Dekret wurde durch einen Erlaß ergänzt, dann durch das Dekret n̊ 69-845 vom 16. Sept. 1969 wesentlich verändert (B.O.E.N. n̊ 36-1969)

Rundschreiben n̊ 1-68-154 vom 19. Dez. 1968

Durch dieses Rundschreiben wird verfügt, daß Elternverbände grundsätzlich allen Eltern offenstehen müssen. (B.O.E.N. n̊ 46-1968)

Rundschreiben n̊ 69-130 vom 7. März 1969

Es regelt die Wahlen. (B.O.E.N. n̊ 26-1970)

II Grundschule

Durch ein Rundschreiben vom 27. Mai 1969 (im Bulletin Officiel am 5. Juni 1969) erklärt der Erziehungsminister seine Absicht, die für die Sekundarschulen getroffenen Regelungen auch auf die Primarschulen zu übertragen.

Bibliographie

Veröffentlichungen der Elternverbände

„La Voix des Parents" — 10 numéros par an —
91, Boulevard Berthier — Paris 17.
„Pour l'Enfant vers l'Homme" — 10 numéros par an —
22, rue Notre-Dame-de-Lorette — Paris 9.
„Parents d'Elèves" — bimestriel —
7, rue des Saints-Pères — Paris 6.
„Familles Educatrices" et Bulletin des Cercles de Famille —
10, rue Jean-Bart — Paris 6.

Spezielle Zeitschriften

„Parents et Maîtres" — 4 numéros par an —
Centre d'Etudes Pédagogiques
15, rue Louis David — Paris 16.
„L'Education", revue de l'Education Nationale — hebdomadaire —
Rédaction: 13, rue du Four — Paris 6.
„Cahiers Pédagogiques — 10 numéros par an —
13, rue du Four — Paris 6.
„Réalités Familiales" — N̊ 14, 15, 16, 21
U.N.A.F. — 28, Place Saint-Georges — Paris 9.
„L'Ecole des Parents — 10 numéros par an
4, rue Brunel — Paris 17.

Allgemeine Werke

Antoine Prost — „Histoire de l'Enseignement en France 1800—1867"
Armand Colin — Paris.
Robert Talmy — „Histoire du Mouvement Familial en France 1896—1939"
Union Nationale des Caisses d'Allocations Familiales.
Bataillon-Berge-Walter „Rebâtir l'Ecole"
Payot 1967 106 Boulevard Saint-Germain — Paris 7.
„La Famille usagère de l'Ecole" — Congrès de Reims 1952 —
Familles de France — 28, Place Saint-Georges — Paris 9.
Joseph Franceschi — „Les Groupes de pression dans la défense de l'Enseignement Public" —
Librairies Techniques — 28, Place Dauphine — Paris 1.

Elternhaus und Schule in den Niederlanden

In Holland wird den Beziehungen zwischen Elternhaus, Schule und sozialer Umwelt seit Mitte der sechziger Jahre größere Beachtung geschenkt. Öffentliche Resonanz hat die sozial- und bildungspolitische Diskussion seit 1970 gefunden, politische Durchschlagskraft hat sie bisher jedoch nicht erreicht. Im achtzigseitigen Bericht über die Parlamentsdebatte (,Tweede Kamer') zum Bildungsbudget 1971 sind dieser Thematik nur wenige Zeilen gewidmet, und auch die nur anläßlich eines lokalen Konflikts. Immerhin steht die Beratung eines *Gesetzentwurfs über den Grundschulunterricht* ('basisonderwijs') unmittelbar bevor. Die aus diesem Anlaß von den Spitzengremien der verschiedenen Verbände ausgearbeiteten Vorschläge, die dem Erziehungsministerium unterbreitet wurden, nehmen der vorgesehenen Regelung des Eltern-Schul-Kontaktes gegenüber recht kritisch Stellung. Es fragt sich allerdings, ob das Ministerium durch jene Kritik zu einer Änderung oder Ergänzung der betreffenden Gesetzesartikel veranlaßt werden kann. Das Ministerium wird vielmehr erst abzuschätzen suchen, inwieweit die Ergänzungsvorschläge tatsächlich den Auffassungen der breiten Bevölkerung entsprechen. Bevor es zu entscheidenden Veränderungen der Gesetzesvorlage kommt, sind wahrscheinlich noch Diskussionen auf breiter Ebene, ferner Massendemonstrationen und Aufklärungskampagnen (mit Hilfe breit gestreuter Informationsmaterialien) erforderlich.

Ist es aber überhaupt notwendig, den Beziehungen zwischen dem Elternhaus, der sozialen Umwelt und der Schule größere Aufmerksamkeit zu widmen? Bevor jedoch dargestellt wird, weshalb eine Zusammenarbeit zwischen den verschiedenen Erziehungsträgern unerläßlich ist, sollen verschiedene Ansichten über das Verhältnis von Elternhaus und Schule diskutiert und in historische Perspektive gerückt werden. Dabei wird sichtbar werden, daß sich die Auffassungen von der gesellschaftlichen Funktion des Unterrichtswesens je nach gesellschaftspolitischer Einstellung außerordentlich unterscheiden. Außerdem werden Zusammenhänge zwischen den Wirtschafts-, Sozial- und Bildungsstrukturen erkennbar werden, und schließlich wird sich zeigen, wie die bildungspolitischen Auffassungen durch die ,Versäulung'* beeinflußt sind. Sie erhalten gerade da-

* Als ,Versäulung' wird ein im öffentlichen Leben fest institutionalisiertes, durch alle Ebenen fortgesetztes Proporzdenken gekennzeichnet; vgl. S. 146.

durch ihr spezifisch holländisches Gepräge. Im Anschluß an diesen Bericht soll dann skizziert werden, wie in Holland die Eltern-Schul-Kontakte organisiert sind und welchen Einfluß die Elternorganisationen haben. Im Vordergrund der Betrachtung wird dabei das Volksschulwesen (‚lager onderwijs') und z. T. auch der Vorschulunterricht (‚kleuter onderwijs') stehen. Zum Abschluß soll auf mögliche Zukunftsentwicklungen hingewiesen werden.
Zugrunde gelegt wird das verfügbare veröffentlichte Material zu dieser Thematik, vor allem soweit es niederländischen Ursprungs ist. Noch ist es nicht sehr umfangreich, vielmehr sind die Beiträge der wissenschaftlichen Institute und pädagogischen Arbeitsstellen enttäuschend gering. Es scheint unter dem Druck der Öffentlichkeit, d. h. vor allem unter dem Einfluß von Eltern, Lehrern und Jugendlichen jedoch ein Wandel einzutreten.

Grundbedingungen der Kooperation (Forschungsbericht)

Die unterschiedlichen Auffassungen der Wissenschaftler über die Bedeutung, die einer engen Kooperation von Elternhaus, Schule und sozialer Umwelt (‚buurt') zukommt, gehen teilweise auf weltanschauliche Positionen, teilweise auf Sachüberlegungen zurück. Idenburg (1964) z. B. sieht allein schon in den steigenden Bildungsausgaben, die der Bevölkerung für den Ausbau des Bildungswesens abverlangt werden und die ihr verständlich gemacht werden müssen, einen wesentlichen Grund, weshalb die Schule mit den Eltern kooperieren muß.[1] Zwar können sich die Niederlande hinsichtlich der Gesamtausgaben für das Bildungswesen durchaus neben anderen Ländern sehen lassen, aber hinsichtlich des Anteils der Arbeiterkinder, die eine höhere Schule besuchen, fällt das Ergebnis doch wesentlich ungünstiger aus. Hier bedarf es noch eines intensiven Ausbaus des Bildungswesens und einer Aufklärung der Bevölkerung. Wenn sich diese Benachteiligung nicht ändert, können eventuell bei weiten Bevölkerungskreisen Ressentiments gegenüber dem Erziehungswesen entstehen. In einer anderen Schrift hat Idenburg (1958) auf die stark *veränderte Einstellung der Schule* gegenüber der Elternschaft hingewiesen.[2] Begünstigte die Schule früher vor allem jene Eltern, die in der Ausbildung ein entscheidendes Mittel sahen, ihren Kindern eine gesellschaftliche Position zu sichern, so hat die Schule heutzutage allmählich die Funktion eines Selektionsapparates gegenüber den elterlichen Intentionen erhalten. Dennoch begünstigt die Schule — wie in vielen Untersuchungen gezeigt wird — noch immer die Interessen des Mittelstandes und der Elite und vernachlässigt jene der Arbeiterbevölkerung. Die verschiedene Interessenlage bei den unteren Milieuschichten und der Schule ist ein wesentlicher Grund für den geringen Anteil der Arbeiterkinder im höheren Schulwesen. Hinzu kommt, daß sich die Volksschullehrer bzw. Studenten der Pädagogischen Hochschulen (‚pedagogische akademies'), wie Untersuchungen von Grandia und Renes zeigen,[3] — vorwiegend aus

den Mittelschichten rekrutieren. Von 1947 bis 1960 haben sich die Anteile aus den einzelnen Sozialschichten im Lehrberuf kaum verändert. Deshalb braucht hier nur über die jüngsten Forschungsergebnisse berichtet zu werden. In den 60er Jahren rekrutierten sich die Studenten der Pädagogischen Hochschulen zu 13 % aus der Oberschicht, zu 64 % aus dem Mittelstand und nur zu 24 % aus der Unterschicht. Der Bevölkerungszusammensetzung entsprechend hätten dagegen etwa 60 % aus den Unterschichten stammen müssen. Fast drängt sich die Vermutung auf, die ‚Schlüsselmacht der Schule‘ diene dazu, gesellschaftliche Strukturen zu bewahren statt dem gesellschaftlichen Fortschritt zu dienen.
Aber eine Zusammenarbeit mit Eltern und Gemeinden ist nicht nur notwendig zur Verringerung der Sozialselektion und um die steigenden Bildungsinvestitionen abzusichern, sondern die Schule müßte überhaupt ihre Pforten schließen, wenn die Eltern ihre Kinder nicht mehr anmeldeten. Immerhin haben die Eltern eine beträchtliche Wahlmöglichkeit, wo sie ihre Kinder anmelden wollen. Vor allem im niederländischen Protestantismus haben Eltern eine wichtige Rolle bei der Gründung der *‚Freien‘ Schulen* (‚vrije scholen‘) gespielt. Seit dem Ende des ‚Schulstreites‘ hat sich zudem der Anteil der öffentlichen Schulen gegenüber dem der ‚Freien‘ Schulen verringert. Diese Entwicklung haben Elternkommissionen, Elternräte und Schulbeiräte wesentlich gefördert. Auch bei der Verwirklichung des sog. ‚Progressiven Unterrichts‘ und in den *Reformschulen* (‚Vernieuwingsscholen‘) erwies sich das elterliche Engagement bzw. eine elterliche Mitwirkung als lebensnotwendig. Ein gutes Verhältnis zu den Eltern gilt geradezu als ein Kennzeichen des ‚progressiven‘ Unterrichts. In welcher Weise und in welchem Ausmaß sie in einigen Reformschulen (vor allem Montessori- und Jenaplan-Schulen) mitwirken, hat eine Studie des Kohnstamm-Instituts (1970) und haben die Analysen von Freudenthal-Lutter (1968 u. 1970) gezeigt.[4] Während die eben erwähnten Schulen eine Kooperation mit den Eltern anstreben, weil sie dem Elternhaus nicht nur einen großen Einfluß, sondern auch eine erhebliche Erziehungskompetenz zuerkennen, bemühen sich andere Schulen um eine Zusammenarbeit, um *hemmende Einflüsse des Elternhauses* zu verringern. Sie gehen von der Auffassung aus, daß die Familie bei der Errichtung des Schulwesens und der Einführung der Schulpflicht einen Teil ihrer Erziehungsfunktionen an die Schule abgegeben hat. Und zwar habe sie jene Funktionen abgegeben, die von der Schule besser erfüllt werden können. Was aber von den Lehrkräften im Unterricht mühsam vermittelt und aufgebaut wird, würde von Eltern aus Unkenntnis oft wieder zunichte gemacht. Auch wird die elterliche Fähigkeit angezweifelt, in der frühkindlichen Erziehung hinreichende Voraussetzungen dafür zu schaffen, daß das Kind aus dem Unterricht später optimalen Nutzen ziehen kann. Insofern könne es sich vorteilhaft auswirken, wenn Eltern — sei es auf Elternabenden oder in Elternkommissionen — auf

diese Aufgaben hingewiesen und ihnen elementare pädagogische Einsichten nahegebracht würden. Diese Auffassung wird u. a. von de Vries (1927), de Kock (1958), Heyster (1968) und auch in dem Circular ‚Onderwijs over het onderwijs‘ (1967) vertreten.[5] Speziell bei Kindern mit Lernschwierigkeiten wird nach Auffassung jener Wissenschaftler eine Kontaktaufnahme für unerläßlich gehalten. Bisher bemüht sich vor allem das Schulsozialwerk (‚schoolmaatschappelijk werk‘) um diese Aufgabe.
Nach anderer Auffassung wiederum kann die *Übernahme zu vieler familialer Erziehungsfunktionen durch die Schule* zur Folge haben, daß das Autonomiebewußtsein der Schule und damit auch die Distanz zum Elternhaus und zur Umwelt wächst. Bei Veränderungen im Unterrichtswesen würden für die Kinder mithin erhebliche Nachteile entstehen, wenn die Eltern übergangen würden. Wenn beispielsweise der katholische Religionsunterricht den Bestrebungen innerhalb der modernen katholischen Theologie folgt, ohne daß gleichzeitig auch die Eltern diese Veränderungen akzeptieren, ergeben sich zweifellos große Probleme. Deshalb muß dafür Sorge getragen werden, daß für Eltern und Schule eine Kommunikationsebene besteht. Elternvereinigungen können hier ebenso eine vermittelnde wie aufklärende Funktion übernehmen. Daß sich die elterlichen Anschauungen und Verhaltensweisen aber ändern müssen, wenn die angestrebte Unterrichtsreform realisiert werden soll, darin sind sich weite Kreise der Öffentlichkeit einig. Es kann daher nicht überraschen, daß von vielen Autoren, u. a. Matthijssen (1967/1969) und Dornbos (1969), eine umfassende Elternbildungsarbeit gefordert wird.[6]
Die Feststellung von recht gegensätzlichen, widersprüchlichen und diskontinuierlichen Erziehungseinflüssen, denen das Kind ausgesetzt ist, weil Elternhaus und Schule nicht kooperieren, veranlaßte de Vries (1927), Bijl (1960), Snijders-Oomen (1961) und Kries (1969 und 1970) zwar gleichfalls zur Forderung einer stärkeren Zusammenarbeit, aber mit der Akzentuierung: der Unterricht muß die Familienverhältnisse und das häusliche Milieu berücksichtigen, weil Schule und Elternhaus sonst gegeneinander arbeiten würden und für das Kind noch unverständliche und damit unauflösbare Widersprüche entstünden. Deshalb müsse die Position der Eltern gestärkt werden.[7] Jene Auffassung gewinnt noch größere Bedeutung, wenn man das Problem auf die Arbeiterkinder zuspitzt.[8] Die zahlreichen, in den sechziger Jahren entstandenen Untersuchungen über das schulische ‚Zurückbleiben‘ von Arbeiterkinder haben in dieser Hinsicht den entscheidenden Anstoß zu einer Neubesinnung über das Verhältnis von Familie, Schule und sozialem Milieu gegeben. Die am ‚Talente-Projekt‘ beteiligten Forscher (Projekt zur Erforschung der Begabungsreserven) wandten sich noch gegen die Auffassung, daß man den Weg über die Eltern wählen müsse, um Bildungsreformen zu verwirklichen. Vielmehr hielten sie das für ein Scheinargument,

für einen Alibiversuch von Schulen und Lehrkräften. Es fehlte bei jenen an Reformbereitschaft, deshalb argumentierten sie, das Schulversagen gehe auf die Eltern und das Milieu insgesamt zurück. Mit diesem Argument weisen van Heek (1968), van Calcar (1967, 1968, 1970), de Wit (1969) und Vervoort (1968) direkt oder indirekt auf die potentielle Gefahr hin, daß zwar an Eltern appelliert wird, nicht aber zugleich Reform-prozesse begonnen werden.[9] Empirisch hat man inzwischen immerhin festgestellt, daß der Erfolg von Unterrichtsreformen grundsätzlich von den Lehrern *und* Eltern abhängt. Deshalb müssen die Unterrichtsberatung und der kompensatorische Unterricht für Arbeiterkinder mit einer *Familienaktivierung und einer Motivierung der sozialen Umwelt* beginnen. Forscher wie Grandia (1968, 1969 und 1971) dachten von Anfang an in diesem Sinne an umfassende und gleichermaßen auf Familie, Wohnviertel und Schule bezogene Projekte. Den Ansatz von Grandia muß man dabei aber im Zusammenhang mit der Sozialarbeit vor Beginn der sechziger Jahre sehen.[10] Eine sehr kritische Auseinandersetzung mit diesen Vorstellungen hat Milikowski bereits 1951 begonnen.[11] Man glaubte damals — und zum Teil glaubt man es noch — auf einen Teil der Arbeiterbevölkerung Begriffe wie: ‚Asoziale', ‚sozial Schwache', ‚sozial Unangepaßte', ‚Problemfamilien', ‚Randzonenfamilien', ‚soziale Nachhut' oder ‚Ausgebeutete' anwenden zu sollen. Diesen ‚negativen' Einflüssen des ‚Arbeitermilieus' glaubt man das Kind dann entziehen zu müssen. Letztlich besteht hier — trotz aller Kritik an der Mittelschichtkultur — die Absicht, Arbeiterkindern diese Mittelschichtkultur zugänglich zu machen. Angesichts dieser Konzeption besteht eine Tendenz, zwar die Unterrichtsstrukturen zu verändern, aber die Unterrichtsinhalte weitgehend unverändert zu lassen.

Jene Konzeption hat übrigens historische Vorläufer in der Volksbildungsbewegung, die in der 1784 gegründeten ‚Gemeinnützigen Gesellschaft' (‚Maatschappij tot Nut van't Algemeen') einen Ausgangspunkt fand. Der Kampf um die Befreiung des einfachen Mannes aus seiner Unwissenheit, aus Vorurteilen und Aberglauben wurde dann zwar in der Volksschule und um die Volksschule geführt,[12] doch neben der Gründung dieser Schulen und den Bemühungen um eine Durchsetzung der Schulpflichtgesetze organisierte man bereits Abendveranstaltungen und Kurse für Eltern. Diese frühen Bemühungen um eine Elternbildungsarbeit, obwohl sie damals aus einer anderen Einstellung resultierten, haben also nichts an Aktualität verloren. Einige Wissenschaftler wollen ihr sogar genauso viel Aufmerksamkeit gewidmet wissen, wie dem allgemeinbildenden Schulwesen (Brands, 1970).[13]
Hier kommt es aber auf eine kritische Gesellschaftsauffassung an. Sie muß neben einer kritischen Einstellung zur bestehenden Kultur und zu den ökonomischen Verhältnissen den Willen implizieren, sich für die unterprivilegierte Bevölkerung auch einzusetzen. Denn erst dann können die dort bestehenden Lebensformen sich entwickeln und an Kraft gewinnen. Ein solcher Ausgangspunkt erfordert eine vielseitige und umfassende Strategie, wie van Thijn (1971) und van Gelder (1969)

darlegen,[14] ferner gehört dazu eine Unterrichtsberatung, Nachbarschafts- und Familienaktivierung und in Zukunft auch eine Kooperation mit anderen Gruppen innerhalb und außerhalb des Erziehungswesens.

Insgesamt ist also aus sehr verschiedenen Perspektiven deutlich geworden, daß eine Veränderung der Unterrichtsstrukturen und Inhalte wahrscheinlich nur dann möglich wird, wenn die Eltern und anderen Mitglieder der Gesellschaft *Einblick in das Wie und Was dieser Veränderungen* gewinnen. Dabei geht es aber nicht nur um zusätzliche Informationen, sondern auch um die Entwicklung neuer Haltungen und Wertvorstellungen gegenüber dem Elementarunterricht, und zwar sowohl bei Eltern wie bei Lehrern und Schulleitern.[15]

Bildungsinteresse der Eltern

Die Bildungskonzeption, die der holländischen Schulgesetzgebung zugrunde liegt, fußt noch auf einer Dreigliederung des Bildungswesens, in der ehemals das Gymnasium und die Hochschule für den ‚Gelehrtenstand', die Höhere Schule für den begüterten Mittelstand (‚middelbaar onderwijs') und die Volksschule ohne Anschlußmöglichkeit an einen weiterführenden Unterricht für die Masse der Bevölkerung (‚lager onderwijs') bestimmt war.[16] Aus der *Volksschule,* in der noch immer ein hoher Anteil der Arbeiterkinder seinen Bildungsabschluß erhält, soll jetzt die *Grundschule* (‚basisonderwijs') für alle Kinder werden. Ob und inwieweit es dadurch gelingt, einem höheren Prozentsatz von Arbeiterkindern den Zugang zum weiterführenden Schulsystem zu sichern, hängt davon ab, ob es gelingt, auch die schichtspezifischen Bildungsinteressen der Eltern und ihre unterschiedliche Informiertheit über die Bildungsmöglichkeiten der Kinder zu verändern. Denn bisher zeigt sich nur beim Mittelstand und hier vor allem bei den Beamten eine starke Leistungsorientiertheit. Der Unterricht wird von dieser Bevölkerungsschicht weitgehend als Mittel zu sozialem Aufstieg verstanden, und deshalb wird einem Diplom sehr viel Wert beigemessen. Bei der sozialen Oberschicht findet man dagegen vielfach eine kritische Haltung gegenüber dem Bildungssystem. Diese Schicht ist an Bildungsfragen stark engagiert und sucht nach besseren Entfaltungsmöglichkeiten für das Kind. Nach neuesten Untersuchungen scheint immerhin die in der Öffentlichkeit vertretene Auffassung, daß das Kind zentral im Unterricht stehen müsse, auch bei Eltern aus Arbeiterkreisen ein größeres Interesse an der Schule ausgelöst zu haben.

Die rechtliche Stellung des Kindes in der Schule

In der holländischen Schulgesetzgebung war und ist die Rechtsstellung des Kindes außerordentlich schwach. Der Volksschüler hat die Pflicht, an allen Unterrichtsveranstaltungen teilzunehmen (vorbehaltlich eines Rechtes auf Freistellung von den Leibesübungen). Zu dieser Pflicht sollen durch das neue Schulgesetz — das bisher erst im Entwurf vorliegt — auch Ansprüche und Rechte kommen: so haben Schüler danach Anspruch auf Hilfe durch einen Fachlehrer, wenn sie dem Unterricht nur unter Schwierigkeiten und mit zusätzlichen Anstrengungen folgen können. Gerade diese Überlegungen des Gesetzgebers haben aber kritische Kommentare wie den folgenden provoziert:

> „Kinder aus dem schwächsten Sozialmilieu, die sich dem sozialen Mittelklassenstandard der Schule einfach nicht anzupassen vermögen, sollen deshalb künftig noch durch einen Fachlehrer persönlich angesprochen werden, so daß man keine physische oder geistige Gewalt mehr anzuwenden braucht, sondern daß die Kinder unter der zarten Hand individueller Betreuung schön im Leistungsgleichschritt zu laufen lernen.“[17]

Um diese heutige Situation zu verstehen, lohnt sich ein Rückblick auf die Geschichte.

> Beim Studium der alten Schulreglements aus dem 17. und 18. Jahrhundert ist man entsetzt über die Rechte und Befugnisse des Schulmeisters den Kindern gegenüber. Sie übertrafen bisweilen noch die Macht des Strafrichters.[18] Der traditionelle, fachorientierte Unterrichtsstil — dessen Organisation in gewisser Weise eine Reaktion war auf den Massenzustrom von Schülern seit Entstehen der Volksschule — ist durch Ordnung, Ruhe, Stille und durch ausgetüftelte Belohnungs- und Strafsysteme mit Ehren- und Schandtafeln gekennzeichnet.[19] Organisationen wie die Vereinigung zur Förderung des Volksschulunterrichts (‚Vereniging tot Bevordering van het Volksonderwijs‘) hatten dann großen Einfluß auf das Verbot der Kinderarbeit (1874) und auf die Einführung der Schulpflicht (1900). Das heute noch gültige Gesetz über den Volksschulunterricht stammt aus dem Jahre 1920. Danach hat das Kind einen Anspruch auf Unterricht; und zwar soll dieser Unterricht angemessene und nützliche Kenntnisse vermitteln sowie einer Entwicklung der kindlichen Verstandesfähigkeiten, seiner körperlichen Ertüchtigung und der Erziehung zu christlichen und sozialen Tugenden dienen. Interpretiert wurde dieser Erziehungsauftrag von der Schule zum Teil folgendermaßen: „In der Schule ist der Lehrer der Mittelpunkt. Er durchdringt und durchsäuert alles, was er der anvertrauten Jugend vermittelt mit der Überzeugung des heiligen Glaubens.“![20] Mißhandlungen der Schüler sind zwar strafrechtlich untersagt, doch können sich Eltern und Lehrer gegebenenfalls auf erzieherische Gründe berufen.[21]

Die Eltern selbst haben der Schule gegenüber mehr Pflichten als Rechte. Nach dem neuen Gesetzentwurf sollen ihnen noch weitere Rechte genommen werden, wie z. B. das Recht auf freie Schulwahl und das Mitbestimmungsrecht darüber, ob ein Schüler von der Schule entfernt wird. Beides sollen Maßnahmen zugunsten eines Unterrichts sein, ‚der das Kind in den Mittelpunkt stellt‘!

Organisation des Eltern-Schul-Kontaktes

„Zu jeder öffentlichen Volksschule (‚openbare lagere school') gehört eine *Elternkommission* (‚oudercommisie'), die sich aus Eltern bzw. aus Erziehungsberechtigten der Schüler zusammensetzt. An den Sitzungen der Elternkommission nehmen mit beratender Stimme auch der Schulleiter und ein Lehrer der Schule teil. Die Kommission unterstützt die Arbeit der Schule, indem sie bei Eltern und Erziehungsberechtigten Interesse zu wecken sucht. Sie vertritt die Belange der Schule gegenüber dem Gemeinderat, Bürgermeister und den Abgeordneten sowie gegenüber dem Eltern- und Schulbeirat. Sie stellt dem Rat, dem Bürgermeister, den Abgeordneten und den Mitgliedern der Reichsschulaufsicht alle gewünschten Informationen zur Verfügung." Diese Bestimmung aus dem Schulgesetz von 1920 ist auch in den neuen Gesetzentwurf übernommen worden. Seit 1957 gehört es außerdem zu den Aufgaben der Elternkommission: die Arbeit der Schule durch die Einberufung von Elternabenden zu unterstützen; das Lehrpersonal in allen Unterrichtsfragen, die sich auf die eigene Schule beziehen, zu beraten, ferner an Bürgermeister, Abgeordnete und Gemeinderat zu appellieren, falls die Errichtung von Schulgebäuden notwendig wird. Schließlich ist es die selbstverständliche Aufgabe der Elternkommissionen, Eltern über alle Fragen zu informieren und beraten, die das öffentliche Schulwesen betreffen.
Weil Eltern aber auch größeren Einfluß auf die Leitung und Verwaltung der öffentlichen Schule forderten, wurden 1964 die *Elternräte* (‚ouderraden') — die seit 1920 eingerichtet werden durften — obligatorisch. Der Elternrat setzt sich aus Mitgliedern der verschiedenen Elternkommissionen einer Gemeinde zusammen. Er berät die Elternkommissionen, vertritt sie gegenüber Schulleitung und Schulverwaltung und gibt Bürgermeister, Abgeordneten und Schulaufsicht gewünschte Informationen. Neben dem Elternrat bzw. an seiner Stelle kann von der Gemeinde auch ein *Schulbeirat* (‚schoolraad') eingerichtet werden. Er besteht dann nicht nur aus Mitgliedern der Elternkommissionen, sondern ihm gehören auch Lehrkräfte und einige Gemeindebeamte an, die vom Bürgermeister und den Abgeordneten benannt werden. Allerdings erstreckt sich die Kompetenz der Schulbeiräte im Unterschied zu den Elternräten meist nicht auf den Bereich der Vorschulerziehung. Formell hat der Schulbeirat vor allem einen großen Einfluß auf das Volksschulwesen. Und zwar ist es nicht nur seine Aufgabe, Bürgermeister und Abgeordnete zu beraten; sondern er muß auch gehört werden, wenn in der Gemeinde Schulleiter ernannt werden sollen, wenn die Aufwendungen für das Schulwesen und die Lehrpläne beraten werden oder wenn eine Neuorganisation des öffentlichen Schulwesens beabsichtigt ist.

Nachdem damit die Entwicklung der Elternvertretungen im Bereich der öffentlichen Schule skizziert ist, soll nun noch auf spezielle Be-

mühungen der Konfessionen hingewiesen werden. Im Zusammenhang mit der allgemeinen Emanzipationsbewegung der Römisch-Katholischen Kirche stieg in den fünfziger Jahren auch im katholischen Unterrichtswesen Hollands das Interesse an sogenannten *Elternkomitees* (‚oudercomités'). 1952 wurde durch ein bischöfliches Reglement die Möglichkeit eröffnet, an jeder katholischen Schule ein Elternkomitee einzurichten, falls ein Bedürfnis nach organisiertem Kontakt bestehe. Die Initiative zur Gründung solcher Elternvertretungen sollte bei der Schulverwaltung liegen. Seit 1956 gilt die Einrichtung der Elternkomitees als sehr erwünscht. Sie sollen drei Funktionen übernehmen: eine beratende Funktion in allen Familienfragen, eine informierende über den Schulunterricht und Probleme der Familienerziehung und schließlich eine verbindende Aufgabe zwischen Elternhaus und Schule.[22] — Im protestantischen Schulwesen bestehen *Schulvereine* (‚schoolvereniging'). Diese Vereine haben zuweilen einen großen Einfluß auf die Schule, es sind jedoch keine speziellen Elternvereine. Immerhin haben die Eltern als Vereinsmitglieder — und ihr Anteil ist dabei seit der Jahrhundertwende stark gestiegen — ein entscheidendes Votum in der Vereinspolitik.
Insgesamt zeigt sich also an den Entwicklungen im staatlichen und konfessionellen Schulwesen, daß das elterliche Interesse am Schulwesen im Zusammenhang mit allgemein emanzipatorischen Bestrebungen gestiegen ist. Noch immer aber haben jene Eltern relativ geringe Kontakte zur Schule, die zu Gesellschafts- und Bevölkerungsgruppen gehören, deren Einfluß auf das soziale und politische System ebenfalls gering ist. Das gilt besonders für Arbeitereltern, wenn sie auf Lehrerkollegien treffen, deren Mitglieder zum größten Teil der Mittelschicht entstammen. Hier ergeben sich — und zwar nicht zuletzt aufgrund der unterschiedlichen Sprachsozialisation — erhebliche Kommunikationsschwierigkeiten.

Arten des Kontakts

Nur für das öffentliche Schulwesen besteht eine gesetzliche Auflage zur Einrichtung von Elternkommissionen. Demgegenüber bestanden nach einer Schätzung von Heijster (1968) nur in etwa der Hälfte der römisch-katholischen und einem Drittel der protestantischen Volksschulen Elternvertretungen. An den öffentlichen Schulen müssen zudem auf Klassenebene mindestens einmal im Jahr Elternabende abgehalten werden. Auch haben die Eltern hier das Recht, schriftliche Anfragen über den Unterricht an die Schule zu richten. Ähnliche Vorschriften gibt es für die Privatschulen nicht. Außer den Elternräten und Elternkommissionen gibt es für die Eltern natürlich eine Reihe weiterer Möglichkeiten zur Kontaktnahme mit der Schule; ob diese Möglichkeiten effektiv genutzt werden, hängt weitgehend von der Kooperationswilligkeit und Initiative einzelner Lehrer und Eltern ab. Allgemein kennt man in Holland folgende *Kontaktformen:* den

Schulbericht (er enthält die Zeugnisnoten, aber immer häufiger auch einen ausführlichen Bericht über den Schüler), ferner den persönlichen Brief, Rundschreiben, Schulzeitungen (an denen auch Eltern und Schüler mitarbeiten), gesellige Abende, Forumsdiskussionen über aktuelle Themen, Klassenabende sowie Ausstellungen von Schülerarbeiten (meistens verbunden mit Möglichkeiten zur Aussprache); schließlich gibt es eine Lehrersprechstunde speziell für Eltern und in zunehmendem Maße auch Hausbesuche der Lehrer. Auf seiten der Schule erfreuen sich Ausstellungen und Hausbesuche besonderer Beliebtheit. In den letzten Jahren tritt daneben allerdings die Demonstrationsstunde (Elternhospitation) stärker in den Vordergrund, und zwar vor allem, wenn es um die Einführung eines neuen Faches, die Verwendung einer neuen Methode oder um ein neues Unterrichtsprinzip geht. Um den eigenen Unterrichtserfolg zu sichern, versuchen dabei die Lehrer, ihr Vorhaben zu begründen und zu rechtfertigen sowie Eltern zur Mitarbeit zu gewinnen. Allgemein ist das Interesse der Eltern an diesen Demonstrationsstunden sehr groß.
Besonders intensiven Kontakt zu den Eltern unterhalten die Reformschulen. Viele Montessori-Schulen veranstalten z. B. regelmäßig Elternabende, auf denen Eltern über die theoretischen Grundlagen der Montessori-Methode informiert und mit den Montessori-Lernmitteln bekannt gemacht werden. Oft bietet man ihnen dabei Gelegenheit, unter fachkundiger Anleitung selbst mit dem Material zu arbeiten. Zuweilen werden auch einzelne Eltern oder Elterngruppen eingesetzt, um bei der Anfertigung, Ergänzung, Reparatur und Wartung der Lehrmittel zu helfen. Ebenfalls widmen die Jenaplan-Schulen ihrer Tradition entsprechend dem Elternkontakt viel Aufmerksamkeit. In einer Jenaplan-Schule wird z. B. die Schülerkartei von den Eltern geführt, helfen Eltern im Handarbeitsunterricht, unterhalten sie ein Finanzkomitee, eine Bibliothekskommission und eine Schwimmsport-Kommission. Auch an der Leitung der Schule wirken sie mit.
Allgemein gewinnt man in Holland also den Eindruck, daß Eltern überall dort in größerem Maße beteiligt werden, wo der Unterricht die traditionellen wenn nicht gar ‚klassischen' Formen aufgibt. Tatkräftiges Streben nach kindgemäßem Unterricht macht anscheinend die Zusammenarbeit von Eltern und Lehrern selbstverständlich. Großes Aufsehen hat kürzlich eine Fernsehsendung erregt, die zeigte, wie Eltern (unter Anleitung) bereits in einigen Volksschulen am Unterricht mitwirken.
Koordiniert werden die Bemühungen der Elternorgane, sei es der Elternkommissionen, Elternräte oder Schulbeiräte, durch den *‚Rat der Beratungsorgane für das öffentliche Schulwesen'* (‚Raad van de adviesorganen voor het openbaar onderwijs'). Er stellt innerhalb der ‚Vereinigung für das öffentliche Schulwesen' (‚Vereniging voor openbaar onderwijs') die Fortsetzung des 1923 errichteten Eltern-

rates für das öffentliche Schulwesen dar. Die Lehrkräfte haben parallel dazu ihre eigene Organisation, die gleichfalls der ‚Vereinigung für das öffentliche Schulwesen' angeschlossen ist.
Der Einfluß der Kirchen auf die Schulverwaltungen hat stark abgenommen, dagegen ist der Einfluß der Eltern auf das kirchliche Bildungswesen gestiegen. Dachverband der protestantischen Schulvereine ist seit 1970 der *‚Protestantische Schulbeirat'* (‚Protestant Christelijke Schoolrad'); in ihm haben sich der Verwaltungsrat und Personalrat all der einzelnen Schulvereine zusammengeschlossen. Im Römisch-Katholischen Bereich sind zwei getrennte Entwicklungen zu beobachten.[23] Der 1910 gegründete *‚Niederländische Römisch-Katholische Schulbeirat'* bestand zunächst ausschließlich aus Mitgliedern des Episkopats; 1951 wurden erstmals Elternvertreter, d. h. Laien zugelassen. Seit 1959 gehören je drei Vertreter des Episkopats, der Eltern und der Schulen dem Schulbeirat an. Die Elternvertreter werden dabei auf Empfehlung des *‚Katholischen Nationalen Elternrates'* nominiert. Seit 1952 gibt es diesen Nationalen Elternrat. Es ist die Dachorganisation der Elternkomitees, die zunächst in Diözesen-Elternräten zusammengefaßt und über diese auf nationaler Ebene repräsentiert werden. Außerdem sind die Elternräte der Diözesen, Regionen und Dekanien seit 1969 in der *‚Niederländisch Katholischen Elternvereinigung'* zusammengeschlossen, die ebenso wie die katholischen Schulverwaltungsorgane und Lehrerorganisationen im *‚Niederländischen Katholischen Schulbeirat'* repräsentiert ist.

Einfluß der Elternorganisationen auf das Schulwesen

Das niederländische Schulwesen kann als zentralistisch bezeichnet werden.[24] Eine elterliche *Einflußnahme auf die staatliche Schulpolitik* ist deshalb nur auf dem Wege über institutionalisierte Beratungsorgane möglich, denen eine ergänzende Funktion eingeräumt ist. Weil die Kooperation der Spitzengremien aber den Lokalbedingungen nicht gerecht zu werden vermag, bemüht man sich verstärkt um eine Dezentralisierung. Auf der Schulebene werden z. Z. neue Formen eines gemeinsamen Beratens und Entscheidens erprobt, und zwar berät man z. T. auch didaktische Fragen mit Lehrern, Schülern und Eltern.[25] Aber der Einfluß der Eltern ist an der Basis meist noch geringer als in den höheren Beratungsgremien. Daran wird sich einstweilen wahrscheinlich auch nur wenig ändern; denn der Gesetzentwurf zur Neugestaltung der Volksschule sieht vor, daß Lehrpläne zunächst vom Lehrkörper und dem Schulleiter erarbeitet und anschließend bereits (gegebenenfalls in abgeänderter Form) von der zuständigen Behörde in Kraft gesetzt werden. Erst von dieser Behörde werden die Eltern dann über den Inhalt des (inzwischen verbindlichen) Lehrplans in Kenntnis gesetzt. Selbst auf die Zulassung oder den Ausschluß von Schülern sollen die Eltern keinen Einfluß

mehr haben. Wirksamer wird der elterliche Einfluß dagegen auf der Ebene der Schulbeiräte, und zwar bei der Ernennung von Schulleitern, bei der Festlegung von Rahmenlehrplänen und bei Fragen der Schulorganisation. Auf diesen Gebieten darf die ‚Schulbehörde' keine Veränderungen vornehmen, ohne vorher den Schulbeirat konsultiert zu haben.
Seit 1969 bedienen sich Eltern auch ‚außerparlamentarischer' Mittel, um Verbesserungen im Unterrichtswesen durchzusetzen. In Amsterdam und Rotterdam organisierten die Elternräte des öffentlichen Schulwesens z. B. einen Schulstreik, an dem rund ein Drittel aller Elternkommissionen teilnahmen. Jene Protestaktionen richteten sich gegen die schlechten Unterrichtsbedingungen (z. B. zu große Klassen) und gegen die Bildungsbenachteiligung der unterprivilegierten Schichten. Zugleich forderte man die Errichtung eines leistungsfähigen Unterrichtsbüros, Wohnungen für sonst abwandernde Junglehrer und auch eine größere Eltern- und Lehrermitbestimmung in der Schulleitung. Auffallenderweise begann die Protestaktion in einem Arbeiterviertel. Die Zielsetzung der Aktionen wurde weder von den politischen Instanzen und der Schulaufsicht noch von den Verbänden mißbilligt, wohl aber kritisierte man die Kampfmittel. Kinder dürften einfach nicht vom Unterricht ferngehalten werden.
Obwohl sich die Auswirkungen derartiger Aktionen schwer abschätzen lassen, haben sie den Eltern zweifellos etwas bewußter gemacht, daß sie eine aktive Rolle bei der Reform des Bildungswesens übernehmen können. Erste Beispiele einer verstärkten Aktivität sind: die im ganzen Land durchgeführten Unterschriftensammlungen zur Herabsetzung der Klassenstärken und der ‚Nationale Elternabend' (1970), der große Resonanz gefunden hat. Nach ersten Anzeichen scheint auch auf lokaler Ebene die Zusammenarbeit zwischen Eltern und Schule intensiver zu werden. Ein entscheidendes Motiv für diese Entwicklung liegt wohl darin, daß zunehmend weitere Kreise zu der Auffassung gelangt sind, daß das Kind im Mittelpunkt des Unterrichts stehen muß.
Die Eltern sind bisher jedoch nur in geringem Maße bereit, ihre Interessen kooperativ zu vertreten, d. h. über Elternvertretungen durchzusetzen. Den Elternvereinigungen fehlt es noch immer in großem Maße an sachkundigen und interessierten Mitarbeitern. Vielfach müssen Eltern noch immer von der Schulleitung zur Mitarbeit aufgefordert werden, bevor sie bereit sind, in den Elternkommissionen mitzuarbeiten. Obwohl sich die nationalen Elternvereinigungen um eine Beratung und Information der Eltern bemühen, und obwohl Eltern häufiger als früher die Frage stellen, wie sie kooperieren können, besteht die vorherrschende Auffassung noch immer darin, daß die Ausbildung Aufgabe der Schule sei. Eine Wandlung kann in der elterlichen Einstellung nur dadurch erfolgen, daß immer wieder darauf hingewiesen wird, daß die elterliche Mitarbeit für den Unterrichtserfolg wie den Erfolg von Unterrichtsreformen ausschlaggebend ist.

Wenn es zu einer Mitarbeit der Eltern kommt, dann sind die Kooperierenden fast immer Angehörige der Mittelschichten. Arbeiter dagegen sind — wie in allen gesellschaftlichen Organisationen und Institutionen (außer in den Gewerkschaften) — außerordentlich schwach vertreten.

Elternerziehung und Elternfortbildung

In den Niederlanden haben vor allem die Volksbildungsorganisationen die Aufmerksamkeit auf die Elternerziehung gelenkt. Organisationen wie die ‚Gemeinnützige Gesellschaft' (‚Maatschappij tot Nut van het Algemeen') bemühen sich um eine Weiterbildung der Eltern, sei es, daß sie Elternkurse durchführen oder Broschüren und Informationshefte herausgeben. Außerdem widmen sich die Volkshochschulen und Volksuniversitäten dieser Aufgabe. Jedoch ist es ihnen ebensowenig gelungen, die unteren Milieuschichten anzusprechen und einzubeziehen, wie den institutionalisierten Elternvertretungen im Schulwesen und den unzähligen Organisationen, die sich an der Elternbildungsarbeit beteiligen. Eine beachtliche Ausnahme stellen nur die Elternvereinigungen von behinderten Kindern dar.
Noch immer ist es für alle Eltern und besonders für die unterprivilegierten Eltern sehr schwierig, sich über einzelne Schulprobleme genau zu informieren. Selbst auf den Übergang zu den weiterführenden Schulen werden Eltern nur mangelhaft vorbereitet. Meistens sind sie auf die Erfahrung und den Rat von Bekannten angewiesen, die dort bereits Kinder haben. Mithin werden wiederum schichtspezifische Selektionsmechanismen wirksam.[26] Es ist deshalb unerläßlich, daß die Schulberatungsdienste rasch ausgebaut werden. Es gibt bereits eine beachtliche Anzahl. Je nach Größe der Gemeinde sind sie örtlich oder regional organisiert. Außerdem gibt es schon einige Landes-Beratungszentren. Diese Zentren informieren über neue Unterrichtstechnologien und deren Einfluß auf die Lehrpläne sowie über neue Forschungsergebnisse. Ferner haben sie in zweierlei Hinsicht Beratungsaufgaben übernommen: einmal eine Beratung nach Art der Schülerhilfe, zum andern eine wissenschaftliche Beratung der Lehrer und Schulverwaltung. Soweit diese Schulberatungsdienste dabei über Schulsozialarbeiter verfügen, widmen sie sich bei Bedarf auch den Beziehungen zwischen Elternhaus und Schule. Als Instrument und wissenschaftliches Korrektiv könnten die Schulberatungsdienste bei der angestrebten Reform des Volksschulunterrichts eine große Rolle spielen.
Eine *aktive Familienpolitik* gibt es in Holland nicht. Auch sind kaum wissenschaftliche Untersuchungen vorhanden, auf die sich entsprechende Initiativen stützen könnten. Erst in den allerletzten Jahren kam es im Zusammenhang mit der allgemeinen Unterrichtsreform zu einigen Experimenten auf dem Gebiet der Familien- und

Elternaktivierung.[27] Dabei sind zwei Hauptrichtungen zu unterscheiden. Einmal geht man von den bestehenden Bildungsinstitutionen aus und versucht, die unteren Milieuschichten besser über diese Institutionen zu informieren und in die bürgerlich-wissenschaftliche Kultur zu integrieren. Den Kontakt zu diesen Eltern gewinnt man dabei durch Hausbesuche. Bei dieser Gelegenheit wird mit ihnen über die Struktur des Schulwesens und über daraus resultierende Erziehungsprobleme diskutiert. Andere Experimente gehen von einer kritischen Haltung gegenüber der bestehenden Kultur aus und streben eine Entfaltung von speziellen Lebensformen der Arbeiterschaft an, damit sich ihre Lebensweise gleichermaßen in der Gesellschaft behaupten und einen entsprechenden Einfluß in der Gesellschaft gewinnen kann. In Form von Vorführungen wird den Eltern — sei es zu Hause oder in der Schule — gezeigt, wie sie die kindliche Entwicklung fördern, die Lebensbedingungen im Wohnviertel verbessern und was sie zugunsten des Jugendschutzes tun können. Dabei hat sich allgemein gezeigt, daß das Interesse an einer Weiterbildung in dem Maße zunimmt, wie den Eltern bewußt wird, was sie aktiv zum Vorteil ihrer Kinder und zur Förderung von deren Bildungschancen unternehmen können. Die Schule hat dabei vielfach den Charakter eines Gemeinschaftszentrums (,buurtcentrum') gewonnen.

Auch von der antiautoritären Erziehungsbewegung sind neue Impulse ausgegangen. So hat z. B. die Errichtung von Kinderspielsälen sowohl unter den beteiligten Eltern als auch nach außen hin neue Diskussionen über die Erziehungsfunktion der Eltern ausgelöst. Zur Zeit wird in diesen Kreisen mit den unterschiedlichsten Erziehungsmethoden ,experimentiert', und zwar vereinzelt auch mit wissenschaftlicher Unterstützung. Dieses verstärkte Bildungsengagement der Eltern wirkt sich zumindest indirekt als ein Beitrag zu ihrer Weiterbildung aus. Ein dritter Impuls zugunsten einer Elternerziehung geht von der Frauenemanzipation aus. Indem sie das gesellschaftspolitische Engagement der Frau zu fördern sucht, begünstigt sie gleichzeitig eine verstärkte Einbeziehung von Frauen und Müttern in das Unterrichtswesen.

So bricht sich auf vielerlei Wegen das Bewußtsein Bahn, daß Mutter und Kind, Familie und Schule nicht für sich isoliert, sondern unmittelbar in einem gesellschaftlichen Bezug gesehen werden müssen. Einerseits werden sie von gesellschaftlichen Veränderungen betroffen, andererseits haben sie selbst einen Einfluß auf die Richtung der Veränderungen. Damit wird die traditionelle Vorstellung durchbrochen, daß die Familie nur auf das gesellschaftliche Leben ,vorbereitet' und daß das Kind während seiner vorschulischen und seiner Schulerziehung noch außerhalb der Gesellschaft steht. Nur langsam setzt sich jedoch die Einsicht durch, daß der Erziehungsprozeß in Schule und Elternhaus durch das Mitwirken des Kindes ebenso entscheidend beeinflußt wird wie durch die Bemühungen von Eltern und Lehrern. Obgleich die neuen Vorstellungen die Politik bisher kaum beeinflußt haben, wird die Forderung nach einer aktiven Familienpolitik immer entschiedener gestellt.

Besonderheiten der niederländischen Situation

Nach Idenburg sind für das niederländische Schulwesen drei Merkmale besonders charakteristisch: der bereits erwähnte Zentralismus, die ,Ständehierarchie' in Verbindung mit der sozialen Immobilität und schließlich das besondere Verhältnis von ,Einheit' und ,Vielfalt'. Vor allem der letztgenannte Aspekt hat in der Geschichte des niederländischen Schulwesens ein derartiges Maß an Aufmerksamkeit auf sich gezogen, daß darüber die sachlichen Gesichtspunkte z. T. erheblich vernachlässigt wurden. Bisher konnte, trotz allgemeiner Einsicht in die pädagogischen und wirtschaftlichen Nachteile, die traditionelle Aufgliederung des Schulwesens nach religiös-weltanschaulichen Kategorien (*,Versäulung'*) nicht entscheidend verändert werden.[28]

Der um die Jahrhundertwende ausgetragene ,Schulkampf' um eine Gleichberechtigung der Privatschulen neben den öffentlichen Schulen hat zwar an Heftigkeit eingebüßt, ist aber bis heute nicht völlig ausgestanden. Es geht dabei zwar überwiegend um Bekenntnisschulen, zum Teil aber auch um konfessionell neutrale Privatschulen. Die Auseinandersetzungen um diese Schulen haben die Aufspaltung des öffentlichen Lebens in eine Vielzahl ,säulenhaft' nebeneinanderstehender Bereiche — sei es weltanschaulicher oder konfessioneller Prägung — erheblich gefördert. Zwar kommt es unter den Spitzengremien der Verbände und in der Bildungsverwaltung zuweilen zu einer guten Zusammenarbeit — man gibt im Bereich der Elternbildung z. B. gemeinsame Broschüren heraus; sobald jedoch politische Interessen berührt werden, werden die alten Gegensätze wieder lebendig. Dann erhalten partikulare Interessen — wie die religiöse Erziehung — wieder Priorität vor allgemeineren Interessen. Ob und inwieweit die emanzipatorischen Tendenzen der Gegenwart dieser partikularistischen ,Versäulung' ein Ende bereiten werden bzw. können, ist noch nicht abzusehen.

Welche Rechte und Pflichten sollten Eltern zugestanden werden?

Unterrichtsreformen können allgemein nur erfolgreich sein, wenn Eltern, Lehrer und Schüler an ihnen beteiligt werden. Die bisherigen Reformversuche, die stärker von der Welt der Schule als vom sozialen Kontext ausgingen, haben die am Bildungsprozeß Beteiligten nicht motiviert und deshalb nicht zu einer Erneuerung des Schulwesens geführt. Die *Motivation zu einer umfassenden Unterrichtsreform* kann nur von einer *Demokratisierung* des Bildungswesens ausgehen. Curricula und Lehrpläne müssen gemeinsam von Eltern, Schülern und Lehrern akzeptiert bzw. entwickelt werden, und die Schule muß sich in engem Kontakt zur Gesellschaft dynamisch verändern.[29] Zur Diskussion steht heute nicht mehr, *ob* die Eltern am Schulgeschehen beteiligt werden sollen, sondern vielmehr, *wie* dies geschehen kann. Mithin geht es nicht mehr um eine formale Ausweitung der Elternmitsprache, sondern um die inhaltliche Füllung der bestehenden Möglichkeiten. Dabei kann sich aber nur dann ein neues Verständnis für die Aufgaben und Möglichkeiten einer Elternmitwirkung entwickeln, wenn verschiedene Möglichkeiten der Mitsprache erprobt und ihre Auswirkungen wissenschaftlich beobachtet werden. Wichtig ist, daß dem Gesichtspunkt der Elternmitwirkung schon in der Lehrerbildung größere Aufmerksamkeit gewidmet wird und daß soziologische Studien über die unterschiedlichen Lebensformen verschiedener Gesellschaftsgruppen einbezogen werden. Außerdem müssen die Eltern aber mehr Einblick in Lernprozesse erhalten, sei es durch ihre Beteiligung am Unterricht oder durch gemeinsame Studiengruppen zur Entwicklung der Lehrpläne. Ferner ist eine aktivere Familienpolitik und Gemeindearbeit nötig, um speziell die unterprivilegierten Schichten zu engagieren. Schließlich aber kommt einer engen Kooperation von Elternhaus und Schule und deren wissenschaftlicher Beratung grundlegende Bedeutung zu, damit der Schüler nicht unter dem Dissens und einer Polarisierung der Erziehungsbestrebungen von Elternhaus und Schule zu leiden hat. Den Schulberatungszentren kann dabei ebenso wie den Sozialarbeitern der Gemeinde eine wichtige Beratungs- und Vermittlerrolle als ‚neutraler Instanz' zukommen.

Insgesamt hat die Diskussion über den Gesetzentwurf für den Volksschulunterricht dazu geführt, daß die *elterlichen Rechte und Pflichten der Schule gegenüber* neu formuliert werden. Im Gutachten des Niederländischen Familienrates werden jene Rechte und Pflichten folgendermaßen zusammengefaßt:

— Zu den Aufgaben der Schulleitung gehört es, gute Beziehungen zu den Eltern zu unterhalten;

— Aus wissenschaftlich fundierten, alternativen Lehrplanmodellen sollen Schulleitung, Lehrkräfte und Eltern ein Modell als Grundlage für den zu entwerfenden Schularbeitsplan auswählen;

— Da ein ordnungsstörendes Verhalten des Schülers nicht immer Schuld des Schülers oder seiner Eltern zu sein braucht, muß zur Ermittlung der Ursachen bei Konfliktfällen ein neutraler Experte hinzugezogen werden;

— Eltern müssen beteiligt werden, wenn über die Qualifizierung eines Schulleiters entschieden wird;

— ‚Unterricht vom Kinde aus' bedeutet, daß weder der Lehrer noch der Lehrstoff im Zentrum stehen, sondern ihre Bedeutung für die Erziehung des Kindes. Eltern und Schüler sollten gemeinsam nach Möglichkeiten suchen, die Erziehungsfunktion der Schule zu stärken;

— Schulbehörde, Schulaufsicht und Schulleitung sollen den Elternvertretungen und die Elternvertretungen der Schulverwaltung gegenüber informationspflichtig sein;

— Bildungspolitische Entscheidungskompetenzen sollten bei einer Kommission liegen, in der auch Eltern vertreten sind;

— Auch für Privatschulen soll die Einrichtung von Elternkommissionen obligatorisch werden;

— Die Schule muß ihre Selbstgenügsamkeit und ihre Autonomievorstellungen aufgeben und zu einem Erziehungszentrum der Gesellschaft werden;

— Regelmäßige Hausbesuche durch Lehrer und Jahresberichte der Eltern sollten Pflicht werden.

Schulreformen erfordern also umfassende Strategien. Dabei müssen Analysen über die Gesellschaftsstruktur und ihre Entwicklung einbezogen werden, damit Eltern, Lehrer und Schüler erkennen, daß sie nicht nur Opfer der gesellschaftlichen Ungleichheit sind, sondern zugleich auch deren Urheber.

Anmerkungen

1 Idenburg, Ph. J.: Schets van het Nederlandse Schoolwezen. Groningen 1964^2.

2 Idenburg, Ph. J.: De sleutelmacht der school. Groningen 1958.

3 Grandia, J. H. N.: Uitdaging en antwoord. Purmerend 1968. — Renes, P. B.: Recrutering en selektie van leerkrachten voor het lager onderwijs in Nederland. Groningen 1969.

4 Kohnstamm-Instituut voor onderwijs-research (Hg.): Analyse van het functioneren van een aantal vernieuwingsscholen in Nederland. Amsterdam 1970. — Freudenthal-Lutter, S. J. C.: Naar de school van morgen. Alphen aan den Rijn 1968. — Freudenthal-Lutter, S. J. C.: De Jenaplanschool. Utrecht 1970.

5 De Vries, K.: Ouderavonden. Enschede 1927. — De Kock, F. P. C.: Het vragstuk van de oudercomités. Tilburg 1958. — Heyster, J. G. A.: Contact school-ouders. Tilburg 1968. — ‚Onderwijs over het onderwijs‘, Nota van S. V. O. Den Haag 1967.

6 Matthijssen, M. A. J. M.: Schoolprestaties door gezinsopvoeding. Amsterdam 1967. — Matthijssen, M. A. J. M.: Vernieuwing en weerstand in het onderwijs. Purmerend 1969. Doornbos, K.: Opstaan tegen zittenblijven. Den Haag 1969. — ‚Onderwijs over het onderwijs‘, Nota van S. V. O. Den Haag 1967.

7 De Vries a.a.O. — Bijl, J.: Inleiding tot de algemend didactiek van het basisonderwijs. Groningen 1960. — Snijders-Oomen, N.: Oudercomités — verleden, heden en toekomst. In: Dux 28/1961, Nr. 6. — Kriens, Y.: Open brief aan alle betrokkenen bij het onderwijs (1. Brief Dez. 1969, 2. Brief Mai 1970). Maastricht.

8 Christelijke School: nota en noties (Sondernummer der Zeitschrift ‚Inkom‘, März 1970).

9 Van Calcar, C.: Leren lezen. Groningen 1967. — Van Calcar, C./Soutendijk, S./Tellegen, B.: School, milieu en prestatie. Enschede 1968. — Van Calcar, C./De Wit, O.: Samenscholen over opvoeding en onderwijs. Amsterdam 1970. — Van Heek, F. u. a.: Het verborgen talent (Milieu, schoolkeuze en schoolgeschiktheid). Meppel 1968. — Vervoort, E. C.: Gezin en schoolkreuze bij handarbeiders. Leiden 1968. — De Wit, O.: Langs ministeriele sluipwegen. In: Interlinks 1/1969, Nr. 5.

10 Grandia, J. H. N.: Uitdaging en antwoord. Purmerend 1968. — Grandia, J. H. N.: Onderwijs en sociaal milieu. Purmerend 1969. — vgl. van Tienen, A. J. M.: De andersmaatschappelijken. Amsterdam 1970.

11 Milikowski, H. Ph.: Sociale anpassing, niet-anpassing, onmaatschappelijkheid. Arnhem 1951 (Zweite Auflage unter dem Titel: Lof der onaangepastheid, 1970).

12 Freudenthal-Lutter, S. J. C.: Naar de school van morgen. Alphen aan den Rijn 1968.

13 Berichten uit de Noodadviesdienst Amsterdam. Nr. 1 und 2, 1970. — De Wit, O./Soutendijk, S./Van Calcar, C. (Hg.): Die rotschool van U. Utrecht 1970. — Over compensatieprogramma's. In: Student, Jan./Febr. 1971. — Brands, J.: Over de betekenis van onderwijskompensatieprogrammas voor arbeiderskinderen. Leiden 1970. — Rupp, J. C. C.: Opvoeding tot schoolweerbarheid. Groningen 1969. — Rupp, J. C. C.: Een Proeve van gezinsbegeleiding. In: Kleuterwereld 18/2, Okt. 1970.

14 Vgl. Beitrag von van Thijn in: Over compensatieprogramma's. In: Student, Jan./Febr. 1971. — Van Gelder, L.: Een strategie voor de vernieuwing van het basisonderwijs. Groningen 1969.

15 Van Gelder a.a.O.

16 Nieuwe onderwijsvormen voor 5- tot 13- à 14jarigen. Uitgave A. B. O. P. Groningen 1968.

17 Wasser, in: Handreiking bij het basisonderwijs Nieuwe Stijl. Uitgave KRO-schoolradio en NCRV-schoolradio, 1970, S. 11.

18 De Kock a.a.O., S. 7.

19 Freudenthal-Lutter, S. J. C.: Naar de school van morgen. Alphen aan den Rijn, 1968.

20 Schoolstad, een eeuw vrijheid van onderwijs in Nederland, 1848—1948. Den Haag 1950, S. 145.

21 Idenburg, Ph. J.: Schets van het Nederlandse Schoolwezen. Groningen 1964^2.

22 Heyster a.a.O., S. 19 ff.

23 Snijders-Oomen a.a.O.

24 Vgl. Idenburg, Ph. J.: Schets van het Nederlandse Schoolwezen. Groningen 1964^2. — Roggema, J.: De schoolse school. Groningen 1969.

25 Vgl. Roggema a.a.O.

26 Vgl. Kriens a.a.O., 1. Brief.

27 Vgl. Grandia, J. H. N.: Onderwijs en sociaal milieu. Purmerend 1969. — Rupp a.a.O. — Berichten uit de Noodadviesdienst, a.a.O. — Die rotschool van U, a.a.O. — Over compensatieprogramma's, a.a.O.

28 Educational policy and planning in the Netherlands. OECD, Paris, 1967.

29 Vgl. Freudenthal-Lutter, S. J. C.: De Jenaplanschool. Utrecht 1970. — Doornbos a.a.O. — Van Gelder a.a.O.

Bibliographie

I. Einführende Literatur

Gelder, L. van: Een strategie voor de vernieuwing van het basisonderwijs. Grondlijnen en doeleinden. Nota uitgebracht aan S.V.O. door het Instituut voor Onderwijskunde. Groningen 1969.
Grandia, J. H. N.: Onderwijs en sociaal milieu. Purmerend 1969.
Heyster, J. G. A.: Contact school-ouders. Tilburg 1968.
Idenburg, Ph. J.: Schets van het Nederlandse Schoolwezen. Groningen 1964².
Kock, F. P. C.: Het vraagstuk van de oudercomités. Tilburg 1958.
Snijders-Oomen, N.: Oudercomités — verleden, heden en toekomst. In: Dux, 28/1961, Nr. 6.
Vries, K. de: Ouderavonden. Enschede 1927.

II. Weiterführende Literatur

Advies terzake van het voorontwerp van een wet op het basisonderwijs. Uitgebracht door de Nederlandse Gezinsraad aan de Staatssecretaris van het Ministerie van Onderwijs en Wetenschappen. Den Haag, 8. 1. 1971.
Advies van de Ned. Kath. Oudervereniging over het voorontwerp van een wet op het basisonderwijs. Den Haag 1970.
Analyse van het functioneren van een aantal vernieuwingsscholen en Nederland. Nota uitgebracht aan de S.V.O. door het Kohnstamm-Instituut voor onderwijsresearch. Amsterdam 1970.
Beheersvorm voor het openbaar lager onderwijs. Drie rapporten van de commissie beheersvorm. 1960, 1963.
Berichten uit de Noodadviesdienst Amsterdam. Nr. 1 u. 2 1970.
Bolleman, Th. G.: Het sociaal belemmerde kind. Groningen 1966.
Bolleman, Th. G.: Kinderen van ongeschoolden. Groningen 1968.
Bijl, J.: Inleiding tot de algemend didactiek van het basisonderwijs. Groningen 1960.
Brands, J.: Over de betekenis van onderwijskompensatieprogrammas voor arbeiderskinderen. Leiden 1970.
Calcar, C. van: Leren lezen. Groningen 1967.
Calcar, C. van/Soutendijk, S./Tellegen, B.: School, milieu en prestatie. Enschede 1968.
Calcar, C. van/Wit, O. de: Samenscholen over opvoeding en onderwijs. Amsterdam 1970.
Christelijke School: nota en noties. Themanummer van ‚Inkom', Maart 1970.
Democratisering van het onderwijs. Publicatie van het Ministerie van O. & W. Den Haag 1969.
De vergeten periode. Themanummer van ‚Dux' 36, Juli/Aug. 1969.
Die rotschool van U. Brief van een onderwijzeres door de kinderen van Barbiana gevolgd door en nabeschouwing van Oscar de Wit, Sibe Soutendijk en Co van Calcar. Utrecht 1970.
Doorn, J. A. A. van: De proletarische achterhoede. Meppel 1954.
Doornbos, K.: Opstaan tegen zittenblijven. Den Haag 1969.
Duitemeyer, G.: Het sociaal achtergebleven gezin. Wageningen 1962.
Educational policy and Planning in the Netherlands. OECD, Paris 1967.
Freudenthal-Lutter, S. J. C.: Naar de school van morgen. Alphen aan den Rijn 1968.
Freudenthal-Lutter, S. J. C.: De Jenaplanschool. Een leef- en werkgemeenschap. Utrecht 1970.
Geest, A. N. van der/Duysens, H./Swüste, W.: Taalactiveringsprogramma. Den Bosch 1970, 1971.
Gerstel, R. A.: Een taalprogramma voor peuters en kleuters. Groningen 1970.
Gids voor Oudercommissien en Ouderraden bij het O. L. O. in Nederland. Assen 1955⁵.
Grandia, J. H. N.: Uitdaging en antwoord. Purmerend 1968.
Half jaar Oranje Vrijstaat. Informatiebulletin Nr. 2: Het volksdepartement van onderwijs, opvoeding en oppositie, 1970.
Handreiking bij het basisonderwijs nieuwe stijl. Uitgave KRO-schoolradio en NCRV-schoolradio, 1970.
Haveman, J.: De ongeschoolde arbeider. Assen 1951.
Heek, F. van et. al.: Het verborgen talent (milieu, schoolkeuze en schoolgeschiktheid). Meppel 1968.
Hubers, C. A. C.: De handicap van het plat praten. In: Het Schoolblad 5, 24./25. Juni 1970.
Idenburg, Ph. J.: Mensen gevraagd. Groningen 1956.
Idenburg, Ph. J.: De sleutelmacht der school. Groningen 1958.
Informatieschap onderwijs. Uitgave akademievereniging KPA. Amsterdam 1970.
Jeugd in school en wereld 54/1970, Nr. 7 und 9 (Darin Artikel u. a. über den Entwurf zum neuen Unterrichtsgesetz).

Katholieke oudervereniginingen, waarom en hoe? Uitgave van de Ned. Kath. Oudervereniging. Den Haag 1970.
Kinderen in de Lopikerwaard. Onderzoeksrapport door Appelhof, Boonman en Rupp. Amsterdam/Utrecht 1970.
Kleuter- en Basisonderwijs ten plattelande. Nota uitgebracht aan S. V. O. door het Instituut voor Onderwijskunde. Groningen 1969.
Kohnstamm, G. A.: Taalontwikkeling en milieu. Amsterdam 1969.
Kohnstamm, G. A./Vries, A. K. de: Het taal-denkprogramma. In: Kleuterwereld 15/1970, Nr. 10/11.
Koopmans, R. R.: Deprivatie en arbeidsproblematiek i. h. b. van werknemers uit problemgezinnen. Den Haag 1970.
Kriens, Y.: Open brief aan alle betrokkenen bij het onderwijs. Eerste brief (Dez. 1969), 2e brief (Mai 1970), Maastricht.
De laagstbetaalden, Uitgave Dr. Wiardi Beckman Stichting. Amsterdam 1965.
Leefbar maken Harmenjansbuurt. Een bijdrage van de bevolking. Haarlem 1969.
Matthijssen, M. A. J. M.: Schoolprestaties door gezinsopvoeding. Amsterdam 1967.
Matthijssen, M. A. J. M.: Vernieuwing en weerstand in het onderwijs. Purmerend 1969.
Meningen over het lager onderwijs: Van wie is die school? Video-enquète 1970.
Milikowski, H. Ph.: Sociale aanpassing, niet-aanpassing, onmaatschappelijkheid. Een bijdrage tot de discussie over probleemgezinnen. Arnhem 1951. (2. Aufl. 1970 unter dem Titel: Lof der onaangepastheid).
Nieuwe onderwijsvormen voor 5- tot 13- à 14jarigen. Uitgave A. B. O. P. Groningen 1968.
Nota onderzoeksprogramma basisonderwijs. S. V. O.. Den Haag 1968.
Nota van opmerkingen betreffende het voorontwerp van een wet op het basisonderwijs. Ned. Prot. Christelijke Schoolrad. Voorburg 1970.
Nijkamp, W. M.: Samenwerking tussen kleuterschool en ouders. Assen 1968.
Onderwijs over het onderwijs. Nota van S. V. O. Den Haag 1967.
Onderwijsverslag over het jaar 1969. Den Haag 1970.
Ouders en school in Katholiek verband. Uitgave van de Ned. Kath. Oudervereniging. Den Haag 1970.
Over compensatieprogramma's. In: Student, Jan./Febr. 1971. (Artikel u. a. von P. Bril, G. van Westerloo, J. C. C. Rupp, Th. van Tijn).
Pines, M.: Kinderen kunnen meer (met een voorwoord van G. A. Kohnstamm). Wageningen 1969.
Proefkrèche '70 Amsterdam. Interimsrapporten over het project. Amsterdam 1970.
Renes, P. B.: Recrutering en selektie van leerkrachten voor het lager onderwijs in Nederland. Groningen 1969.
Roggema, J.: De schoolse school. Groningen 1969.
Rupp, J. C. C.: Opvoeding tot schoolweerbaarheid. Groningen 1969.
Rupp, J. C. C.: Een prove van gezinsbegeleiding. In: Kleuterwereld 18, Nr. 2, Okt. 1970.
Ryswijk-Clerkx, L. E. van: Kind en milieu. Assen 1969.
School, leerlingen, ouders. Rapport van de subcommissie Milieuonderzoek. Deventer 1964.
Schoolstad, een eeuw vrijheid van onderwijs in Nederland, 1848—1948. Den Haag 1950.
Sietaram, K.: Onderontwikkeld gebied in eigen land. Assen 1969.
Sietaram, K./Everts, H. H. J./Nelissen, J. M. C.: Een kompensatieprogramma voor woonwagenkampkinderen. Tilburg 1969.
Schoolkinderen uit onderscheiden Nederlandse milieu's. Zwei Teile, Groningen 1959, 1961.
Tienen, A. J. M. van: De andersmaatschappelijken. Assen 1960.
Verdeeld of onverdeeld naar school. Uitgave V. O. O., Amsterdam 1970.
Vervoort, E. C.: Gezin en schoolkeuze bij handarbeiders. Leiden 1968.
Volksopvoeding 15/1966, Nr. 4 und 5 (Numers gewijd aan het thema Medeburgelijkheid).
Voorontwerp van een wet op het basisonderwijs. Den Haag 1970.
Wit, O. de: Langs ministeriële sluipwegen. In: Interlinks 1/1969, Nr. 5.

Elternhaus und Schule in Japan

Grundbedingungen der Kooperation

Die Grundlagen für das japanische Erziehungswesen der Vorkriegszeit wurden in der Zeit von 1871 bis 1886 gelegt. Damals verfolgte die Regierung das nationale Ziel, das Feudalsystem abzuschaffen, den Staat vollständig zu einigen und den Entwicklungsvorsprung des Auslandes aufzuholen. Deshalb sah sie sich zu einer despotischen und zentralistischen Erziehungspolitik veranlaßt. Spätere bildungspolitische Reformen bewirkten im wesentlichen nur noch eine Erweiterung und Modernisierung dieser Politik. Sie wurde durch die Militarisierung seit Beginn der zwanziger Jahre verstärkt und blieb bis zum Ende des 2. Weltkrieges in der Erziehungspolitik vorherrschend.[1] Die amerikanische Erziehungskommission, die Japan dann nach Ende des Krieges besuchte, wies in ihrem Bericht mit Recht darauf hin:

> „Verordnungen und Vorschriften, Textbücher und das System der Schulinspektionen nehmen den Lehrern allgemein jede Gelegenheit, sich beruflich frei zu entfalten. Vielmehr wird die Leistung eines Lehrers daran gemessen, inwieweit er der gewünschten Einheitlichkeit und Normierung zu genügen vermag. Um das japanische Erziehungswesen in seinen Grundzügen zu verstehen, genügt es deshalb beinahe schon, die vom Kultusministerium herausgegebenen Unterrichtspläne, Textbücher und Lehrerhandbücher zu lesen. Die Beamten des Kultusministeriums und der lokalen Erziehungsabteilungen — so gelehrt und akademisch gebildet sie auch sind — besitzen wenig Erfahrung mit der Erziehung und dem Lehramt. So kommt es, daß das große Reservoir an Fähigkeiten und Talenten, das in allen Schichten der Bevölkerung verborgen ist, ungenutzt bleibt."[2]

Wo Erziehungspolitik als eine hoch über den Willen des Volkes erhabene Funktion der Staatsgewalt betrachtet wird, haben Eltern keine Freiheit, sich in die Schulerziehung ihrer Kinder ‚einzumischen'. Und wo Kinder traditionell oft die gleichen Berufe ergreifen wie ihre Eltern, haben Eltern meistens keinen besonders großen Ehrgeiz hinsichtlich der Schulbildung ihrer Kinder. Statt dessen überlassen sie die Erziehung der Schule, und die Schule bildet die Kinder nach den vom Staat verordneten Zielsetzungen und Methoden aus, damit sie „nützliche Bürger des Staates" werden.

Der Ausgang des 2. Weltkrieges jedoch veranlaßte das japanische Volk, das bisherige Erziehungssystem rigoros zu überprüfen. Aus den Trümmern und dem Chaos der Nachkriegszeit suchte es den

Weg zu einem friedlichen und demokratischen Kulturstaat und forderte eine umfassende Neugestaltung der Erziehung für die künftigen Generationen. Im Geiste der „Verfassung des Japanischen Staates“ vom 3. November 1946, die „den Entschluß des Volkes“ ausspricht, „einen demokratischen Kulturstaat zu gründen, zum Frieden der Welt und zum Wohl der Menschheit beizutragen“, wurde am 1. März 1948 das „Fundamentale Erziehungsgesetz“ erlassen, das den Anspruch des Volkes auf Erziehung begründet. In diesem Gesetz heißt es:

§ 1 (Ziel der Erziehung): „Die Erziehung soll der Vervollkommnung der Persönlichkeit und der Ausbildung eines körperlich und geistig gesunden Volkes dienen, das als Träger eines friedlichen Staates und der Gesellschaft Wahrheit und Gerechtigkeit liebt, den Wert der Individualität schätzt, Arbeit und Verantwortung achtet und geistig selbständig ist.“

§ 2 (Verwirklichung des Erziehungsziels): „Dies Ziel der Erziehung soll zu jeder Zeit und an jedem Ort angestrebt werden. Zu diesem Zweck ist die Freiheit der Wissenschaft zu achten, der Geist der Selbständigkeit im Hinblick auf das praktische Leben zu pflegen. In Selbstachtung, gegenseitiger Anerkennung und Zusammenarbeit aller soll die Kultur schöpferisch weiterentwickelt werden.“

§ 3 (Gleichberechtigung in der Erziehung): „Der Bevölkerung soll in gleicher Weise Gelegenheit gegeben werden, eine der jeweiligen Befähigung entsprechende Erziehung zu erhalten. In der Erziehung dürfen keine Unterschiede nach Rasse, Glauben, Geschlecht, sozialem Stand, wirtschaftlicher Stellung oder Abstammung gemacht werden. Wer aus wirtschaftlichen Gründen keinen seiner Befähigung entsprechenden Schulunterricht erhalten kann, soll vom Staat und der Gemeinde unterstützt werden.“

§ 4 (Schulpflicht): „Die Bevölkerung ist verpflichtet, den Kindern einen neunjährigen Schulunterricht zukommen zu lassen.
Schulen, die vom Staat oder von Gemeinden errichtet worden sind, dürfen kein Schulgeld von Schulpflichtigen erheben.“

Trotz der schwierigen Nachkriegsverhältnisse wurde damals die Schulpflicht (von 8 auf 9 Jahre) verlängert und eine gleichberechtigte wie gleichwertige Entwicklung der Fähigkeiten des Individuums als Ziel proklamiert. Dabei wurde festgestellt, daß Erziehung nicht nur in der Schule, sondern „zu jeder Zeit und an jedem Ort“ stattfindet, so daß „Erziehung nicht allein Sache der Pädagogen ist, sondern daß auch die Eltern und die gesamte Gesellschaft an der Erziehung beteiligt“ sind.[3] Diese Bestimmungen bedeuteten für das japanische Erziehungswesen einen epochemachenden Einschnitt.
Klar war erkannt worden, daß die Charakterbildung und individuelle Selbstentfaltung nicht allein von der Schule geleistet werden können. Denn das Kind verbringt nur einige Stunden am Tage in der Schule und steht die meiste Zeit unter dem Einfluß der Familie und der Nachbarschaft. Das Kind wird mithin von mehreren Seiten zugleich beeinflußt. Deshalb müssen sich — wenn die Erziehung dem Kind gerecht werden soll — Schule, Familie und Gesellschaft ihrer er-

zieherischen Funktion und Verantwortung gleichermaßen bewußt sein und als gleichberechtigte Partner zusammenwirken. Aufgabe der Eltern ist es dabei, zu beobachten, ob sich die Schulerziehung im Einklang mit den gesellschaftlichen Vorstellungen befindet. Die Eltern sind sich — nach der bitteren Erfahrung mit dem Zweiten Weltkrieg — ihrer Erziehungsverantwortung in der Gesellschaft und im Hinblick auf die Gesellschaftsentwicklung durchaus bewußt geworden.

Auch die stürmische Wandlung Japans vom Agrar- zum Industriestaat in der Nachkriegszeit veranlaßte die Eltern, ihre Aufmerksamkeit der schulischen Erziehung zuzuwenden. Denn jetzt werden die sozialen Chancen des Kindes nicht mehr in erster Linie durch Herkunft, Vermögen und Einkommen der Eltern sowie deren langjährige Zugehörigkeit zu bestimmten Körperschaften bestimmt, sondern vor allem durch die beruflichen Qualifikationen. Da sozialer Aufstieg und wirtschaftliche Sicherheit in zunehmendem Maße von der Erziehung und Berufsbildung abhängig wurden, äußerte sich der soziale Aufstiegswille der Eltern in einem verstärkten Streben nach höherer Bildung für die Kinder. Die steigenden Bildungsaspirationen der japanischen Eltern spiegeln sich in Umfrageergebnissen des „Zentralrates für Jugendprobleme" wieder (1962).

Auf die Frage, „Welche berufliche Zukunft erwarten Sie für Ihre Kinder?", äußerten sich die Eltern folgendermaßen:

Schulbildung der Eltern:	Eine bessere soziale Position erstrebten für ihre Kinder:	Gleichgültig waren:	Eine den kindl. Fähigkeiten entsprechende Position, auch wenn sie niedriger als die eigene ist, akzeptierten:
Grund-(Volks-)Schule	54,6%	12,6%	32,4%
Mittelschule	56,0%	12,2%	31,8%
(in Tokyo)	(46,5%)	(12,9%)	(40,6%)
(in ländl. Gebiet.)	(76,5%)	(7,2%)	(16,4%)
Höhere Schule	60,6%	9,4%	30,0%

Für ihre Kinder wünschten unbedingt eine höhere als die eigene Schulbildung:

	Unbedingt:	Möglichst, aber nicht unbedingt:	Keine besonderen Wünsche:
Grund-(Volks-) Schule	48,2%	48,0%	3,5%
Mittelschule	49,8%	47,0%	3,2%
(in Tokyo)	(39,7%)	(50,7%)	(9,6%)
(in ländl.Gebiet.)	(50,1%)	(45,8%)	(4,1%)
Höhere Schule	50,5%	44,4%	5,1%

Die Befragung des Instituts für Pädagogische Soziologie der Universität Tokyo aus dem Jahr 1960 (1148 Familien) bestätigt — trotz der schichtspezifischen Differenzierung — die außerordentlich starke Fixierung der Eltern auf das ‚Abitur' und ein anschließendes Studium:

Beruf oder soziale Position der Eltern:	Schulbesuch bis zur Mittelschulreife		Schulbesuch bis zur Oberschulreife		Schulbesuch bis zur Hochschulreife	
	Jungen	Mädchen	Jungen	Mädchen	Jungen	Mädchen
1. Fabrikarbeit	4%	4%	47%	51%	49%	45%
2. Landwirt	2%	2%	46%	45%	51%	51%
3. Kleinbürger	3%	4%	35%	35%	61%	61%
4.Großhändler	1%	1%	17%	14%	81%	83%
5. Angestellte	1%	1%	4%	6%	93%	90%
zusammen:	2%	2%	29%	31%	68%	66%

Diesen hochgespannten Elternwünschen entsprechen die schulischen Möglichkeiten nur bedingt. Immerhin wächst der Anteil von Schülern weiterführender Bildungsanstalten an der Gesamtschülerzahl sehr schnell.[4] Während vor dem 2. Weltkrieg nur 20% der Kinder eine Mittelschule besuchten, waren es 1950 bereits über 50%, 1961 mehr als 70% und 1970 schon 82%. Von diesen Absolventen besuchen gegenwärtig 20% eine Hochschule, d. h. heute erhält ungefähr der gleiche Prozentsatz der Bevölkerung eine Hochschulbildung, der vor dem 2. Weltkrieg eine Mittelschulbildung erhielt.
Mit dieser Bildungsentwicklung korrespondiert der wirtschaftliche und soziale Strukturwandel des Landes. Waren nach Angaben des Bureau of Statistics 1953 noch 43,2%, (1956 = 39,4%) der Beschäftigten in der Land- und Forstwirtschaft tätig, so reduzierte sich dieser Anteil bis 1966 auf 22,9%. Gleichzeitig stieg der Beschäftigtenanteil in der Verarbeitenden Industrie auf 32,3% und im Dienstleistungs-

sektor auf 44,8%. D. h. die japanische Landwirtschaft setzte jährlich mehrere hunderttausend Arbeitskräfte für die Verwendung in der gewerblichen Wirtschaft frei, die ihrerseits jedoch andere und höhere Qualifikationen fordert. Der soziale Strukturwandel macht mithin eine Bildungsexpansion erforderlich, wie sie durch die folgenden Zahlen belegt wird. Im Frühjahr 1968 erreichten 710.000 Kinder aus landwirtschaftlich tätigen Familien einen Mittelschulabschluß gegenüber 749.000 im Vorjahr, und 520.000 erlangten einen Abschluß der höheren Schule gegenüber 515.000 im Vorjahr. Den landwirtschaftlichen Beruf der Familie nahmen nur noch 38.000 unter den Mittelschulabsolventen (= 5,3%) und 23.000 der ‚Abiturienten' (= 4,4%) auf.[5] Insgesamt fördert also die soziale Mobilität das Bildungsinteresse der Eltern.

Organisation des Eltern-Schul-Kontakts

Für die Kontakte zwischen Eltern und Schule gibt es in Japan noch keine gesetzliche Regelung. Schon vor dem Zweiten Weltkrieg waren Kontakte zwischen Elternhaus und Schule, sei es in Gestalt von Schulbesuchen der Eltern oder über Elternvereinigungen, üblich. Jedoch ging die Initiative damals grundsätzlich von den Lehrern aus.

Unterrichtshospitationen der Eltern

Eltern zeigen sich heutzutage allgemein recht besorgt um das Wohlergehen ihrer Kinder in der Schule; z. B. ob sie sich vor der Klasse äußern können, ob sie dem Lehrer folgen und aufmerksam zuhören können. Solche und ähnliche Fragen und Sorgen der Eltern muß der Lehrer beantworten. Dabei vertrauen sie ihm um so mehr, wenn sie auch an seinem Unterricht teilnehmen und dabei das Verhalten ihrer Kinder beobachten können. Um ein solches Vertrauensverhältnis zu entwickeln, das den Erfolg der Schule allgemein sehr fördert, lädt man an fast allen Volksschulen die Eltern einmal im Monat zu einer Unterrichtshospitation ein. Im Anschluß an diese Unterrichtsbesichtigung findet mindestens einmal in jeder Schulperiode (das Schuljahr hat drei Perioden) entweder eine Besprechung unter den Eltern oder eine Aussprache mit dem Lehrer statt. Manchmal werden in Ergänzung dazu auch Vorträge von Fachwissenschaftlern gehalten.
Da derartige Schulhospitationen normalerweise nur von Müttern besucht werden können, wird ein- oder zweimal im Jahr an einem Sonntag Unterricht speziell für Väter und berufstätige Mütter gehalten. An diesen Sonntagen sind dann besonders lange Besprechungen vorgesehen, damit auch den Vätern hinreichend Gelegenheit für einen Meinungsaustausch gegeben wird. Bei diesen Kontaktgesprächen hat man die Erfahrung gemacht, daß Mütter hauptsächlich über das Verhalten ihrer Kinder oder über deren außerschulische

Interessen und Aktivitäten zu sprechen pflegen, also über sogenannte Mikrothemen, während Väter in größerem Maße über die aktuelle Situation des Erziehungswesens, über Einrichtungen der Schule, d. h. über Makrothemen zu diskutieren wünschen.

Informationen der Schule für die Familie

Als selbstverständlich gilt heutzutage, daß Schule und Familie Verbindung halten und zusammenarbeiten. Je intensiver dabei die Beziehungen sind zwischen dem Lehrer, der die Klasse führt, und den Eltern, die das einzelne Kind viel genauer kennen — desto besser wird das gegenseitige Verständnis, desto leichter eine Abstimmung der Auffassungen und desto eher gelingt es, desinteressierte Familien bildungsbewußter zu machen. Um den Kontakt zu fördern, lassen manche Klassenlehrer z. B. regelmäßig Klassenzeitungen anfertigen oder sie verschicken kurze Notizen und einfache Drucksachen, die z. B. informieren sollen über:

- die offiziellen Richtlinien und Art der Klassenführung,
- Inhalt, Vorbereitung und Fortschritte des Unterrichts,
- Unterrichtserfolge innerhalb der Schule,
- regelmäßige und außerordentliche pädagogische Tätigkeiten der Schule oder der Klasse,
- Begebenheiten in der Klasse und Zustand der Kinder,
- Abrechnungen und andere Verwaltungsfragen,
- Anleitungen für die Hausarbeiten,
- Berichte über das Verhalten der Kinder beim Spielen usw.,
- Tätigkeiten der Eltern-Lehrer-Vereinigung (Parents and Teachers Association = PTA),
- Meinungsäußerungen der Eltern,
- Aktuelle Erziehungsfragen,
- Anfragen,
- Arbeiten der Kinder (Aufsätze, Gedichte, Zeichnungen usw.).[6]

In Unterstufenklassen verteilen die Lehrer außerdem ein Verbindungsbuch an die einzelnen Kinder, in das notwendige Mitteilungen über das Kind eingetragen werden und in dem die Eltern ihrerseits antworten und Stellung nehmen können.

Familienbesuche und individuelle Kontakte mit der Schule

Weil das Kind in seinem Charakter, seinen Eigenheiten und seinen Lerndispositionen entscheidend vom Elternhaus beeinflußt wenn nicht geformt wird, muß der Lehrer die Familienverhältnisse und die Lebenssituation des Kindes kennen. Zu diesem Zweck besucht er ein- oder zweimal pro Jahr jede Familie. Vor allem muß er Familien von Kindern aufsuchen, deren Verhalten in der Schule zu denken gibt. Derartige Besuche gab es zwar auch schon vor dem Kriege, aber damals wurden die Eltern nur über die Auffassung der Schule informiert. Heute dagegen legt der Lehrer größtes Gewicht darauf, die Meinung der Eltern kennenzulernen. Das ist ein Wandel, der für

die Nachkriegszeit charakteristisch ist. Außerdem erhalten Eltern, die aus beruflichen oder anderweitigen Gründen selten oder gar nicht zu Besprechungen in die Schule kommen können, erneut eine Gelegenheit zum Gedankenaustausch mit dem Lehrer.
Unterredungen zwischen Lehrer und Familie können selbstverständlich auch in der Schule stattfinden, und zwar sowohl zwischen dem Lehrer und einzelnen Eltern als auch nur unter Eltern. Wie erwähnt, finden dazu nach einem Unterrichtsbesuch stets Aussprachen zwischen Lehrern und Eltern statt; vor allem aber spricht der Lehrer am Ende jeder Schulperiode (bei der Verteilung der Zeugnisse) mit den einzelnen Eltern über die Entwicklung, Probleme und eventuell erforderliche Anstrengungen ihrer Kinder. Rücksprachen können also bei jeder Gelegenheit — so z. B. als kurze Unterredung auf dem Korridor — stattfinden. Besonders häufig wird allgemein im dritten Schuljahr der Mittelschule, d. h. vor der Schulentlassung, Gelegenheit zur Aussprache gegeben, damit der künftige Weg des Kindes von Lehrer und Eltern ausführlich beraten werden kann.
Außer in der Schule finden auch in den einzelnen Wohnvierteln regelmäßig Elternbesprechungen statt. An ihnen nehmen Personen teil, die sich aufgrund täglicher Kontakte kennen oder auch als Nachbarn befreundet sind. Die Teilnahme an solchen Besprechungen ist vielfach bequemer als bei Klassenelternabenden in der Schule und bietet besondere Gelegenheit zur Erörterung von Fragen, die mit den Verhältnissen im Wohnviertel zusammenhängen. In der Regel treffen sich dann die in der Nähe lebenden Eltern von Kindern einer Klasse, eines Jahrganges oder einer ganzen Schule. Die zuständigen Lehrer nehmen teil und lernen die Milieuverhältnisse kennen und damit die Kinder besser verstehen. Manchmal werden auch die Kinder zur Aussprache hinzugezogen. Hauptthemen solcher Besprechungen sind das Leben der Kinder außerhalb der Schule und die sozialen Verhältnisse im Viertel.

Eltern-Lehrer-Organisationen

Die erste amerikanische Erziehungskommission, die auf Einladung von General MacArthur die japanischen Verhältnisse studierte, legte dem amerikanischen Besatzungskommando am 30. März 1946 ihren Bericht vor. Darin vertrat sie die Auffassung, daß es notwendig sei, durch eine Zusammenarbeit von Lehrern und Eltern die Erziehung zu demokratisieren; zugleich werde die Erziehung dadurch erfolgreicher. Der Leiter der ‚Erziehungsabteilung' des amerikanischen Generalkommandos äußerte in einem Artikel für die „Erziehungszeitung Japans" am 1. Mai 1946 den ausdrücklichen Wunsch nach Gründung einer „Vereinigung von Eltern und Lehrern" (Parents and Teachers Association = PTA). Denn der Einfluß der Schule auf die Gesellschaft könne entweder nur aufgrund einer intensivierten Erwachsenenbildung oder durch die Entwicklung einer „wahren Vereinigung von Eltern und Lehrern“ wachsen. Die Mitwirkung der Eltern am Schulgeschehen werde ihr Bildungsinteresse steigern und ihnen Gelegenheit zu bildungspolitischer Neuorientierung und zur Weiterbildung bieten.[7] Im Oktober desselben Jahres gab er dem Leiter der Abteilung für Sozialerziehung im Kultusministerium formell „Weisung, die PTAs positiv zu fördern“. Im Dezember erläuterte das Kultusministerium daraufhin den Leitern von Sozialerziehungsabteilungen in der Regionalverwaltung die Grundzüge der Elternmitwirkung; es regte die Einführung von PTAs an und sandte am 2. März 1947 den Provinzgouverneuren Materialien unter dem Titel zu: Eltern und Lehrer — Zur Demokratisierung der Erziehung. Auf den ersten Sozialerziehungstagungen, die dann von Mai bis Juli desselben Jahres in 94 Ortschaften durchgeführt wurden, war die Frage der PTAs ein Hauptthema. Im weiteren Verlauf übernahmen die militärischen Besatzungsbehörden die Leitung bei Einrichtung der örtlichen PTAs, um die weitere Entwicklung zu beschleunigen. Bis zum Jahresende 1947 bestanden an über der Hälfte aller Schulen, bis Ende 1948 an über 90% PTAs. Im Oktober 1947 wurde auch die Dachorganisation, die „Gesamtjapanische Konferenz der PTAs“, gegründet, die heute 45.000 Einzelorganisationen mit 17.740.000 Mitgliedern umfaßt. Das sind etwa 30% der gesamten erwachsenen Bevölkerung in Japan. Die Organisation ist damit die größte Erziehungsorganisation des Landes.[8]

Selbstverständlich gab es auch schon vor dem Kriege Elternorganisationen wie den „Verein der Erziehungsberechtigten“, „Verein der Mütter“, „Verein der Väter und Mütter“, „Verein der Förderer der Schule“ usw. In ihnen waren jedoch nur Eltern zusammengeschlossen, keine Lehrer. Die Tätigkeit dieser Organisationen ergab sich aus ihrem Charakter als Förderer-Organisationen, d. h. sie unterstützten die Schule finanziell, ohne Einfluß zu haben. Auffassungen der Schulleitung wurden ihnen mitgeteilt, dagegen nahmen die Schulleitungen ihrerseits von den Meinungen der Eltern keine große Notiz. Im Unterschied zu dieser Tradition sollten die PTA's nach dem 2. Weltkrieg vor allem die Kooperation von Elternhaus und Schule erleichtern und eine Demokratisierung der Schule vorantreiben.

In die eigentlichen Funktionen der Schule soll die PTA nicht eingreifen, d. h. sie soll weder Funktionen der Schulkomitees übernehmen noch in personalpolitische Fragen eingreifen. Ihr Sinn ist es vielmehr, durch das Zusammenwirken von Familie, Schule und Gesellschaft dem Wohl der Kinder zu dienen. Die vom Kultusministerium 1954 herausgegebenen Mustersatzungen und Einzelstatuten, die als Beispiel für die Organisation einer Volksschul-PTA dienen sollen, illustrieren, welche Aufgaben den PTAs zuerkannt werden. Eine PTA strebt danach:

„§ 3. . . . durch die Zusammenarbeit von Eltern und Lehrern ein glückliches Heranwachsen der Schulkinder und der Jugend in Schule, Familie und Gesellschaft zu sichern.

§ 4. Um dieses Ziel zu erreichen, setzt sich die PTA folgende Ziele:
— sie fördert das Bemühen von Eltern und Lehrern, ihrer Erziehungsaufgabe gerecht zu werden,
— sie versucht, durch die Verbindung von Schule und Familie den Schulkindern und der Jugend Hilfe und Orientierung zu geben,
— sie will die Lebensbedingungen der Schulkinder und der Jugend verbessern,
— sie fordert eine Erweiterung der öffentlichen Ausgaben für das Erziehungswesen,
— sie strebt eine internationale Verständigung an.
§ 5. Diese Vereinigung betätigt sich dabei als demokratische Organisation nach folgenden Richtlinien:
— Zusammenarbeit mit anderen Organisationen und Körperschaften, die um die Erziehung und das Wohl der Schulkinder und der Jugend bemüht sind.
— Neutralität gegenüber Religionen und politischen Parteien. Die Vereinigung übt keine auf Gewinn ausgerichteten Tätigkeiten aus.
— Weder im Namen des Vereins noch im Namen einzelner Vorstandsmitglieder dürfen bei öffentlichen oder privaten Wahlen Kandidaten unterstützt werden.
— Die PTA darf nicht in Personal- oder Verwaltungsangelegenheiten der Schule eingreifen.
§ 6. Folgende Personengruppen können Mitglieder dieser Gesellschaft werden:
— Eltern und Erziehungsberechtigte von Schülern der Volksschule. . .,
— Schulleiter und Lehrer der Volksschule . . .,
— Personen, die die Ziele der Vereinigung unterstützen (über die Aufnahme wird vom Vorstand der PTA entschieden).
§ 7. Die Mitglieder dieser Gesellschaft sind verpflichtet, einen Mitgliedsbeitrag zu zahlen.
— Der Mitgliedsbeitrag beträgt jährlich . . . und kann in Raten gezahlt werden.
§ 8. Alle Mitglieder haben gleiche Rechte und Pflichten."[9]

Die hier skizzierte Struktur und Funktion von Elternvereinigungen ist das Ergebnis langwieriger Auseinandersetzungen.
Das Schulwesen wurde nach dem Kriege nicht nur wieder aufgebaut; sondern außerdem hat man die Schulpflicht von 8 auf 9 Jahre verlängert und für *alle* Kinder eine sechsjährige Grundschul- und dreijährige Mittelschulpflicht (das sogenannte eingleisige 6-3-System) eingeführt. Die Mittelschulen mußten dabei weitgehend neu geschaffen werden. Weil die Staats- und Gemeindefinanzen aber für die Beseitigung der Kriegsschäden beansprucht wurden, konnte das neue Schulsystem nur mit der finanziellen Hilfe von PTAs aufgebaut werden. Zunächst richteten sich die Aktivitäten der PTAs daher schwerpunktmäßig auf Maßnahmen zur Beseitigung des Schulraumdefizits, zur Vervollständigung der Schulausstattung und zur Verbesserung der Arbeitsbedingungen von Lehrern und Schülern. Die PTA-Mitglieder haben zur Deckung dieser Kosten entscheidend beigetragen (z. B. Wäsche verkauft, Theater gespielt usw.).[10] Die Einrichtungen der Schulen, besonders der neuentstandenen Mittel-

schulen, sind fast ganz mit diesen Spenden beschafft worden. Das Kultusministerium schätzt, daß den Schulen insgesamt etwa 20 Mrd. Yen zur Verfügung gestellt wurden. So haben die PTAs eine außerordentliche Rolle bei der Ausstattung der Schulen gespielt, obwohl gerade dies nach 1945 nicht mehr ihre Aufgabe sein sollte.

Wenn die PTAs Kosten übernahmen, die an sich von der öffentlichen Hand getragen werden mußten, so zeigt sich hier die ganze Ambivalenz von staatlichem und gesellschaftlich-demokratischem Erziehungsauftrag, wie sie auch in der japanischen Verfassung (§ 26 das „Recht des Volkes auf Erziehung") zum Ausdruck kommt. Danach hat das Volk ein allgemeines „Anrecht auf eine den jeweiligen Fähigkeiten entsprechende Erziehung"; es hat aber auch „die Pflicht, den seiner Obhut anvertrauten Kindern eine allgemeine Erziehung zu gewähren", und zwar soll die Erziehung der Schulpflichtigen „unentgeltlich erteilt werden". Die Unentgeltlichkeit der Schulerziehung beschränkt sich nicht auf das Schulgeld. Sondern generell soll die finanzielle Belastung der Eltern durch die Erziehung und Ausbildung ihrer Kinder möglichst verringert werden. Wenn die Eltern in der Nachkriegszeit also Kosten für Einrichtung und Ausstattung der Schulen übernahmen, so war dies eine durch die Notsituation gerechtfertigte pragmatische Lösung, obgleich sie der Verfassung und dem Anspruch auf gleichberechtigte Erziehung widersprach. Das Verwaltungsaufsichtsamt empfahl deshalb im Januar 1966 dem Kultusministerium, im Interesse größerer Chancengleichheit die Unterrichtsbedingungen zu verbessern und unter Berücksichtigung der Finanzsituation in den Gemeinden Maßstäbe für Ausstattung und Unterhalt der Schulen aufzustellen, nach denen das Schulwesen öffentlich zu finanzieren sei.[11] Und zwar fiel der PTA die wichtige Aufgabe zu, derartige Maßstäbe entwickeln zu helfen. Dabei muß vor allem der wirtschaftliche Strukturwandel berücksichtigt werden, der durch die Bevölkerungsverschiebungen ausgelöst worden ist. In Gemeinden mit zurückgehenden Bevölkerungszahlen müssen kleine Schulen zusammengelegt werden, in Gebieten mit wachsender Bevölkerung müssen rechtzeitig Neugründungen erfolgen. Zudem verursacht der rasche Ausbau des höheren Schulwesens Probleme einer strukturellen Neuorganisation. Für derartige Planungs- und Bedarfsfeststellungsaufgaben ist die Tätigkeit der PTA bedeutungsvoll.

Solange die PTA jedoch das Sammeln von Spenden als eine ihrer Hauptaufgaben betrachtet, widerspricht sie letztlich ihrer eigentlichen Funktion. Denn wenn eine Schule finanzielle Unterstützung von seiten der PTA empfängt, ist die Schulleitung dem Vorstand der PTA verpflichtet, und nur allzuleicht entstehen Abhängigkeiten. Je weniger Erfahrung die PTA-Mitglieder mit der Führung einer demokratischen Organisation besitzen, desto größeren Handlungsspielraum gewinnen einflußreiche Minderheiten. Nicht selten werden PTAs deshalb als „BTAs" (Boss and Teachers Association) kritisiert.

Diese Kritik richtet sich gegen einflußreiche Gruppen oder Personen im Vorstand, die sogar in Personalangelegenheiten und pädagogische Fachprobleme eingreifen und Unterrichtsrichtlinien wie Unterrichtsinhalte in Frage stellen. So wird gelegentlich gesagt: „Der als PTA getarnte ‚Verein zur Unterstützung der Schule' hat durch finanzielle Unterstützung der Schule einen größeren Einfluß als je zuvor gewonnen, und es ist daraus eine Organisation zur Leitung der Schule geworden."[12] Tatsächlich hat es PTAs gegeben, auf die eine solche Beschreibung zutraf.

Zum Teil sind die Lehrer — die den PTAs als Mitglieder angehören — dafür verantwortlich, wenn der Einfluß von PTAs derart mächtig und unkontrollierbar wird. Der Direktor der Abteilung Sozialerziehung im Kultusministerium (heute Leiter des Instituts für Sozialerziehung) stellte in einer Untersuchung über die Gründung von PTAs fest: „Traditionell achtet man in Japan die Lehrer sehr hoch, und Lehrer neigen zuweilen noch immer dazu, die Eltern zu verachten."[13] Weil die Eltern befangen sind und weil sie wissen, daß der Schulerfolg ihrer Kinder weitgehend von den Lehrern abhängt, kommt es oft nicht zu einer gleichberechtigten Diskussion und Zusammenarbeit. Auf der 5. Tagung der PTA-Organisationen (1958) nahm die Vertretung einer Volksschule folgendermaßen Stellung:

> „Lehrern gegenüber herrscht Befangenheit in Benehmen und Gespräch. Offene Meinungsäußerung fällt schwer. Nimmt die Befangenheit überhand, werden Schmeicheleien und Unterwürfigkeit daraus. Vor allem diejenigen Eltern neigen zur Zurückhaltung oder geben ihre Mitarbeit in der PTA ganz auf, deren Kinder in der Schule nur schwache Leistungen zeigen. Auf der anderen Seite sprechen Eltern schon bei kleinen Fehlern des Lehrers — mitunter sogar in Anwesenheit der Kinder — schlecht über ihn. Einflußreiche Personen oder langjährige Vorstandsmitglieder einer PTA benehmen sich zuweilen Lehrern gegenüber verächtlich oder versuchen die Vereinigung zu beherrschen."[14]

Aufgrund vielfältiger Kritik, und weil das Schulwesen inzwischen recht zufriedenstellend eingerichtet ist, so daß Spenden kaum noch erforderlich sind, beginnt gegenwärtig eine Überprüfung der PTAs, ihrer Struktur und Funktionen. Frau Ikuko Ishii, früher Vorstandsmitglied einer PTA und heute Mitglied der Zentralen Konferenz für Jugendprobleme im Kabinett, meint z. B.: „Die bisherige PTA hat ihre Aufgabe, die Kinder durch Zusammenarbeit von Eltern und Lehrern für die Gesellschaft zu erziehen, oft vernachlässigt. Sie ist dem eigentlichen Sinn der PTAs nicht gerecht geworden. Jetzt bietet sich eine gute Gelegenheit, ihre Funktion zu überprüfen."[15] Eine derartige Neuorientierung hat seit einiger Zeit begonnen. Aufgabe der PTAs ist es gemäß der neuen Auffassung, das Wohl des Kindes zu fördern, alle Probleme der Kinder als Fragen an Eltern und Lehrer zu behandeln und eine bessere Ausbildung von Eltern und Lehrern anzustreben.

Jedoch war auch die bisherige Tätigkeit der PTAs keineswegs auf das Spendenwesen beschränkt. Es gab nicht wenige vortreffliche

Organisationen, die sich seit langem für die Fortbildung von Eltern und Lehrern eingesetzt haben oder Aufklärungskampagnen zugunsten der demokratischen Erziehung führten. Bei ihren Studien (von deren Inhalt noch die Rede sein wird) und bei ihren freiwilligen Einsätzen für die Schule hatten die Eltern dann Gelegenheit, die Schule zu besuchen. Durch diese Kontakte und Zusammenarbeit wurden Barrieren zwischen Familie und Schule abgetragen. Unter den Lehrern hat sich auf diese Weise die Einsicht verbreitet, daß ohne Berücksichtigung der Familie und ohne Mitwirkung der PTA ein vollwertiger Schulbetrieb nicht möglich ist. Es hat sich gezeigt, daß die Erziehungsauffassungen der Eltern zunächst die öffentliche Meinung und auf diesem Wege dann auch die Erziehungspolitik des Staates beeinflussen. Insgesamt haben die PTAs in den letzten 25 Jahren, obwohl mit gewissen Schwächen behaftet, die Beziehungen zwischen Eltern und Lehrern günstig beeinflußt und viel zur Demokratisierung von Schule und Gesellschaft beigetragen.
Besondere Erwähnung verdient schließlich, daß die PTA vielen Frauen geholfen hat, in eine gesellschaftliche Rolle hineinzuwachsen. Durch Teilnahme an den PTA-Kursen haben Mütter ihre Einsichten in Erziehungsvorgänge vertieft und ihr soziales Gesichtsfeld erweitert. Darüber hinaus haben die PTAs den Hausfrauen einen Platz zur Erholung und Geselligkeit geboten. Vor allem die Hausfrauen der Städte, die nur selten Verwandte und meist auch wenig Bekannte am Wohnort haben, gelangen durch den Beitritt zuweilen zu einem engeren Freundeskreis. Sport- und Musikzirkel der PTAs gewinnen ständig an Bedeutung und erweitern die Möglichkeiten der Freizeitgestaltung. Diese Kontakte bieten stets auch eine indirekte Gelegenheit, Erziehungsprobleme und Alltagssorgen gemeinsam zu überdenken. Schließlich entstehen in den PTAs auch Mütterklassen oder Studienkreise für Mütter und Lehrer. Die Vielfalt des Angebots hat in Einzelfällen negative Nebenwirkungen mit sich gebracht, weil Mütter ganz in dem Angebot aufgingen und als „Erziehungs-Mamas" nur noch über die Erziehung und die Zeugnisse ihrer Kinder redeten. Dies sind zweifellos aber Ausnahmen gegenüber den politischen Anregungen, die denkenden Müttern von der PTA vermittelt wurden.

Elternerziehung und Elternfortbildung

Die PTAs haben sich, wie angedeutet, aus einer Organisation zur Unterstützung der Schule allmählich zu Erziehungsorganisationen entwickelt, die sich auch um die Weiterbildung ihrer Mitglieder bemühen. Angesichts der gegenwärtigen Umwälzungen können Eltern ohne eine theoretische Ergänzung ihrer Erziehungsarbeit auch nicht mehr die Verantwortung als „Baumeister und Wächter am Tor der Tiefe"[16] für das Kind übernehmen. Unter dem Aspekt einer lebenslangen Weiterbildung wird die Notwendigkeit der Elternbildung mit Recht betont.

Nach Kriegsende begann das Elternstudium zunächst mit Vorträgen über die demokratische Erziehung. Sehr viele Eltern nahmen daran teil; denn sie hatten große Schwierigkeiten, sich von den Vorstellungen und Gewohnheiten einer autoritären Erziehung freizumachen. Auf derartigen Veranstaltungen, die von PTAs mehrmals im Jahr durchgeführt wurden, sprachen Professoren oder andere Erziehungsfachleute zu den Eltern. Eine günstige Gelegenheit zu derartigen Vorträgen bildeten die Elternversammlungen am Ende der Schulperiode. Selbstverständlich wurde dabei nicht nur über Erziehungsfragen gesprochen, sondern auch über Zeitprobleme, Fragen der Lebensverbesserung usw. Allmählich begann man jedoch an der Effektivität von Vortragsreihen zu zweifeln. Für erfolgversprechender hielt man es jetzt, wenn Eltern mit pädagogischen Fachleuten über Alltagsprobleme der Kinder diskutierten. Der Schwerpunkt der Aktivitäten verlagerte sich mithin von Vorträgen auf Lern- und Studienzirkel. Als wichtige Bestandteile der Elternbildung gelten: Vorträge, Elternkurse, Väterklassen, Lesezirkel, Erziehungsfernsehen und Studienreisen.

Vorträge für Eltern werden sowohl von den Versammlungszentren der Gemeinden veranstaltet, denen die Aufgabe der Erwachsenenbildung obliegt, als auch von den PTAs. Die PTAs bieten derartige Vorträge meist im Rahmen von Studienprogrammen an. Der Schwerpunkt der Vorträge liegt dabei auf einem Jahresthema, wie z. B. der Verstärkung der Familienerziehung, den Bestrebungen zur außerschulischen Erziehung, der Vertiefung des Verständnisses für die PTAs, usw.

In Ergänzung zu den Vorträgen werden in den Studienprogrammen der PTAs systematisch und in Fortsetzungen *Elternkurse* angeboten. Diese Elternkurse finden in kleineren Gruppen statt, z. B. aufgeteilt nach Klasse, Jahrgang oder Unterrichtsstufe der Kinder. Manchmal werden auch Studienthemen festgesetzt und Einzelaspekte in Arbeitsgruppen diskutiert. Im Mittelpunkt der Elternarbeit stehen Vorträge und Diskussionen, aber es finden auch Leseabende, Filmveranstaltungen, Erholungskurse (Chor, Volkstanz, Sport) statt. Die Veranstaltungen schließen sich zuweilen an die Unterrichtsbesuche der Eltern an: und zwar weil es für viele Eltern aus zeitlichen Gründen günstiger ist, an einem Tage zwei Veranstaltungen zu besuchen, ferner, weil aufgrund der frischen Unterrichtseindrücke eine Diskussion konkreter und ernster wird, und schließlich damit möglichst viele Eltern Gelegenheit erhalten, über den Unterricht, die heutige Erziehung, die Lage der Kinder usw. Auskunft einzuholen. Der Lehrer nimmt an diesen Elternkursen teil, um die Meinungen der Eltern verstehen und anerkennen zu lernen, aber auch, um den Eltern seine pädagogischen Absichten und Überzeugungen darzustellen. Die Häufigkeit dieser Versammlungen ist von PTA zu PTA und in den Arbeitskreisen der einzelnen PTAs recht verschieden.

Obgleich diese Veranstaltungen als „Elternkurse" bezeichnet werden, nehmen vorwiegend Mütter daran teil. Da aber auch immer mehr Mütter berufstätig sind, wird von den Schulen jährlich ein- oder zweimal an einem Sonntag unterrichtet, um allen Eltern Gelegenheit zum Unterrichtsbesuch zu geben. Am darauffolgenden Montag fällt dann der Unterricht aus. Am Sonntag findet im Anschluß an die Hospitation die sog. „Väterklasse" statt, die es in jeder PTA gibt. Beispielhaft wird hier das Programm einer Väterklasse (Grundschule) wiedergegeben, in dessen Rahmen der Verfasser einen Vortrag hielt:

Väterklasse der PTA an einer Volksschule
(Zeit: 8.45 bis 16.00 Uhr)

Besichtigung des Unterrichts (in den Klassenräumen)
Erste Stunde 8.45 bis 9.30 Uhr, zweite Stunde 9.40 bis 10.25 Uhr. Nach der zweiten Stunde haben die Kinder frei und verlassen die Schule. Die Väter bleiben in den Klassenzimmern.

Besprechung in der Klasse (in den Klassenräumen, 10.30 bis 12.00 Uhr)
Der Elternsprecher leitet die Diskussion. Unter Teilnahme des Lehrers besprechen die Väter alles, was ihnen während des Unterrichts aufgefallen ist oder was sie an Erziehungsproblemen zur Sprache bringen wollen.

Mittagessen (in den Klassenräumen, 12.00 bis 13.00 Uhr). Die Väter erhalten das gleiche Mittagessen, wie es den Kindern täglich in der Schule geliefert wird.

Generalversammlung (in der Aula, 13.00 bis 15.00 Uhr)
a) Ansprachen des Schulleiters und des PTA-Präsidenten.
b) Berichte der einzelnen Abteilungen und Meinungsaustausch: die Elternvertreter der einzelnen Klassen referieren die jeweils von der Elternschaft besprochenen Probleme (Fragen, Antworten, Diskussionspunkte).
c) Vortrag: „Die Schule, Familie und Gesellschaft" (Fragen und Antworten).

Erholung (auf dem Sportplatz, 15.00 bis 16.00 Uhr)
Väter und Lehrer spielen zusammen Volleyball, Tischtennis usw.

Kurse zur Familienerziehung

Durch den Strukturwandel der Familie, und zwar von einer Produktions- zu einer Verbrauchergemeinschaft, hat die Familie einen großen Teil ihrer Erziehungsfunktionen eingebüßt. Die Charakterentwicklung des Kindes findet damit unter veränderten Bedingungen statt. In Japan ist dies Problem erst seit zehn Jahren deutlich erkannt worden. Seither gilt die Neubelebung der Familie als Ort der Liebe, der mitmenschlichen Sozialisation und des Schutzes, d. h. als Platz des ursprünglichen und allumfassenden Erlebens von Menschlichkeit, als dringlichste Aufgabe.[17] Das Kultusministerium fördert deshalb seit 1964 Kurse zur Familienerziehung finanziell. Auch die Gemeinden stehen diesen Kursen positiv gegenüber.
Ein Kursus erstreckt sich mindestens über 20 Stunden im Jahr. Die Themen sind den örtlichen Bedingungen angepaßt. Als Unterrichtsräume dienen Schulen und Versammlungsräume der Gemeinden. Behandelt werden u. a.: Möglichkeiten zu einem ‚neuen' Familien-

leben, Modelle für die Familienerziehung oder Leitung von Kindern außerhalb der Schule. Studiert wird mit Hilfe von Vorträgen, Diskussionen, Filmen, Besichtigungen, Buchlektüre und Freizeitveranstaltungen. Ein früher vom Verfasser entworfener *Jahresplan* für einen solchen Kursus schloß folgende Themen ein:

Grundlagen der Famielienerziehung

„Charakteristik der modernen Gesellschaft und ihrer menschlichen Probleme,
Der Wandel des Familienlebens und die Probleme der modernen Erziehung,
Die Bewegung der Seele (des Gemütes),
Mentalität und Charakter,
Leben und Spielen des Kindes.

Methoden der Familienerziehung

Liebe und Strenge,
Wie soll man strafen, tadeln und loben?
Rhythmus ins Leben!
Das warme Herz,
Freude an der Arbeit.

Die Kinder der Gesellschaft

Massenkommunikation und Kinder,
Die Kinder und die Gesellschaft.

Gedankenaustausch unter den Lernenden

Erfahrungen mit Familienerziehungskursen an anderen Orten.

Zusammenfassung

Die Lebensführung der Eltern,
Weitere Entwicklung des Studiums in der Zukunft."

Diese Kurse zur Familienerziehung waren zunächst nur für Väter und Mütter gedacht. Es hat sich jedoch gezeigt, daß der Kreis der Angesprochenen damit zu eng gefaßt war. Da z. B. die Zahl der berufstätigen Mütter zugenommen hat (über 50%), werden viele Kinder tagsüber von den Großeltern betreut. Staat und Gemeinden bemühen sich zwar, den Bau von Kinderheimen zu beschleunigen, aber die Zahl reicht bei weitem nicht aus. So werden viele Kinder tagsüber den Großeltern anvertraut, deren pädagogische Einstellung z. T. aus der Vorkriegszeit stammt. Damit auch sie die heutigen Kinder und ihre Probleme verstehen und sie besser betreuen lernen, werden an vielen Orten auch für die Großeltern Familienerziehungskurse angeboten.

Lesezirkel und Erziehungsfernsehen

Schließlich bemühen sich auch die Bibliotheken der Gouvernements und Gemeinden in zunehmendem Maße darum, für Hausfrauen Bücher über Erziehung anzuschaffen. Diese Bücher werden nicht nur in Lesesälen zugänglich gemacht, sondern auch mit speziellen Bücherei-Kraftwagen (fahrende Bibliotheken) in entlegenen Ortschaften angeboten. Seit kurzem legen auch PTAs eigene Büche-

reien an und gründen zur intensiven Diskussion der Lektüre Lesezirkel.
Auch das japanische Fernsehen bemüht sich um die Eltern. Es strahlt für alle Schulfächer und Klassenstufen Lehrprogramme aus. An diesen Bildungsprogrammen sollen sich die Hausfrauen beteiligen, damit sie verstehen lernen, was ihre Kinder lernen, und damit es zu häuslichen Gesprächen über den Schulunterricht kommt. So werden die kindlichen Lebenssphären zugleich besser integriert. Man rechnet mit einem großen Erfolg dieser Bildungssendungen. Außerdem sendet das Fernsehen spezielle Erziehungsprogramme für die Hausfrau, die einen guten Anklang gefunden haben. Schließlich werden Fernsehsendungen auch in den Lesezirkeln besprochen. Zuweilen kam es aus diesen Lesezirkeln heraus zu Protesten gegen Fernsehsendungen und Filme (aber auch gegen Bücher, Zeitschriften, Plakate oder Reklameschilder), die für die charakterliche Entwicklung der Kinder als schädlich betrachtet wurden.

Studienreisen

Um eigene Vorzüge und Schwächen zu erkennen, ist es vorteilhaft, sich mit anderen zu vergleichen. Das gilt auch für Schulen und PTAs. Daher laden PTAs interessierte Mitglieder zu Besichtigungen ein, sei es von Nachbarschulen mit besonders guten oder neuartigen Einrichtungen, mit herausragenden Erziehungserfolgen oder speziellen Unterrichtsversuchen, sei es zum Besuch vom mustergültigen PTAs. Auf der nächsten Generalversammlung, in den Elternklassen oder in den PTA-Zeitungen wird dann über diese Eindrücke und Erfahrungen berichtet, um der eigenen Schule oder PTA Anregungen zu geben.

Zusammenfassung

Die Schulerziehung darf heute nicht mehr von Behörden und Schulleitungen selbstgefällig organisiert und verwaltet werden. Vielmehr haben auch die Eltern das Recht wie die Pflicht, ihre Kinder zu pflegen und zu erziehen. Sie sind für ihre Kinder, aber auch für das Bildungswesen verantwortlich. War man früher in Japan geneigt, unter ‚Erziehung' nur ‚Schulerziehung' zu verstehen, und hatte man die Erziehung deshalb weitgehend dem Lehrer überlassen, so ist heute das Volk demokratisch erwacht und wünscht, sich seinen eigenen Weg in der hochindustrialisierten Gesellschaft zu suchen. Es hat die Bedeutung der Erziehung erkannt und will sie demokratisch gestalten. Das bedeutet nicht, daß Eltern die Funktionen der Erziehungskomitees übernehmen und in die Schulverwaltung, den Schulbetrieb sowie in Personalangelegenheiten des Lehrkörpers eingreifen sollen, wie es in der ersten Nachkriegsphase zuweilen vorgekommen ist. Denn auf diese Weise würde die ‚Autonomie' der Schule gefährdet und die kindliche Erziehung beeinträchtigt.[18] Als negativ müssen z. B. Versuche übereifriger Eltern gelten, die ihre Kinder zu Hause regelrecht zu unterrichten beginnen, als wären sie selbst Lehrer (Typus der sog. ‚Erziehungs-Mama'). Statt solchen Tendenzen nachzugeben, sollte man klar erkennen, daß einerseits die Familie Erziehungsfunktionen hat, die sich von der der Schule unterscheiden, daß andererseits aber die Schulerziehung nicht von der Familie übernommen werden kann. Aufgabe der Familie ist es z. B., im liebevollen Zusammenleben von Eltern und Kindern die Gemütsbildung, eine disziplinierte Lebenshaltung zu fördern und ins Arbeitsleben einzuführen. Im Sozialkontakt mit dem Milieu wiederum werden durch ‚arbeitende' Kooperation und freies Spiel sowohl Aufgaben der Gesundheitspflege als auch des Gemeinschaftslebens funktionell eingeübt. Erst beide Sphären zusammen bilden die allumfassende, originäre Erlebnisfähigkeit und Berufsfähigkeit des Kindes aus. Auf dieser Grundlage vermittelt die Schule planmäßig Kenntnisse und Fertigkeiten. Und zwar muß sie, da die erzieherischen Funktionen der Familie und der heimatlichen Umgebung beträchtliche Einbußen erlitten haben, zunehmend versuchen, die familialen Sozialisationsmängel und negativen Milieueinflüsse auszugleichen. Die ‚Heimatkunde' und Arbeitslehre, die Gemeinschaftserziehung und sittliche Bildung haben deshalb eine außerordentliche Bedeutung in der Schule erhalten. Die Unterschiede zwischen Schul-, Familien- und Gesellschaftserziehung werden dadurch jedoch nicht aufgehoben.[19] Gerade wegen ihrer verschiedenartigen Erziehungsfunktionen, die sie jeweils auf eigene Weise wahrzunehmen haben, kommt es auf gegenseitiges Verständnis und wechselseitige Achtung an. D. h. die Erziehungsträger müssen sich ihrer Rollenfunktion bewußt werden und um der gemeinsamen Verantwortung willen eng zusammenarbeiten.

In der ‚Abgrenzung' der Funktionen von Familien-, Schul- und Gesellschaftserziehung und in der gleichzeitigen Verstärkung ihrer Zusammenarbeit und Wechselwirkung liegt die Aufgabe, der sich die japanische Erziehung in Forschung und Praxis zu widmen hat.

Anmerkungen

1 Vgl. Kaigo, T.: Die Geschichte der modernen Schule. Tokyo 1936.
2 Report oft the U.S. Educational Mission to Japan. 1946.
3 Kaneda, T.: PTA. In: Miyahara, S.: Sozialerziehung. Tokyo 1950, S. 200.
4 Nach der Statistik des Kultusministeriums bestanden am 1. Mai 1965:

8 551	Kindergärten mit	1 132 432 Schülern,
25 977	Volksschulen mit	9 775 531 Schülern,
12 079	Mittelschulen mit	5 956 641 Schülern,
4 849	Oberschulen mit	5 974 059 Schülern,
335	Sonderschulen für Blinde, Taubstumme und Körperbehinderte mit	44 318 Schülern,
317	Universitäten und Hochschulen mit	937 556 Studierenden,
369	Colleges mit	147 563 Studierenden.

5 Angaben nach der Untersuchung des Land- und Forstwirtschaftsministeriums über das Verhalten der Mittel- bzw. Oberschulabsolventen aus landwirtschaftlich beschäftigten Familien für das Jahr 1968.
6 Shigematsu, K. u. a.: Das PTA-Lexikon, S. 408.
7 Nach Nihon Kyoiku Shimbun (Japanische Erziehungszeitung) vom 1. Mai 1946.
8 Shigematsu, K. u. a.: Das PTA-Lexikon, S. 424.
9 Shigematsu, K. u. a.: Das PTA-Lexikon, S. 448 ff.
10 Soziale Abteilung der Zeitung Sankei: Lehrer in Japan. Bd. 3, Tokyo 1966, S. 38.
11 Asahi Shimbun vom 7. September 1967.
12 Soziale Abteilung der Zeitung Sankei: Lehrer in Japan. Bd. 3, S. 38.
13 Asahi Shimbun vom 7. September 1967.
14 Materialien der 5. Generalversammlung des Verbandes der PTA. 1958.
15 Soziale Abteilung der Zeitung Sankei: Lehrer in Japan. Bd. 3, S. 38.
16 Pfahler, G.: Die Eltern als Erzieher. In: Erziehung wozu? Stuttgart 1956, S. 111.
17 Murata, N.: Die Grundprobleme der modernen sittlichen Erziehung. Tokyo 1968, S. 62 ff.
18 Vgl. Murata, N.: Der Staat und die Erziehung. Tokyo 1969, S. 211 ff.
19 Vgl. Murata, N.: Die erzieherischen Aufgaben der Schule, Familie und Gesellschaft und ihre Eigentümlichkeiten. In: Materialien der Elementarerziehung (zusammengestellt vom Kultusministerium), Nr. 262. Tokyo 1971, S. 6 ff.

Bibliographie

Einführende Literatur

Shigematsu, K./Shinagawa, T./Hirai, N.: Das PTA-Lexikon, Tokyo 1946.
PTA-Forschungsverein/Kultusministerium/Jiji-Tsushinsha (Hg.): PTA-Lesebuch, Tokyo 1948.
Miyahara, S.: Schule und Familie, Tokyo 1954.
Shigematsu, K.: Die moderne Familie und Schule. Tokyo 1963.
Redaktion der Zeitung Asahi Shimbun: Erziehung für Morgen. 4 Bände, Tokyo 1961.
Redaktion der Zeitung Asahi Shimbun: Lernen für die Mutter. Tokyo 1965.
Soziale Abteilung der Zeitung Sankei: Der Lehrer in Japan. 3 Bände, Tokyo 1966.
Untersuchungsabteilung der Zeitung Yomiuri Shimbun: Abscheu gegen die Schule. Tokyo 1965.
Muramatsu, T.: Der Wald der Erziehung. 13 Bände, Tokyo 1966.
Gesellschaft für Lebenswissenschaftliche Forschung: Wie ändert sich die Familie? Tokyo 1965.

Weiterführende Literatur

Heibonsha: Erziehungs-Lexikon. 6 Bände, Tokyo 1956.
Iwanami-Kursus ‚Erziehung'. 12 Bände, Tokyo 1952.
Shogakukan: Sammlung ‚Erziehungswissenschaft'. 15 Bände, 1967.
Miyahara, S.: Sozialerziehung. Tokyo 1950.
Shinohara, S.: Von der Familienerziehung. Tokyo 1949.
Osada, A.: Die neue intellektuelle Erziehung. Tokyo 1939.
Murata, N.: Die Grundprobleme der modernen sittlichen Erziehung. Tokyo 1968.

Elternhaus und Schule in der Sowjetunion

Ideologische und reale Grundbedingungen

Um die Faktoren kennenzulernen, die das Verhältnis von Schule und Elternhaus bestimmen, muß man zunächst die Funktion untersuchen, die der *Erziehung* in der sowjetischen Gesellschaft seit der Oktoberrevolution zugewiesen ist. Erziehung ist in ihr den Normen einer Gesellschaftspolitik unterworfen, deren Träger sich im Besitz einer unwiderlegbaren Gesellschaftstheorie sehen. Aus ihr leitet die sowjetische Pädagogik den Auftrag ab, ihre Inhalte und Methoden an dem Ziel zu orientieren, die heranwachsende Generation zu Akteuren der „wissenschaftlich-technischen Revolution"[1] einerseits und zu Gestaltern der heraufkommenden kommunistischen Gesellschaft[2] andererseits heranzubilden.

Politiker, Erziehungswissenschaftler und Erzieher lassen sich von der Einsicht leiten, daß dieses Ziel nur dann erfolgversprechend zu verfolgen ist, wenn der heranwachsende Bürger von frühester Kindheit an einen umfassenden Erziehungsprozeß durchläuft. Die beiden Institutionen, denen die Gesellschaft den wesentlichen Anteil an der Organisierung dieses Prozesses zugewiesen hat, sind Schule und Familie. Die *Schule* ist das offiziell erwünschte Zentrum der Erziehung. Sie

> „vereint Bildung und Erziehung zu einem untrennbaren Ganzen. Ihre Aufgabe erschöpft sich nicht darin, daß sie der heranwachsenden Generation bestimmte Kenntnisse vermittelt, sondern sie schafft zugleich die Grundlagen für ihre Weltanschauung, ihre sittliche Haltung und ihre Gewohnheiten".[3]

Durch diese Aufgabenstellung sieht sich die *Familie* insofern in eine Nebenstellung versetzt, als sie die Schule in ihrer Erziehungsarbeit unterstützen und fördern soll. Dagegen kommt ihr in der Erziehung der Kinder vor dem Schuleintritt der erste Platz zu, weil die meisten Kinder in den ersten drei Lebensjahren nur in der Familie aufwachsen und die gesellschaftliche Vorschulerziehung bisher nur ein Drittel der Drei- bis Siebenjährigen erfaßt hat.[4]

Mehr noch als Maßnahmen im Felde intentionaler Erziehung wirken auf Kleinkinder, Kinder des Vorschulalters und auch Schulkinder die Erfahrungen ein, welche im täglichen Zusammenleben der Familie gewonnen werden und die die Grundlagen des Sozialisationsprozesses bilden; dieser ist auch in einem sich als geschlossen

begreifenden Gesellschaftssystem wie dem sowjetischen nur teilweise einer gezielten Steuerung zugänglich.
Durch jüngste erziehungssoziologische Untersuchungen ist dieser Sachverhalt mehrfach bestätigt worden, wodurch die Aufmerksamkeit der Politiker und Ideologen für die gesellschaftliche Stellung der Familie geschärft worden ist. Sie äußert sich in der allgemeinen Wertschätzung, die der Familie als einer „organischen Zelle" der sowjetischen Gesellschaft zuerkannt wird,[5] zugleich aber auch in der Erkenntnis, daß das Verhältnis von Familie und Schule wachsende Aufmerksamkeit als Objekt erziehungswissenschaftlicher Forschung beansprucht.
Die Konsequenzen, die hieraus der *Bildungspolitik* erwachsen, hat *Brežnev* in seiner Rede auf dem Lehrerkongreß am 4. Juli 1968 umrissen, als er davon sprach, daß „der Erfolg der Erziehung in vielem" davon abhänge,

> „wie eng die Anstrengungen von Schule und Familie vereint werden. Das allgemeine Anwachsen der Kultur im Lande und die Erhöhung des Wohlstandes unseres Volkes sowie im einzelnen die bemerkenswerte Verbesserung der Wohnbedingungen und die Vermehrung der Freizeit — das alles erlaubt den Eltern, ihren Kindern mehr Aufmerksamkeit zuzuwenden. . ."

Zwar seien, fuhr der Generalsekretär der KPdSU fort, die Bemühungen von Partei und Staat um die Erziehung der Jugend beachtlich, womit er die Arbeit der Schule und der außerschulischen Erziehungsinstitutionen im Auge hatte, doch wachse

> „gleichzeitig auch die Verantwortlichkeit der Eltern für die Erziehung der Kinder in beträchtlichem Maße. . . Wer, wenn nicht die Eltern, muß sich darum kümmern, daß sich die Kinder nicht nur das Wissen aneignen, das die Schule vermittelt, sondern sich auch an Ordnung und Disziplin gewöhnen und die Lebensnormen unserer Gesellschaft einhalten! Die Einheit der Anstrengungen von Familie, Schule und Öffentlichkeit ist ein unverrückbarer Zug der sowjetischen Pädagogik".[6]

Die Forderung nach dem Gleichklang von schulischer und familiärer Erziehung hat seine historische Wurzel in der *Stabilisierung,* die den Kern der Gesellschaftspolitik in der Stalin-Ära bildete. Sie betraf die Schule insofern, als man unter anderem mit der unmittelbar nach der Oktoberrevolution zwar angekündigten,[7] aber im ersten nachrevolutionären Jahrzehnt nicht erfolgten Beseitigung des Analphabetentums ernst machte, zunächst die vierjährige und später die siebenjährige Schulpflicht verwirklichte[8] und das Schulwesen einer straffen Reglementierung und Leistungsorientierung unterwarf. Auch die Familie wurde in den Stabilisierungsprozeß einbezogen, indem man Vorstellungen verwarf, die nach 1917 unter Hinweis auf — im Gesamtwerk freilich nicht unwidersprüchliche — Äußerungen von *Marx* und *Engels* über den Auflösungsprozeß der proletarischen Familie im kapitalistischen System vertreten worden waren und in der Prognose des „Absterbens der Familie im Kommmunismus" ihren radikalsten Ausdruck gefunden hatten.[9] Die Liberalisierung des

Ehescheidungsrechts, die 1936 aufgehoben wurde, hatte in diesen Vorstellungen ebenso ihren Stellenwert wie die Übertragung der gesamten Kindererziehung an die Gesellschaft, dies freilich zu einem Zeitpunkt, da die vorhandenen Kinderheime und Kinderkolonien mit der Erziehung von Verwahrlosten überlastet waren.[10] Es ist bezeichnend, daß gerade *Anton Semenovič Makarenko,* der sein Ansehen als ‚klassischer' Erzieher auf seine erfolgreiche Tätigkeit mit jugendlichen Verwahrlosten in Kolonien in der Ukraine gründete, in den dreißiger Jahren zum grundlegenden Theoretiker der revidierten sowjetischen Familienpädagogik wurde; die in den „Vorträgen über Kindererziehung" und dem „Buch für Eltern" vertretenen Ansichten über die Familie als *Kollektiv* und die Aufgabe der Eltern, durch vorbildliches Verhalten und bewußtes Führen ihre Kinder zu Arbeitsliebe und Disziplin im Dienst der Partei als der Avantgarde des gesellschaftlichen Fortschritts zu erziehen, werden bis zum heutigen Tage in offiziellen bildungspolitischen Verlautbarungen und erziehungswissenschaftlichen Darlegungen als verbindliche Leitsätze zitiert. Die primäre Verantwortung für die Pflege und Erziehung der Kinder war somit von der Gesamtgesellschaft an die „organische Zelle" zurückverwiesen. Folgende Passagen geben in beispielhafter und konzentrierter Form Makarenkos Vorstellungen von der elterlichen Autorität in der sowjetischen Gesellschaft wieder:

> „Unser Vater und unsere Mutter sind von der Gesellschaft bevollmächtigt, den künftigen Bürger unseres Vaterlandes zu erziehen, sie sind der Gesellschaft dafür verantwortlich. Darauf beruht auch ihre elterliche Macht und ihre Autorität in den Augen der Kinder...
>
> Es (= das Kind, Anm. d. Verf.) muß wissen, daß sie (= die Eltern, Anm. d. Verf.) nicht nur für sich, sondern auch für das Kind vor der Sowjetgesellschaft verantwortlich sind. Man darf nicht davor zurückschrecken, seinem Sohn oder seiner Tochter offen und fest zu sagen, daß sie erzogen werden müssen, daß sie noch vieles lernen müssen, daß sie zu guten Bürgern und tüchtigen Menschen heranwachsen müssen, daß die Eltern für die Erreichung dieses Ziels verantwortlich sind und daß sie dieser Verantwortung nicht aus dem Wege gehen dürfen. Auf dieser Linie der Verantwortung liegen nicht nur die Grundsätze für die Hilfeleistung, sondern auch für die Forderung. In manchen Fällen muß diese Forderung in einer äußerst harten Form ausgedrückt werden, die keinerlei Widerspruch zuläßt. Im übrigen muß gesagt werden, daß solch eine Forderung mit Nutzen nur dann gestellt werden kann, wenn die Autorität durch Verantwortung bereits in der Vorstellung des Kindes verankert ist. Selbst im jüngsten Alter muß es schon fühlen, daß seine Eltern mit ihm nicht auf einer unbewohnten Insel leben..."[11]

Die Wendung in der Familienpolitik und das Bemühen, die neuen Maximen erziehungstheoretisch zu begründen und in der Erziehungspraxis wirksam werden zu lassen, entsprachen nicht nur der allgemeinen Absicht der Partei, die Familie in ihrer „ordnungspolitischen Funktion" wieder zu bestätigen,[12] sondern hatten auch den mit dem ersten Fünfjahresplan[13] einsetzenden und bis heute an-

dauernden großen Wandlungen in der *Sozialstruktur* Rechnung getragen, die durch Industrialisierung, Urbarnisierung und Binnenwanderung gekennzeichnet sind und insbesondere in der Auflösung der Großfamilie zutage treten. Um der Stabilisierung der Kleinfamilie willen wurde sogar der nach der Oktoberrevolution gesetzlich verankerte Grundsatz der Gleichstellung von ehelichen und unehelichen Kindern aufgegeben;[14] erst die 1968/69 erfolgte jüngste Reform des Familienrechts hat hierin wesentliche Änderungen zugunsten der unehelichen Kinder gebracht.[15]
Als Stabilisierungsfaktor ist für die Kleinfamilie auch der Rückgang der Kinderzahl in Rechnung zu stellen, auch wenn die dadurch bewirkte Abschwächung des Bevölkerungswachstums zu einem ambivalenten Problem der sowjetischen Innenpolitik geworden ist. Vor allem die Millionenstädte Moskau und Leningrad sind von einer auffallenden Tendenz zum Einkindersystem betroffen; 1968 erreichte der Anteil der Erstgeborenen an der Geburtsrate fast 40 Prozent. Kinderreiche Familien (mit vier und mehr Kindern) sind überwiegend nur noch unter der ländlichen Bevölkerung zu finden.[16]
Neben dem vertikalen Gefälle zeigen sich Diskrepanzen im Bevölkerungswachstum zwischen Russen und Ukrainern einerseits und Angehörigen mittelasiatischer Völker andererseits.[17]
Der Zug zum Einkindersystem ist in jüngster Zeit mehrfach unter demographischem, ökonomischem und soziologischem Aspekt untersucht worden, wobei die Doppelbelastung der Frau als Mutter und Berufstätige besondere Aufmerksamkeit erfahren hat.[18] Vorschläge zu ihrer Entlastung umspannen einen weiten Bereich: vom Ausbau des Dienstleistungssektors über die Gewährung zusätzlicher arbeitsfreier Zeit bis zur materiellen Entlohnung der „Mütter von Kindern im Erziehungsalter" unter völliger Freistellung von beruflicher Tätigkeit.[19] Ideologisch werden solche Vorschläge damit begründet, daß die Kindererziehung als „gesellschaftlich nützliche Arbeit" anerkannt werden müsse.[20] So läßt sich gerade die Auseinandersetzung über die tatsächlichen und erwünschten Kinderzahlen (2 bis 3[20]) als empirische Bestätigung der heute gültigen Normen deuten, die der Familie eine fest umrissene pädagogische Funktion in der sowjetischen Gesellschaft zuweisen.
Daß neben den gesellschaftspolitischen Maximen und den Wandlungen in der Sozialstruktur auch *anthropologische* Einsichten in menschliche Grundbedürfnisse den Gang der Familienpolitik stimulieren, ist beispielhaft dem Leitartikel der ‚Pravda' vom 11. Oktober 1970 zu entnehmen, dessen Verfasser schreibt, daß

> „nichts dem Kinde die Familie ersetzt, ihre warme und strenge Macht, ihre tägliche, stündliche und minütliche Anteilnahme, die mit der geduldigen und vernünftigen elterlichen Liebe vervielfacht wird".[21]

In diesem Zusammenhang sind auch Hinweise auf die Gefährdung zu vermerken, der Einzelkinder in ihrer Entwicklung dadurch ausgesetzt seien, daß das Fehlen von Geschwistern egoistische Neigungen fördere.[22]

Das neue *Ehe- und Familienrecht* spiegelt die heute geltenden Normen wider; es handelt sich um das Grundlagengesetz des Obersten Sowjet der UdSSR, das in der ‚Pravda' am 28. Juni 1968 veröffentlicht wurde,[23] und um die in seinem Rahmen erarbeiteten „Gesetzbücher über Ehe und Familie", die in den einzelnen Unionsrepubliken in Kraft gesetzt wurden, wobei insbesondere der Gesetzgebungsakt des Obersten Sowjet der RSFSR vom 30. Juli 1969 Beachtung verdient.[24] Im Grundlagengesetz wird die Sorge um die Familie als eine der Hauptaufgaben des Staates bezeichnet und zugleich die Notwendigkeit der Verbindung von individuellen und gesellschaftlichen Interessen in der Familie betont. Der Frau wird das Bemühen des Staates um die Schaffung von Voraussetzungen versprochen, die ihr sowohl die Erfüllung ihrer mütterlichen Pflichten als auch die Teilnahme am gesellschaftlichen und politischen Leben gewährleisten sollen. Die Thematik dieser Untersuchung berücksichtigt vor allem der Artikel 18, welcher Rechte und Pflichten der Eltern gegenüber ihren unmündigen Kindern (unter 18 Jahren) festlegt.

Auffällig ist einerseits die Hervorhebung der Verantwortung der Eltern für die Erziehung ihrer Kinder „im Geist des Moralkodex der Erbauer des Kommunismus" und für die Sorge um ihre körperliche Entwicklung sowie um ihre Bildung und Vorbereitung auf gesellschaftlich nützliche Tätigkeit. Andererseits ist den Eltern das uneingeschränkte Erziehungsrecht zugesprochen, soweit es ihnen nicht durch strafrechtlichen Eingriff entzogen ist; dieser ist wiederum nur auf Fälle offensichtlichen Mißbrauchs der elterlichen Rechte und wiederholter Nichterfüllung elterlicher Pflichten, insbesondere aufgrund von Trunksucht, beschränkt.[25]

„Damit verhält sich der sowjetische Gesetzgeber sehr undifferenziert und pauschal und wenig angemessen gegenüber der möglichen Vielfalt von Erscheinungen gerade im Bereich der Erziehungsschwierigkeiten, obwohl gerade der sozialistische Staat durch seine Praxis einer weitgehenden Erfassung und Kontrolle auch privater Lebensvorgänge sehr viel bessere Möglichkeiten einer abgestuften Einwirkung auch auf familiäre Verhältnisse hätte als etwa der bürgerlich-demokratische Staat. . ."[26]

Dieser treffenden Kommentierung eines vergleichenden Rechtswissenschaftlers ist freilich hinzuzufügen, daß die sowjetische Gesellschaft andere als nur kodifizierte Möglichkeiten besitzt, auf die Eltern einzuwirken, um sie zur Erfüllung ihrer gesellschaftlichen Pflichten *als Eltern* anzuhalten. Sie reichen von den zu erörternden vielfältigen Formen der Elternbildung bis zur Einschaltung des Betriebs, in dem ein Elternteil oder beide Eltern tätig sind. So kann es vorkommen, daß sich auf Grund eines Hinweises der Schulleitung ein Betriebsangehöriger vor der Betriebsversammlung wegen unzureichender Leistungen seines Kindes in der Schule zur Rechenschaft gezogen wird und sogar mit Sanktionen (hinsichtlich seiner Karriere) rechnen muß, wenn ihm grobe Vernachlässigung seiner Erziehungspflicht nachgewiesen wird.[27] Wie die Öffentlichkeit, etwa im Falle rowdyhaften Verhaltens von Kindern, so vermag auch die Schule aus solchen *indirekten* Einwirkungsmöglichkeiten ihren Nutzen zu ziehen.

Organisation des Kontakts zwischen Elternhaus und Schule

Die Organisation des Kontakts zwischen Schule und Eltern ist im „Statut der allgemeinbildenden Mittelschule" vom 8. September 1970[28] *rechtlich* so gefaßt, daß an jeder Schule ein *Elternkomitee* bestehen muß. „Seine Tätigkeit wird durch die Ordnung für das Elternkomitee der allgemeinbildenden Schule geregelt, die vom Ministerium für Volksbildung der Unionsrepublik bestätigt wird."[29] Zur Zeit gelten für die Unionsrepubliken noch Ordnungen aus dem Jahre 1960; ihre Modifizierung ist angekündigt.[30] Das Elternkomitee hat keine Befugnisse, welche als Mitberatung oder gar als Mitbestimmung der inneren Schulangelegenheiten zu deuten wären. Seine Aufgabe wird vor allem darin gesehen, die Eltern zur Unterstützung der Schule in der Wahrnehmung ihres gesellschaftlichen Auftrags zu aktivieren; die Vorrangstellung der Schule ist dadurch kodifiziert, daß der Schulleiter „die Eltern- und Öffentlichkeitsarbeit organisiert und die Arbeit des Elternkomitees lenkt".[31]
Dem Elternkomitee, das die ständige Verbindung zwischen Schule und Eltern in ihrer Gesamtheit herstellt, entsprechen auf der Klassenebene *Elternräte*. Sie gehen durch jährliche Wahlen aus der Klassenelternversammlung hervor und wählen ihrerseits die Mitglieder des Elternkomitees. Die *Klassenelternversammlung* kann man als die Basis des Kontakts ansehen, wobei auch hier die Stellung der Schule dadurch hervorgehoben ist, daß der Klassenleiter die Zusammenkünfte, mindestens jedes Vierteljahr, einberuft und leitet.[32]
An der Mitbestimmung von Schulangelegenheiten, soweit sie im System des „demokratischen Zentralismus"[33] in der Schule selbst behandelt und entschieden werden, ist die Elternschaft allerdings insofern mitbeteiligt, als der Vorsitzende des Elternkomitees, ebenso wie der Leiter der schulischen Pionierorganisation, dem *Pädagogischen Rat* mit vollem Stimmrecht angehört.[34] Die Stellung dieses Gremiums ist der einer erweiterten Lehrerkonferenz in unserem Schulsystem vergleichbar.[35] In seine Kompetenz fällt unter anderem die Steuerung der „Selbsttätigkeit" der Schüler außerhalb des Unterrichts. Zu gegebenen Anlässen können zu den Konferenzen des Pädagogischen Rates auch Schülereltern eingeladen werden; sie genießen dann beratendes Mitspracherecht.
Inwiefern in den genannten offiziellen Organen die Eltern im Rahmen der rechtlichen Möglichkeiten aktiven Anteil am Schulleben nehmen, hängt davon ab, ob es gelingt, fähige und willige Mitarbeiter für die Elternkomitees und Elternräte zu gewinnen. Daß in dieser Hinsicht die Erwartungen der Schule häufig nicht erfüllt werden, ist Presse-

berichten zu entnehmen. Die Arbeit der Elternorgane leidet unter ungünstigen Startbedingungen, wenn Eltern gewählt werden, die bereits „mit gesellschaftlicher Arbeit in Betrieben überlastet sind". Fällt dagegen die Wahl auf „überalterte Großmütter und Großväter", die elterliche Funktionen wahrnehmen, oder auf Personen, „die auf die pädagogische Arbeit mit Familien nicht vorbereitet sind", so findet die Schule für ihre Wünsche nicht die ihrer Meinung nach richtige Resonanz. In solchen Fällen kann es dazu kommen, daß sich die Aktivitäten auf gewiß nicht unwichtige, aber unter pädagogischem Aspekt zweitrangige Bereiche beschränken, wie die Sorge um Reparaturarbeiten in der Schule.[36]

So nimmt es nicht wunder, daß neben den offiziellen Organen die *Elternaktive* eine große Rolle in der Zusammenarbeit von Schule und Eltern spielen. Sie sind informelle, auf freiwilliger Grundlage zustande kommende Gruppen. Auf ihre Bedeutung für die Entwicklung des Schullebens wird in der Literatur ständig hingewiesen. Ihre durchweg ehrenamtlich ausgeübte Tätigkeit ist vielfältig: Unterstützung der Lehrer in der Vorbereitung von Klassenelternversammlungen, Übernahme von Aufsichtsfunktionen in der Schule, Organisierung von Freizeitbeschäftigungen der Kinder in Höfen und auf Spielplätzen, Teilnahme an Exkursionen, Durchführung von Theaterbesuchen mit Schülergruppen, Zusammenarbeit mit Pioniergruppen, Mitwirkung an der Berufsorientierung usw.. Besonders hervorzuheben sind die Hausbesuche, die Mitglieder von Elternaktiven bei Schülereltern machen. Dies ist eine besondere Form der erwähnten indirekten Einwirkungsmöglichkeiten, die der Schule gegeben sind. Im Vordergrund stehen hierbei Besuche von Eltern „schwieriger Kinder", über die in darauffolgenden Elternversammlungen berichtet wird. Man verspricht sich von solchen Aktivitäten eine größere Motivierung der Eltern zur Mitarbeit als von alleinigen Bemühungen des Lehrers.[37] Als Beispiel sei folgende Passage aus einem Buch zitiert, das als Ratgeber für Schülereltern veröffentlicht worden ist:

> „Wenn der Lehrer davon spricht, daß es wichtig sei, das Kind an einen geregelten Tagesablauf zu gewöhnen, wie der Tagesablauf beim Schüler einer bestimmten Klasse sein müsse, dann denken möglicherweise einige Eltern für sich: Was denn, dazu ist der Lehrer da, um uns daran zu erinnern! Wenn aber Lidas Vater oder Grušas Mutter erregt davon erzählen, was sie beim Besuch von Koljas Familie gesehen haben, daß der Junge sich selbst überlassen sei, den Tag verbringt, wie es ihm einfällt, spät abends an seine Aufgaben geht, wenn ihm die Augen vor Müdigkeit zufallen, er keinen Platz für seine Aufgaben hat, die Hefte schmutzig sind und im Tagebuch[38] nur eine einzige Unterschrift der Eltern im ganzen Vierteljahr zu finden ist, dann zwingt ein solches Auftreten viele Väter und Mütter dazu, zu fühlen, daß nicht nur die Schule und die Lehrer, sondern auch Eltern von Eltern ein verantwortliches Verhältnis zur Erziehung der Kinder fordern müssen".[39]

Die Problematik einer Namensnennung von Eltern solcher Kinder und damit häufig verbundene Befragungen vor der ganzen Ver-

sammlung wird freilich erkannt und auch kritisiert. Als angemessene Alternative werden Einzelgespräche zwischen den Betroffenen und dem Lehrer oder dem Vertreter des Elternaktivs empfohlen.[40]
Die Lehrer haben ihrerseits solche Aktivitäten nach besten Kräften zu fördern. Das Statut der allgemeinbildenden Mittelschule zählt die Pflege der „Verbindung zu den Eltern oder ihren Vertretern" — unter anderem durch regelmäßige Einladung der Eltern zu Aussprachen in der Schule und durch Hausbesuche — zu den „Grundpflichten des Lehrers", während es im besonderen dem Klassenleiter obliegt, „für die Einheit der pädagogischen Anforderungen an die Schüler von seiten der Schule und der Familie" zu sorgen und „eine ständige Verbindung mit den Eltern, den Leitern der Ganztagsgruppen und den Räten für die Förderung von Familie und Schule in den Betrieben und Organisationen" zu unterhalten.[41]
Soziologische Erhebungen über den Kontakt zwischen Schule und Eltern liegen bisher nicht vor, so daß nur das Sammeln und Ordnen von Berichten und Leserbriefen, die in Zeitungen und Zeitschriften erscheinen, annähernde Auskünfte darüber zu geben vermag, wieweit die offiziellen Normen und Wünsche erfüllt werden. Auf diese Weise gewonnene Befunde lassen erkennen, daß es aufgrund intensiver Anstrengungen von Lehrern und Elternaktiven zu beachtlichen Ergebnissen kommen kann, die sich beispielsweise in der Erhöhung der Versetzungsquoten oder der gezielten individuellen Förderung kranker oder „schwieriger" Kinder ausdrücken.[42] Einladungen der Eltern zu im allgemeinen bisher nicht üblichen „offenen Unterrichtsstunden" mit anschließendem Meinungsaustausch mit den Lehrern sind als besonders stimulierende Faktoren zu werten.[43] Dasselbe gilt für — nicht institutionalisierte — gemeinsame Versammlungen von Eltern und Schülern. Die Gestaltung wird gewöhnlich von der schulischen Organisation der Jungen Pioniere übernommen. Das Programm kann sich aus Schülerwettbewerben (z. B. im ausdrucksvollen Lesen, in der Simulation von Verhaltensweisen im Alltag — Telephonieren, Besuch einer Kinovorstellung, Betreten der Klasse während des Unterrichts usw. — ,Anfertigung von Karnevalskostümen) oder Schülerdarbietungen (Schauspiele, Singen usw.) zusammensetzen.[44] Schließlich sei auf die Bemühungen verwiesen, Eltern an der Vorbereitung von Kindern, die keine Vorschule besuchen, auf den Schuleintritt zu beteiligen.[45]

Daß solche Erfolgsberichte nicht die volle Wirklichkeit widerspiegeln, wird, von der bereits erwähnten Kritik an der Arbeit der offiziellen Elternorgane abgesehen, durch die kritischen Beiträge veranschaulicht, die ebenfalls regelmäßig veröffentlicht werden. In ihnen ist die Rede von geringer aktiver Anteilnahme der Eltern am Schulleben und von einer Überlastung der wenigen Eltern, die in Aktiven tätig sind.[46] Die Schule ist an solchem Desinteresse nicht unschuldig; diese Aussage betrifft insbesondere den schematischen Ablauf von Elternversammlungen, in denen sich die anwesenden Eltern einen

„Monolog des Lehrers“ anhören müssen, ohne Gelegenheit zur Dikussion zu erhalten. Oder aber die letzten Zeugniszensuren der Kinder bilden das einzige Gesprächsthema. Auch Bemerkungen, daß Lehrer ein offenes Wort nicht schätzen, Erörterungen individueller Sorgen ausweichen und Konflikte mit Eltern auf die Kinder im Unterricht abwälzen, fehlen nicht. Schließlich wird kritisiert, daß Eltern von Mittel- und Oberstufenschülern Kontakte nur zum Klassenleiter hätten, nicht aber zu den anderen am Fachunterricht beteiligten Lehrern.[47] Während sich solche Klagen auf konkrete Mißstände beziehen, erweist sich die weitgehende Feminisierung des Lehrerberufs (87 Prozent an Grundschulen, 75 Prozent an der Mittel- und Oberstufe der allgemeinbildenden Mittelschule) insofern als Wurzel grundsätzlicher Konflikte, als der soziale Status der unverheirateten Lehrerin auf dem Lande (40 Prozent gegenüber 60 Prozent verheirateten Lehrerinnen) trotz rechtlicher Gleichberechtigung der Geschlechter gering ist und die Eltern sie als Erzieherin daher nicht voll respektieren.[47]
Inwieweit in diese Problematik schichtspezifische Faktoren hineinspielen, ist nur indirekt aus soziologischen Erhebungen zum Zusammenhang von sozialer Herkunft und Schulerfolg zu erschließen; damit haben sich in den letzten Jahren namhafte Wissenschaftler befaßt.[48] Ihre Untersuchungen haben Befunde erbracht, welche eine Unterrepräsentanz von Kindern aus Familien von Arbeitern und, mehr noch, von Kolchosbauern an Hochschulen nachweisen. Da diese Befunde nicht die Lage in der ganzen Sowjetunion erfassen, haben sie nur beschränkten Aussagewert. Trotzdem ergibt auch die Auswertung von Untersuchungen im regionalen Bereich, wie beispielsweise die in der Tabelle verdeutlichte, wichtige Hinweise auf allgemeine Erscheinungen.[48a]

Soziale Lage der Familie, persönliche Pläne der Absolventen der zehnjährigen Mittelschule *und ihre Verwirklichung* in Prozenten, auf Grund der zehnprozentigen Auswahl aus einer Überprüfung der Absolventen im Gebiet Novosibirsk im Jahre 1963)*

Zugehörigkeit der Eltern zu Gruppen	Anteil der Kinder, die wünschen			Anteil der Kinder, die tatsächlich abgehen, um		
	zu arbeiten	Arbeit und Studium zu verbinden	zu studieren	zu arbeiten	Arbeit und Studium zu verbinden	zu studieren
Städt. Intelligenz	2	5	93	15	3	82
Ländl. Intelligenz	11	13	76	42	—	58
Arbeiter i. d. Industrie und im Bauwesen	11	6	83	36	3	61
Arbeiter in Transport und Verkehr	—	18	82	55	—	45
Arbeiter i. d. Landwirtschaft	10	14	76	90	—	10
Arbeiter i. d. Dienstleistungssphäre	9	15	76	38	3	59
Übrige	12	38	50	63	12	25
insgesamt	7	10	83	37	2	61

* Die soziale Lage der Familie ist dort, wo Vater und Mutter vorhanden sind, nach der Beschäftigung des Vaters bestimmt; wo der Vater fehlt, nach der Beschäftigung der Mutter.
(V. N. Šubkin: Molodëž ‚vstupaet v žizn'. In: Voprosy filosofii, Jg. 1965, H. 5, S. 57—70)

Die Unterrepräsentanz der erwähnten Sozialgruppen mag gegenüber der Überrepräsentanz von Kindern aus der Intelligenz, durch geringere Bildungsförderung im Elternhaus verursacht sein oder auf einen schwächeren Kontakt zwischen Schule und Eltern zurückgehen; und zwar weil davon die Information über vorhandene Bildungsangebote an Hochschulen, Fachschulen und allgemeinbildenden Spezialschulen (z. B. mit „profilierendem Unterricht" in bestimmten Fächern[49]) nicht unberührt bleibt. Die Äußerung Chruščevs am Vorabend der großen Schulreform des Jahres 1958 über den „Wettstreit der Eltern"[50] um die Zulassung ihrer Kinder zum Hochschulstudium haben in den dazwischenliegenden Jahren mehrfach Entsprechungen in abgewandelter Form gefunden.[51]
Selbständige Elternorganisationen, die sich unabhängig von der Schule formieren könnten, gibt es in der Sowjetunion nicht. Wo es zur Bildung von *städtischen* Elternvertretungen gekommen ist, geschah dies in unmittelbarer Verflechtung mit Organen der Schulverwaltung,

was allein schon in der Beziehung solcher Gremien als „Räte oder Kommissionen für Zusammenarbeit von Familie und Schule" deutlich wird.[52] Die bereits erwähnten „Räte für die Förderung von Familie und Schule in den Betrieben und Organisationen" stehen unter ähnlichem Auftrag. Wie in der Stellung der schulischen Elternorgane (Elternkomitees, Elternräte) zeigt sich auch hierin, daß den Eltern in der sowjetischen Gesellschaft keine eigenständigen, den staatlichen und öffentlichen Institutionen gegenüberzustellenden Bedürfnisse zugesprochen sind, sondern die elterlichen Funktionen nur in ihrer ideologisch und rechtlich formulierten Position in der Gesellschaft gründen.

Bemühungen um die Elternbildung

Die Bedeutung der Familienerziehung wird am Standort der Elternbildung innerhalb der Gesellschaftspolitik besonders sichtbar. Um den Eltern die geistigen und praktischen Voraussetzungen zu geben, die es ihnen erlauben, dem von der Gesellschaft erteilten Erziehungsauftrag gerecht zu werden, hat man vor allem in den vergangenen Jahren ein mehrstufiges, in sich vielfältiges System von Bildungsveranstaltungen geschaffen, deren Initiatoren sich unmittelbar oder mittelbar an Eltern wenden.

Die ganze Arbeit steht unter dem *didaktischen Ziel* einer „pädagogischen Allgemeinbildung".[53] Man kann folgende Stufen unterscheiden:

1. Die *Elternversammlungen* in den Schulen sollen von den Lehrern als Gelegenheit zur Einführung der Eltern in pädagogische und psychologische Fragen genutzt werden.

2. Die mittlere Stufe nehmen Einrichtungen ein, die unter dem Begriff *Lektorien* zusammengefaßt sind. Ihre Träger sind größtenteils Kommunen und Betriebe, die hauptamtliche Mitarbeiter beschäftigen oder sich der am Ort wirkenden Mittelschullehrer bedienen. Auf dem Programm stehen „Pädagogische Lesungen", sowie Seminare und Zirkel verschiedener Art. Eine besondere Stellung nehmen hierbei die sich rasch ausbreitenden „Mütterschulen" ein, die sich mit medizinischen, psychologischen und pädagogischen Veranstaltungen an die Mütter von Klein- und Vorschulkindern wenden und die spezielle Aufgabe haben, das Interesse dieser Mütter an der Vorschulpädagogik (i. w. S.) zu wecken, sei es in alleiniger Verantwortlichkeit oder in Zusammenarbeit mit den Vorschuleinrichtungen, die ihre Kinder besuchen.

3. Die Spitze des Systems bilden Einrichtungen im Bereich der *Volkshochschulen* („Volksuniversitäten"). Entweder handelt es sich um Abteilungen innerhalb umfassenderer Institute oder um selbständige „Universitäten des pädagogischen Wissens", „Elternuniversitäten" oder „Universitäten der pädagogischen Kultur". Sie unter-

scheiden sich von den Lektorien hauptsächlich dadurch, daß sie in ihren Kursen größere Systematik, längere Dauer (z. B. Zweijahreskurse) und höheres geistiges Niveau anstreben und in der Regel von Hochschulen betreut werden. Die Grenzen scheinen jedoch fließend zu sein. Organisatorisch sind solche Institute vielfach mit Mittelschulen verbunden.

So ist beispielsweise die „Volksuniversität des pädagogischen Wissens" des Rayons ‚Moskva' (Moskau) in Kiev in vier „Fakultäten" gegliedert, die jeweils an einer Mittelschule beheimatet sind. Zwei dieser Fakultäten werden von der Pädagogischen Hochschule für Fremdsprachen betreut, während in der dritten die Hochschule für Körperkultur und in der vierten die Ukrainische Akademie für Landwirtschaft das Tutorat ausüben. Die „Elternuniversität" in der ukrainischen Stadt Nikolaev, um ein anderes Beispiel zu nennen, berichtet über ihre sechszehnjährige Zusammenarbeit mit den Lehrstühlen für Pädagogik und Psychologie an der dortigen Pädagogischen Hochschule und mit am Ort ansässigen Juristen und Kinderärzten; für ihre Arbeit holt sie sich Anregungen aus anderen Elternuniversitäten und führt Exkursionen dorthin durch. Als bisheriges Ergebnis der Zusammenarbeit mit der Elternuniversität bucht die Pädagogische Hochschule ihrerseits die Gründung eines „Problem-Laboratoriums für Familienerziehung".[54] Ein Zentrum vielfältiger und systematischer Elternbildung ist die Stadt Gor'kij, wo 1965 ein „Stab für pädagogische Allgemeinbildung der Eltern" aus interessierten Bürgern gebildet wurde; er koordiniert mit Hilfe des städtischen Parteibüros die größtenteils von großen Betrieben organisierten Klubs und Kurse und registriert großes Interesse der gesamten Elternschaft.[54a]

Anderenorts muß sich freilich auch die institutionalierte Elternbildung Kritik an ihrer Arbeit gefallen lassen. Entsprechende Äußerungen sind auf zwei Argumentationen zu reduzieren:
Einmal werde, so heißt es, die Themenplanung zwischen den örtlichen Veranstaltern nicht ausreichend koordiniert, so daß es häufig vorkomme, daß innerhalb kurzer Zeiträume Vorträge gleichen Inhalts die Programme ausfüllten und infolge der daraus resultierenden „eintönigen Wiederholung" viele Eltern ihr Interesse an der Elternbildung verlören.[55] Der Ausweg aus diesem Mißstand wird in einer langfristigen Planung gesehen,[56] die sich möglichst auf zehn Jahre erstrecken soll — die Zeit nämlich, in der die Mehrzahl der Kinder die vollständige, zehnjährige Mittelschule durchläuft.
Zum anderen richtet sich die Kritik gegen eine unzureichende Berücksichtigung der *konkreten* Bedürfnisse der Eltern. Die Erwähnung von Arbeitsthemen, die von Lektorien und Elternuniversitäten angeboten werden, läßt in der Tat einen Hang zu abstrakten Themen erkennen, die, zumal wenn sie wiederholt auftreten, die Wißbegierde der Eltern kaum stillen dürften:[57]

Historisch-patriotische Erziehung der Kinder in der Familie,
Wissenschaftlich-atheistische Erziehung der Schüler,
Sittliche Erziehung der Kinder,

Ästhetische Erziehung in der Schule und zu Hause,
Internationale Erziehung der Jugend.

Dazu kommt die Behandlung der Äußerungen Lenins zu pädagogischen Fragen und der Gedanken ‚klassischer' sowjetischer Pädagogen, wie Krupskaja und Makarenko.[58] Selbst Themenstellungen, die in ihrer Formulierung praxisbezogen erscheinen, wie: „Neue Lehrpläne und Hilfe der Eltern für den Erstkläßler" und „die Hausaufgaben", kommen nicht an, weil die konkrete Situation, in der sich Lehrer, Eltern und Kinder befinden, zu wenig bedacht wird.[59]
Wie schwer es zu sein scheint, die „Einheit der Anstrengungen von Familie, Schule und Öffentlichkeit"[60] in der Elternbildung zu konkretisieren, zeigt auch die didaktische Konzeption der Zeitschrift „Familie und Schule" (Sem'ja i škola). Sie besteht nunmehr seit 25 Jahren und hat die Funktion eines popularwissenschaftlichen Massenorgans. Der ehemalige Präsident der Akademie der pädagogischen Wissenschaften der UdSSR, *I. A. Kairov,* kritisierte in einem Vortrag vor dem Akademie-Präsidium die mangelnde Systematik und Perspektivität des Inhalts.[61] Was damit gemeint sein könnte, präzisierte eine Erziehungswissenschaftlerin, als sie darauf hinwies, die Zeitschrift übersehe zu sehr die Wechselbeziehung zwischen Familie und Schule; „Familie und Schule gehen bisher nebeneinander, aber nicht immer zusammen".[62]
Gleichwohl zeigt die zwischen 1966 und 1968 verdreifachte Auflagenzahl, von 500.000 auf eineinhalb Millionen,[63] daß ein großes Bedürfnis bei Eltern nach Informationen über pädagogische Fragen besteht und die Zeitschrift sich bemüht, die Leser anzusprechen, nicht zuletzt durch Veröffentlichung von Leserbriefen mit konkreten Anfragen. Dieselbe Funktion erfüllen andere periodische Organe sowie die Fernsehprogramme „Elternuniversität" und „An Eltern über Kinder".[64] Vor allem aus der Einsicht, daß außerhalb der Großstädte viele Eltern keinen Zugang zur institutionellen Elternbildung haben, ist das *„Minimalprogramm pädagogischen Wissens für die Selbstbildung der Eltern"* erwachsen, das die Akademie der pädagogischen Wissenschaften der UdSSR im Oktober 1968 in mehreren Massenorganen veröffentlichte.[65]

Das Programm umfaßt acht Abschnitte. Der erste erörtert die allgemeinen Erziehungsnormen und nennt danach die Bedingungen, die für ihre Erfüllung notwendig seien: „Organisiertheit und Ordnung des Familienlebens, gesunde Arbeitsatmosphäre, gegenseitige Achtung und Hilfe unter den Familienmitgliedern, Gleichgewicht zwischen Liebe und Forderung im Verhältnis zum Kind. . ." Ferner wird die Wichtigkeit der täglichen Zusammenarbeit mit den Lehrern und Vorschulerzieherinnen sowie der Mitarbeit im Elternkomitee betont und die Mitwirkung der älteren Kinder bei der Erziehung der jüngeren Geschwister hervorgehoben.
Die Abschnitte 2 bis 8 enthalten Ratschläge an Eltern für die Erziehung von Kindern der einzelnen Altersstufen, wobei auf den gegenwärtigen Stand der sowjetischen Psychologie Bezug genommen wird.

Die Abschnitte 2, 3 und 4 nehmen den weitesten Raum ein; sie sind der Erziehung von Kindern im frühesten Alter (bis zur Vollendung des zweiten Lebensjahres) gewidmet. In ihnen wird die Bedeutung dieser Altersstufe für die Entwicklung des Kindes unterstrichen; besonders erwähnenswert ist der Hinweis auf die elementare Entwicklung von Sprache und künstlerischen Qualitäten sowie die Entfaltung im kindlichen Spiel.
Abschnitt 5 betrifft das Kind zwischen dem vollendeten zweiten Lebensjahr und dem Schuleintritt (nach Vollendung des siebten Lebensjahres). In ihm wird die Aufgabe der Eltern erörtert, mit oder ohne Kindergarten (Vorschule) die Kinder auf die Schule vorzubereiten. Der Schwerpunkt liegt hierbei auf der Anerziehung von Verhaltenseigenschaften, welche die Schule erwartet, wie Stillsitzen, Aufmerken und Zuhören, während als Ziele propädeutischen Unterrichts die Bekanntschaft mit Buchstaben und der Erwerb erster Fertigkeiten im Lesen und Rechnen genannt werden. Ein besonderer Unterabschnitt gilt der Erörterung von Entwicklungsstörungen und gibt Empfehlungen, wie diese zu mildern und bekämpfen wären.
Die Abschnitte 6 und 7 beziehen sich auf die Kinder, welche die ersten acht (Pflicht-)Schuljahre besuchen. Der Inhalt ist auf die Zusammenarbeit von Eltern und Schule konzentriert. Besondere Beachtung verdient im Abschnitt 6 der Hinweis darauf, daß das Kind vor schädigenden Strafen bewahrt werden soll, wobei die körperliche Züchtigung ausdrücklich genannt wird. Dieser Hinweis kann als Beitrag zu den allgemein zu beobachtenden Bestrebungen verstanden werden, die Anwendung repressiver und strafender Erziehungsmittel, die noch weit verbreitet sind, einzudämmen.[66] Im Abschnitt 7 wird den Eltern unter anderem aufgetragen, negative Einflüsse einschließlich „religiöser Vorurteile" zu bekämpfen, sich um die Berufsorientierung und Freizeit der Kinder zu kümmern und deren Umgang außerhalb der Schule zu kontrollieren.
Im Abschnitt 8 schließlich, welcher Erziehungsfragen bei Schülern der Oberstufe (9. und 10. Schuljahr) behandelt, fällt die Betonung der Aufgaben auf, die die Eltern als Erzieher der Kinder zur Bejahung ihrer gesellschaftlichen Pflichten obliegen. Private Fragen, wie Freundschaft und Liebe, werden danach skizzierend dargestellt. Das Thema Sexualerziehung bleibt aus diesem Dokument ausgeklammert. Es wird jedoch seit einigen Jahren — nach drei Jahrzehnten starker Tabuisierung — in popularwissenschaftlichen Schriften behandelt; deren Inhalt ist an der auch heute geltenden Norm orientiert, daß die sexuelle Aufklärung an die herrschenden Moralvorstellungen zu binden sei, in denen voreheliche Sexualbeziehungen aller Art einen negativen Stellenwert haben.[67]

Als Ergänzung des „Minimalprogramms" können die „Musterpläne" angesehen werden, mit deren Veröffentlichung im Januar 1971 in einer Artikelserie begonnen worden ist. Mit ihnen wendet sich die Akademie der pädagogischen Wissenschaften der UdSSR an *Lehrer,* um ihnen Ratschläge für die Abhaltung von Gesprächen mit Eltern auf Klassenelternversammlungen zu geben. In dem ersten dieser Artikel, der unter der Überschrift „Familie und Schule" die Wichtigkeit des Vorhabens grundsätzlich unterstreicht, kommt bereits zum

Ausdruck, daß die geschilderten Mängel im Verhältnis zwischen Schule und Elternhaus, was die Lehrer angeht, ihre Wurzel in der Nichtberücksichtigung dieser Problematik in der Lehrerausbildung haben müssen.

Wie stark dieses Versäumnis vielerorts sein mag, deutet folgende konkrete Empfehlung mittelbar an:[68]

„Sehr wichtig ist eine gut durchdachte Organisierung der Klassenelternversammlung. Zweckmäßigerweise sucht man zuvor Verbindung zu den Behörden, Betrieben und Kolchosen, wo die Mehrzahl der Eltern arbeitet, und vereinbart man, daß am Tage von Klassenelternversammlungen dort keine Maßnahmen (gemeint sind außerhalb des normalen Tagesablaufs stattfindende Veranstaltungen, wie Betriebsversammlungen u. ä., Anm. d. Verf.) durchgeführt werden. In Gor'kij und einigen Rayons des Gebiets Gor'kij ist ein einheitlicher Elterntag in allen Schulen festgesetzt worden. Sehr nützlich ist es, für den Tag der Elternversammlung eine Ausstellung vorzubereiten, auf der die besten Hefte, Zeichnungen, Konstruktionen, von den Schülern hergestellte Gegenstände, die Klassenwandzeitung und Pionieralben gezeigt werden. . ."

Die drei weiteren, bis Ende Februar 1971 erschienenen Artikel sind folgenden Einzelthemen gewidmet: „Wie man ein Kind erkennt und versteht", „Wie man das Lernen lehrt" und „Eine uralte Frage: Was soll ich werden?"[68a]

Tendenzen und Probleme

Daß die sowjetische Bildungspolitik die Rolle der Eltern als primäre Erzieher und als potentielle Förderer der schulischen Erziehungsarbeit sehr wichtig nimmt, geht aus allen Aktivitäten hervor, die in diesem Felde während der letzten Jahre beobachtet werden konnten. Sie entspricht damit den allgemeinen Tendenzen einer Familienpolitik, welche die Familie als stabilisierenden Faktor in der gesellschaftlichen Entwicklung betrachtet und dieser Maxime in ihrer Rechtspolitik ebenso wie in der Planung und Durchführung des Wohnungsbaus Rechnung trägt.

Die letzte große Debatte über die Rolle der Familie wurde vor einem Jahrzehnt in der sowjetischen Publizistik ausgetragen. Ausgelöst wurde sie durch das Plädoyer von *Stanislav G. Strumilin* für die Errichtung von Wohnkommunen, die gesellschaftliche Organisation der Kindererziehung und die Reduktion der Familie zur Gemeinschaft der Liebespartner. Aus den Darlegungen des greisen Gelehrten, mit denen er an die eingangs skizzierten, von ihm bereits mitvertretenen Vorstellungen der Revolutionsära anknüpfte, seien folgende repräsentative Abschnitte zitiert[69]:

„Im Interesse der kommunistischen Erziehung macht sich die sowjetische Praxis schon diese Entwicklungstendenzen der Einrichtungen für Kinder zu eigen (gemeint sind Tendenzen zur Verwirklichung der gesellschaftlichen Kindererziehung, Anm. d. Verf.). Da wir die gesellschaftlichen Erziehungsformen allen anderen unbedingt vorziehen, steht vor uns die Aufgabe, diese Formen stetig so schnell auszubauen, daß sie der Bevölkerung des Landes — von der Wiege bis zur Ablegung der Reifeprüfung — in 15—20 Jahren allgemein zur Verfügung stehen. Jeder Sowjetbürger wird bereits nach dem Verlassen des Entbindungsheimes in die Kinderkrippe eingewiesen werden, von da aus in den durchgehend geöffneten Kindergarten oder in ein Kinderheim; hernach in die Internatsschule, um dann von hier aus, seinen Einweisungsschein in der Hand, in das selbständige Leben, d. h. in die Produktion einzutreten oder aber, um im gewählten Spezialfach weiterzustudieren. Die Kinderheime müßten natürlich in jedem Haus, unter einem Dach mit den Erwachsenen, jedoch in separaten Räumen, eingerichtet werden und ebenso wie die Internatsschulen über besonderes Betreuungspersonal verfügen und ganz vom Staat unterhalten werden.

Es erhebt sich die Frage: Wird nicht eine derart frühzeitige Trennung der Kinder von der Familie sowohl für die mütterlichen Gefühle als auch für die Kleinkinder, die für mütterliche Zärtlichkeit so empfänglich sind, eine zu große Belastungsprobe sein?

Darauf kann man folgendes antworten: Die gesellschaftliche Organisation der Kindererziehung macht es sich überhaupt nicht zur Aufgabe, die Kinder völlig von den Müttern zu trennen. Auch heute erhält jede Mutter in der Stillperiode die Möglichkeit, dieser mütterlichen Verpflichtung regelmäßig nachzukommen. Um so mehr hindert sie niemand daran, ihre Kinder in der arbeitsfreien Zeit aufzusuchen, in die im gleichen Hause befindlichen Kinderzimmer hineinzuschauen, so oft dies die feste Ordnung erlaubt...

Die frühere Familie schrumpft immer mehr zu dem zusammen, was unter allen Umständen am beständigsten ist, nämlich dem ehelichen oder außerehelichen, jedoch, solange es die Bande der Liebe verbinden, untrennbaren — Familienpaar..."

Die Reaktion der ‚jüngeren' Generation war heftig; einer der Kritiker, *V. Litvinov,* nannte das von Strumilin gezeichnete Zukunftsbild „ein scholastisches, spekulativ und ohne Verbindung zur lebendigen Wirklichkeit dargestelltes Traumbild", das „mit den realen Tatsachen und mit unseren heutigen Erwartungen kollidiert".[70] Außerdem warf er ihm vor, er negiere den Anspruch der Eltern auf das „Glück", ihr Kind „großzuziehen und zu erziehen". Schließlich zeigte er sich über Strumilins abstrahierende und formalisierende Ausdrucksweise bei der Beschreibung des Verhältnisses von Mutter und Kind empört. Der bekannte Ökonom *B. Urlanis* hat aus der Rückschau des Jahres 1971 Litvinovs Argumentationen bestätigt[70] :

„Wir sehen deutlich, daß die Entwicklung unseres Landes nicht den Weg in der angezeigten Richtung (bezogen auf Strumilin, Anm. d. Verf.) gegangen ist. Während dieser Zeit (= der vergangenen elf Jahre, Anm. d. Verf.) hat sich die Rolle der gesellschaftlichen Kindererziehung beträchtlich vergrößert, aber dies führt keineswegs zum Zerfall der Familie, zu ihrer Umwandlung in eine Familie, die nur aus einer Generation besteht..."

War Strumilins radikale Äußerung bereits zum Zeitpunkt ihrer Niederschrift der Gedanke eines, wenn auch wegen seiner wissenschaftlichen Gesamtleistung geschätzten Außenseiters, so stand die Bildungspolitik zu Beginn der sechziger Jahre unter persönlichem

Engagement *Chruščevs* im Zeichen einer forcierten Förderung der *Internatsschulen;* sie sollten nach Auffassung des damaligen Ersten Parteisekretärs als Modell für die Kommunistische Schule der Zukunft entwickelt werden. In Verbindung mit der Hervorhebung des Baus von Kindergärten und Kinderkrippen ließ dieses Programm die Absicht erkennen, den Einfluß der Eltern auf die Erziehung ihrer Kinder zumindest einzuschränken, und die gesellschaftliche Kindererziehung auf diesem — im Vergleich zu Strumilins Vision —, ‚gemäßigten' Wege auszuweiten.
Bereits in der Mitte der sechziger Jahre war es offensichtlich geworden, daß diese Absicht nicht verwirklicht werden konnte, weil einmal die Kosten für einen umfassenden Ausbau des Internatsschulnetzes nicht zur Verfügung standen und zum anderen die meisten sowjetischen Eltern sich nicht bereit zeigten, Internatsschulen als Erziehungsstätten zu bevorzugen. Die Bildungspolitik hat dieser Entwicklung inzwischen Rechnung getragen, indem sie die Internatsschulen den Kindern vorbehält, die zu Hause keine positive Familienerziehung erhalten können oder am Wohnort eine ihren Interessen und Begabungen gemäße Bildungsförderung vermissen. Das zweite Kriterium betrifft insbesondere die Zentralschulen in ländlichen Gebieten und einen Teil der allgemeinbildenden Spezialschulen für Kinder mit besonders ausgeprägten Talenten.
Während somit den Internatsschulen in der gegenwärtigen bildungspolitischen Konzeption hauptsächlich kompensatorische Funktionen zugedacht sind, gilt die Aufmerksamkeit — seit einigen Jahren in steigendem Maße — dem Aufbau von *Ganztagsschulen* (und Ganztagsgruppen innerhalb der üblichen Halbtagsschulen) im ganzen Lande. Heute besuchen mehr als fünf Millionen Schüler solche Bildungseinrichtungen, was eine Verdoppelung der Zahl innerhalb der letzten fünf Jahre anzeigt.[71] Abgesehen davon, daß bis jetzt trotz des sprunghaften Anwachsens nur zehn Prozent der Schülerbevölkerung erfaßt werden, betrachtet man die Ganztagsschule als eine Institution, welche sicherstellen soll, daß Kinder während der beruflichen Tätigkeit ihrer Eltern nicht unbeaufsichtigt bleiben. Eine Befreiung der Eltern von ihrer Erziehungspflicht, einschließlich des Auftrags auf Zusammenarbeit mit der Schule, ist in dieser Konzeption aber nicht vorgesehen.
Offen bleibt am Ende die Frage, ob sich das Verhältnis zwischen Schule und Eltern im Sinne der offiziellen Bildungspolitik verstärken wird. Mehr als dem Ausbau der vorhandenen formellen Organe und informellen Gruppen gebührt in diesem Zusammenhang die Aufmerksamkeit den Möglichkeiten größeren Einflusses der Eltern auf das Schulleben. Die gegenwärtige Organisationsstruktur hat vor einer solchen Entwicklung zwei Hindernisse aufgetürmt: Erstens hemmt der „demokratische Zentralismus"[72] die Übertragung größerer und vor allem bedeutsamerer Befugnisse an den an der Basis arbeitenden Pädagogischen Rat gegenüber dem Schulleiter, wobei

zu berücksichtigen ist, daß dessen Führungsfunktionen durch die Weisungsbefugnisse der Schulverwaltungsorgane fest umgrenzt sind.[73]

Zweitens wäre eine Änderung des bisherigen Zustands nur durch eine Herauslösung der Elternkomitees, Elternräte und Elternaktive aus ihrer Hilfsfunktion in Richtung einer Mitberatung, wenn nicht sogar Mitbestimmung der Schulangelegenheiten denkbar. Sie würde voraussetzen, daß die verantwortlichen höchsten Organe der Bildungspolitik die Bedeutung der Familie als *Kollektiv* durch schulrechtliche Schritte zu erhöhen bereit wären. Der sozialistische Staat, der die uneingeschränkte Bindung der Familie als der „organischen Zelle" der Gesellschaft an deren Normen und Perspektiven bejaht, fördert und überwacht, könnte eine solche Reform ohne grundsätzliche Bedenken durchführen, wenn er von der allgemeinen Anerkennung dieser Bindung durch die Bevölkerung überzeugt wäre. Man wird unter diesem Aspekt die weitere Entwicklung beobachten müssen.

Anmerkungen

1 Der Begriff „wissenschaftlich-technische Revolution" wird in den sozialistischen Staaten zur Kennzeichnung der gegenwärtigen Etappe in der Entwicklung der Produktivkräfte verwendet. Er verdeutlicht in treffender Weise die Wechselbeziehung zwischen Theorie und Praxis. — Vg. Buchholz, A.: Über die Triebkräfte der wissenschaftlich-technischen Revolution. Neue Aspekte im Historischen Materialismus. In: Osteuropa. Jg. 1970, S. 586—596.

2 Nach der Interpretation der marxistisch-leninistischen Lehre befindet sich die Sowjetunion im Stadium des „Sozialismus", das eine Vorstufe des vollendeten „Kommunismus" darstellt. Vgl. Lenin, W. I.: Ausgewählte Werke in zwei Bänden. Bd. 2, Moskau 1947, S. 228—237.

3 Osnovy kommunistečeskogo vospitanija (Die Grundlagen der kommunistischen Erziehung). Moskau 1962², S. 39.

4 Der sowjetische Minister für Volksbildung der UdSSR, M. A. Prokof'ev sprach in einem Vortrag vor dem Rat für Fragen der allgemeinbildenden Mittelschule im Ministerium für Volksbildung der UdSSR von einem Anstieg der Vorschulkinder von 7,5 auf 9,2 Millionen in den Jahren 1966—70, das sind 22,5 bzw. 31,7 Prozent der Drei- bis Siebenjährigen. Bericht in: Učitel'skaja gazeta, Nr. 25, 27. 2. 1971, S. 1 f.

5 Vgl. Osnovy (s. Anm. 4), S. 418.

6 Materialy vsesojuznogo s'ezda učitelej 2—4ijulja 1968 goda (Materialien über den Allunionskongreß der Lehrer vom 2. bis 4. Juli 1968). Moskau 1968, S. 16; vgl. S. 59.

7 Vgl. Über Volksbildung. Aufruf des Volkskommissars für das Bildungswesen A. V. Lunačarskij. Deutsche Übersetzung: Anweiler, O./Meyer, K. (Hg.): Die sowjetische Bildungspolitik seit 1917. Heidelberg 1961, S. 56 (Dokument 2).

8 Die allgemeine Grundschulpflicht wurde 1930, die siebenjährige Schulpflicht 1949 eingeführt. Vgl. O narodnom obrazovanii v Sovetskom sojuze v 1966/67 učebnom godu (Über die Volksbildung in der Sowjetunion im Schuljahr 1966/67), in russ., engl., franz. und span. Sprache. Moskau 1967, S. 7.

9 Vgl. Liegle, L.: Familienerziehung und sozialer Wandel in der Sowjetunion. Bln. 1970, S. 5—13. — Neben den Äußerungen über die Auflösung der proletarischen Familie im Kapitalismus finden sich bei Marx und Engels auch Äußerungen zur Stabilität der proletarischen im Gegensatz zur bürgerlichen Familie. Vgl. Ramm, Th.: Die künftige Gesellschaftsordnung nach der Theorie von Marx und Engels. In: Fetscher, I. (Hg.): Marxismus-Studien. Zweite Folge, Tübingen 1957, S. 77—119.

10 Vgl. Anweiler, O.: Schule und Pädagogik in Rußland. Vom Ende des Zarenreiches bis zum Beginn der Stalin-Ära. Berlin 1964, S. 222—233.

11 Makarenko, A.S.: Ausgewählte pädagogische Schriften, besorgt von H. E. Wittig. Paderborn 1961, S. 62 und 68 (Aus dem Vortrag „Von der elterlichen Autorität", erstmalig veröffentlicht in: Izvestija, Nr. 218, 19. 9. 1940). — Vgl. Makarenko, A.S.: Werke (deutsche Übersetzung). Bd. 4, Berlin 1958, S. 13—538.

12 Westen, K.: Zur Neuordnung des Familienrechts in der UdSSR. In: Osteuropa, Jg. 1969, S. 794.

13 Auf den Fünfjahresplänen beruht das in der Sowjetunion erstmalig 1928—33 durchgeführte Planungssystem in der Wirtschafts- und Sozialpolitik.

14 Vgl. Westen (s. Anm. 12), S. 796.

15 Pravda, 28. 6. 1968, S. 1 f.

16 Vgl. Perevedencev, V.: Skol'ko imet' detej? (Wie viele Kinder soll man haben?). In: Literaturnaja gazeta, Nr. 47, 20. 11. 1968, S. 12. Repliken und weiterführende Beiträge in derselben Zeitschrift, Nr. 4, 22. 1. 1969, S. 11. — My i deti (Wir und die Kinder). Leitartikel in: Pravda, 11. 10. 1970, S. 1 — Urlanis B.: Babuška v sem'e (Die Großmutter in der Familie). In: Literaturnaja gazeta, Nr. 10, 3. 3. 1971, S. 13. — Liegle (s. Anm. 9), S. 47—54.

17 Vgl. Dokumentationsteil der Zeitschrift Osteuropa, Jg. 1969, A 200 ff.

18 Vgl. Belege in Anm. 16. — Diskussionsbericht in: Literaturnaja gazeta, Nr. 27, 1. 7. 1970, S. 11. — Mitter, W.: Das Freizeitproblem in der sowjetischen Publizistik. In: Bildung und Erziehung. Jg. 1966, S. 194—210.

19 Perevedencev (s. Anm. 16).

20 Valentej, D.I./Kiseleva G.: Sem'ja, deti, obščestvo (Familie, Kinder, Gesellschaft). In: Pravda, 5. 10. 1969, S. 3.

20a Die Kinderzahl 2 bis 3 wird von Demographen zur „einfachen Reproduktion" der Bevölkerung (Valentej, s. Anm. 20) für erforderlich gehalten.

21 My i deti (s. Anm. 16).

22 Vgl. Valentej (s. Anm. 16).

23 Pravda, 28.6.1968 S. 1 f.

24 Pravda, 31. 7. 1969, S. 1 f. — Vgl. Auszug aus der Rede des Ministers für Volksbildung der RSFSR, A. I. Danilov, auf der 5. Sitzung des Obersten Sowjet der RSFSR. In: Učitel'skaja gazeta, Nr. 91, 2. 8. 1969, S. 1.
25 Art. 19, insbesondere §§ 1 und 3.
26 Westen, K. (s. Anm. 12), S. 882.
27 Vgl. Sisenika, L./Birjukova N.: Znanija pljus otvetstvennosti (Kenntnisse und Verantwortungen). In: Učitel'skaja gazeta. Nr. 78, 2. 7. 1970, S. 2 f. — Sčerbakov, N.: Zerkalo semejnach otnošenij (Spiegel der Familienbeziehungen). In: Učitel'skaja gazeta. Nr. 32, 14. 3. 1970, S. 2.
28 Ustav srednej obščeobrazovatel'noj školy (Statut der allgemeinbildenden Mittelschule). In: Učitel'skaja gazeta, Nr. 110, 15. 9. 1970, S. 1 — Anordnung über die Bestätigung des Statuts durch den Minister für Volksbildung der UdSSR in: Učitel'skaja gazeta. Nr. 113, 22. 9. 1970, S. 1.
29 Ustav, ibid., Abschnitt V, § 55.
30 Vgl. V. sojuze s roditeljami (Im Bunde mit den Eltern). Leitartikel in: Učitel'skaja gazeta, Nr. 8, 17. 1. 1970, S. 1. — Puzyrev, F.: Zakon škol'noj žizni (Gesetz des Schullebens). In: Učitel'skaja gazeta. Nr. 130, 31. 10. 1970, S. 1 f.
31 Ustav (s. Anm. 28), Abschnitt V, § 43.
32 Vgl. Klyucharyova, I.: Children, Parents, the State. Moskau o.J. (1968), S. 70 ff.
33 Das Prinzip des „demokratischen Zentralismus" bestimmt die Organisierung der Parteiarbeit von unten nach oben, wobei sichergestellt sein muß, daß alle Beschlüsse von Parteigremien die Verbindlichkeit der Beschlüsse höherer Organe einschließen. Vgl. Bruner, G.: Das Parteistatut der KPdSU 1903—1961. Köln 1965, S. 190.
34 Položenie o pedagogičeskom sovete obščeobrazovatel'noj školy (Verordnung über den Pädagogischen Rat an der allgemeinbildenden Schule). In: Učitel'skaja gazeta. Nr. 150, 17. 12. 1970, S. 2, Abschnitt II, § 5.
35 Ibid. — Dem Pädagogischen Rat gehören außer dem Schulleiter, den Lehrern, dem Vorsitzenden des Elternkomitees und dem Leiter der schulischen Pionierorganisation folgende Personen an: der Organisator für außerunterrichtliche und außerschulische Arbeit, der Leiter der vormilitärischen Erziehung („militärischer Leiter"), der Sekretär des Komsomol-Komitees in der Schule, der Leiter des Schulinternats (wo eines vorhanden ist), die Erzieher, der Bibliothekar und der Schularzt.
36 Vgl. V sojuze s roditeljami (s. Anm. 30). Auch das Schneidern von Kleidern für Kostümfeste wird als Fehlleitung der Aktivitäten interpretiert.
37 Vgl. Frolova, G.: Išči v čeloveke dobroe. Učitel' i roditeli (Suche im Menschen das Gute! Der Lehrer und die Eltern). In: Učitel'skaja gazeta. Nr. 138, 19. 11. 1970, S. 3. — Sojuzniki školy (Verbündete der Schule). Leitartikel in: Pravda. 22. 11. 1970, S. 1.
38 Die Tagebücher dienen der ständigen Benachrichtigung der Eltern durch den Lehrer über Leistungsstand und Erziehungsprobleme der Kinder. Die Eintragungen des Lehrers können sowohl lobender als auch tadelnder Art sein. Die Eltern sind verpflichtet, das Tagebuch ihres Kindes wenigstens einmal wöchentlich zu sehen und zu unterschreiben. Klyucharyova (s. Anm. 32), S. 70. — Dagegen scheint es für Lehrer keine feste Verpflichtungen einer regelmäßigen Eintragung zu geben, wie der kritische Leserbrief von V. Kaufman anzeigt: Molčalivyj dnevnik (Das schweigsame Tagebuch). In: Učitel'skaja gazeta. Nr. 47, 19. 4. 1969, S. 2.
39 Pint, A.O.: Eto vam, roditeli. Razdum'ja pedagoga o vospitanii škol'nikov (Das geht euch an, Eltern! Überlegungen eines Pädagogen über die Erziehung der Schüler). Moskau 1967, S. 286.
40 Pavlenkov, K. und I. Grebennikov schneiden dieses Problem in ihrem Leserbrief an in: Učitel'skaja gazeta. Nr. 17, 8. 2. 1968, S. 3.
41 Ustav (s. Anm. 28), Abschnitt IV, § 35. — Bericht über eine Sitzung im Ministerium für Volksbildung der UdSSR in: Učitel'skaja gazeta, Nr. 120, 8. 10. 1970, S. 1. — E. Novokreščennaja: Zaboty klassnogo rukovoditelja (Sorgen eines Klassenleiters). In: Učitel'skaja gazeta. Nr. 150, 17. 12. 1970, S. 2.
42 Vgl. Leserbrief von V. Levčenko in: Učitel'skaja gazeta. Nr. 69, 13. 6. 1968, S. 2.
43 Vgl. Pavlenkov/Grebennikov (s. Anm. 40).
44 Vgl. Pint (s. Anm. 39), S. 288 ff.
45 Vgl. Kolkotina, A. J./Kostjaškin, E.G.: Podgotovka v škole šestiletnich detej k I klassu (Die Vorbereitung von sechsjährigen Kindern auf die 1. Klasse in der Schule). In: Sovetskaja pedagogika. H. 5/Jg. 1970, S. 61—68. — Chananova, A.: O podgotovke šestiletnich detej k škole v letnee vremja (Über die Vorbereitung sechsjähriger Kinder auf die Schule während der Sommerzeit). In: Russkij jazyk v nacional'noj škole. H. 2/Jg. 1969, S. 54.
46 Vgl. Perevozčikova, I.: Posle konferencii (Nach der Konferenz). In: Učitel'skaja gazeta, Nr. 11, 24. 1. 1970, S. 2. — Kolesnikov, F.: Ja segodgnja dežurnyj (Ich bin heute Aufsichtsführender). In: Učitel'skaja gazeta. Nr. 25, 26. 2. 1970, S. 2. — Gurevič, V.: Slovo prosit ‚roditel' (Um das Wort bitten die Eltern). In: Pravda, 26. 12. 1970, S. 3. —

Pint (s. Anm. 39), S. 298. — Über die geringe aktive Anteilnahme der Eltern (insgesamt nur 14—15 Prozent aller Väter und Mütter) in Cerkassy berichtet M. Moisenko in: S točnym adresom (Mit genauer Anschrift). In: Učitel'skaja gazeta. Nr. 34, 19. 3. 1970, S. 2. — Vgl. Leserbriefe in: Učitel'skaja gazeta, Nr. 12, 28. 1. 1971, S. 2.

47 Vgl. Raz'jasnjat', propagandirovat' (Aufklären und Propagieren). Leitartikel in: Učitel'skaja gazeta. Nr. 111, 17. 9. 1970, S. 1.

47a Perevedencev, V.: Budet li svad'ba? (Wird es eine Hochzeit geben?). In: Literaturnaja gazeta, Nr. 9, 24. 2. 1971, S. 13.

48 Vgl. Liegle, L.: Soziale Schichtung, Familienerziehung und Schulerfolg in der Sowjetunion. In: Anweiler, O. (Hg.): Bildungsreformen in Osteuropa. Stuttgart/Berlin/Köln/Maint 1969, S. 56—72. — Besondere Erwähnung verdienen die Soziologen M. N. Rutkevič und V.N. Sbkin.

48a Tabelle ist entnommen aus: Mitter, W. (Hg.): Das sowjetische Schulwesen. Frankfurt/Main 1970, S. 157.

49 Vgl. Mitter, W.: Einheitlichkeit und Differenzierung als Problem der sowjetischen Schulreform. In: Bildungsreformen in Osteuropa (s. Anm. 48), S. 10—140.

50 Über die Festigung der Schule mit dem Leben und über die weitere Entwicklung des Volksbildungssystems im Lande. Zitiert nach der deutschen Übersetzung in: Die sowjetische Bildungspolitik seit 1917 (s. Anm. 1), S. 294 (Dokument 102).

51 Vgl. die Bemerkung über den „Konkurs der Mütter" um die Zulassung ihrer Kinder zu allgemeinbildenden Spezialschulen in dem Gemeinschaftsbeitrag von Merlin, V./Švarc, I./Lepeskin, V./Galachova, L./Loškareva, A.: Pust' staršeklassnik sdelaet vybor (Möge der Oberstudenschüler die Auswahl treffen). In: Pravda, 24. 1. 1967, S. 3. — Über Fälle von Bestechlichkeit beim ‚Wettstreit der Eltern' um Hochschulplätze für ihre Kinder: Feofanov, J.: Tridcat' serebrenikov (Dreißig Silberlinge). In: Izvestija, 12. 9. 1969, S. 4. — Vgl. Glowka, D.: Numerus clauses. Darstellung eines Problems am sowjetischen Beispiel. In: Osteuropa. Jg. 1970, S. 772 f. I. Šatunovskij: Klad v cvetočnoj klumbe (Schatz im Blumenbeet). In: Pravda, 29. 6. 1971, S. 6.

52 Ustav (s. Anm. 28), Abschnitt IV, § 37.

53 Z. B. V sojuze s roditeljami (s. Anm. 30).

54 Pil'deš, R.: Nužna sistema (Notwendig ist ein System). In: Učitel'skaja gazeta. Nr. 85, 18. 7. 1970, S. 2. — Kolesnik, I.: Roditeli za partami (Eltern an Schulbänken). In: Učitel'skaja gazeta. Nr. 22, 19. 2. 1970, S. 1 — TASS-Mitteilung (mit Zahlenangaben) über Elternbildung in Džambul (Kasachische SSR) in: Učitel'skaja gazeta. Nr. 20, 15. 2. 1968, S. 3.
— Sašin; A.: Na perednem krae nauki (Im vordersten Bereich der Wissenschaft). In: Učitel'skaja gazeta, Nr. 11, 26. 1. 1971, S. 1.

54a Grebennikov, I./Fridljand, I.: Pedagogičeskuju kul'turu — každoj sem'e (Pädagogische Kultur für jede Familie). In: Učitel'skaja gazeta, Nr. 20, 16. 2. 1971, S. 3.

55 E. Sermjažko: Za temi že partami: Učitel' i roditeli (An denselben Schulbänken: der Lehrer und die Eltern). In: Učitel'skaja gazeta. Nr. 6, 14. 1. 1971, S. 3. Der Verf. bemerkt in diesem Zusammenhang auch, daß die soziale Herkunft der anzusprechenden Eltern bei der Auswahl und Gestaltung der Themen nicht genügend bedacht werde. — E. Sermjažko hat auch das Buch von A.M. Filippov (Puti k pedagogičeskomu prosveščeniju roditelej / Wege zur pädagogischen Aufklärung der Eltern (Moskau 1967) rezensiert, in dem u. a. über die Durchführung einer Bewährungskontrolle mittels Fragebogen berichtet wird, In: Učitel'skaja gazeta. Nr. 3, 6. 1. 1970, S. 2.

56 Ibid.

57 Vgl. TASS-Mitteilung aus Aschabad (Turkmenische SSR) in: Učitel'skaja gazeta. Nr. 111, 17. 9. 1970, S. 2. — Chucišvili, M.: Zagljadivaja v zavtra (Blick auf morgen). In: Učitel'skaja gazeta. Nr. 113, 22. 9. 1970, S. 1.

58 Vgl. Moisenko (s. Anm. 46).

59 Chucišvili (s. Anm. 57).

60 Vgl. Materialy (s. Anm. 6).

61 In: Učitel'skaja gazeta. Nr. 153, 26. 12. 1968, S. 2.

62 Protopopova, A.: Ot semi do semidesjati (Von sieben bis siebzehn). In: Pravda. 15. 3. 1970, S. 3.

63 Vortrag von I.A. Kairov (s. Anm. 61).

64 Vgl. Klyucharyova (s. Anm. 32), S. 26.

65 Programma-minimum pedagogičeskich znanij dlja samoobrazovanija roditelej (Minimalprogramm pädagogischen Wissens für die Selbstbildung der Eltern). Auszug in: Učitel'skaja gazeta. Nr. 126, 22. 10. 1968, S. 2. — Der volle Wortlaut wurde veröffentlicht in der Zeitschrift Sem'ja i škola (Familie und Schule). H. 10/Jg. 1968, ebenso in anderen Zeitschriften.

66 Vgl. Liegle (s. Anm. 4), S. 187.

67 Vgl. Chripkova, A.G.: Razgovor na trudnuju temu. Zametki o polovom vospitanii (Gespräch über ein schwieriges Thema. Bemerkungen zur Geschlechtserziehung). Moskau 1970.

68 Pečernikova, I.: Sem'ja i škola. V pomošč učiteljam načal'nych klassov i klassnym rukovoditeljam (Familie und Schule. Hilfe für Lehrer von Grundschulklassen und Klassenleiter). In: Učitel'skaja gazeta. Nr. 7, 16. 1. 1971, S. 3.

68a Božovič, L./Slavina, L.: Kak uznat' i ponjat' rebënka (Wie man ein Kind erkennt und versteht). In: Učitel'skaja gazeta, Nr. 13, 30. 1. 1971, S. 3. — Bardin, K.: Učit' učit'sja (Wie man das Lernen lehrt). In: Učitel'skaja gazeta, Nr. 16. 6. 2. 1971, S. 3 — Pastuch, E.: Izvečnyj vopros: Kem byt' (Eine uralte Frage: Was soll ich werden?). In: Učitel'skaja gazeta, Nr. 22, 20. 2. 1971, S. 3. Bis 10. 9. 1971 sind insgesamt 11 „Musterpläne" in der Učitel'skaja gazeta veröffentlicht worden.

69 Strumilin, S.G.: Rabočij byt i kommunizm (Arbeiteralltag und Kommunismus). In: Novyj mir. Nr. 7/Jg. 1960. Zitiert nach der deutschen Übersetzung in: Ost-Probleme. Nr. 21/Jg. 1960, S. 651 ff.

70 Litvinov, V.: Publicistika 1960 goda (Die Publizistik des Jahres 1960). In: Voprosy literatury. Nr. 5/Jg. 1961. Zitiert nach der deutschen Übersetzung in: Ost-Probleme. Nr. 15/Jg. 1961, S. 462 f.

70a Urlanis, B. (s. Anm. 16).

71 Vgl. Grankin, P.: Prodlennyj den' nabiraet sily (Der Ganztag sammelt Kräfte). In: Učitel'skaja gazeta. Nr. 9, 21. 1. 1971, S. 2.

72 S. Anm. 33.

73 Ustav (s. Anm. 28), Abschnitt V.

Bibliographie

I. Einführende Literatur

Geiger, H.K.: The Family in Soviet Russia. Cambridge Mass. 1968.

Klyucharyova (Ključareva), I.: Children, Parents, the State. Moskau o. J. (1968).

Liegle, L.: Familienerziehung und sozialer Wandel in der Sowjetunion. Osteuropa-Institut an der Freien Universität Berlin, Erziehungswissenschaftliche Veröffentlichungen. Bd. 4, Berlin 1970.

Makarenko, A.S.: Werke. Bd. 4, Berlin 1958, S. 13—538.

Westen,K.: Zur Neuordnung des Familienrechts in der UdSSR. In: Osteuropa. Jg. 1969, S. 792—805, S. 869—891.

II. Weiterführende Literatur

Achinger, G.: Bildungswünsche und Bildungschancen von Jugendlichen in der UdSSR. In: Westermanns pädagogische Beiträge. Jg. 1970, S. 21—26.

Achinger, G.: Die Differenz zwischen Bildungsplan und Wirtschaftserfordernissen in der UdSSR. In: Westermanns Pädagogische Beiträge. Jg. 1970, S. 76—81.

Anweiler, O.: Geschichte der Schule und Pädagogik in Rußland. Vom Ende des Zarenreiches bis zum Beginn der Stalin-Ära. Osteuropa-Institut an der Freien Universität Berlin, Erziehungswissenschaftliche Veröffentlichungen. Bd. 1, Berlin 1964.

Anweiler, O./Meyer, K.: Die sowjetische Bildungspolitik seit 1917. Dokumente und Texte. Heidelberg 1961.

Charčev, A.G.: Marksizm-Leninizm o brake i sem'e (Der Marxismus-Leninismus über Ehe und Familie). Moskau 1959.

Charčev, A.G.: Sem' ja v sovetskom obščestve (Die Familie in der Sowjetgesellschaft). Leningrad 1960.

Charčev, A.G.: Brak i sem' ja v SSSR. Opyt sociologičeskogo issledovanija (Ehe und Familie in der UdSSR. Versuch einer soziologischen Erforschung). Moskau 1964.

Charčev, A.G.: Byt i sem' ja pri socializme (Häusliches Leben und Familie im Sozialismus). In: Voprosy filosofii. Nr. 3/Jg. 1967, S. 12—19.

Chripkova, A.G.: Razgovor na trudnuju temu. Zametki o polovom vospitanii (Gespräch über ein schwieriges Thema. Bemerkungen zur Geschlechtserziehung). Moskau 1970.

Engels, F.: Der Ursprung der Familie, des Privateigentums und des Staates. Im Anschluß an Lewis H. Morgans Forschungen. Berlin 1946.

Gaupp, A.: Familienerziehung. In: Sowjetsystem und demokratische Gesellschaft. Eine Vergleichende Enzyklopädie. Bd. 2, 1968, Sp. 412—423.

Glowka, D.: Numerus clausus. Darstellung eines Problems am sowjetischen Beispiel. In: Osteuropa. Jg. 1970, S. 751—775.

Gurova, R.G.: Sem' ja, škola, ulica (Familie, Schule, Straße). In: Sem' ja i škola. H. 9/ Jg. 1968, S. 8 f.
Juviler, P.: Familie. In: Sowjetsystem und demokratische Gesellschaft. Eine Vergleichende Enzyklopädie. Bd. 2, 1968, Sp. 389—412.
Kolkotina, A.J./Kostjaškin, E.G.: Podgotovka v škole šestiletnich detej k I klassu (Die Vorbereitung von Sechsjährigen auf die erste Klasse in der Schule). In: Sovetskaja pedagogika. H. 5/Jg. 1970, S. 61—68.
Kostjaškin, E.G.: Pedagogičeskie aspekty polovogo vospitanija (Pädagogische Aspekte der Geschlechtserziehung). In: Sovetskaja pedagogika, H. 7/Jg. 1964, S. 43—51.
Kostjaškin, E.G.: Die Entwicklung der ganztägigen Erziehung im Schulwesen der Sowjetunion. In: Bildung und Erziehung. Jg. 1969, S. 264—277.
Legen'kij, G.I.: Obščestvennoe i semejnoe vospitanie (Gesellschaftliche Erziehung und Familienerziehung). Moskau 1968.
Liegle, L.: Soziale Schichtung, Familienerziehung und Schulerfolg in der Sowjetunion. In: Anweiler, O. (Hg.): Bildungsprobleme in Osteuropa. Stuttgart/Berlin/Köln/ Mainz 1969, S. 56—72.
Markova. T.A.: Detskij sad i sem'ja. Posobie dlja studentov-zaočnikov doškol'nych otdelenij pedagogičeskich institutov (Kindergarten und Familie. Handbuch für Fernstudenten an den Vorschulabteilungen Pädagogischer Hochschulen). Moskau 1964.
Osnovy kommunističeskogo vospitanija (Die Grundlagen kommunistischer Erziehung). Moskau 1962². Deutsche Übersetzung, Berlin 1964.
Pint, A.O.: Eto vam, roditeli. Razdum'ja pedagoga o vospitanii škol'nikov (Das geht euch an, Eltern! Überlegungen eines Pädagogen über die Erziehung der Schüler). Moskau 1971.
Položenie o pedagogičeskom sovete obščeobrazovatel noj školy (Verordnung über den Pädagogischen Rat der allgemeinbildenden Schule). In: Učitel skaja gazeta. Nr. 150, 17. 12. 1970, S. 2.
Rutkevič, M.N.: Obrazovanie v SSSR kak faktor social'noj mobil'nosti (Bildung in der UdSSR als Faktor der sozialen Mobilität). In: Volovik, L. A. (Hrsg.): Sociologija i ideologija (Soziologie und Ideologie). Moskau 1969, S. 91—100.
Šubkin, V.N.: Moloděz' vstupaet v žizn' (Die Jugend tritt ins Leben ein). In: Voprosy filosofii. Jg. 1965, Nr. 5, S. 57—70.
Ustav srednej obščeobrazovatel'noj školy, (Statut der allgemeinbildenden Mittelschule). In: Ucitel'skaja gazeta, Nr. 110, 15. 9. 1970, S. 1. Deutsche Übersetzung in: Informationsdienst zum Bildungswesen in Osteuropa. H. 18/19, Berlin 1970, S. 99—119.

Elternhaus und Schule in den Vereinigten Staaten von Amerika

In den USA müssen die Beziehungen zwischen Elternhaus und Schule in engem Zusammenhang mit der gesellschafts- und bildungspolitischen Entwicklung betrachtet werden. Eine historische Darstellung der Zusammenhänge ist erforderlich, damit die gegenwärtigen Zentralisierungs- und Dezentralisierungstendenzen im Bildungswesen verständlich werden.
Auch wird so leichter erkennbar, daß die Kooperationswilligkeit der Eltern und der Bildungserfolg der Kinder von der Familienstruktur und der Zukunftsorientierung der jeweiligen Sozialschicht abhängen. Erst nachdem der Hintergrund für den Eltern-Schul-Kontakt analysiert ist, wird die tatsächliche ‚Zusammenarbeit' beschrieben. Und zwar wird zunächst dargestellt, weshalb der nationale Elternverband schon seit der Jahrhundertwende von großer Bedeutung ist; dann wird gezeigt, wie Eltern die Schuldistrikte beeinflussen, in welchem Maße sie an der Lehrplangestaltung beteiligt werden und warum beabsichtigt ist, ihnen Bildungsschecks auszustellen. Daß Eltern auf vielfältige Weise am Schulgeschehen mitwirken und inwiefern ihre Mitarbeit ein direkter Beitrag zur Elternbildung ist, wird anhand der Vorschulentwicklung erörtert. Abschließend folgt ein kurzer Forschungsbericht, der die Bedeutung der häuslichen und Milieufaktoren für den Erziehungsprozeß wie Schulerfolg skizziert.

In den Vereinigten Staaten lassen sich bei der Entwicklung der Eltern-Schul-Kontakte vier Hauptphasen unterscheiden. In jeder Phase bestand dabei eine spezifische Beziehung zwischen dem ‚demokratischen' Selbstverständnis, den Formen der Schulorganisation und der Art des Eltern-Schul-Kontaktes.

1. In der *kolonialen Phase* (etwa von 1607—1776, d. h. fast der halben amer. Geschichte) erhielt der größte Teil der Bevölkerung keinen staatlich organisierten Schulunterricht. Trotz einzelner Ansätze (wie in Massachusetts 1642/1647) und weitreichender Pläne (wie bei Jefferson 1779) blieb es letztlich den Eltern überlassen, ob sie ihre Kinder selbst ‚unterrichteten', sie Privatlehrern anvertrauten, bzw. ob sie Lokalschulen oder ‚dame-schools' organisierten. Nur in den städtischen Gemeinden, in dicht besiedelten Gebieten und speziell unter puritanischem Einfluß wurde die Entwicklung von Schulen — sei es durch Gemeinden, die Kirche oder den ‚Staat' — vorangetrieben. Letzlich entschieden die Eltern, und zwar selbst bei zuweilen angedrohten Strafen für Schulversäumnisse, über den Schulbesuch und die Erziehung ihrer Kinder. Die Ungleichheit der Bildungschancen geht dabei entscheidend auf die Kultur-, Sozial- und Regionalunterschiede zurück. Die bestehenden Sozialunterschiede wurden jedoch nicht durch die verschiedenen Bildungsmöglichkeiten hervorgerufen; denn Bildung war allgemein noch ein

Luxus und hatte mehr symbolische Funktion als praktische Bedeutung für einen sozialen Aufstieg. — Die Kontakte zwischen Elternhaus und ‚Schule' beschränkten sich in dieser Periode weitgehend darauf, daß der Unterrichtende entlassen wurde, wenn der Unterrichtserfolg den elterlichen Vorstellungen nicht entsprach, oder daß die Eltern die Unterrichtung ganz den Kirchen oder Gemeindeschulen überließen.[1]

2. In der folgenden *Industrialisierungs- und Demokratisierungsphase,* die etwa mit dem Unabhängigkeitskrieg (1776) einsetzte und nach dem Bürgerkrieg (1865) einem ersten Höhepunkt zustrebte, wurde das Schulwesen säkularisiert und in vielen Einzelstaaten zur Staatsaufgabe erklärt. Die Staaten beteiligten sich allmählich in größerem Maße an der Finanzierung sowie der Beaufsichtigung der Schulen und begannen die Kinder vor der wirtschaftlichen Ausnutzung zu schützen. Henry Barnard (später der 1. Sekretär des ‚state board of commissioners of common schools' in Connecticut) konstatierte 1840 in seinem zweiten Jahresbericht: die Bemühungen um ein staatliches Bildungswesen hätten das elterliche Verantwortungsbewußtsein in Erziehungsfragen sehr geschwächt. Nur wenige Eltern hätten die Bedeutung einer Kooperation mit den Schulen und Lehrern erkannt.[2] Zögernd begann sich ein neues (überwiegend noch formales) Demokratieverständnis auszuwirken. Ziel der demokratisch oder philanthropisch Engagierten wurde es, größeren Bevölkerungskreisen intellektuelle ‚Grundfertigkeiten' zu vermitteln, sie zu einem demokratischen Engagement zu befähigen und historisch begründete Ungleichheiten durch eine Volksbildung zu verringern. Die kindliche Bildung sollte mithin nicht mehr den Eltern anheimgestellt, sondern eventuell auch gegen sie durchgesetzt werden. Diese Entwicklung wurde um so wichtiger, je mehr die Schulbildung Voraussetzung für den beruflichen und damit sozialen Aufstieg wurde. Diese Bemühungen und Ansätze dürfen nicht darüber hinwegtäuschen, daß um 1860 nur etwa ein Viertel der Kinder eine Elementarerziehung erhielt (Kinder waren immer noch die billigsten Arbeitskräfte). Über jene Kinder, die eine Schule besuchten, verfügte der Lehrer ‚in loco parentis' meistens ebenso uneingeschränkt wie jene. Ein Kontakt bestand zwischen Lehrern und Eltern aufgrund der Gemeindestruktur mit ihren engen persönlichen Verflechtungen, nicht aber in Form einer pädagogischen Zusammenarbeit.[3]

3. Mit *Schließung der ‚Frontier' um 1890* (Ende der Landnahme in Amerika) und den sich *verschärfenden Sozialunterschieden* aufgrund der Masseneinwanderung wurde die *Erziehung allmählich als die herausragende Chance für die individuelle Entfaltung betrachtet.* Und zwar wurde der Erziehung um so größere Beachtung geschenkt, weil die Assimilation der Einwanderer immer dringlicher wurde und weil inzwischen auch soziologische, psychologische und erziehungswissenschaftliche Forschungen auf den Zusammenhang von Sozial- und Bildungschancen hinwiesen. Die gesellschaftlichen Integrationsbestrebungen und die liberale Forderung nach Selbstverwirklichung begünstigten ebenso wie Sozialpädagogik und ‚Pädagogik vom Kinde aus' eine Expansion des Bildungswesens in Richtung auf die ‚comprehensive high school'. Das Bildungswesen sollte durch innerschulische Integration und Differenzierung allen Kindern eine verlängerte und gleichwertige Grundausbildung vermitteln und gleichzeitig individuelle Neigungen und Leistungen optimal fördern. In dieser Zeit begannen

Wissenschaftler, die häuslichen Erziehungseinflüsse zu analysieren, entstanden Elternvertretungen sowohl in den Schulen als auch auf überregionaler Ebene und versuchten Bildungspolitiker wie Dewey, eine intensivere Kooperation von Elternhaus, Schule und ‚community' zu erreichen. All diese Bemühungen richteten sich auf das Ziel: die häuslichen Bildungsbarrieren abzubauen (‚compulsory education' seit 1918 in allen Staaten), die Schule zu demokratisieren und den kindlichen wie lokalen Bedingungen ‚anzupassen' und vor allem auch die Eltern stärker an bildungspolitischen Fragen zu engagieren. Welche Bedeutung den Eltern für den kindlichen Bildungserfolg allmählich zuerkannt wurde, geht u. a. daraus hervor, daß selbst im ‚Bureau of Education' (Vorläufer des nationalen Erziehungsministeriums) eine ‚Home Education Division' eingerichtet wurde (1918). — *Nach dem Ersten Weltkrieg* begann sich jedoch sehr schnell zu zeigen, daß die bestehenden Sozialgegensätze durch die Bildungsexpansion nicht entscheidend verringert werden konnten. Vielmehr verstärkten sich die Divergenzen angesichts der Entwicklung von Großstrukturen noch (u. a. Urbanisierungstendenzen, Wirtschaftskonzentration, ethnische und kulturelle Segregation). In dem Maße, wie diese Entwicklung erkannt und die Bedeutung der frühkindlichen Sozialisation genauer erforscht wurde, hielten Erziehungswissenschaftler eine gleichzeitige Bildung von unterprivilegierten Kindern und Eltern für erforderlich und traten Bildungspolitiker für eine engere Zusammenarbeit von Schule und Elternhaus ein. Dennoch blieb es bis zum *Zweiten Weltkrieg* allgemein noch bei wissenschaftlichen Analysen der persönlichkeitsbildenden Einflüsse der Familie (vgl. S. 229 ff) und bei praktischen Kooperationsversuchen engagierter Eltern und Lehrer. Die Vermittlung der theoretischen Einsichten bzw. ihre praktische Umsetzung war gering.

4. Ende der vierziger Jahre kann Shoben dann jedoch von einer ‚Flut an Publikationen' für Eltern und Erzieher berichten. Sie sei geradezu symptomatisch für das öffentliche Interesse an den elterlichen Einflüssen auf die psychische Entwicklung der Kinder.[4] Angesichts der seit Kriegsende neu gewonnenen Einsichten in die familiäre Sozialisation kann kaum verwundern, daß 1969 von 179 abgelehnten Forschungsprojekten zur ‚kompensatorischen' Erziehung etwa 3/4 mit dem Hinweis zurückgewiesen wurden, daß die Kooperation zwischen Schule und Elternhaus nicht hinreichend berücksichtigt sei.[5]

Grundbedingungen der Kooperation

Gegenwärtig wird das Verhältnis von Elternhaus und Schule in den Vereinigten Staaten durch recht gegensätzliche Tendenzen beeinflußt. Einerseits zeigt man sich bemüht, das *lokale und regionale Bildungsgefälle* — notfalls auch gegen den Widerstand der Eltern — auszugleichen, andererseits aber versucht man, einem *Übergewicht* an *technokratischen Großstrukturen* (‚centralization and professionalism') zu begegnen und den Kontakt zwischen Schule und Elternhaus (‚decentralization and increased community control') zu intensivieren. So unvereinbar diese Tendenzen zu sein scheinen, so notwendig ist ihre gleichzeitige Verwirklichung. Und zwar haben u. a. das regionale Bildungsgefälle,[6] der Sputnikschock, die jüngsten

Sozialunruhen und die Notwendigkeit zu curricularen Großplanungen die Bereitschaft vergrößert, die lokale Autonomie und den elterlichen Einfluß zu begrenzen bzw. sie in anderer und angemessenerer Weise einzubeziehen. Derartige *Zentralisierungstendenzen* werden bei der Zusammenlegung von Schulbezirken (1959/60 = 40.520; 1969 = 18.655), an ihrem sinkenden Anteil an der Bildungsfinanzierung (1958 = 40,2%; 1968 = 31,8%), bei der zwangsweisen Rassenintegration in den Schulen (10% Farbige durch ‚busing')[7] und im überregionalen Prüfungswesen sichtbar. Ebenso verständlich ist aber aufgrund der amerikanischen Bildungstradition, daß sich *Gemeinden, Schulträger und Eltern* gegen derartige Zentralisierungstendenzen wehren, und zwar bis hin zur ‚black power movement', die ‚eine elterliche Kontrolle der Schulen' fordert. Daß es nicht gelungen ist, die Eltern in größerem Maße als Partner bei der Schulorganisation und Lehrplanrevision einzubeziehen, gilt geradezu als einer der wichtigsten Gründe für die Unruhe in den Schulen.[8]
Außerdem setzen sich weite Kreise für eine engere Kooperation zwischen Schule und Elternhaus ein, weil durch die sozial-psychologische Forschung sehr deutlich geworden ist, daß der kindliche Schulerfolg ganz entscheidend vom häuslichen Bildungsinteresse und der elterlichen Unterstützung abhängt und daß bei den unterprivilegierten Eltern die ‚Entwicklung von Selbstgefühl' nur durch eine Kooperation möglich wird.

Die gegensätzliche Aufgabe einer gleichzeitigen Zentralisierung und Dezentralisierung wird aus dem *historisch bedingten Verhältnis von Schule und Elternhaus* verständlich. Wie erwähnt, waren ursprünglich die Eltern und Gemeinden, aber nicht die Staaten Initiatoren des Schulwesens. „Daß es möglich sei, ein wirksames System der Volkserziehung ohne staatliche Bevormundung einzurichten", hat Karl Marx z. B. mit einem Hinweis auf die amerikanischen Verhältnisse zu belegen versucht.[9] Erst in der zweiten Hälfte des 19. Jahrhunderts erlangten viele Einzelstaaten bildungspolitische Rahmenkompetenzen. Mit Einschränkung der elterlichen Macht auf vormundschaftliche Funktionen und Einführung der ‚Schulpflicht' setzte sich der *Einzelstaat* dann als *Aufsichtsinstanz* durch. Aus diesem Negativrecht — zur Überwachung der elterlichen Erziehung — wurde 1936 aufgrund eines Bundesgerichtsurteils das Recht, Kinder begabungsgemäß zu beschulen.[10]
Dennoch sind die amerikanischen Bildungsinstitutionen weiterhin darauf ausgerichtet, ‚der Familie die entscheidende Rolle bei der Persönlichkeitsentwicklung des Kindes zuzuerkennen'.[11] *Die Eltern* haben in einigen Staaten noch immer die Möglichkeit, ihre Kinder außerhalb jedweden Schulwesens unterrichten zu lassen. Ferner schickt ein zunehmend größerer Prozentsatz von ihnen seine Kinder auf Privatschulen. (Die Einschränkung des privaten Schulwesens war 1925 durch den Bundesgerichtshof für unzulässig erklärt worden.)[12] Der Prozentsatz der Privatschüler (Klasse 1—8) hat sich von

1900 bis 1965 etwa verdoppelt: gegenwärtig besucht jeder 7. Schüler dieser Altersgruppe eine private Anstalt.[13] Dies Interesse der Eltern an privaten Bildungseinrichtungen geht vielfach auf religiöse Motive, aber auch darauf zurück, daß der Leistungsstand der öffentlichen Schulen oft sehr gering ist. Die geringe Leistung ist z. T. wiederum eine Folge elterlicher Einflußnahme, hier allerdings seitens der weniger bildungsbewußten Elternschaft. Die öffentliche Schule ist zu derartigen Anpassungen ‚gezwungen', weil die bildungspolitische Tradition den Eltern eine Mitsprache sichert (in Privatschulen verzichten die Eltern vielfach aufgrund der Interessenübereinstimmung darauf), weil die ‚school boards' gewählt werden und weil vor allem Junglehrer nur unter ‚term contracts', d. h. nicht in festen Anstellungsverhältnissen stehen. Nach Conant hat sich der elterliche Einfluß im öffentlichen Schulwesen dahin ausgewirkt, daß die öffentlichen Schulen ‚den begabten Schülern nicht mehr den nötigen Anreiz bieten'.[14]

Während auf der einen Seite also staatliche bzw. *bundesstaatliche Förderungsprogramme* notwendig sind, um eine größere Chancengleichheit zwischen den Rassen und Regionen zu sichern (z. B. National Defence Education Act, 1958 / Economic Opportunity Act, 1964 etc.), werden diese Bemühungen andererseits oft erst effektiv, wenn sie auf örtliche Gegebenheiten abgestimmt werden. Denn eine Voraussetzung für den Erfolg jedweder Bildungsplanung ist es, daß „großstädtische Verwaltungen direkter auf Bedürfnisse einzelner Wohnbezirke zu reagieren lernen, und zwar besonders auf die Bedürfnisse von Minoritätengruppen" (1969).[15] Seit Mitte der sechziger Jahre bemüht man sich deshalb in nahezu allen Großstädten um eine Dezentralisierung. Diese Dezentralisierung hat z. T. zu chaotischen Verhältnissen geführt, z. T. den ‚community spirit' und das Minoritätenbewußtsein neu belebt. New York hat z. B. für jeden Distrikt lokale Schulberatungsgremien (‚community school boards') vorgesehen, die von Eltern gewählt werden sollen, weil die Schulen den lokalen und individuellen Bedürfnissen entfremdet sind und Lehrer aufgrund einer räumlich weit entfernten Schulverwaltung und zentralen Interessenvertretung eine zunehmende Immunität erreichen (Verbeamtungstendenz).[16] Ziel der Dezentralisierung ist es, Lehrern bei der Unterrichtsführung größere Autonomie zu gewähren, zugleich aber ihre direkte Verantwortlichkeit gegenüber den Kindern, Eltern und der Schule zu vergrößern. Auf die Dauer wird es wohl unumgänglich, Mechanismen zur Konfliktregelung zwischen Schülern, Lehrern und Eltern zu entwickeln. Welche Probleme sich tendenziell bei der Dezentralisierung ergeben, wird später noch an Ereignissen in New York, hier zunächst anhand einer Elternbefragung in Philadelphia gezeigt:[17]

Lokale Schulberatungsgremien, die der Schule bei ihren Entscheidungen ‚helfen' sollen, wurden von 68 % der Eltern begrüßt.
Von denen, die sich zugunsten der Schulberatungsgremien aus-

sprachen, meinten 40%, daß die lokalen Bedingungen dadurch besser verstanden würden, ferner 22%, daß das Interesse an der Schule steigen werde, schließlich 12%, daß es ein elterliches und staatsbürgerliches Recht sei, an den Schulen mitzuwirken. Unter allen Befürwortern waren 26% der Ansicht, daß sie bei Lehrplanentscheidungen ‚helfen' sollten.

Unter den Gegnern hielten 44% die Eltern nicht für qualifiziert, diese ‚Verantwortung' zu übernehmen. Und zwar befürchteten jeweils 18% zu große Leistungsunterschiede der Schulen und eine zu große ‚Cliquenwirtschaft'.

Kritisch könnte man der diskutierten Elternmitwirkung schließlich deshalb gegenüberstehen, weil sich von den befragten Eltern zwar 68% zugunsten einer Mitwirkung aussprachen, aber nur 21% selbst zu irgendeiner lokalen Organisation und nur 7% zur ‚Home and School Association' gehörten.

Dennoch können derartige ‚Analysen über die elterlichen Erfahrungen, Interessen und Einstellungen' als ein neuer Versuch gelten, die lokale Selbstverwaltung sinnvoll umzugestalten und die Prinzipien der Selbstverwaltung mit der Notwendigkeit zur zentralen Beseitigung des Bildungsgefälles in Einklang zu bringen.

Nachdem auf die Bedeutung der regionalen und ethnischen Unterschiede für die Bildungschancen der Kinder hingewiesen ist und skizziert wurde, weshalb sich das Bildungsgefälle nur durch eine gleichzeitige Zentralisierung und Dezentralisierung des Bildungswesens verringern läßt, soll nun untersucht werden, welche Bedeutung der Familienstruktur für den Bildungserfolg der Kinder und für die Kooperation von Schule und Elternhaus zukommt.

Familienstruktur und Bildungschancen

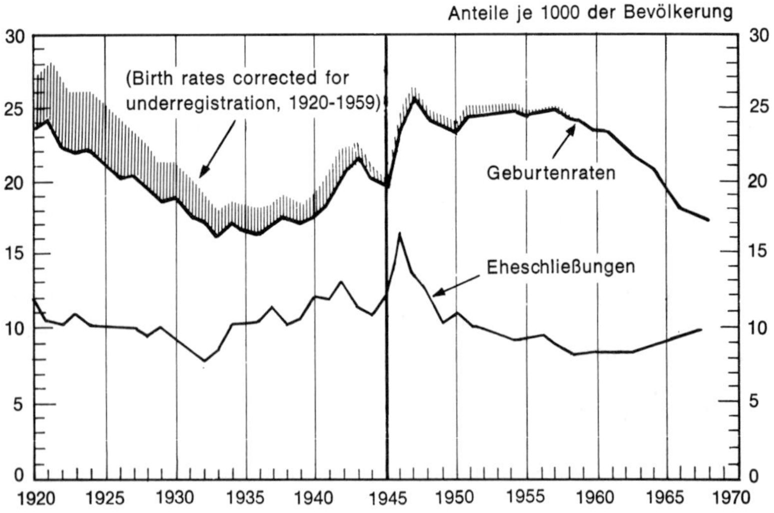

Wie in allen Industrienationen, so zeigt sich auch in den USA eine Entwicklung zur *Kernfamilie und Kleinfamilie.* Obwohl die Zahl der Eheschließungen seit 1960 wieder gestiegen ist, sind die Geburtenzahlen weiter rückläufig.[18]

Diese *Reduktion der Kinderzahl* führte im Zusammenhang mit dem steigenden Lebensstandard dahin, daß sich von 1959 bis 1969 der *Anteil der in großer Armut aufwachsenden Kinder* erheblich verringert hat. Dennoch leben von 21,5 Mio. Kindern unter 6 Jahren noch immer 3,3 Mio. und bei den 6—17jährigen nicht weniger als 6,5 von 48,2 Mio. in äußerster Armut. Obwohl sich ihr Anteil, wie folgende Statistik zeigt,

Nach Einkommensverhältnissen d. Familienoberhaupts (in Tausend)	1959			1969			1959-1969
		In großer Armut			In großer Armut		
	Familien insges.	Anzahl	% von Familien insges.	Familien insges.	Anzahl	% von Familien insges.	Veränderung in Prozent
Familien mit Kindern unter 6 Jahren insgesamt:	24.076	6.268	26.0%	21.578	3.298	15,3%	-41,1%
weiße Familien mit Kindern unter 6 Jahren:	20.785	4.159	20,0%	17.894	1.870	10,5%	-47,5%
schwarze Fam. mit Kindern unter 6 Jahren:	3.050	2.022	66,2%	3.349	1.372	41,0%	-38,1%

außerordentlich gesenkt hat, haben noch immer etwa 17% der weißen und 50% der Negerfamilien mit Kindern unter 18 Jahren ein Jahreseinkommen von weniger als 6.000 Dollar. Mithin leben etwa 1,7 Mio. schwarze und 4,5 Mio. weiße Familien in erheblicher Armut.[19]

Die *Armut* konzentriert sich dabei besonders auf *ländliche Gebiete,* d. h. auf den Süden der Vereinigten Staaten. In ‚farm areas' gehören z. B. 18,3% der Familien zur ärmsten Gruppe, in den städtischen Zentren der Metropolitangebiete dagegen nur 10,1 %. Bei den ‚Unterprivilegierten' konzentriert sich die Armut wiederum auf Familien ohne männlichen Haushaltungsvorstand. Und zwar werden von den vaterlosen Familien mit Kindern unter 6 Jahren 65,3% zu der ärmsten Gruppe gerechnet (1969). Außerdem hat sich bei Familien mit weiblichem Haushaltungsvorstand der Anteil der in Armut lebenden Kinder seit 1959 kaum verringert. Insgesamt wachsen zur Zeit nur noch 90% der weißen und 62% der farbigen Kinder unter 14 Jahren in einer ‚vollständigen' Familie auf. Dabei fehlte 27% der farbigen

Kinder und 7,5% der weißen der väterliche Erziehungseinfluß; ferner wachsen 7,8% der farbigen Kinder überhaupt ohne elterliche Obhut auf.[20]
Diese Situation verschärft sich noch dadurch, daß die Scheidungsrate bei Eltern mit vielen Kindern und bei Jungverheirateten besonders hoch ist, daß ferner der Anteil der außerehelichen Kinder bei Müttern unter 19 Jahren weitaus am größten ist. Mithin finden viele Kinder nicht einmal in der allerersten Phase der familiären Sozialisation gesicherte Verhältnisse vor, obwohl gerade diese Zeit für die ‚emotionale Stabilisierung' und intellektuelle Entwicklung weitaus am bedeutendsten ist.[21]

Anzahl der Scheidungen
und davon betroffene Kinder: U. S., 1953-1965

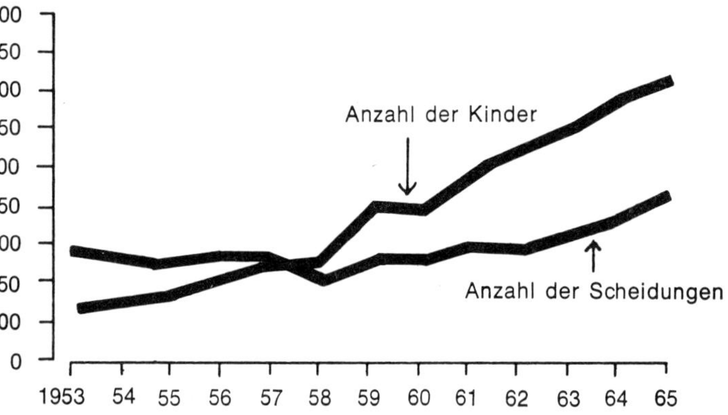

Geschätzte Scheidungsraten
verschied. Altersgruppen: U. S., 1965

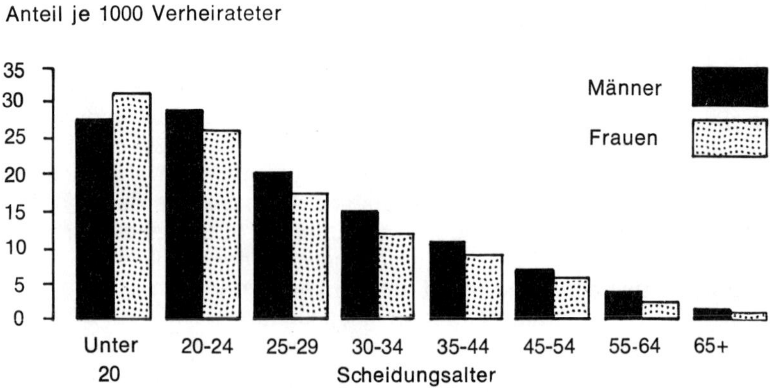

Insgesamt hat sich seit 1940 — wie die Statistik zeigt — die Zahl der außerehelichen Kinder bei Müttern unter 24 Jahren etwa vervierfacht. Farbige Mütter sind dabei weitaus am häufigsten betroffen. Das Hauptproblem sind aber die minderjährigen Mütter, die weder einen Bildungs- noch einen vorläufigen Berufsabschluß erreicht haben.[22]

Entwicklungstendenzen bei außerehelichen Geburten von 1940 bis 1968

Alter der Mütter	1940	1950	1960	1965	1968	
unter 15 Jahren	2.1	3.2	4.6	6.1	7.7	in Tausend
15-19 Jahre	40.5	56.0	87.1	123.1	**158.0**	
20-24 Jahre	27.2	43.1	68.0	90.7	107.9	
Rassenzugehörigkeit der Mütter: (alle Altersgruppen)						
Weiße	40.3	53.5	82.5	123.7	155.2	in Tausend
Farbige	49.2	88.1	141.8	167.5	183.9	

Obgleich sich die Benachteiligung bei Kindern minderjähriger, unverheirateter oder geschiedener Mütter potenziert,[23] darf nicht übersehen werden, daß auch für sehr viele Kinder aus vollständigen Familien aufgrund der unzulänglichen Vorbildung und der geringen Familienorientiertheit ihrer Eltern sowie aus den sozio-ökonomischen Verhältnissen erhebliche Bildungsnachteile entstehen. Wie sich die familiären Strukturunterschiede für den Bildungserfolg der Kinder, und zwar von der ‚Grundschule' (‚elementary education') bis hin zur Oberstufe (‚senior high school') auswirken, zeigen die nachfolgenden Tabellen. In den beiden folgenden Statistiken sind Ergebnisse aus der ersten amerikanischen Großanalyse über die Beziehungen von ‚education and income' zusammengestellt (sample von 250.000 Kindern).[24]

Aus den Angaben zur Grundschulerziehung wird eindeutig ersichtlich, daß ein Zusammenhang zwischen dem Einkommen der Eltern, ihrer Bildung, der Geburtenfreudigkeit und Kindersterblichkeit einerseits und dem Intelligenzquotienten der Schüler und ihren Schulerfolgen andererseits besteht. Je ungünstiger die geistigen und wirtschaftlichen Voraussetzungen im Elternhaus sind und je größer die Kinderzahl ist, desto geringere Aufmerksamkeit, Hilfe und Anregung finden die Kinder zu Hause. Es kann nicht überraschen, daß bei derart benachteiligten Kindern die Testergebnisse ungünstig ausfallen und sie die Schule oft vorzeitig verlassen. Besonders auffällig sind die hohen Korrelationen zwischen der Elternmitwirkung am Schulgeschehen, dem elterlichen Einkommen und dem Schuler-

Grundschulerziehung (Elementary Schools)
(in einer Großstadt des Mittleren Westens)

	Eltern						Schüler					
Schulen mit Elternschaft von durchschnittlich. Jahreseink.	Anzahl der Schulen 243	**Elternmitwirkung** * (parent membership)	Vorherrsch. Elterngruppe Arbeiter XX	Vorherrsch. Elterngruppe Collegebildg.	Geburtenrate je 1000 der Bevölkerung **	Kindersterblichkeit je 1000 Lebendgeburten **	Schul. Leistungsstand geringer als Durchschnitt	Intelligenzquotient der 1. u. 4. Kläßler addiert	Iowa Composite test scores 4. Klasse	Iowa Composite test scores 8. Klasse	Nichtversetzt in nächste Klasse/Jan. 1958	Drop outs im Alter 16 (Schulabgänger)
I unter 5000 $	31	**10,1%**	92%	0%	22,2	38,2	96%	2,79	3,48	6,77	7,4 %	15,5 %
II um 6000 $	107	12,3%	12%	8%	20,2	28,1	82%	3,31	3,73	7,38	4,9 %	3,0%
III um 8000 $	85	42,3%	0%	14%	17,2	20,2	5%	4,55	4,42	8,22	2,9 %	1,5%
IV über 9000 $	20	**73,8%**	0%	100%	16,9	19,2	0%	5,09	4,84	8,67	1,2 %	0,7%

* Gesamtzahl der Eltern (z.T. beide Elternteile, z.T. ein Elternteil) erfaßt.
** Etwas anders gegliederte Einkommensgruppen, die jedoch den Trend bestätigen.
XX Census 1950 data.

Oberstufenschüler (Senior High Schools)
(in einer Großstadt des Mittleren Westens)

	Eltern		Schüler										
			Fachinteresse von Schülern der Einkommensgruppen in %				Curriculum enrollment (% der Schüler an Schulen)			Failures %			
Schulen mit Elternschaft von durchschnittlichem Jahreseinkommen	Anzahl der Schulen: 17	**Elternmitwirkung** in % von Schülern der Einkommensgruppen *	Mathematik	Fremdsprachen	Business Ed.	Family living	akadem.	beruflich	allgemein	one or more subjects	Englisch	Schulabgänger in einem Jahr	Von high school sofort zum College
I unter 6000 $	5	8,0 %	43,7	12,5	73,2	4,3	19	33	48	42,2	16,8	19,2 %	27 %
II um 6500 $	3	3,5 %	32,8	16,7	88,4	2,8	25	46	29	36,0	10,9	15,8 %	32 %
III um 7500 $	4	25.8 %	56,7	24,1	67,4	2,9	40	31	29	32,2	9,3	7,9 %	43 %
IV um 8500 $	4	24,6 %	62,8	29,4	54,5	4,5	57	21	23	28,8	8,5	7,2 %	57 %
V über 9000 $	1	36,0 %	66,5	52,5	37,1	3,0	79	11	10	28,6	6,6	3,6 %	87 %

* Gesamtzahl der Eltern (z. T. beide Elternteile, z. T. ein Elternteil) erfaßt.

folg der Kinder. Während sich von den Eltern der untersten Gehaltsgruppen nur 10% am Schulgeschehen engagierten, haben jene aus der höchsten Einkommensgruppe 7mal so oft am Schulgeschehen mitgewirkt. Als Gründe für die geringe Beteiligung der ‚Unterprivilegierten' drängen sich auf:

> „Personen aus den unteren Einkommensgruppen fühlen sich bei derartigen Zusammenkünften allgemein nicht recht wohl. Da sie nur selten Gelegenheit zu entsprechenden Sozialkontakten haben, fehlt ihnen die notwendige Verhaltenssicherheit. Der Mangel an solchen Sozialerfahrungen ist vielfach einer der Gründe dafür, weshalb sie ihr Einkommen und ihren sozialen Status nicht verbessern können."

Diese Beziehungen zwischen Elternhaus und Schule, bzw. zwischen dem häuslichen Milieu und der kindlichen Leistung werden auf die Dauer von der Schule kaum korrigiert, sondern sie bestehen tendenziell bis in die Oberstufe (‚senior high school') fort. So konzentriert sich das fachliche Interesse von Schülern aus günstigen Familien- und Sozialverhältnissen stärker auf akademische Fächer (Mathematik und Sprachen) als auf praktisch und beruflich orientierte Curricula. Dem entspricht: daß sie an der englischen Sprache wesentlich seltener scheitern als Kinder aus den unteren Sozialschichten, daß ihre vorzeitigen Abgangsquoten wesentlich geringer sind und daß sie nach dem Abitur (‚high school diploma') sofort ein College (Universität) besuchen, statt zwischenzeitlich oder gleich endgültig einen Beruf zu ergreifen. Auffällig ist, daß die Elternmitwirkung in den ‚senior high schools' insgesamt wesentlich geringer ist als in den ‚elementary schools', und zwar verringert sich die Beteiligung nicht so sehr bei den ungünstig gestellten Familien als vielmehr bei den oberen Sozialschichten.

Daß sich diese häuslichen Einflüsse noch auf den *Studienerfolg* der Kinder auswirken, haben u. a. Sewell und Shah ermittelt. Der folgende Tabellenvergleich zeigt: Schüler aus unteren Sozialschichten planen seltener ein Studium als jene aus höheren Schichten; Kinder mit höherer ‚Intelligenz' haben nicht nur eine höhere Bildungserwartung, sondern auch einen größeren Studienerfolg, und Kinder mit geringer Intelligenz erreichen wesentlich häufiger einen Studienabschluß, wenn sie aus höheren Sozialschichten kommen. Insgesamt ist bei Jungen der Einfluß der kindlichen Intelligenz für den Studienerfolg ausschlaggebender als ihre Schichtzugehörigkeit, ihre Schichtzugehörigkeit aber ausschlaggebend für das Aspirationsniveau.[25]

Männliche Studenten in Prozent

Sozio-ökonom. Statusebene	planten College-besuch *	besuch-ten College *	erreichten College Abschluß *	Anzahl *
untere	*14,8*	*20,5*	*7,5*	(972)
untere mittlere	26,8	33,8	14,2	(1,152)
obere mittlere	39,3	44,6	21,7	(1,155)
obere	66,3	73,4	42,1	(1,107)
Insgesamt	37,4	43,7	21,8	(4,386)
Intelligenzebenen				
untere	12,2	15,0	3,2	(1,070)
untere mittlere	25,4	33,5	11,5	(1,100)
obere mittlere	45,5	51,0	23,9	(1,083)
obere	65,2	73,8	47,2	(1,133)
Insgesamt	37,4	43,7	21,8	(4,386)

Männliche Studenten in Prozent, die Collegeabschluß erreichten: Intelligenzebenen

Sozio-ökonom. Statusebene	untere	untere mittlere *	obere mittlere	obere *	Insg. *
untere	0,3	7,9	10,9	20,1	7,5 (972)
untere mittlere	2,3	7,4	16,7	34,4	14,2 (1,152)
obere mittlere	4,4	9,8	24,4	46,7	21,7 (1,155)
obere	10,5	23,3	38,5	64,0	42,1 (1,107)
Insgesamt	3,2 (1,070)	11,5 (1,100)	23,9 (1,083)	47,2 (1,133)	21,8 (4,386)

* Allx^2's for each column designated in these tables are significant beyond the 0,05 level.

Insgesamt machen diese Studien hervorragend sichtbar, daß enge Beziehungen zwischen der Bildung der Eltern, ihrem Einkommen, ihrer Kinderzahl und den Testleistungen wie Schulerfolgen der Kinder bestehen. Aus ihnen geht jedoch nicht hervor, inwieweit sich die kindlichen Bildungschancen in ein und derselben Sozialschicht unterscheiden und warum sie sich unterscheiden bzw. welche Aufgaben sich daraus für das Verhältnis von Schule und Elternhaus ergeben. Ansatzweise haben J. A. Kahl (1953) und in Fortsetzung E. Cohen (1965) mit entsprechenden Untersuchungen begonnen.[26] Und zwar beschränkten sich ihre Studien auf *eine* soziale Schicht (Arbeiterschaft) und hier auf ‚high school boys' mit gleichem Intelligenzquotienten und ähnlichem Sozialhintergrund. Nachdem sie damit die Einflüsse der sozialen Schicht und der kindlichen ‚Begabung' weitgehend eliminiert hatten, untersuchten sie die unterschiedliche Bildungsorientierung der Eltern. Cohen vergleicht z. B., warum einige Eltern ihre Kinder unbedingt aufs College schicken wollten, andere dagegen nicht. Sie gelangt zu dem Ergebnis, daß die Eltern sich vor allem dadurch unterscheiden, wie langfristig sie die Bildungs- und Berufsziele ihrer Kinder anvisieren und daß hierfür wiederum der Grad der Zufriedenheit bzw. Unzufriedenheit mit der eigenen beruflichen bzw. sozialen Position von besonderem Einfluß ist.

(So ergab sich eine besonders starke Zukunftsorientiertheit der Bildungsziele, wenn der Vater Vorarbeiter und mit seinem Beruf unzufrieden und wenn die Mutter sozial abgestiegen ist und — gegebenenfalls — einen Angestelltenberuf ausübt.)

Die Bildungschancen der Kinder werden also sowohl durch die Familienstruktur und die sozio-ökonomische Position der Eltern, als auch durch die elterliche Unzufriedenheit mit ihrer Sozialposition und schließlich durch deren Wert- und Zukunftsorientierung beeinflußt.[27]

Da die Schule die Familienstruktur und die sozio-ökonomische Position der Eltern nicht verändern kann, das elterliche Bildungsengagement jedoch beeinflußbar ist, müßte die Schule diesem Aspekt besondere Bedeutung bei der Kooperation mit dem Elternhaus widmen. Will man das elterliche Bildungsinteresse steigern, so ist einerseits eine *Dezentralisierung* des Bildungswesens (in den oben beschriebenen Grenzen), andererseits eine genaue Kenntnis von *schichtspezifischen Bildungsbarrieren* notwendig.

Insofern bestehen ähnliche Probleme wie in der Bundesrepublik. Dennoch ist der historische, politische und bildungsorganisatorische Rahmen, in dem diese Ziele angestrebt und eventuell verwirklicht werden können, grundverschieden. Denn in den USA ist die Schule in größerem Maße als in Deutschland durch Lokalbedingungen bestimmt (in kleinen ‚school districts' üben Eltern noch immer einen großen Einfluß auf die ‚school boards' aus), zudem sind in den USA die Bemühungen um eine bessere Zusammenarbeit von Elternhaus und Schule nicht nur von engagierten Bildungspolitikern, von privaten Schulträgern oder vom Staat ausgegangen, sondern ganz entscheidend auch von den Eltern selbst.

Elternorganisationen (Parent-teacher organisations)
Nationale Ebene

Die *amerikanische* Elternschaft hat sich frühzeitig (und zwar mit völlig anderem Selbstverständnis als die deutsche) *auf nationaler Ebene* organisiert. Bereits 1897 wurde ein ‚National Congress of Mothers' gegründet. Seit 1907 nimmt die Organisation Lehrer auf, 1924 änderte sie ihren Namen in ‚National Congress of Parents and Teachers'. Mit 11 Mio. Mitgliedern (1967/68) ist dieser Verband die größte freiwillige Organisation in den USA. Der Struktur und dem Selbstverständnis dieses Verbandes entsprechend betrachten wir zunächst seine Ziele und Aktivitäten auf nationaler Ebene, und erst dann seine Funktion im einzelstaatlichen und lokalen Bereich.

Für die Aktivität des Verbandes sind die Bedingungen und Überlegungen bezeichnend, unter denen er ins Leben gerufen wurde. Im Unterschied zu den damals bestehenden Lokalvereinigungen — wie den ‚womens clubs, progressive culture clubs, home and school unions, kindergarten associations' usw. — wollte der Dachverband nicht Diskussionsrunde für Mütter, sondern ein bildungspolitisch wirksames Organ sein. In Anspielung auf den amerikanischen Kongreß wählte man daher die Bezeichnung ‚National *Congress* of Mothers'. Bereits auf der Gründungsversammlung von 1897 setzte man sich u. a. das Ziel, gegen die Kinderarbeit in den Industriestädten einzuschreiten sowie gegen die gerichtliche Verurteilung von angeblich unverbesserlichen Kindern vorzugehen. Außerdem beanspruchte man ein Mitspracherecht bei allen Erziehungsfragen, denn „auch eine noch so männlich beherrschte Welt" könnte den Müttern nicht die Erziehungskompetenz absprechen. Unter den programmatischen Arbeitsvorschlägen des ersten Kongresses (1897) befanden sich folgende Ziele:[28] Man plante:

— eine ‚nationale Bildungsstätte für Frauen' zu gründen, um ihnen eine systematische Anleitung in der Haushaltsführung und bei der Erziehung ihrer Kinder zu geben; man beabsichtigte

— die Gesetzgebung der Einzelstaaten dahin zu beeinflussen, daß in den öffentlichen Schulen Kindergärten eingerichtet würden; man wollte

— schließlich jene Zeitungen und Journale von den Familien fernhalten, die deren erzieherischen Bemühungen entgegenstünden.

Bedeutsam ist an den damaligen Bemühungen, daß man Eltern aller Rassen ohne Unterschied aufnahm und sich generell darum bemühte, die Öffentlichkeit von der Notwendigkeit einer kindgerechten Erziehung und Elternbildung zu überzeugen. Die Bemühungen fanden allgemein großen Zuspruch, weil sie den pädagogischen und psychologischen Vorstellungen der damaligen Zeit weitgehend entsprachen. Da außerdem die sozialen Mißstände in den Großstädten und die Sozialforschung deutlich machten, in welchem Maße die kindliche Entwicklung und schulische Erziehungsarbeit durch ungünstige Milieuverhältnisse beeinträchtigt wurden, kam einigen Eltern und Lehrern auch bereits zum Bewußtsein, daß sie nicht nur eine partikulare, sondern letztlich eine Verantwortung als ‚parent-teacher-*citizens*' hatten. Aus einer ähnlichen Auffassung heraus verstand sich auch der ‚National Congress of Mothers' nicht nur als ein Elternbund sondern als eine im weitesten Sinne bildungspolitische Interessengruppe.[29] Beispielsweise versuchte er, bei Erziehungsnotständen die öffentliche Meinung zu mobilisieren, an der Durchführung von Bildungsprojekten mitzuwirken und Forschungsergebnisse dem interessierten Laien verständlich sowie für die lokale Erziehungssituation verwendbar zu machen.

Herausragende Impulse um die Jahrhundertwende waren: die Förderung des Sprachunterrichts (denn ‚Eltern erwarteten von der Schule in erster Linie, daß ihr Kind lesen lerne'), ferner die Bemühungen um eine kontinuierliche Gesundheitsbetreuung für Kinder sowie die Errichtung eines ‚National Health Bureau' (1900). Außerdem verabschiedete man eine Resolution zugunsten der ‚handicapped children' (1903), veröffentlichte eine Broschüre zur Sexualerziehung (1904) und erreichte, daß Präsident Theodore Roosevelt dem amerikanischen Kongreß die Entwicklung eines Jugendbewährungssystems vorschlug.[30] Seit 1906 wurde zudem das ‚National Congress of Mothers Magazine' (ein Vorläufer des heutigen ‚PTA Magazine') herausgegeben. Damit war die Möglichkeit zu einer Massenkommunikation gegeben. — Nach dem Ersten Weltkrieg wurde die Öffentlichkeit durch den ‚Mothers Congress' u. a. über die Schulbaumisere in Delaware informiert, ferner half die Organisation bei der Neuorganisation des Schulwesens in North Dakota (1924—26), und schließlich wurde sie vom nationalen Gesundheitsministerium aufgefordert, eine Reihenuntersuchung der Schulanfänger zu unterstützen (1925), weil die Kampagne der Gesundheitsbehörden auf erheblichen Widerstand gestoßen war. Man hielt mithin das lokale Vertrauen in die ‚parent-teacher association' für so groß, daß deren Vermittlung dort noch zu einem Erfolg führen könnte, wo sich staatliche Instanzen vergeblich bemüht hatten. Im gleichen Jahr setzte sich der Verband noch für den Ausbau der Erwachsenenbildung ein. Und zwar ermunterte er die Eltern, sich in Lesezirkeln weiterzubilden, ausgiebiger die Büchereien zu benutzen und Volkshochschulkurse (‚university extension courses') zu besuchen.
Seit dem Zweiten Weltkrieg gehören Bemühungen um eine internationale Verständigung, um eine Ausbildung der Lehrer für die Zusammenarbeit mit dem Elternhaus sowie der Zusammenschluß mit dem ‚National Congress of Colored Parents and Teachers' zu den wesentlichen Initiativen. *Internationale Kontakte* bestanden zwar schon seit Gründung des Verbandes, aber 1944 erklärte er angesichts der vielen im Krieg verwaisten oder in Not geratenen Kinder: ‚all children are our children'. Man unterstützte deshalb die ‚Care'-Paket Aktion, beriet das State Department bei Verabschiedung der UN-Charter, befürwortete die Gründung der UNESCO aufs entschiedenste und tritt seitdem für eine Erziehung zur internationalen Verständigung in den Schulen ein. Außerdem wurde der ‚National Congress of Parents and Teachers' von einigen Ländern bei der Organisation ihrer Elternvertretungen als Vorbild betrachtet bzw. direkt hinzugezogen.[31] Ebenso bedeutsam wie die Außenkontakte und die Einsicht, daß die ‚internationale Verständigung zu Hause, in der Schule und in der Nachbarschaft' beginnen müsse, waren die Bemühungen um eine Konkretisierung dieser Ziele, sei es in Form einer Zusammenarbeit mit dem ‚*National Congress of Colored Parents and Teachers*' oder sei es durch eine Förderung der Lehrer-

und Elternbildung. Die Organisation für farbige Eltern und Lehrer war vom Gesamtverband 1926 initiiert worden, weil sonst farbige Eltern in den Südstaaten ihre Interessen (angesichts der Rassentrennung) nicht hätten vertreten können. 1935 repräsentierte jene Organisation 45.000 Mitglieder. Zwischen beiden Eltern-Lehrer-Organisationen bestand dabei stets ein recht enger Kontakt, sie kooperierten in gemeinsamen Beratungsgremien und bemühten sich um ein ‚verständnisvolles Miteinander' der Rassen und Minoritäten. Seit 1944 schlossen sich die Organisationen überall dort zusammen, wo die Rassentrennung aufgehoben wurde. 1968 folgte ein Zusammenschluß der beiden Dachorganisationen.[32]

Eine Erziehung zur größeren Kooperationsbereitschaft unter den verschiedenen Rassen und Minoritätengruppen setzt aber voraus, daß Lehrer den jeweiligen Milieuhintergrund der Kinder genau kennen. Intensive Kontakte zwischen Schule und Elternhaus sowie eine *Vorbereitung der Lehrer* auf diese Aufgabe sind mithin erforderlich. In Columbia hat es schon seit 1921 regelmäßige ‚summer courses' über die Beziehungen von Elternhaus und Schule gegeben, ferner wurde im Jahre 1928 bereits an 50 Colleges ein Seminar über diese oder eine ähnliche Thematik durchgeführt; insgesamt aber verkannte die Lehrerbildung „den grundlegenden Einfluß, den Elternhaus und ‚community' auf die Schule ausüben und den ebenso bedeutsamen Einfluß, den die Schule auf die Familie und die ‚community' nehmen kann."

Deshalb wurden von dem ‚National Congress of Parents and Teachers' nach 1945 gemeinsam mit der Universität Iowa und der Northwestern University Tagungen und Seminare über die Zusammenarbeit von Elternhaus und Schule durchgeführt. Um interessierten Lehrern eine intensive Beschäftigung mit der Thematik zu ermöglichen, gewährten die nationale und die einzelstaatlichen PTAs dafür einige Stipendien. (Insgesamt wurden bis 1968 34.578 Stipendien im Werte von 10 Mio. Dollar vergeben.) Ferner wurde von der nationalen PTA an der Northwestern University im Jahr 1947 ein dreijähriges Forschungs- und Arbeitsprogramm initiiert, um sowohl Studenten als auch Lehrer, die sich weiterbilden wollten, mit den ‚home-school relations' näher vertraut zu machen. Der nächste Schritt war, daß einzelstaatliche PTAs (wie z. B. in Kalifornien) ihre Repräsentanten an die Pädagogischen Hochschulen schickten, um Dozenten auf die ‚parent-teacher movement' hinzuweisen. In Oregon schließlich versuchte die PTA, alle Staats-Colleges und Universitäten zu veranlassen, einen ‚parent-teacher course' in der Lehrerbildung verbindlich zu machen.[33]

Man bemühte sich aber nicht nur um die Eltern- und Lehrerbildung, sondern auch um eine engere *Verbindung zu den Schülern* (students). Den lokalen PTAs wurde 1968 z. B. vom ‚National Congress' nahegelegt:[34]

— sich in den Sekundarschulen zu PTSAs, d. h. zu ‚Parent-Teacher-*Student* Associations' zu erweitern;
— und in den Schulen darauf hinzuwirken, daß Probleme der ‚Familienerziehung', der ‚internationalen Verständigung' und der ‚Freizeitgestaltung' in den Unterricht einbezogen würden.

Die Empfehlungen der nationalen PTA beschränken sich aber nicht auf derart verbandsnahe Ziele, sondern es wurden auch Fernsehsendungen und -programme kommentiert (seit 1959); in drei Staaten wurde die Einführung einer fortgesetzten Gesundheitsüberwachung unterstützt (1961), und schließlich die Aufmerksamkeit auf ‚problematische Aspekte unserer Demokratie' gelenkt (1965—1968). Im Rahmen der letzten Thematik legte man den lokalen PTAs u. a. nahe:

— „Diskutiert mit einem kleinen Kreis von Fachleuten, inwieweit in eurer ‚community' Veränderungen oder Neuerungen z. B. bei der Vorschulerziehung, der Berufs- und Bildungsberatung oder bei der Erwachsenenbildung notwendig sind."

— „Fordert den Direktor der Schule auf, ein langfristig planendes Erziehungskomitee einzusetzen. Es sollte aus Mitgliedern der Schulverwaltung, des Lehrkörpers, des Beratungsdienstes und der Elternschaft bestehen und vorausbedenken, was die Schule in 2 bzw. 5 oder 10 Jahren angesichts möglicher Lokal- oder Gesellschaftsveränderungen tun muß."

Diese Aktivitäten lassen sich in ihrer bildungspolitischen Bedeutung jedoch erst ermessen, wenn man sie im Zusammenhang mit der *Organisationsstruktur und der Größe des Verbandes* sieht.

Der ‚National Congress' vertrat 1931 etwa 2 Mio. Mitglieder, 1945 doppelt so viele und *1967 über 11 Mio. Eltern und Lehrer.* Der Anteil der Lehrer scheint dabei relativ gering zu sein. Geht man jedoch von der durchschnittlichen Schülerzahl je Lehrer aus (1967 in der Grundschule 26,3 und in der Sekundarschule 20,3 Schüler) und bedenkt man, daß allgemein jeder Schüler 2 Eltern hat, so überrascht, daß im ‚National Congress' (1945) jedes 8. Mitglied ein Lehrer war. D. h. Lehrer haben im Rahmen der Organisation nicht nur durch ihre Unterrichtsfunktion und fachliche Kompetenz, sondern auch aufgrund ihrer Repräsentanz einen außerordentlich großen Einfluß. — Wenn in der Nachkriegszeit insgesamt eine rasche Expansion der Mitgliederschaft erfolgte, so jedoch nicht in Form individueller Mitgliedschaften, sondern über den Beitritt zu *lokalen Vereinigungen.* Statt der 26.000 ‚local groups' im Jahr 1946 sind es heute etwa 44.000. Aber auch diese Lokalgruppen suchen nur ausnahmsweise einen direkten Kontakt zum ‚National Congress'. Vielmehr sind sie in *52 einzelstaatlichen Verbänden* zusammengeschlossen und dem jeweiligen Landesverband untergeordnet. Als 52. Regionalverband wurde 1958 ‚The European Congress of American Parents and Teachers' aufgenommen, der trotz Verringerung der amerikanischen Truppen in Europa noch immer 30.000 Mitglieder hat.[35] — In seiner Beziehung zu den einzelstaatlichen und lokalen Gruppen erkennt sich der ‚National Congress' u. a. die *Aufgaben* zu: ‚die einzelstaatlichen Organisationen in nationalen und internationalen Ausschüssen, auf Kongressen sowie gegenüber der Öffentlichkeit zu vertreten', ferner ‚Dienste und Materialien' bereitzustellen, für die beim Zentralverband günstigere Voraussetzungen bestehen. Im Rahmen der Öffentlichkeitsarbeit stellte der ‚National Congress' 1968 z. B. seinen Mitgliederorganisationen über 6 Mio. ‚leaflets', Hefte, Broschüren oder Bücher zur Verfügung. Darunter befanden sich: 128.000 Broschüren zur Thematik ‚give your child a good start', 80.000 über das ,children's emotional health project', ferner 9.000 über ,extremist groups — a clear and present danger to freedom and democracy'. — Wird schon aufgrund dieser Funktionen und der Organisationsstruktur des ,National Congress' verständlich, warum der Dachverband einen derart starken Einfluß auf die regionalen wie lokalen Organisationen ausübt, so kommt noch hinzu, daß er ursprünglich an der Gründung vieler regionaler und lokaler PTAs beteiligt war.[36] In Anbetracht dieser geschichtlichen und zentralen Stellung des ,National Congress' ist bedeutsam, daß 1942 vom zuständigen Fachausschuß (,National Committee on Legislation') konstatiert wurde:

— „der nationale Ausschuß . . . empfiehlt jetzt nur noch, was beschlossen werden sollte. Die einzelstaatlichen PTAs können diese Vorschläge als verbindlich akzeptieren oder sie verwerfen." Und zwar sollen die Vorschläge erst dann Bestandteil des nationalen Programms werden, wenn sie mindestens von 30 Einzelstaaten beraten und beschlossen sind.[37]

Hier werden Bemühungen sichtbar, die interne Verbandsstruktur zu demokratisieren, so daß die Zentralverwaltung in Kontakt mit den Bedürfnissen und Interessen der Einzelregionen bleibt.

Einzelstaatliche Ebene

Welche Aufgaben dabei von *einzelstaatlichen Organisationen* übernommen werden, mögen einige Beispiele zeigen.

Im Staat *Nebraska* wurde die Öffentlichkeit 1945 von der PTA darauf aufmerksam gemacht, daß in diesem Staat einzelne Schuldistrikte 100mal größere Steueraufkommen für ihre Schulen zur Verfügung hätten als andere und daß sich der Staat Nebraska nur mit 1,07 % an den lokalen Schulkosten beteiligte, d. h. weitaus am wenigsten von allen amerikanischen Staaten für das öffentliche Schulwesen tat. Dieser Situation suchte die PTA (Nebraskas) durch eine verfassungsändernde Initiative zu begegnen. Über ihre Lokalorganisationen und unterstützt von anderen Erziehungsgremien sammelte sie 111.000 Unterschriften für diesen Antrag (erforderlich 54.000). Die PTAs haben auf diese Weise den Ausbau des Bildungswesens erheblich vorangetrieben und damit zur Verbesserung der Chancengleichheit beigetragen. — In *Montana* wurde nach dem Zweiten Weltkrieg (ähnlich wie in anderen Staaten) ein ,state citizens' committee' eingerichtet. Dieses Gremium sollte die 56 ,counties' repräsentieren, in ihnen gleichwertigere Bildungsmöglichkeiten sichern und die Beziehungen zwischen dem Bildungswesen und der Öffentlichkeit intensivieren. Nicht die Errichtung des Komitees ist jedoch erwähnenswert, sondern daß der Staat Montana die staatliche PTA ,wegen ihrer Überparteilichkeit und bildungspolitischen Kompetenz' beauftragte, dieses Komitee zu organisieren und ihn möglichst schnell zur Wiksamkeit zu verhelfen.[38] — Auch in den anderen Einzelstaaten sind die PTAs in speziellen Bereichen bildungspolitisch aktiv geworden, wenngleich sie sich in ihrem Engagement und nach ihrer Größe (1967 hatte die PTA in Kalifornien z. B. 1,8 Mio. Mitglieder, in Wyoming nur 10.000) erheblich unterschieden.

Trotz aller Unterschiede in den Einzelstaaten werden die *lokalen ,parent-teacher associations'* satzungsgemäß auf ähnliche Weise durch die Landesvertretungen ,beaufsichtigt'.[39] Und zwar haben die

lokalen PTAs ‚die denkbar größte Freiheit bei all ihren Bemühungen', solange ‚diese nicht im Widerspruch zur nationalen und einzelstaatlichen Politik stehen'. Gegenüber den einzelstaatlichen Verbänden sind sie u. a. zur Offenlegung ihrer Rechnungs- und Protokollführung verpflichtet, und dem Landesverband müssen sie auch all ihre Unterlagen und allen Besitz aushändigen, falls ihnen — in besonderen Extremfällen — die ‚Charter' entzogen wird. Im Rahmen der bundes- und einzelstaatlichen Satzungen aber ist jede PTA „eine selbstverantwortliche Einheit . . . die den Bedürfnissen der Jugendlichen in der ‚community' genügen soll". Sie nimmt generell sowohl Eltern und Lehrer als auch ‚alle am Wohlergehen der Kinder interessierten Bürger' als Mitglieder auf. Als Aufgabenbereich der lokalen PTAs gilt:
Das Wohlergehen der Kinder und Jugendlichen im Elternhaus, in der Schule, Kirche und ‚community' zu fördern, — das familiäre Lebensniveau anzuheben, — die Gesetze zum Schutz der Kinder und Jugendlichen zu unterstützen, — kooperative Erziehungsbemühungen von Schule und Elternhaus zu intensivieren — und in der Öffentlichkeit darauf hinzuwirken, daß jedem Kind eine optimale physische, geistige, soziale und religiöse Erziehung zuteil wird.[40]

Die lokalen PTAs sind intern meist nach Schulstufen in eine Vorschul-, Grundschul-, Mittelstufen-, Oberstufen- und Collegesektion untergliedert. Auf diese Weise sucht man sicherzustellen, daß sich Eltern und Lehrer mit ähnlichen Interessen zusammenfinden. Unterhalb dieser Ebene gibt es noch Klassenelternabende und eine Vielfalt an informellen Einzelkontakten, jedoch keine fest organisierten oder wie in Deutschland rechtlich abgesicherten Zusammenkünfte. Ebenso bedeutsam wie die manifesten Funktionen der PTAs sind jedoch die latenten, d. h. jene, die weder beabsichtigt noch offensichtlich sind. Dazu gehören sowohl die ‚coffee hours for parents and teachers' als auch persönliche Bindungen zwischen einzelnen Eltern, Lehrern und Mitgliedern der ‚school boards'. Es sind letztlich latente Einflüsse, die das Kooperationsklima günstig beeinflussen oder aber auch einen Widerstand gegen wohldurchdachte Lehrpläne auslösen können. Eine Analyse dieser latenten Einflüsse liegt — so wichtig sie wäre — bisher nicht vor.

Allgemein erfüllt die lokale PTA eine dreifache Funktion: Sie repräsentiert elterliche und z. T. auch Lehrerinteressen gegenüber der Schule und Schulverwaltung, sie unterstützt die Schule zuweilen bei Auseinandersetzungen mit den Lokalbehörden, und sie wird schließlich von vielen Schulverwaltungen als Bollwerk gegenüber dubiosen Lokalforderungen und gegenüber bildungsfeindlichen Kritikern betrachtet. Daß derart wechselseitige Verhältnisse möglich sind, liegt nicht zuletzt daran, daß die Kompetenzen der PTAs schulrechtlich nicht fixiert sind. Zwar ist es der lokalen PTA nach Beschluß des ‚National Congress' nicht erlaubt, ‚sich in die Schulverwaltung einzumischen', wohl aber gilt es als ihre Aufgabe, sich in ‚freiem und offenem Gedankenaustausch mit der Schulverwaltung' an Entscheidungsprozessen zu beteiligen.[41] Obwohl eine klare Abgrenzung ihrer Kompetenz mithin nicht möglich ist, erklärten Mitglieder der lokalen

Schulverwaltungen bei einer früheren Umfrage nahezu einhellig (90 %), ‚daß es keine Einmischung bedeute, wenn Eltern Anregungen gäben'.[42]
Die Rahmenbestimmungen für die lokalen PTAs und für ihre Aktivitäten bei speziellen Anlässen dürfen aber nicht darüber hinwegtäuschen, daß sich die Arbeit der lokalen PTAs weitgehend auf eine finanzielle und personelle Unterstützung der Schulen beschränkt, daß die Kommunikation zwischen Eltern und Schule keineswegs hervorragend funktioniert und daß sich an den Aktivitäten überwiegend Eltern aus den Mittelschichten beteiligen. Der Einfluß der PTAs auf qualitative Veränderungen des Unterrichts — z. B. auf die Reform der Lehrpläne — ist meist gering.

Aus einer großangelegten (dann aber abgebrochenen) Selbstanalyse des ‚National Congress of Parents and Teachers' (befragt wurden Ende der 60er Jahre 500 von ca. 46.000 PTAs) wird ingesamt sichtbar: daß etwa die Hälfte der PTAs „die Zusammenarbeit von Eltern und Lehrern sowie die Kommunikation zwischen ihnen für unzureichend hält", daß eine Intensivierung der Elternbildung zwar allgemein gewünscht, aber nur selten realisiert wird und daß nicht einmal ein Viertel der PTAs Programme zur Elternbildung, über Probleme der ‚home school relations' oder zum ‚community improvement' anbietet. In ländlichen Gebieten waren die Kontakte generell noch etwas günstiger als in städtischen und in den Grundschulen wesentlich intensiver als in den Sekundarschulen (intensive Kontakte in den ‚elementary schools' 47 %, ‚secondary schools' 22 %). Ein schlechter Kontakt zwischen Schule und Elternschaft wird von der Elternschaft überwiegend auf die mangelnde Aktivität der PTAs zurückgeführt.

Z. Zt. befinden sich lokale PTAs also in einer gewissen Isolierung, und zwar sowohl gegenüber den Bildungsaktivitäten des Distrikts als auch gegenüber den Problemen der ‚community' und den Bemühungen der Elternverbände. Die Unzulänglichkeit der bestehenden Verhältnisse wird dabei durchaus bemerkt. So besteht bei den lokalen PTAs nachweislich ein großer Wunsch nach Veränderung der PTA-Struktur. Jedoch sind die Ansätze zu einem entsprechenden Wandel gering.[43] Daß eine erhebliche Unzufriedenheit besteht, läßt sich daran erkennen, daß sich die Mitgliederzahl in den letzten drei Jahren um 1,3 Mio. verringerte (1967 über 11 Mio., 1970 nur noch 9,7 Mio.). Dennoch gibt es bisher keine Alternative zu den PTAs. Noch sind 80 % der Mitglieder der Auffassung, „daß ihnen die PTA bei ihren eigenen Erziehungsproblemen sehr geholfen hat".[44]

Elterneinfluß auf das amerikanische Schulwesen

„Die *amerikanische Elternschaft hat* im Vergleich zu den Eltern aller anderen Länder" — so meint Conant — *„einen enormen Einfluß auf die Schule".* Einen derartigen Einfluß könne sie ausüben, weil die lokale Schulverwaltung (‚school board') gewählt wird und weil Lehrer auf die öffentliche Meinung im ‚school district' angewiesen sind, wenn sie sich um Lebenszeitstellen oder Gehaltsaufbesserungen bemühen.[45] Im Gegensatz zu Conants Auffassung vom elterlichen Einfluß führen etliche Bildungskritiker die ‚Ineffektivität' und ‚Immobilität' des bestehenden Bildungswesens auf das *Unterrichtsmonopol des Staates,* die mangelnde Konkurrenz unter den Schulen, die unzureichende Anpassung der Schulen an die örtlichen Gegebenheiten und schließlich auf die (nur wenig an den kindlichen Belangen interessierte) ‚Bildungslobby' zurück. (Gemeint sind damit u. a. die Lehrmittelindustrie sowie die Fach-, Lehrer- und Industrieverbände.) Diese Kritiker halten den elterlichen Einfluß nicht für hinreichend, um das Bildungswesen neu zu beleben. Während der elterliche Einfluß einerseits also als größer als in allen anderen Ländern bezeichnet wird, gilt er andererseits nicht als hinreichend, um das Bildungswesen zu aktivieren, und soll deshalb entscheidend vergrößert werden (vgl. ‚voucher system', S. 221).

Diesen *anscheinenden Widerspruch* gilt es jetzt im einzelnen zu klären. In Amerika hat das nationale ‚Erziehungsministerium' keine direkte Entscheidungsbefugnis über das einzelstaatlich organisierte Bildungswesen, wenn gewisse Mindestbedingungen gesichert sind. Von den *Einzelstaaten* wiederum wird die Durchführung der Schulorganisation und die Schulaufsicht weitgehend an die Schuldistrikte delegiert. Diese *Schuldistrikte* (1969 insg. noch 18.655) haben teilweise einen außerordentlichen Einfluß auf die Lehrpläne, die Beschaffung von Schulbüchern, die Anstellung von Lehrern und die lokalen Bildungsaufwendungen. Zumindest bis in die 50er Jahre kann man die Geschichte der ‚curricularen' Neuerungen geradezu als eine Geschichte von Experimenten und Versuchen in den verschiedenen ‚school districts' betrachten. In den Distrikten ist der Kontakt zur Elternschaft je nach *Größe des Distrikts und Engagement der Elternschaft* sehr verschieden.

> In den Metropolitanstädten besteht z. B. eine derart große Anonymität, daß man sich notgedrungen um eine Dezentralisierung innerhalb der Bezirke bemüht. In kleinen Bezirken dagegen führt der enge Kontakt zuweilen zur völligen Abhängigkeit der Schulverwaltung von den Gruppeninteressen. Der größte amerikanische Schuldistrikt (‚New York City School Board') hat beispielsweise mehr Schüler zu betreuen als die meisten Einzelstaaten. Während einerseits nahezu 50 % aller amerikanischen Schüler von 4 % der ‚school boards' betreut werden, gibt es andererseits noch 6.890 ‚school boards' mit weniger als 300 Kindern.[46]

In den Distrikten wird das Schulwesen von gewählten ‚school boards' (meistens 5—9 Mitglieder) und in deren Auftrag von einem oder mehreren Fachleuten (‚superintendents') organisiert und verwaltet. Die ‚school board members' sind allgemein weder vom Beruf her fachkompetent noch ihrer sozialen Stellung nach für den Bevölkerungsdurchschnitt repräsentativ, sondern Vertreter der oberen Mittelschicht. „They voice their own opinion and desires and are often not fit to exercise the power they wield." Die ‚superintendents' von

großen Schulbezirken werden wiederum kritisiert, daß sie zwar kompetent, aber recht autokratisch seien.[47]
Diese ‚school boards' nun sind dem Distrikt, d. h. dem Steuerzahler rechenschaftspflichtig. Sie müssen Interessierten die Sitzungsprotokolle zugänglich machen und pflegen vor grundlegenden Entscheidungen vielfach Hearings zu veranstalten. Sie können also ‚kontrolliert' werden. Darüber hinaus haben Eltern in gewissen Grenzen das ‚Recht', ein gewisses Unterrichtsangebot (z. B. Sprachkurse für Minoritäten) zu fordern. Schließlich können Eltern ebenso wie andere Gruppen des Distrikts ihre bildungspolitischen Vorstellungen dem ‚board' oder ‚superintendent' vortragen und mit dem Hinweis verbinden: entweder würden Änderungen am Lehrplan vorgenommen oder aber man werde sich für die Abwahl des ‚boards' oder eines Mitglieds einsetzen. Aufgrund dieser Organisationsstruktur kann in kleinen Schulbezirken von den Eltern durchaus ein erheblicher Einfluß ausgehen. Wie tatsächlich von verschiedenen Seiten versucht wird, auf die Schulverwaltung Druck auszuüben, wurde durch eine Befragung von *‚superintendents' und ‚school board members'* in Massachusetts ermittelt (Es handelt sich hier um Selbstaussagen von ‚superintendents' und ‚school board members'):[48]

Einfluß versuchten zu nehmen (aufgeführt sind die wesentlichsten von 15 Gruppen):	‚superintendents' = 105	‚school board members' = 508
Eltern oder Elternorganisationen	92	74
einzelne ‚school board members'	75	51
Lehrer	65	44
Vereinigung d. Steuerzahler	49	31

Die Ergebnisse der Umfrage deuten darauf hin, daß ‚superintendents' in größerem Maße Pressionen ausgesetzt sind als ‚school board members'. Pressionen scheinen danach in erster Linie von Eltern auszugehen. Bedeutsam jedoch ist, in welcher Hinsicht die Gruppen Einfluß zu nehmen suchen und wie sich ihre Interessen unterscheiden:

Inhaltliche Wünsche aller (15) Gruppen:	‚superintendents' = 105	‚school board members' = 508
Proteste gegen Erhöhung der Schulsteuer	73	70
Forderung nach größeren Aufwendungen für das allgemeine Schulprogramm	66	52
Forderung nach mehr Kursen oder Fächern	64	47
Proteste gegen Ansichten von Lehrern	49	41

Wie sich die Einflußnahme der Gruppen thematisch unterscheidet, zeigen folgende Angaben der ,superintendents'. Gegen eine Erhöhung der Schulsteuer haben sich vor allem ausgesprochen (prozentualer Anteil von Gesamtprotesten): die Vereinigung der Steuerzahler (45%), die ,oldtime families' (21%) und Firmen (10%). Dagegen plädierten für größere Bildungsaufwendungen: Eltern (47%), Lehrer (38%) und einzelne ,board members' (25%). Eine Erweiterung des Lehrangebots wünschten vor allem wieder die Eltern (39%), dann einzelne ,board members' (17%) und schließlich auch (obgleich spezieller auf Eigeninteressen gerichtet) die Gewerkschaften (13%), Firmen (12%) und religiösen Gruppen (11%). Wie groß der elterliche Einfluß auf die ,superintendents' im Rahmen der konkurrierenden Bestrebungen tatsächlich ist, läßt sich damit nicht nachweisen. Immerhin bilden die Eltern die größte Wählergruppe, und sie sind (nach den Schülern) am direktesten betroffen.
Welche Probleme sich aber ergeben, wenn Eltern einen großen Einfluß auf die Unterrichtskonzeptionen gewinnen, zeigt sich nicht zuletzt daran, daß Eltern je nach ihrem Milieuhintergrund andere Vorstellungen von den Erziehungsmethoden und Unterrichtsinhalten haben, und daß sich ihre Vorstellungen wesentlich von denen der Lehrer und Schulleiter unterscheiden.[49] Und zwar erwarten Eltern der ,working-class' vom Lehrer in den unteren Klassen (1—5) zunächst eine ,Disziplinierung' der Schüler. In den höheren Klassen

Klassenstufe	1. u. 5. Klassen		10. Klassen				
Ausrichtung d. Unterrichts auf: (teaching styles)	Arbeiterschicht	Mittelschicht	Arbeiterschicht	Mittelschicht	Mütter insgesamt	Lehrer üb. eigene Methoden	Schulleiter
Kontrolle	30 %	17 %	12 %	8 %	22 %	16 %	5 %
Inhalt	32 %	39 %	55 %	40 %	38 %	17 %	5 %
Entdeckung	23 %	38 %	25 %	47 %	30 %	62 %	90 %
Sympathie	15 %	6 %	8 %	5 %	10 %	5 %	
Gesamtzahl	(495)	(372)	(114)	(129)	(1334)	(271)	(20)

soll dann eine betont fachliche Ausrichtung des Unterrichts erfolgen. Während sie die Funktion des Lehrers auf der Unterstufe mithin als ,a prototypical parent surrogate' ansehen, treten sie bei der Oberstufe eher für einen ,authoritarian intellectualism' als für einen ,discovery approach' ein. Demgegenüber ziehen Eltern der Mittelschicht (wie auch andere Untersuchungen bestätigen) die Entdeckungsmethode vor. Sie befinden sich dadurch in größerem Einverständnis mit dem von der Lehrerschaft bevorzugten Unterrichtsstil.[50] Es ist danach kaum verwunderlich, daß Lehrer mit ihrer ,discovery method' bei Mittelschichtkindern einen größeren Erfolg haben als bei Arbeiterkindern — falls diesen Eltern nicht verständlich gemacht

wird, warum derartige Unterrichtsmethoden angewandt werden. Aber nicht nur hinsichtlich der Unterrichtsmethoden, sondern auch bei der Bewertung der Unterrichtsinhalte bestehen schichtspezifische Differenzen, wie die Analyse von Sexton gezeigt hatte (vgl. S. 203). Diese schichtspezifischen Differenzen müssen noch im Zusammenhang mit den Bildungsvorstellungen der verschiedenen *ethnischen und Kulturgruppen* betrachtet werden. Denn je nach der Bedeutung, die die Gruppen einzelnen Lehrmethoden, Lehrinhalten und Schulreformen zuerkennen, setzen sie sich entweder zugunsten oder gegen gewisse Schulreformen ein. In einem (überwiegend von Farbigen bewohnten) Stadtteil Philadelphias waren z. B. 35% der chin./japan. und weißen Eltern, aber nur 14% der farbigen Eltern der Auffassung, daß ‚die Schule immer schlechter würde'. An eine positive Entwicklung glaubten dagegen 41% der schwarzen und nur 29% der übrigen Eltern.[51] Wenn diese Elterngruppen mithin in gleicher Weise auf das Bildungswesen Einfluß zu nehmen suchen, müssen sie weitgehend entgegengesetzte Entwicklungen befürworten. Aber die elterlichen Bildungsvorstellungen werden nicht nur durch das eigene Milieu und die Zugehörigkeit zu einer ethnischen oder Kulturgruppe, sondern auch durch die *kindliche ‚Leistungsfähigkeit' in der Schule* beeinflußt. Beispielsweise kommen Eltern, deren Kinder gute Zeugnisse und keine Kontaktschwierigkeiten haben, wesentlich häufiger zur Schule.[52] Insofern potenzieren sich die Nachteile für ‚schlechte' Schüler aus ungünstigem Milieu, die zu einer Minorität gehören, weil ihre Eltern sich von der Schule fernhalten, statt Einfluß auf sie zu nehmen. Eltern von guten Schülern dagegen stehen in einem engeren Kontakt zur Schule und damit zur pädagogischen Entwicklung. Deshalb sind sie eher über Reformtendenzen orientiert und versuchen häufiger, auf die Lehrpläne Einfluß zu nehmen. Aus diesem ungleichen Engagement der Eltern ergibt sich das *Problem,* wie und in welchem Maße die Elternmitwirkung beschränkt werden soll. Diskutiert wird vor allem: inwieweit das Engagement von ‚middle-class parents' die pädagogische Reformdiskussion und die Schulreformen begünstigt, auf welche Weise man verhindern kann, daß sich die modernen Unterrichtsmethoden nicht zuungunsten der ‚workingclass children' auswirken, und ob sich die abweichenden Erziehungsvorstellungen von Lehrern und Eltern durch eine verbesserte Kommunikation überbrücken lassen.
Alle Untersuchungsergebnisse weisen in ähnlicher Weise darauf hin, daß sich diese Probleme am ehesten durch eine Intensivierung der Eltern-Schulkontakte erreichen lassen. Und zwar dürften die Kontakte zwischen Elternhaus und Schule nicht auf Sozialbeziehungen beschränkt werden, sondern die Eltern müßten ungeachtet ihrer Vorbildung möglichst langfristig über Unterrichtsziele informiert, am Unterrichtsgeschehen engagiert — und an der Lehrplangestaltung beteiligt werden.

Derartige Bemühungen hat es bereits in den 20er Jahren gegeben, sie wurden nach dem Zweiten Weltkrieg wieder aktuell und konzentrieren sich seit Anfang der 60er Jahre vor allem auf die Vorschulerziehung. (vgl. S. 222 ff)[53] Zusammenfassend wies 1958 bereits Taylor auf einige Ansätze und die Notwendigkeit hin, Eltern mit der *Curriculumentwicklung* vertraut zu machen.[54] Er ging dabei von der These aus, ‚daß alle am Planungsprozeß beteiligt werden sollten, die von der Planung mitbetroffen würden'. Eine Beteiligung der Eltern sei dabei besonders dringlich, weil ihr mangelndes Verständnis für die Lehrplan- und Curriculumrevisionen zu einem der größten Unruhefaktoren im Bildungswesen geworden sei. Außerdem waren die Erfahrungen mit der Elternbeteiligung keineswegs negativ. In Colorado haben sich bei einer Befragung immerhin 80% der Fachleute für eine Mitwirkung von Laien ausgesprochen, und Eltern haben sich nachweislich nur so lange ‚reaktionär' verhalten oder als ‚aufsässig' erwiesen, wie sie nicht einbezogen wurden. Sie können dabei auf sehr verschiedene Weise beteiligt oder beraten werden:

Bevor Eltern z. B. mit ihren Kindern darüber entscheiden durften, an welchen Wahlfächern die Kinder im nächsten Schuljahr teilnehmen sollten, mußten die Eltern Vortrags- und Diskussionsabende besuchen, um sich über die Zielsetzung in diesen Fächern zu informieren. Man geht dabei von der Vorstellung aus, daß Eltern nur dann eine sinnvolle Wahl treffen und das Kind bei seiner späteren Arbeit verstehen und unterstützen können, wenn sie über die Zielsetzung und die methodischen Probleme genauer informiert sind. In anderen Schulen gibt es gemeinsame Beratungsgremien von Lehrern, Schülern und Eltern, die über die Unterrichtsstrategien beraten und hinterher die aufgetretenen Schwierigkeiten und Unterrichtserfolge diskutieren.

Während den Schulen aber auf diese oder ähnliche Weise nur die Modifizierung oder Durchführung von Unterrichtsprogrammen erleichtert wird, können Eltern auch direkt zur Planung des Lehrplans hinzugezogen werden. Derartige Erfahrungen wurden in den USA bei der Entwicklung der *‚lay advisory committees'* nach 1946 (Ende 1950 über 1000 solche Beratungsgremien) und bei regionalen Projekten wie dem Greater Detroit Project gemacht. In Detroit stellte sich nach fünfjähriger Mitwirkung von Eltern bei der Curriculum-Planung folgendes heraus:

— „Wenn Eltern eine Gelegenheit geboten wird, helfen sie konstruktiv, und sie versuchen nicht, die Schule zu leiten, wie viele Erzieher befürchten";

— das Prestige der Lehrer ist durch die Zusammenarbeit eher gestiegen als daß sich Schwierigkeiten für die Lehrer ergeben hätten;

— auch bestehe eine Möglichkeit, zur ‚democracy in action' zu gelangen, statt nur über Demokratie zu reden.

Diese Aussagen werden durch erste Erfahrungen bestätigt, die in Kalifornien bei der Mitwirkung von ‚unterprivilegierten Eltern' gemacht wurden.[55] Und zwar beteiligte man Eltern, für deren Kinder die finanzielle Hilfe des Erziehungsgesetzes von 1965 vorgesehen ist. In Kalifornien hat es sich z. B. als möglich und sinnvoll erwiesen, unter insgesamt 7.500 Personen in den Lehrplanberatungsgremien 5.000 Eltern aus den ärmsten Gebieten einzubeziehen, von denen 3.500 wiederum

‚disadvantaged children‘ hatten. Diese Eltern mit allgemein geringem Bildungsniveau wurden in derart großem Maße beteiligt, weil sich nur so die Bildungsbedürfnisse der benachteiligten Kinder identifizieren ließen. Obwohl den Eltern in den Beratungsgremien kein Vetorecht zugestanden worden sei, habe ihre Mitwirkung erheblich dazu beigetragen: den Lehrern die Bildungsvorstellungen der Eltern verständlicher — und den Eltern die Funktion der Schule begreiflicher zu machen. Nur auf diese Weise hielt man es für möglich, zu realistischen Unterrichtsplänen zu gelangen und die Kinder vor konträren Erziehungszielen in Elternhaus und Schule zu schützen.

Eine Mitwirkung von Eltern bei Lehrplan- und Unterrichtsfragen hält man allgemein für sinnvoll, wenn die Mitwirkung mit einer *Elternberatung* verbunden ist. Die ersten Ansätze zu einer solchen Elternberatung ergaben sich aus der Berufsorientierung für Schüler, zu der die Eltern allgemein hinzugezogen wurden, oder auch anläßlich der Wahlfachentscheidungen von Sekundarschülern (‚guided-choice curriculum‘). Anfang der 50er Jahre wurde zudem beim Ausbau des Lokal- und Schulfernsehens damit experimentiert, Schulstunden direkt für Eltern zu übertragen (Missouri), um sie über das Unterrichtsgeschehen zu informieren und zu einer intensiveren Kommunikation mit dem Schüler und der Schule zu befähigen. Seitdem sind an den meisten Schulen Hospitationsstunden für Eltern (‚open days‘) üblich geworden, an die sich mitunter Beratungen über den weiteren Unterrichtsverlauf anschließen.[56] Darüber hinaus versucht man gegenwärtig, Eltern (und nicht nur den staatlichen Fürsorge- und Sicherheitsdiensten) den Zugang zu den Schulakten ihres Kindes zu sichern, die Schulen zu ‚community centers‘ auszubauen und die Beziehungen zwischen Schule und Elternhaus durch Sozialarbeiter und ‚parent-liaison workers‘ zu intensivieren.[57] Entscheidend sind jedoch nicht die organisatorischen Kontaktmöglichkeiten, sondern auf welcher Schulstufe die Zusammenarbeit beginnt, welche Zielsetzungen bestehen und wie man desinteressierte Eltern engagiert.

Beratungslehrer wurden ursprünglich an den Sekundarschulen zur fachlichen und persönlichen Beratung der Schüler eingeführt. Und zwar sollten sie Schüler in einem Alter beraten, in dem jene sich dem elterlichen Einfluß allmählich zu entziehen suchen, und wenn Eltern ihnen bei Wahlfachentscheidungen nicht mehr helfen können. Die Beratung setzte mithin erst ein, nachdem die Beziehungen zwischen Elternhaus und Schule etabliert waren. Der Kontakt zwischen ‚counselors‘ und Eltern war allgemein sehr gering. Erst in dem Maße, wie die Gründe für das Schulversagen von Unterschichtkindern analysiert (‚drop out problem‘), die Bedeutung der Wert- und Sprachsozialisation genauer erforscht[58] und Beratungslehrer in den Grundschulen üblicher wurden, kam es zu engeren Beziehungen zwischen ‚counselors‘ und Eltern. (Anfang der 50er Jahre hatten nur 6 % der Grundschulen, Mitte der 60er Jahre ca. 50 % einen vollamtlichen ‚counselor‘. Noch immer aber mußten 60 % der ‚counselors‘ mehr als

1.000 Schüler betreuen). Als drittwichtigste von 8 Hauptaufgaben[59] der ,counselors' betrachtet man (kalifornische Studie)[60] — die Elternberatung. Und zwar gelte es, den Eltern die psychischen und sozialen Bedingungen für die kindliche Entwicklung sowie deren Einfluß auf die Schulleistungen verständlich zu machen. Ferner sei es ihre Aufgabe, den Eltern alternative Unterrichtsprogramme zu erläutern, die begrenzte Aussagekraft von Tests und fachlichen Bewertungen zu erklären, sowie ihnen Möglichkeiten zur Mitwirkung zu zeigen. Bei ,unterprivilegierten' Eltern geht die Funktion der ,counselors' oft unvermerkt von der Elternberatung zur Elternbildung über.[61] Wie schwierig es bei desinteressierten Eltern aber ist, sie zu engagieren und auf welch extreme Weise man zuweilen eine Zusammenarbeit zu sichern sucht, zeigt das von einem Beraterteam entwickelte und verwendete ,Elterngelübde zur Kooperation':[62]

— Ich gelobe, daß ich mein Kind nach besten Kräften unterstützen werde, so daß es in der Schule erfolgreich mitarbeiten kann;

— Ich werde dafür sorgen, daß mein Kind die Schule jeden Tag zeitig besucht und hinterher Gelegenheit findet, sich auszuruhen;

— Ich werde darauf bestehen, daß mein Kind zu Hause jeden Tag etwas für die Schule arbeitet;

— Ich werde den Lehrer meines Kindes mindestens einmal im Halbjahr aufsuchen;

— Ich werde der PTA beitreten und deren Veranstaltungen so oft wie möglich besuchen... ... ...

Diese oder ähnliche Programme bemühen sich zweifellos um eine engere Kooperation von Elternhaus und Schule. Es sollte jedoch deutlicher darauf hingewiesen werden, daß es nicht das Ziel einer Elternberatung sein kann, Eltern ganz an die Schule anzupassen, bzw. die Schule völlig an den Eltern auszurichten oder die Kinder einem erreichten Konsens zwischen Elternhaus und Schule zu unterwerfen. Wie sich aber eine frühzeitig begonnene Elternberatung zugunsten der Schüler auswirken kann, ist in Florida untersucht worden,[63] indem man die Auswirkungen einer einstündigen individuellen Elternberatung vor Eintritt der Kinder in die ,junior high school' drei Jahre lang (6.—9. Klasse) verfolgte. Gegenüber einer Kontrollgruppe, deren Eltern nicht beraten wurden, stieg der Kontakt zwischen Eltern und Schule sprunghaft an. Während von den nichtberatenen Eltern 73 % nicht und nur 20 % häufiger als 3mal zur Schule kamen, blieben im gleichen Zeitraum nur 13 % der beratenen Eltern der Schule fern und nahmen 54 % mehr als 3mal Kontakt mit der Schule auf. Außerdem stiegen bei den Kindern der beratenen Eltern die Schulleistungen (,grade point average') in signifikanter Weise und verringerten sich Disziplinprobleme wie Schulversäumnisse (stets $p < .001$). Vor allem aber war hier der Anteil der vorzeitigen Schulabgänger sehr viel geringer ($p < .05$). Wie sich bei einer guten Elternberatung Mitwirkung und Entscheidungskompetenz der Eltern eventuell erweitern lassen, um das Schulwesen neu zu beleben, wird zur Zeit lebhaft diskutiert.

Einer der interessantesten Versuche, den Eltern einen wesentlich größeren Einfluß auf die Schule zu geben und dennoch eine gewisse Chancengleichheit zu sichern, ist das sog. *,voucher system'* (Bildungsschecksystem.)[64] Der Vorschlag resultiert aus der weitverbreiteten Enttäuschung über das öffentliche Bildungswesen, das trotz aller Reformversuche, Zuschüsse und Forschungen die öffentlichen Erwartungen nicht befriedigt.[65] Und zwar sollen Eltern das Recht (!) und die Aufgabe (!) erhalten, ihre Kinder auf diejenige Grundschule eigener Wahl zu schicken, die den Fähigkeiten und Interessen ihres Kindes am besten gerecht wird. Sie können unter allen Schulen des Bezirks wählen und zahlen mit dem Bildungsscheck des Kindes. Durch das Verfahren möchte man die Eltern an der Ausbildung ihrer Kinder engagieren, ihnen einen größeren Einfluß auf das Bildungswesen geben und das z. T. steril gewordene öffentliche Schulsystem wechselseitiger Konkurrenz aussetzen und damit dynamisieren. Gleichzeitig soll dadurch die Distanz zwischen Schulverwaltung und Bildungskonsument verringert und die Bildungslobby entmachtet werden. Schulen und Lehrer möchte man auf diese Weise nötigen, sich um individuelle Probleme der Schüler zu bemühen, statt sich auf Drill- und Aufsichtsverfahren zu beschränken. Insgesamt soll das staatliche Monopolsystem reaktionsfähiger und offener werden, ferner soll die Initiative zu Unterrichtsveränderungen auch von der Basis und nicht nur von der Bürokratie und den Verbänden ausgehen. Beabsichtigt ist deshalb unter genau bestimmten Voraussetzungen, auch privaten Körperschaften, Elterngruppen und Lehrerkollektiven zu gestatten, Schulen zu eröffnen. Anklang könnten diese Pläne sowohl bei den Black Panthers, den Katholiken, den klassisch Liberalen, als auch bei pädagogisch reformfreudigen Eltern und Einwohnern der Armenviertel finden.
Damit aber nicht gruppenegoistische Interessen, sondern die der Kinder gefördert werden, sind selbstverständlich abschirmende Maßnahmen nötig. Dadurch gilt es zu verhindern, daß uninformierte und ,unterprivilegierte' Eltern durch den offenen Bildungsmarkt benachteiligt werden. Bei allen Schulen, die am ,voucher system' teilnehmen, muß folgendes sichergestellt werden:[66] Es dürfen keine zusätzlichen Zahlungen von den Eltern verlangt werden, müssen Unterprivilegierte z. T. höhere Schecks erhalten (income-inverse model), müssen die Schulen alle Bewerber aufnehmen und bei einer Übernachfrage ethnische Minoritäten anteilmäßig zulassen usw. Vor allem ist aber eine breite und konkurrierende Information über die einzelnen Schulprogramme, über die Lehrer und Ausbildungsmittel erforderlich und muß die Elternberatung völlig neu konzipiert werden.

Die hier wiedergegebene Konzeption wurde 1969 im Auftrag des ,Office of Economic Opportunity' vom ,Center for the Study of Public Policy' unter Leitung des bekannten Erziehungswissenschaftlers Christopher Jencks entwickelt. Anfang Mai 1970 gab das Office of Economic Opportunity bekannt, daß es Schuldistrikte mit einer Mindestgröße und einem bestimmten Anteil an ethnischen Minoritäten bei der Durchführung einer 5- bis 8jährigen Erprobung finanziell unterstützen würde. Seitdem hat sich die Kontroverse um das ‚voucher system' erheblich versteift, haben z. B. die ‚National Education Association' und ‚American Federation of Teachers' die Pläne verworfen, haben sich 5 ‚school districts' für derartige Versuche interessiert und liegt in Kalifornien ein Gesetzesantrag zur teilweisen Einführung des ‚voucher systems' vor.[67] Eingewendet wird gegenüber diesen oder ähnlichen Überlegungen, daß Eltern nicht in der Lage wären, die Erziehungsleistungen zu beurteilen, zumal wenn die Bildungsindustrie sich mit ihren Werbungsmethoden beteiligen würde.

Insgesamt handelt es sich um den Versuch, gleichzeitig die Kinder vor desinteressierten Lehrern, sterilen Schulen und pädagogisch inkompetenten Eltern zu schützen.

In Amerika wird also einerseits versucht, den elterlichen Einfluß auf das Schulwesen zu vergrößern (‚voucher system', Elternmitwirkung an der Curriculumrevision etc.), weil die Eigendynamik des Schulwesens den gesellschaftlichen Erwartungen nicht genügt. Andererseits besteht jedoch noch immer die Auffassung, daß Eltern einen größeren Einfluß auf die Schule ausüben als in anderen Ländern (Wahl der ‚school boards', Einfluß auf ‚superintendents', PTAs etc.). Dieser Widerspruch geht darauf zurück, daß der Einfluß der Eltern je nach ihrer Vorbildung, der Kooperationsbereitschaft der Schule, der Sozialstruktur der ‚community' und der Größe des Schuldistrikts außerordentlich unterschiedlich ist. Mag der Einfluß generell auch größer sein als in vielen Ländern, so richtet sich die Kritik an der amerikanischen Schule jedoch darauf, daß es ihr nicht gelungen sei, die häuslichen und milieubedingten Bildungsbarrieren auszugleichen oder mit unterprivilegierten Eltern zusammenzuarbeiten. Eine neue Möglichkeit zum Abbau der Bildungsbarrieren sieht man in den USA zur Zeit in der Vorschulerziehung und zwar speziell in einer engeren Zusammenarbeit von Elternhaus und Schule.

Elternmitwirkung in der Vorschulerziehung

In den USA geht die *Vorschulerziehung entweder* auf *elterliche Initiative* zurück, d. h. auf ihr Interesse an einer familienergänzenden Erziehung bzw. an einer Entlastung, *oder* aber sie wurde von sozialpolitisch Engagierten mit dem Ziel angestrebt, negative Familieneinflüsse auszugleichen. Während auf der einen Seite also Eltern den Anstoß gaben, wurde es andererseits als *karitative Aufgabe gemeinnütziger Körperschaften und als gesellschaftspolitische Aufgabe des Staates* angesehen, die milieubedingten Bildungsbarrieren abzubauen und den Schuleintritt der ‚Unterprivilegierten' zu erleichtern. Den verschiedenen Impulsen entspricht, daß engagierte Eltern ihre Kinder weitgehend auf private, kirchliche oder lokal finanzierte Institutionen schicken und daß desinteressierte Eltern sich den gemeinnützigen oder staatlichen Einrichtungen gegenüber noch recht reserviert verhalten.[68]

Kinder in: Nursery Schools and Kindergarten (Oct. 1969)

Familieneinkommen	In Vorschuleinrichtungen		Anteile in Prozent	
	%	Anzahl in Tausend	öffentl.	privat
	100.0	4.144	70.8	29.2
Unter $3,000	5,8	241	*89,6*	10,4
$3,000—$4,999	9,2	382	81,4	18,6
$5,000—$7,499	20,2	836	76,1	23,9
$7,500—$9,999	22,7	939	73,7	26,3
$10,000—$14,999	24,0	993	65,8	34,2
$15,000 und darüber				
Einkommen	11,1	461	49,0	51,0
nicht bekannt	7,0	292	68,5	31,5

Der Hauptimpuls, den *unterprivilegierten Kindern* eine bessere Startchance in der Schule zu bieten, ging einerseits von sozialpsychologischen und Schulleistungsanalysen sowie von lerntheoretischen Überlegungen aus. Andererseits machte die bundesstaatliche Finanzierung aufgrund der Gesetzgebung von 1962, 1964 und 1965 eine Realisierung und Erprobung auf breiter Basis möglich.[69] Der weitaus größte Versuch — die wissenschaftlichen Einsichten umzusetzen — ist das Head Start Program.

Das *Head Start Program* begann nach einer überstürzten, nur wenige Monate dauernden Vorbereitung im Sommer 1965. Bereits im ersten Jahr (1965) wurden 561.000 Kinder betreut; z. Z. sind es etwa 50% all derjenigen Kinder, die im Alter von 3—5 Jahren eine vorschulische Erziehung erhalten. Die mit diesem Großprogramm gemachten Erfahrungen (über 50 empirische ‚Erfolgsanalysen' liegen vor) haben seitdem zu beträchtlichen Veränderungen des Programms geführt. Eine der wesentlichsten Änderungen ist die verstärkte Einbeziehung der Eltern. Und zwar werden Eltern einbezogen, weil eine kompensatorische Erziehung gegen das Elternhaus als recht problematisch und erfolglos gilt, weil man präventive Maßnahmen (d. h. eine Änderung der elterlichen Einstellung) für sinnvoller hält als eine therapeutisch-kompensatorische Behandlung und weil die Eigenmotivation der Kinder für ihren Lernerfolg ausschlaggebend ist, die aber überwiegend von der elterlichen Bildungs- und Zukunftsorientierung abhängt. Es wird mithin versucht, die Ursache für das Bildungsdefizit der Kinder — nämlich die Eltern — einzubeziehen. Auf diese Weise hofft man, die ungleichen Bildungschancen anzunähern und die Vorschulprogramme effektiver zu machen.

Welchen Einfluß Eltern auf die Entwicklung des Kindes haben und *wodurch sie diesen Einfluß ausüben,* wird von der Forschung verschieden beurteilt. Als herausragende Einzelfaktoren werden angesehen (vgl. nachfolgende Statistik): die soziale Schichtzugehörigkeit und das Sprachniveau der Familie, die Bildungsorientiertheit und die Disziplinierungsmethoden der Eltern. Demgegenüber erkennt man dem familiären Einkommen und den Wohnverhältnissen nur sekundäre Bedeutung zu. Insgesamt wird den emotionalen Aspekten weniger Beachtung geschenkt (28mal berücksichtigt) als den demographischen Faktoren (31mal) und gelten die kognitiven Defizite als ausschlaggebend.[70]

Investigators Indicating This Characteristic as Criterial

Home Characteristic (home condition, parental behavior, parental belief or personality)	Bernstein	Bing	Bronfenbrenner	Coleman	Davis & Havighurst	Deutsch et al.	Dyk & Witkin	Freeberg & Payne	Gordon, Bradshaw, Friejo	Hess & Shipman	Honzik	John & Goldstein	Kagan & Moss	Katkovsky et al.	Lesser et al.	Lynn & Sawrey	Marans & Lourie	Mischel	Moynihan	Pavenstedt et al.	Rietz & Rietz	Roll	Sears et al.	Smilansky	Strodbeck	Whiting & Child	Wolf, Dave, Garber	Wortis et al.	
Demographic Factors																													
1. Crowded homes						X			X												X							X	
2. Ethnicity				X	X				X						X			X	X										
3. Father present			X			X					X					X		X	X										31
4. Housing, quality						X																							
5. Income											X																	X	
6. Social class	X			X	X	X			X	X		X	X		X		X	X					X						
Parental Cognitive Factors																													
7. Academic guidance								X													X						X		
8. Cognitive operational level, style							X		X	X										X									
9. Cultural activities planned						X		X																			X		
10. Direct instruction of child								X													X			X			X		
11. Edúcational aspirations		X			X	X		X			X												X		X		X		45
12. External resources (nurs., kg.)						X		X													X								
13. Intellectuality of home (books, etc.)		X						X													X						X		
14. Verbal facility	X	X			X			X		X		X					X				X						X		
15. Verbal frequency (eg. dinner con.)		X				X		X	X			X									X						X		
Parent Emotional Factors																													
16. Consistency of management																	X				X	X						X	
17. Differentiation of self							X													X									
18. Disciplinary pattern								X	X		X											X	X			X			
19. Emotional security, self-esteem							X										X			X								X	
20. Impulsivity																				X									28
21. Internal control, belief in				X					X																X				
22. Protectiveness, babying of child					X								X	X									X						
23. Trusting attitude																				X									
24. Willingness to devote time to child								X																					
25. Work habits																					X						X		

Welche Bedeutung das Elternhaus für die kognitive Entwicklung der Kinder im Vorschulalter hat und wie durch eine Elternmitwirkung die Vorschulerfolge gesteigert werden können, haben u. a. Freeberg und Payne in einem Forschungsbericht dargestellt.[71] Daß die Vorschul-Lernerfolge ihrerseits aber entscheidend auf die psychische Stabilisierung und die Affektbeziehungen in der Famielie zurückgehen und wie sich gerade hier Ersatz schaffen läßt, zeigen andere Untersuchungen.[72] Insgesamt drängt sich der Eindruck auf, daß schichtspezifische Milieueinflüsse sich primär nicht dort auswirken, wo es sich um stark strukturierte Kommunikations- und Lernzwänge handelt, sondern vor allem dann auftreten, „wenn Eltern einen größeren Spielraum haben, Interaktion zu veranlassen und zu strukturieren". Danach würden sich Milieubarrieren in Bereichen auswirken, die bisher schulischen Verfahren noch schwer zugänglich sind.[73] Um so bedeutsamer sind jene Versuche, die zeigen, wie günstig sich intensivierte Eltern-Schulkontakte auf die Lernleistung und Sprachentwicklung sowie auf das Selbstwertgefühl der Kinder und die elterliche Einstellung zur Vorschule auswirken.[74] Riley und Epps haben beispielweise folgende Veränderung in der elterlichen Einstellung gegenüber der Vorschule festgestellt, wenn Eltern in der Vorschule mitwirkten:[75]

Veränderte Einstellung zur Familie und ‚community' (Elternumfrage)

	Gesamtz.	wesentl. mehr	mehr	etwas mehr	unverändert
1. Neue Möglichkeiten für sich u. Familie entdeckt, in der ‚community' mitzuwirken	45	*45*	0	0	0
2.					
3. Neue Einsichten in Kindererziehung	45	*20*	0	25	0
4.-7.					
Gesamtzahl	182	*108*	17	32	25

Für die Kinder besonders wertvolle Aktivitäten (Elternumfrage)

	Gesamtz.	sehr vorteilh.	vorteilh.	begrenzt vorteilh.
1.				
2. Wesentlich größere Erfahrung mit einer Vielfalt an Spielen u. Spielzeug	65	35	30	0
3.-8.				
Gesamtzahl	358	121	55	74

Insgesamt beginnt sich die Einsicht durchzusetzen, daß die *positiven Einflüsse der Vorschulerziehung* auf die Dauer *wieder abgebaut werden, wenn eine Kooperation mit dem Elternhaus unterbleibt* und daß sich umgekehrt die Erfolge der Vorschule steigern lassen, wenn es zu einer engen Zusammenarbeit mit dem Elternhaus kommt.
Aus dieser Einsicht folgte, daß 1969 viele kompensatorische Forschungsprojekte abgelehnt wurden, die sich nicht auch um eine Beteiligung der Eltern bemühten, und daß beim ‚Head Start Program' die „Einbeziehung der Eltern. . . zu einem der aufregenden neuen Ansätze" gehört.[76] Und zwar bemüht sich das ‚Head Start Program' gleichzeitig um eine *Elternmitwirkung an der Vorschulerziehung und um eine Elternbildung.* Eltern werden als Kontaktpersonen zu anderen Eltern verwendet, als Hilfskräfte von den Lehrern eingesetzt

oder auch an der Planung von Vorschulprogrammen beteiligt. Durch ihre Mitwirkung hofft man, ihnen ihre Verantwortlichkeit und Erziehungsfunktion bewußt zu machen und sie ‚pädagogisch' weiterzubilden.[77]

Da bei der Elternschaft insgesamt viele ‚Talente' vorhanden wären, müsse der Lehrkörper ihnen auch Möglichkeiten zur Entfaltung bieten. Derartige Möglichkeiten könnten den Eltern u. a. durch eine Beteiligung am Vorschulprogramm geboten werden. Über den Kontakt der Eltern zum Head Start Program ist 1966/67 ermittelt worden (in 642 von 2.062 Zentren):[78]

Elternorganisationen waren vorhanden bei:	49,9 %
Eltern sind in Entscheidungsgremien vertreten (policy boards):	72,1 %
Eltern wurden an der Planung beteiligt:	57,1 %
Eltern fungierten als Hilfskräfte der Lehrer:	83,5 %

Diese Bemühungen des ‚Head Start Program' um eine Elternmitwirkung gehen jedoch nicht nur auf wissenschaftliche Anregung, sonderen auch auf die *Erfahrungen mit den ‚parent-cooperative nursery schools' (‚coops')* zurück. Diese ‚coops' wurden oft von Eltern initiert, und bei ihnen ist die Elternbeteiligung stets recht intensiv.[79] Vielfach wird die Aufnahme der Kinder heutzutage von der Mitwirkung der Mütter (‚mother-assistance') abhängig gemacht. Hier leiten Mütter nach einer kurzen Einarbeitung unter der Aufsicht von Fachkräften die Kleingruppen. Dabei lernen sie ihr eigenes Kind in gruppendynamischen Prozessen beobachten, altersspezifische Probleme verstehen und alternative Reaktionsmöglichkeiten sowie ein planendes Verhalten auf seiten der Lehrkräfte kennen.

„Sobald die beteiligten Eltern sich direkt an den Aktivitäten der Kindergruppe engagieren, wird die Elternmitwirkung zu einem aktiven Lernprozeß. Eine derartige Beteiligung wird allgemein aber größere Veränderungen im Verhalten, bei den Einstellungen und hinsichtlich der elterlichen Fähigkeiten bewirken, als die vergleichsweise weniger aktiven Methoden der Elternbildung."[80]

Und zwar würden Mütter durch ihre Mitwirkung an Selbstwertgefühl gewinnen, aus der familiären Isolation befreit und direkt wie indirekt weitergebildet. Wie Mütter im Rahmen von ‚coops' oder ‚nursery schools' eingesetzt, angeleitet und weitergebildet werden, zeigen zahlreiche Handbücher.[81] In ihnen werden den Lehrern, speziellen Mütterbetreuern sowie den Eltern Hinweise gegeben, weshalb sie allwöchtentlichen Kontakt halten sollen, wie sich hinzukommende Eltern einbeziehen lassen und warum kooperierenden Eltern Gelegenheit gegeben werden muß, eigene Ideen auszuprobieren. Ferner werden den Müttern kindliche Grundsituationen und verschiedene Reaktionsmöglichkeiten der Erwachsenen vorgeführt; schließlich wird den Lehrern gezeigt, wie man Mütter anleiten, bestehende Einseitigkeiten abbauen, Zielvorstellungen präzisieren und wie man ihnen helfen kann: praktische Situationen zu analysieren und theoretische Einsichten praktisch umzusetzen. So unterschiedlich mithin die Voraussetzungen bei den ‚coops' und beim ‚Head Start

Program' sind, so ähnlich sind dennoch die Bestrebungen um eine Zusammenarbeit von Müttern und Lehrern. Daß diese Kooperationsbemühungen jedoch nicht außergewöhnlich, sondern in gewisser Weise für die Vorschulerziehung repräsentativ sind, läßt sich durch Untersuchungen über die *,nursery schools'* belegen (Vorschulische Einrichtungen in 141 ,school systems' mit insgesamt 686.000 Kindern im Jahr 1966, excl. Head Start).[82] In den ,nursery schools' sind jeweils zu 70% *folgende Aktivitäten* üblich (repräsentative Erhebung): ,Eltern-Lehrer-Konferenzen außerhalb der Schulzeit', ,Mitwirkung der Eltern am Schulgeschehen' und ,home-school visits'. Insgesamt ist an 99,3% der Schulen zumindest eine dieser Formen der Kontaktnahme üblich.

Nachdem damit deutlich geworden ist, wie Eltern und Lehrer im Rahmen der Vorschulerziehung kooperieren, bleibt zu erwähnen, wie man sich speziell um *unterprivilegierte, desinteressierte Eltern* bemüht. Generell bedarf es bei allen Vorschulprogrammen, insbesondere jedoch bei jenen für die sozial benachteiligten Kinder, erheblicher *Anstrengungen, um die Eltern für eine Kooperation zu gewinnen.* Eltern müssen über attraktive Methoden gewonnen und ihre Eigeninteressen mobilisiert werden, damit die Bereitschaft wächst, Kindern beim Lernen zu helfen.[83] Die elterliche Kooperation hofft man z. B. dadurch zu steigern, daß man die Eltern und Kinder auf die Vorschulerziehung vorbereitet. In zahlreichen Forschungsprogrammen werden zur Zeit die Möglichkeiten erprobt, *Mütter von Krabbelkindern* so zu stimulieren, daß sie später die Vorschulprogramme bereitwilliger unterstützen. Dabei bemüht man sich zunächst, die Eltern im Umgang mit ihren Kindern sicherer zu machen, sie in Ernährungsaufgaben sowie in die Kleinkinderpflege einzuweisen und sie anzuleiten, wie sie (bzw. was sie) mit ihren Kindern spielen können. Zuweilen werden dafür Spielzeug-,Bibliotheken' eingerichtet oder Spielzeuge (zum genau bestimmten Gebrauch) mitgegeben, um auch auf indirekte Weise das kindliche Sensorium sowie die Kommunikation zwischen Mutter und Kind anzuregen. Weil den ,mittelständischen Missionaren' der Zugang zu den Deprivierten aber vielfach nicht gelingt, setzt man zuweilen auch *arbeitslose Eltern als bezahlte Kommunikatoren zu den Unterprivilegierten* ein. Die Kommunikatoren werden nach ausführlicher Anleitung anderen Eltern zur Beratung gegeben, damit diese ebenfalls Informationen einzuholen sowie die ,community resources' zu nutzen lernen.[84] So soll eine günstigere Ausgangsbasis für den anschließenden Vorschulbesuch geschaffen werden. Am umfangreichsten sind derartige Bestrebungen im Rahmen der sog. *,child-parent centers'.*[85] Diese Zentren gehen von der Überlegung aus, daß letztlich nur ,community activities' und ein intensives ,Beratungssystem' zum Erfolg der Vorschulerziehung führen. Dementsprechend verbindet man eine grundlegende Erwachsenenbildung und eine Berufs- wie Familienberatung mit der Vorschulerziehung. Denn wenn Eltern auf

Verschiedene Forschungsprogramme

Mitwirkung der Eltern	Pittsburgh	Baltimore	New Haven	San Diego	New Rochelle	Ypsilanti-Perry	Ypsilanti-Home Teaching	Ypsilanti-Gale	Oakland Interagency	Oakland Preschool	Los Angeles Child Observation	Hempstead, L.I.	Head Start	Parent-Child Center
Roles of Parent:														
Advisory Committee				X									X	X
Teacher Aide	X			X				X	X	X	X		X	
School-Community Asst., Home Visitor								X		X				X
Volunteer Worker		X			X					X			X	X
Teach Own Child	X		X	X		X	X	X	X	X			X	X
Classroom Observer		X	X	X	X						X		X	
Recipient	X	X	X	X	X	X	X	X	X	X	X	X	X	X
Communication:														
Home Visit	X	X			X			X	X	X		X	X	X
Large-group Meeting		X			X				X	X		X	X	X
Class, Small-group Meeting	X			X	X			X	X		X		X	X
Ziel der Programme gegenüber häuslichen Einflüssen														
Change in Parents in:														
Academic guidance		X						X		X			X	
Cognitive operational level, style	○	○			○	X	○	○	○					
Cultural activities planned		X			X		X	X					X	
Direct instruction of child				X		X	X		X				X	
Educational aspirations								X					X	
Use of community resources									X	X	X		X	
Intellectuality of home (books, etc)		X	X		X	X	X	X	X					
Verbal facility						X		○		○	○			
Verbal frequency (eg. dinner con.)						X		X	X					
Consistency of management				X						X	X			
Differentiation of self				X					○	○			X	
Disciplinary pattern			X	X						X	X			
Emotional security, self-esteem				X					○	○	X		X	
Internal control, belief in														X
Willingness to devote time to child				X		X	X				X			
Work habits		X												
General knowledge of child dev.:		X	X	X							X		X	

○ Ziel: Veränderung der Kinder nicht direkt sondern über die Eltern angestrebt

diese Weise eine Chance gegeben würde, ihre eigenen Ziele zu verwirklichen, dann wirke sich ihre Selbstzufriedenheit, ihr stimuliertes Bildungsinteresse und ihre Zukunftsorientierung zwangsläufig zugunsten der Kinder und Vorschule aus.

So verschiedenartig die beschriebenen Bemühungen sind, Eltern in größerem Maße an Vorschulprogrammen zu beteiligen, so ähnlich sind sie dennoch in dem Ziel: den Kindern zu helfen (dadurch, daß die Programme wirksamer werden) und die *Eltern zu einer Selbsthilfe zu befähigen.* Bei den Kindern gilt es, die familiäre Reduktion der sozialen und kognitiven Komplexität auszugleichen, d. h. die Ausschnitthaftigkeit der familiären Weltbetrachtung, die Begrenztheit des Anregungspotentials und die sozialen Primärkontakte zu ergänzen. Denn allgemein wirkt die Familie aufgrund ihrer homogenen Welt-Anschauung, wegen ihrer einseitigen Berufserfahrungen und in Anbetracht der konsistenten Nahkontakte wie ein Filter gegenüber der Umwelt und gegenüber Sozialkonflikten. Diese Filterwirkung ist zwar in der frühen Kindheit weitgehend erforderlich, dennoch bedarf es bei zunehmendem Alter einer allmählichen Öffnung zur Umwelt hin. Durch eine Kooperation von Vorschule und Elternhaus wird es wahrscheinlich am ehesten möglich sein, dem Kind eine personale und damit Umweltkonsistenz zu erhalten und ihm zugleich ein angereichertes Milieu anzubieten. Außerdem werden die Vorschulprogramme effektiver, wenn Eltern bei der Planung bzw. Durchführung der Programme mitwirken und als Kommunikatoren zur ‚community' eingesetzt werden.[86]

Wie man Eltern an den Vorschulprogrammen beteiligt und welche Einstellungsänderungen dabei angestrebt werden, geht aus der vorangestellten (S. 228) Übersicht hervor.[87]

Insgesamt versucht man also, die Kinder zu stimulieren und intellektuell zu fördern, die Eltern bildungswilliger zu machen, ferner durch die Kooperation die Beziehung zwischen Mutter und Kind zu entspannen und den schulischen Programmen zu größerer Realität zu verhelfen. Zur Zeit ‚bahnt sich auf nationaler Ebene die Einsicht an, daß Eltern unbedingt in den ‚schulischen' Erziehungsprozeß einbezogen werden müssen', denn Eltern sind ebenso wie Kinder nur dann zur Kooperation bereit, wenn sie motiviert sind.[88]

Forschungseinflüsse

Die Kooperation zwischen Elternhaus und Schule ist in den USA durch die Entwicklung des demokratisch-politischen Systems, durch das dezentralisierte Bildungswesen, durch die frühe Organisation der Elternschaft und durch psychologische und soziologische Forschungen begünstigt worden.[89]

Nach dem Ersten Weltkrieg erlangten *Studien über die Eltern-Kind-Beziehungen* (Laws, G. 1925; Faegre, M.L./Anderson, J.E., 1928) angesichts des neu aktivierten Sozialengagements schnell große Resonanz. An etlichen Universitäten entstanden ‚Institutes of Child Welfare Research', und die Probleme der ‚child guidance clinics' wie der Jugendgerichte veranlaßten Psychiater wie Psychologen, die Zusammenhänge zwischen elterlichem Verhalten und kindlichen Reaktionssyndromen zu analysieren und Testinstrumente zu entwickeln. Im Vordergrund standen Untersuchungen über körperliche oder psychische ‚handicaps' (Ernährungseinflüsse, kriminelle Dispositionen etc.), über die Entstehung neurotischer Verhaltensweisen durch eine extreme Nachgiebigkeit bzw. Strenge der Eltern, durch eine psychische Zurückweisung oder beschützende Ängstlichkeit und über die Ursachen mangelnder Sozialanpassungen (Flügel, S. C. 1921; Foster, A., 1927; Symonds, P. M. 1939). Besondere Aufmerksamkeit fanden jedoch Studien über die *Einflüsse von Kultur, Milieu und Erbfaktoren* auf den kindlichen *Schulerfolg* und die *Intelligenzentwicklung* (Garretson, O. K. 1928; Yearbook of the National Society for the Study of Education 1928). Thematisch wurde 1928 die Diskussion über den Einfluß von Milieu- und Erbfaktoren auf die kindliche ‚Intelligenz' (IQ), die im Anschluß an B. S. Blooms und A. Jensens Studien (1964/1968) wieder auflebten, vorweggenommen. Es konnte (nach damaligem Verständnis) signifikant nachgewiesen werden, daß sich die ‚Intelligenz' (‚intelligence test scores') von Kindern aus ‚Problemfamilien' proportional zu den Erziehungsbedingungen in den Pflegefamilien veränderte. Und zwar waren die Veränderungen um so größer, je früher und länger die Kinder dem Einfluß der Pflegeeltern ausgesetzt waren. Man kam damals z. B. zu dem Ergebnis, daß „home environment contributes about 17% of the variance in IQ: parental intelligence alone accounts for about 33%".[90] Diesen Ergebnissen wurde große Bedeutung für die Beziehungen zwischen Elternhaus und Schule beigemessen. Denn falls man von einer vererbbaren und kulturunabhängigen Intelligenz ausgehen konnte (Cox, Ch. M. 1926; Terman, L. M./et. al. 1925), so war nur eine Anpassung der Schule an die jeweilige Begabungsart erforderlich. Erwies sich dagegen die Intelligenz als milieuabhängig, so mußten die Bemühungen auf einen Abbau der Milieudefizite, sei es in Form einer besseren Elternbildung oder sei es in Form einer ‚kompensatorischen' Schulerziehung gerichtet sein. Im Anschluß an die Milieutheoretiker wurde die Bedeutung von vorschulischen Erziehungsbemühungen für die ‚Bildungchancen' der Kinder untersucht (Hattwick, B. W. 1936; Updegraff, R. 1939). Ferner wurden mangelnde Sozialanpassungen der Kinder immer stärker mit dem häuslichen Milieu in Verbindung gebracht (Meyers, T. R. 1935; Hattwick, B. W./Stowell, M. 1936; Baruch, D. W. 1937), und schließlich begann man sich intensiver darum zu bemühen, den Eltern ihre Bedeutung für den Bildungserfolg der Kinder nahezubringen. Symptomatisch für diese Bemühungen ist die Vielzahl von Publikationen, die sich an die Eltern richteten, und der Hinweis im ersten Heft des ‚Parent Magazine' (1926): Die Bedeutung des Elternhauses für die kindliche Entwicklung sei wissenschaftlich erwiesen; die Eltern würden wegen ihrer negativen Erziehungseinflüsse kritisiert; von den Wissenschaftlern müsse ihnen nun geholfen werden, ihr Erziehungsverhalten zu ändern.[91]

Nach dem Zweiten Weltkrieg bemühte man sich um die Entwicklung standardisierter multivariabler Tests, mit denen die Eltern-Kind-Beziehungen genauer analysiert werden könnten (Fels Parent-Behavior Rating Scales, 1939; Merrils Scales, 1946; USC Parent Attitude Survey, 1949; Parental Attitude Research Instrument, 1958). Außerdem analysierte man (statistisch) die Vielschichtigkeit der Eltern-Kind-Beziehungen (Ackerman, N. W./Behrens, M. L. 1955; Sears, R. R./Maccoby, E.E./Levin, H. 1957) und begann mehrere großangelegte Längsschnittuntersuchungen (Baldwin, A. L. 1949; Langdon, G./Stout, J. W. 1952; Harris, D. B. 1958). Aber nicht nur Eltern-Kind- und Kind-Schul-Beziehungen wurden analysiert, sondern man bemühte sich auch darum, die Kontakte zwischen Schule und Elternhaus bzw.

Elternhaus und ‚community' zu aktivieren. Diese Bemühungen sind im Zusammenhang mit dem neu belebten Demokratieverständnis zu sehen, das u. a. auch zur Errichtung von ‚citizens advisory groups' zur Beratung von ‚schoolboards' und ‚superintendents' führte (1949 Zusammenschluß in der ‚National Citizens Commission for the Public Schools'). Hinzu kam aber die Einsicht in die ungleichen Bildungsziele von Kindern, Eltern und Lehrern (Jenkins, D. H. et. al., 1951) sowie eine genauere Vorstellung von den schichspezifischen Bildungsbedingungen, die eine engere Kooperation von Elternhaus und Schule unerläßlich machten. Und zwar wurde nicht nur auf die Dringlichkeit hingewiesen, sondern es wurden auch Konkretisierungsmöglichkeiten diskutiert (California Elementary School Administration Association, 1949; Slade, C. W. 1950; Hymes, J. L. 1953.)

Derartige Studien zeigen, daß bei Eltern und Lehrern durchaus eine Bereitschaft zur Kooperation gegeben war und die Auffassung bestand, daß sie in gleicher Weise eine Verantwortung für die Persönlichkeitsentwicklung des Kindes hätten. Der Sputnikschock (1957) und die beginnenden Sozialunruhen haben — sei es im Bemühen um eine Leistungssteigerung oder um eine Sozialintegration — die wissenschaftliche Reflexion über häusliche wie schulische Bildungsbarrieren weiter intensiviert. Allmählich setzte sich dabei die Ansicht durch, daß den ‚drop-outs', ‚predelinquents' und ‚disadvantaged' mit ihren frühzeitig entstandenen Motivations-, Kommunikations- und Verhaltensdefiziten noch am ehesten durch eine bessere Kooperation zwischen Schule und Familie geholfen werden könnte. Wenn aber Bildungserfolge derart milieubedingt und schichtabhängig sind (Sexton, P. C., 1961; Sewell, W. H./Shah, V. P., 1967), bedurfte es vor allem einer besseren Bildungsberatung für Eltern und Kinder. Als Aufgabe der ‚counselors' galt bis dahin allgemein nur eine Beratung über die Wahlfächer in der Sekundarschule; seither sind diese Bemühungen jedoch auf den Primar- und Vorschulbereich (‚parent-child centers') ausgedehnt worden. Die Aufmerksamkeit konzentriert sich dabei auf eine frühe *Förderung von Hochbegabten und Milieubenachteiligten* (Kowitz, G. T./Kowitz, N. D., 1959; Hill, G. E./Luckey, E. B., 1969).

Diese Entwicklung wurde durch zahlreiche Studien über die Entwicklungsmöglichkeit von kognitiven Fähigkeiten im vorschulischen Alter (Bloom, B. S. 1964), über die Bedeutung der elterlichen Sprachebenen (Hess, R. D./Shipman, V. 1965; Olim, E. G./Hess, R. D./Shipman, V. 1965) und die Auswirkungen des elterlichen Aspirationsniveaus für den Schulerfolg (Douvan, E., 1956; Kohn, M. L., 1959; Strodtbeck, F. L., 1959; Deutsch, M., 1960; Morrow, W. R./Wilson, R. R. 1961; Glidewell, J. C., 1961) außerordentlich forciert. Den häuslichen Sozialmechanismen (Bronfenbrenner, U. 1961; Coleman Report 1966; Levin, H./Fleischmann, B., 1968) wurde ein ausschlaggebender Einfluß für das *politische Bewußtsein* (Hess, R. D./Torney, J. V., 1967), die *geistige Vorstellungswelt* (Kagan, J./Moss, H. A./et. al., 1963, 1964) und für das *Wert- und Selbstverständnis* (Peck, R./Havighurst, R. J., 1960; Campbell, P. B. 1967) zuerkannt.

Nach den über 20 Jahre dauernden ‚follow up studies' am Fels Institute (Moss, H. A./Kagan, J. 1964) drängt sich der Eindruck auf, daß gewisse Verhaltensformen von Erwachsenen schon in einem sehr frühen Alter nachweisbar sind und daß das mütterliche Verhalten dem Kleinkind gegenüber „eine wesentliche Voraussage über die Persönlichkeitsentwicklung des Kindes erlaubt".[92] Dabei wird der Vaterrolle wieder größere Aufmerksamkeit gewidmet, seit dessen Bedeutung für das soziale und sexuelle Verhalten, aber auch für die mathematischen Denkfähigkeiten untersucht wird (Carlsmith, L. 1964; Hetherington, E. M./Deur, J. L. 1971). Aufgrund dieser Einsichten werden im Bereich der ‚kompensatorischen' Erziehung immer mehr Programme entwickelt, die eine möglichst frühe Zusammenarbeit zwischen Elternhaus und Schule (vgl. S. 228), und zwar in Verbindung mit einer Elternberatung und Elternbildung vorgesehen. Nur so hält man es zur Zeit für möglich, Milieudefizite zu verringern, das Selbstwertgefühl der Kinder zu steigern und ihre emotionale Stabilisierung zu fördern. Dabei erweisen sich *Untersuchungen über die Bildungsinteressen* als immer dringlicher, weil es nur so gelingen kann, zu einer sinnvollen Organisation der schulischen Aktivitäten zu kommen (Sieber, S. D./Wilder, D. E. 1966/67; Schwarz, J., 1969). Angesichts der gewonnenen Einsichten in die familialen Sozialisationseinflüsse verwundert kaum, daß 1969 von 179 abgelehnten Forschungsprojekten zur kompensatorischen Erziehung weitaus die meisten mit dem Hinweis zurückgewiesen wurden, daß die Kooperation zwischen Schule und Elternhaus nicht hinreichend berücksichtigt sei.[93]

Anmerkungen

1 1647 wurde in Massachusetts ein allgemeines Schulgesetz verabschiedet (‚Old Deluder Act'), es konnte jedoch nicht realisiert werden. 1779/1814 entwarf Jefferson Pläne zur Organisation eines staatlichen Bildungssystems für Virginia.
2 Calhoun, D.: The educating of Americans. A documentary history. Boston 1969, S. 203.
3 Durch das erste ‚Amendment' zur Bundesverfassung, das die Religionsfreiheit sicherte, wurde eine staatliche Finanzierung konfessioneller Schulen eingeschränkt, durch das zehnte ‚Amendment' das Schulwesen zur Staatsaufgabe erklärt. Während einerseits 1832 noch $^{2}/_{5}$ der Beschäftigten in den Fabriken ‚Neuenglands' Jugendliche (im Alter von 7 bis 16 Jahren) waren, entschied andererseits 1847 das oberste Gericht von Massachusetts, daß Farbige ‚separate but equal' erzogen werden sollten. Hier zeigt sich die damals bestehende Kluft zwischen den bildungspolitischen Intentionen und der pädagogischen Wirklichkeit.
4 Shoben, E.J. (Jr.): The assessment of parental attitudes in relation to child adjustment. In: Genetic Psychol. Monogr. 1/Bd. 39, 1949, S. 104.
5 Calvert, D.R.: Dimensions of family involvement in early childhood education. (Exceptional Children Conference Papers. Parent participation in early childhood education. Council for Exceptional Children. Arlington Virg. Dec. 1969), Masch. S. 1.
6 Das schulpflichtige Alter reicht in einigen Staaten (wie z. B. in Arkansas) vom 7. bis zum 16. Lebensjahr, in anderen (wie in Utah) vom 6. bis zum 18. Lebensjahr. Aber nicht nur hinsichtlich der Dauer besteht ein derartiger Unterschied, sondern auch hinsichtlich der Beschulungsmöglichkeit und Bildungswilligkeit. In Arkansas hatten unter den 25jährigen nur 28,9% vier Jahre lang eine ‚high school' und 4,8% vier Jahre ein ‚college' besucht, in Utah dagegen etwa doppelt soviel Schüler und Studenten (55,8% Schüler bzw. 10,2% Studenten). Ähnliche Unterschiede wie zwischen den Einzelstaaten bestehen aber auch innerhalb der Einzelstaaten, da die Lokalgemeinden je nach ihrer Finanzkraft unterschiedliche Bildungssteuern zur Verfügung haben. Wie sehr sich daraufhin die Schülerleistungen von verschiedenen Rassen in verschiedenen Regionen unterscheiden, zeigt eine zusammengefaßte Statistik aus dem Coleman Report.
Verglichen werden Leistungen von Schülern der 12. Klasse (twelfth grade).

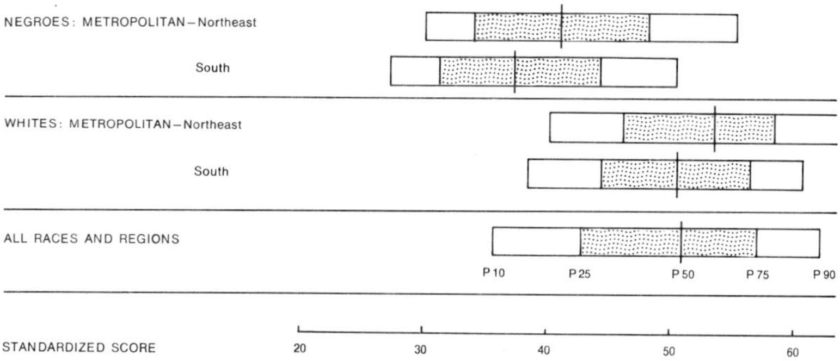

Vgl. US Department of HEW, Office of Education: Digest of educational statistics 1969. US Gov. Prin. Off. Wash. D.C. 1969, S. 9, 11, 14, 25, 56, 121. — US Department of HEW, Office of Education: Equality of educational opportunity (Coleman Report). Wash. D.C. 1966, S. 242. — Ryan, Ch.: Taxes are PTA business. In: PTA Magazine, 4/1969, S. 25. — Coser, R.L. (Hg.): Life cycle and achievement in America. N.Y. 1969. Introduction, S. X.
7 Christman, H.M. (Hg.): Public Papers of Earl Warren. N.Y. 1959, S. 121. — US Department of HEW, Office of Education: (vgl. Anm. 6), S. 16, 42. — US Department of HEW, Office of Ass. Sec. for Planning and Evaluation: Health — Education — and Welfare Trends. 1966—67 Ed., Part I, Nat. Trend. Wash. D.C. [1969], S. 76. — US Department of HEW, Office of Education/National Center for Educ. Statistics: Education Directory 1969—70: Public schools systems. Wash. D.C. 1970, S. 6 f.
8 Taylor, K.W.: How parents contribute to curriculum making in the United States. In: The Yearbook of Education, 1958, S. 431. — Lietzmann, S.: Der amerikanische Schulbus als Kampfsymbol, In: F.A.Z., 18. 2. 1970. — Dieselbe: Flucht vor schwarzen Kindern. In: F.A.Z., 22. 1. 1970. — ‚Aristides': Those American monsters. In: TES, 25. 7. 1969.

9 Wittig, H.E. (Hg.): Karl Marx. Bildung und Erziehung. Studientexte zur Marxschen Bildungskonzeption. Pad. 1968, S. 173.
10 Hamilton, R.R./Mort. P.R.: The law and public education with cases. Brooklyn, 1959², S. 509 ff.
11 Hawkes, G.R.: Personality development — The special task of the family. In: Iowa State University Center for Agricultural and Economic Development (Hg.): Family mobility in our dynamic society. N.Y. 1965, S. 114.
12 Vgl. The Constitution of the US of America. Analysis and interpretation, US Gov. Prin. Off., Wash. D.C. 1964, S. 1091 ff.
13 US Department of HEW, Office of Education: Digest of Educational Statistics 1969 (vgl. Anm. 6), S. 3.
14 Conant, J.B.: Kinder-Eltern-Schule-Staat. Bln. 1961, S. 19.
15 Boutwell, W.D.: Parent participation in education. In: PTA Magazine, 2/1969, S. 12.
16 Firester, L. and J.: Wanted: Rx for the equitable management of parent-school conflict. In: Element. School Journ. 5/Bd. 70, Feb. 1970, S. 239 ff. — Decentralization, community control, governance of the education profession. In: Today's Education, 2/Bd. 58, Feb. 1969, S. 58 ff. — Vgl. mögliche Zukunftsmodelle: Goldhammer, K.: Local provisions for education. The organization and operation of school systems and schools. In: Morphet, E.L./Jesser, D.L.: Designing education for the future. No 5, N.Y. 1968, S. 96 ff.
17 Schwartz, J.: Overbrook cluster parent survey 1969. A detailed report. ERIC: Of. Ed. 031798, Mai 1969, S. I f., VI f., 85, 87 f., 90, 93.
To assess the views of parents of children living in a new inner-city high school administrative district, a household survey was conducted by a team of 20 interviewers between November 1968 and February 1969. The interviewers used stratified random sampling procedures involving geographical distribution, race, and grade level of students living in the areas in May 1968. Of the 751 parents surveyed, 84,4% were Negro. Findings of the survey are reported in nine sections, as follows: (1) Characteristics of parents surveyed, (2) general attitudes toward the schools, (3) student performance and achievement, (4) instructional materials and school facilities, (5) curriculum, (6) parents' involvement with the schools, (7) discipline and security, (8) discrimination and rejection in the schools, and (9) community involvement.
18 US Bureau of the Census: Statistical abstract of the United States 1969. US Gov. Prin. Off., Wash. D.C. 1969, S. 44.
19 White House Conference on Children 1970: Profiles of Children. US Gov. Prin. Off., Wash. D.C. [1970], S. 19, 22, 138.
20 ibid., S. 22, 138 ff.
21 ibid., S. 23, 96. — Wie stark illegitime Kinder in ihrer psychischen, geistigen und emotionalen Entwicklung gefährdet sind, dazu vgl. u.a.: Jenkins, W.W.: An experimental study of the relationship of legitimate and illegitimate birth status to school and personal and social adjustment of negro children. In: American Journ. of Soc., 2/Bd. 64, Sept. 1958, S. 169 ff. — vgl.: Polansky, N.A./Borgman, R.D./de Saix, Chr./Smith, B.J.: Two modes of maternal immaturity and their consequences. In: Child Welfare, 6/Bd. 49, Juni 1970, S. 312 ff.
22 In Chicago wird diesen Mädchen (800) eine spezielle Ausbildung in sog. ‚family living centers' zuteil, in denen ihnen neben der fortgesetzten Schulbildung Anleitung gegeben wird in: ‚child care, occupational skills, homemaking arts, home management' etc. Dabei versucht man, auch ihre Eltern in spezielle ‚counseling sessions and additional guidance programs' einzubeziehen.
23 Chicago Board of Education (Bureau of Administrative Research): Chicago public schools. Sept. 1969: facts and finance, S. 27 (o.O., o.J.) — vgl. Gray, T.W.: The teenage parent: An educational and social crisis. In: Phi Delta Kappan, 2/Bd. 52, Okt. 1970, S. 113 f. — Phelps, D.W.: Parental attitudes toward family life and child behavior of mothers in two-parent and one-parent families. In: Journal of School Health, Bd. 40, 1969, S. 413 ff., bes. 415.
24 Sexton, P.C.: Education and income. Inequalities of opportunity in our public schools. N.Y. 1961, S. 108, Statistik resümiert nach S. 24, 28, 30, 39, 54, 97, 105 ff., 140, 154, 163, 166, 172, 183, 202.
25 Sewell, W.H./Shah, V.P.: Socioeconomic status, intelligence, and the attainment of higher education. In: Sociology of Educ., 1/Bd. 40, Winter 1967, S. 1 ff., bes. S. 9, 15. Randomly selected cohort of Wisconsin high school seniors over a seven-year period (1957—1964). The data . . . come from two sources: I. a questionnaire survey of all high school seniors in Wisconsin public, private, and parochial schools in 1957 and 2. a follow-up study conducted in 1964—1965 of approximately a one — third sample of these students.
26 Cohen, E.: Parental factors in educational mobility. In: Craft, M.: Family, class and education. Ldn. 1970, bes. S. 209, 221, 220.
Zur Zukunftsorientierung vgl. Hawkes, G.R.: Personality development — the special

task of the family. — In: Iowa State University Center for Agricultural and Economic Development (Hg.): Family mobility in our dynamic society. Iowa 1965, S. 126 f. — Kahl, J.A.: Educational and occupational aspirations of ‚common man' boys. In: Harvard Educ. Review, 3/Bd. 23, 1953, S. 186 ff.

27 Über die Bedeutung der schichtspezifischen Wertvorstellungen für die Erziehungspraxis vgl.: Kohn, M.L.: Social class and parental values. In: Americ. J. of Sociology, 4/Bd. 64, Jan. 1959, S. 337 ff. — Lewin, K./Dembo, Th./Festinger, L./Sears, P.S.: Level of aspiration. In: Hunt, J.McV. (Hg.): Personality and the behavior disorders. Bd. 1, N.Y. 1944 — Scheinfeld, D.R./Bowles, D./Tucks, S./Gold, R.: Parents values, family networks, and family development: working with disadvantaged families. In: Americ. J. Orthopsych. Bd. 40, April 1970, S. 413 ff. — Scanzoni, J.H.: Opportunity and the family. N.Y. 1970, S. 163—184. „It was suggested that the optimal combination for achievement or maintenance of status in our society is that found in more advantaged families, chiefly because risks become defined as reasonable and attainable in terms of projected rewards. More advantaged parents communicate the positive (i.e., in terms of attainment) orientations they do because of the sense of worth and confidence they themselves have gained through taking risks, and thus successfully attaining the rewards and status they hold. Less advantaged parents communicate greater caution and docility toward achievement because they themselves have not gained as great a sense of excellence and confidence, having participated less fully and successfully in the processes of rewarded risk-taking."

28 Overstreet, H. und B.: Where children come first. A study of the PTA idea. Chic. 1949, S. 43, 41, 24, 47 ff.

29 ibid., S. 78, 4 ff. — Knezevich, St.J.: Administration of public education. N.Y. 1962, S. 492.

30 Reeve, M.W.: The parent-teacher associations. In: Department of the Interior, Bureau of Education: Biennial survey of education, 1924—1926. Wash. D.C. 1928, S. 464 f. — Mallory, E.: The PTA and reading instruction. ERIC. OF. ED. 033001, April 1969, S. 1. — Overstreet, H. und B. (vgl. Anm. 28) S. 16.

31 National Congress of Parents and Teachers: Summary of the national PTA's activities and accomplishments in the area of international relations 1897—1969. Masch. 1969. — National Congress of Parents and Teachers: Golden jubilee history 1897—1947. Chic. 1947, S. 192 ff. — National Congress of Parents and Teachers: Handbook of the United Nations. Including information on national PTA cooperation with the United Nations, its agencies, and programs. Chic. 1966, S. 1 f., 17 f. — Mizoguchi, Y.: PTA in Japan. In: Ohio Parent Teacher. April 1970, S. 4 f., 21. — Overstreet, H. und B. (vgl. Anm. 28), S. 172 ff. — Moorhead, J.: The PTA in its world setting. In: Utah Parent Teacher, Mai/Juni 1967, S. 6 f.

32 Overstreet, H. und B. (vgl. Anm. 28), S. 276 ff. — National Congress of Colored Parents and Teachers: Coral anniversary history of the Nat. Con. of Col. Par. and Teach. Dover 1961.

33 Overstreet, H. und B. (vgl. Anm. 28), S. 261 f., 232 f., 260. — National Congress of Parents and Teachers: PTA progress in scholarships. In: National PTA Bulletin, 2/Bd. 36, Okt. 1968, S. 8.

34 National Congress of Parents and Teachers: Growing up in modern America. A plan for action for parent-teacher citizens. Chic. 1968, S. 14 ff., 24. — National Congress of Parents and Teachers: Proceedings, 1968 annual convention. National PTA yearbook. Bd. 72, Chic. 1969, S. 277. — National Congress of Parents and Teachers: PTA Manual 1970/71. Chic. 1970, S. 12. — vgl. NCPT: Put an S in your PTA (1968). — vgl. NCPT: Working with youth through the high school PTA. (1968.)

35 US Department of HEW, Office of Education, National Center for Educational Statistics: Projection of educational statistics to 1977—78. US Gov. Prin. Off., Wash. D.C. 1969, S. 42. — Encyclopaedia of Associations: National organizations of the US. Bd. 1, Detroit 1968^5, S. 492, 269, 969. — National Congress of Parents and Teachers: Proceedings (vgl. Anm. 34), S. 277 f. — National Congress of Parents and Teachers: PTA memberships by states as on March 31, 1970. In: National PTA Bulletin, 9/Bd. 37, S. 12. — Olson, A.D.: The PTA follows the flag. In: PTA Magazine, Dez. 1968, S. 18 f.

36 National Congress of Parents and Teachers: PTA Manual 1970/71 (vgl. Anm. 34), S. 65 f. — National Congress of Parents and Teachers: National PTA publications, supplied through state PTA's. In: National PTA Bulletin, 9/Bd. 36, Mai 1969, S. 4.

37 Overstreet, H. und B. (vgl. Anm. 28), S. 10, 123 f. — National Congress of Parents and Teachers: Proceedings (vgl. Anm. 34), S. 260 ff.

38 Overstreet, H. and B. (vgl. Anm. 28), S. 16 ff., 248.

39 In etlichen Schulen bestehen **neben** den PTAs und deren Arbeitsgruppen, mitunter aber auch **statt** der PTAs andere Elternzusammenschlüsse. Die Elternschaft von Privatschulen, vor allem von konfessionellen Schulen, ist oft in eigenen Verbänden zusammengeschlossen, wie z. B. in der ‚National Lutheran Parent-Teacher League'

(1966/67 = 782 Lokalgruppen), der ‚Congregation Parent-Teacher League' oder der katholischen ‚Home and School Association'.

40 Vgl.: Peabody, A.: After four o'clock. In: Rosenthal, A. (Ed.): Governing education. N.G. 1969, S. 242, bes. S. 245. — National Congress of Parents and Teachers: A teacher's guide to the PTA. Chic. 1962.

41 National Congress of Parents and Teachers: PTA Manual 1970/71 (vgl. Anm. 34), S. 11, 13, 23 f., 87 f.

42 Grant, E.H.: Parents and teachers as partners. Chic. 1952, S. 14 f.

43 „Parents will accept change if they are helped to understand a relationship between change, their welfare and that of their children. . . . The present typical PTA organization in many districts does not enhance community understanding of change; thus a different parent organization is needed as an addition to or replacement of the PTA." „To accomplish these tasks, ten guidelines are offered as aids to planning and effecting improvement: 1. develop committed leadership, 2. critically review the literature, 3. evolve a philosophy, 4. create a dissatisfaction with the inappropriate, 5. overcome the barriers, 6. arrange for models, 7. consider the budget, 8. select an alternative, 9. provide ongoing evaluation, and 10. interpret developments and plan further improvements."
Glines, D.E.: Planning and effecting needed changes in individual schools. In: Morphet, E.L./Ryan, O.: Designing education for the future. Bd. 3, N.Y. 1967, S. 163 ff., bes. S. 176, 178.

44 Nach internen Unterlagen des National Congress of Parents and Teachers in Chicago. — vgl.: Bard, B.: The case for parent participation in the schools. In: Parents' Magazine and Better Family Living. 3/Bd. 65, März 1970, S. 49 ff. — Ryan, E.F.: PTA charts its future. In: National PTA Bulletin, 2/Bd. 36, Okt. 1968, S. 4 f. — Ryan, E.F.: A report on the PTA self-study. In: National Congress of Parents and Teachers: Proceedings, 1967, annual convention. National PTA yearbook. Bd. 71, Chic. 1968, S. 77 ff. — vgl.: Schwarz, J. (vgl. Anm. 17), S. 56.

45 Conant, J.B.: The child, the parent, and the state. N.Y./Toronto/Ldn. 1965, S. 15 f. — Stanley, W.O./Smith, B.O./Benne, K.D./Anderson, A.W.: Social foundations of education. N.Y. 1957[3], S. 506.

46 Reuter, E.E.: Schools and the law. N.Y. 1960, S. 23, 25 ff. bes. S. 40. — Statist. Angaben nach: US Dep. of HEW, Off. of Ed./Nat. Center for Educational Statistics: Education Directory 1969—70; Public school systems. Wash. D.C. 1970, S. 6 f.

47 Und zwar hatten nach Moehlman nach dem 2. Weltkrieg 13 % der ‚school board members' keine Kinder, 30 % einen Collegeabschluß (gegenüber 4 % der Gesamtbevölkerung) und im Durchschnitt ein Einkommen von $ 4000 (gegenüber $ 1500 im nationalen Durchschnitt).
Fraser, St. E.: American education in foreign perspektive. N.Y. 1969, S. 222. — Moehlman, A.B.: School administration. Boston 1951[2], S. 139—141.

48 Gross, N.: Who runs our schools? N.Y. 1958, S. 45—60.

49 Sieber, S.D./Wilder, D.E.: Teaching styles: parental preferences and professional role definitions. In: Sociology of Educ., Bd. 40, 1967, S. 302 ff., bes. 310, 314. — Vgl. Mitchell, J.V. (Jr.): Identification of items in the California test of personality that differentiate between subjects of high and low socio-economic status at the fifth and seventh grade levels. In: Journ. of Educ. Research, Bd. 51, Dez. 1957. S. 241 ff. — Vgl. Kohn, M.L.: Social class and the exercise of parental authority. In: Americ. Sociol. Review, Bd. 24, 1959, S. 352 ff.

50 Vgl. Elder, G.H. (Jr.): Family structure and educational attainment: a cross-national analysis. In: Coser, R.L. (Ed.): Life cycle and achievement in America. N.Y./Ldn. 1969, S. 49 ff.
Elder findet seine zweite Hypothese sowohl unter den verschiedenen Sozialschichten, wie innerhalb der einzelnen Schichten eindeutig bestätigt, daß „high educational attainment is most prevalent among persons who report democratic relations with their parents and equalitarian relations between mother and father."

51 Schwarz, J. (vgl. Anm. 17), S. 22, 24, 28, 54.

52 Popp, H.A.: When parent and teacher meet. In: Changing education, 4/Bd. 3, Winter 1969, S. 31 ff.

55 Goldman, E./Wilcox, H.: Parents and teachers design a curriculum. In: National Elementary Principal, No. 34, April 1955, S. 8 ff. — Misner, P.J.: Citizens and teachers plan the curriculum. In: National Parent-Teacher, No. 50, May 1956, S. 26 ff. — Stephenson, H.H.: Who should build the school curriculum? In: Teachers College Journal, No. 28, Dec. 1956, S. 43 f. — Toy, H. (Jr.): Planning curriculum with citizens. In: School Executive, No. 74, Nov. 1954, S. 19 ff. — Til, W.v.: Curriculum improvement: Who participates? In: Educational Leadership, No. 11, March 1954, S. 335 ff. — Zapf, R.M.: Democratic process in the secondary classroom. Prentice-Hall, 1958, S. 282 ff.

54 Taylor, K.W.: How parents contribute to curriculum-making in the United States. In: Yearbook of Education, 1958, S. 430 ff., bes. S. 430 f., 442, 444 — Vgl. Zapf, R.M.

(vgl. Anm. 53), S. 282 f. — Vgl. Johnson, B.: Taping parent opinion. In: Instructor, 7/Bd. 79, März 1970, S. 144 ff.
55 Riles, W.C.: Parents advise in policy. In: American Education, Oct. 1968, S. 22 ff. „California's title I advisory committees are based on the concept that the poor can also contribute to education, that education cannot hope to improve the classroom performance of children from low-income backgrounds without involving their parents in the process."
56 Vgl.: Das Schulwesen im Ausland, Nr. 26, 1953, S. 18.
57 Beavan, K.: Parents should be able to challenge school files (United States). In: Times Educational Supplement, 23. 2. 1970.
58 Vgl.: Armstrong, R.D.: Reading success and personal growth. In: Reading Teacher, Bd. 12, Okt. 1958, S. 19 ff. — Morrow, W.R./Wilson, R.R.: Family relations of bright high-achieving and under-achieving high school boys. In: Child Development, Bd. 32, Sept. 1961, S. 501 ff.
59 National Ass. of Guidance Supervisors and Counselor Trainers: Existing and recommended practices for assisting youth adjustment in selected elementary schools. Ann Arbor 1953, S. 13. — Greene, K.L.: Functions performed and preferred by elementary school counselors in the United States. Diss. Ohio 1967 (unveröff.) Danach hatten von 778 geprüften, hauptamtlichen ‚elementary school counselors' zu betreuen: 54% nur eine Schule, aber 13% fünf Schulen bzw. weniger als 1% bis zu 250 Kinder und 32% über 1500 Kinder.
60 California State Department of Education, Bureau of Pupil Personnel Services: Survey of elementary school counselors. Sacramento, Calif. 1964 (Mimeo.)
61 Hill, G.E./Luckey, E.B.: Guidance for children in elementary schools. N.Y. 1969, bes. S. 273 ff. — Vgl. Gordon, E.W./Wilkerson, D.A.: Compensatory education for the disadvantaged, programs and practices, preschool through college. N.Y. 1966, S. 116.
62 Vgl. Fusco, G.C.: School-home partnership in depressed urban neighborhoods. US Dep. of HEW, Office of Educ. Bulletin 1964, No. 20, US Gov. Prin. Off., Wash. D.C. 1964. OE 31008, bes. S. 30.
63 Dungan, L.W.: Parent-counselor make a difference. ERIC, OF. ED. 031743, 1969. — Vgl. Dungan, L.W./Danielson, H.A.: Counseling incoming parents. In: Bulletin of the Nation. Ass. of Second. School Principles, 339/Bd. 53, Okt. 1969, S. 33 ff. — Gilmore, J.V.: Parental counseling and academic achievement. In: Journ. of Educ. Bd. 149, 1967, S. 46 ff. — Zweibelson, J. et. al.: Guiding parents and motivating students in low rent neighborhoods. In: School Counselor, Bd. 12, 1965, S. 228 ff.
64 Center for the Study of Public Policy: Education voucher. A report on financing education by payments to parents. Cambr. Mass. Dec. 1970. — Vgl.: Education voucher — peril or panacea? In: Teachers College Record, 3/Bd. 72, Feb. 1971.
65 Vgl. u. a.: Goodman, P.: Compulsory mis-education and the community of scholars. N.Y. 1964[2] — Jencks, Chr.: Is the public school obsolete? In: Public Interest, Winter 1966. — Coleman, J.S.: Toward open schools. In: Public Interest, Herbst 1967. — Green, Th.: Schools and communities. A look forward. In: Harvard Educ. Review, 2/Bd. 39, 1969. — Clark, K.: Alternative public school systems. In: Equal educational opportunity. Prepared by the editorial board of the Harvard Educational Review. Camb. Mass. 1969, S. 173 ff.
66 Arons, St.: Equity, option and vouchers. In: Teachers College Record, 3/Bd. 72, Feb. 1971, bes. S. 338, 340 ff. — Vgl. McCann, W./Areen, J.: Vouchers and the citizen — some legal questions, ibid. S. 389, bes. S. 391.
67 Coyne, J.R. (Jr.): Slates and hamsters. In: National Review, 23. 3. 1971, S. 309 ff.
68 White House Conference on Children 1970, Profiles of children. US Gov. Prin. Off., Wash. D.C. 1970, S. 117.
69 Die ‚Amendments to the Social Security Act' aus dem Jahr 1962 schufen die Voraussetzung für die Finanzierung von ‚day-care services', das ‚Civil Rights Act' von 1964 und das ‚Elementary and Secondary Education Act' von 1965 erlaubten eine großzügige Bildungsfinanzierung von Vorschulprojekten für ‚Unterprivilegierte'.
Vgl.: Committee on Education and Labor, House of Representatives: A Compendium of federal education laws. US Gov. Prin. Off., Wash. D.C. 1967, S. 8 ff., 15 ff., 384 ff.
70 Office of Child Development: Head Start, A child development program. Project Head Start. U.S. Dep. of HEW, Wash. D.C. 1970, S. 9. — Vgl.: Gordon, I.J.: Parent involvement in compensatory education. Published for the ERIC Clearinghouse. Univ. Ill. Press, o.J. [1969], S. 24.
71 Freeberg, N.E./Payne, D.J.: Parental influence on cognitive development in early childhood. A review. In: Child Develop. Bd. 38, 1967, S. 65 ff. — Vgl.: Jencks, Chr.: Some natural experiments in compensatory education. Mimeo: Paper presented at SRCD meeting, April 15, 1969.
72 Pearlin, L.I./Yarrow, M.R./Scarr, H. A.: Unintended effects of parental aspirations. The case of children's cheating. In: Coser, R.L.: Life cycle and achievement in America. N.Y. 1969, S. 85, 99, 102. — Vgl. Bronfenbrenner, U.: The changing American

child — A speculative analysis, ibid., S. 19. — Vgl. Andronico, M.P./Guerney, B.G. (Jr.): A psychotherapeutic aide in a Headstart program. In: Children, 1/Bd. 16, Jan./Feb. 1969, S. 14 ff.

73 Brophy, J.E.: Mothers as teachers of their own preschool children: The influence of socio-economic status and task structure on teaching specificy. In: Child Develop. Bd. 41, März 1970, S. 79 ff. bes. S. 91, Vgl. S. 89. — Vgl.: Karnes, M.B./Teska, J.A./Hodgins, A.S.: Concentrated preschool programs have no mark after first grade. ERIC, OF. ED. 036338.

74 Vgl. u. a.: McCarthy, J.L.G.: Changing parent attitudes and improving language and intellectual abilities of culturally disadvantaged four-year-old children through parent involvement. Unveröff. Diss. Indiana State Uni. 1968.

75 Riley, C.M.D./Epps, Fr. M.J.: Head Start in Action. N.Y. 1967, S. 178 ff., bes. S. 178 f., 183, 186 f.

76 Office of Economic Opportunity: Project Head Start, Parent involvement. A workbook of training tips for Head Start staff. Wash. D.C., OEO Pamphlet 6108—12, Mai 1969, S. 4. — Vgl. Anmerkung 5.

77 Boyd, J.: Project Head Start, Summer 1966: Facilities-Resources of Head Start Centers. Princeton (Educ. Testing Service) 1966, S. 38.

78 NEA (National Education Association), Research Division, Research Reports, 1968-R3: Head Start Programs operated by public school systems 1966—67. Wash. D.C. 1968, S. 23, 29 f.

79 NEA (National Education Association), Research Division, Research Reports, 1968-R6: Nursery school education, 1966-67. Wash. D.C. 1968, S. 5, 27 ff.

80 Todd, V.E./Heffermann, H.: The years before school. Guiding pre-school children. N.Y./Ldn. 1964, S. 611.

81 Baruch, D.W.: Parents and children go to school. Chic. 1939. — Norton, E.N.: Parent education in the nursery school. Wash. D.C. (Intern. Ass. for Childhood Education) 1949. — Taylor, K.W.: Parent-cooperative nursery schools. N.Y. 1954. — Arnold, A.: How to play with your child. N.Y. 1955. — Todd, V.E. (Hg.): Cooperative nursery school handbook. Long Beach, Calif. 1957. — Gould, J.T.: Growing with nursery and kindergarten children. Boston 1960. — Christianson, H.M./Rogers, M.M./Ludlum, B.A.: The nursery school: Adventure in living and learning. Boston 1961.

82 NEA, Research Division, Research Reports, 1968-R6 (vgl. Anm. 79) S. 12, 28 f.

83 Gomberg, A.W.: Can disadvantaged parents motivate children for reading. In: The Record, 3/Bd. 71, Feb. 1971, S. 451 ff.

84 Karnes, M.B./Badger, E.: Training mothers to instruct their infants at home. (Exceptional Children Conference Papers: Parent participation in early childhood education. Council for Exceptional Children. Arlingt. Virg. Dez. 1969) Masch., bes. S. 65, 68. — Greenberg, P.: Low-cost strategies with a new look. In: Compact, 6/Bd. 3, Dez. 1969, S. 26 f. — Guerney, B.G. (Jr.)/Guerney, L.F./Andronico, M.P.: Filial therapy. Yale Scientific Magazine, März 1966. — Schaefer, E.: Infant education research project; preschool program in compensatory education. ERIC. DE. OE. — 370033.

85 US Dep. of HEW. Project Head Start, Office of Child Development.: Head Start, A child development program. Wash. D.C. 1970, S. 9. — Office of Economic Opportunity: Project Head Start, Parent involvement. A workbook of training, Tips for Head staff. Wash. D.C., Mai 1969. OEO Pamphlet 6108—12, S. 4, 7 f., 17, 19, 23, 25, 39. — Gordon, I.J.: Self help approach: Parents as teachers. In: Compact, 6/Bd. 3, Dez. 1969, S. 32 ff. — Vgl. für Chicago z. B.: Chicago Board of Education (Bureau of Administrative Research) Chicago public schools. Sept. 1969: Facts and finance [o.O., o.J.] S. 24 ff. — Mehrotra, Ch.M.N.: A proposal for evaluation of child-parent-Centers. Prepared for the Chicago Board of Education (Masch o.O., o.J.) — Chicago Board of Education: Program I, Developmental and remedial reading. Activity 3: Child-parent centers. (Masch. o.O., o.J.) — Wille, L.: Moms are a must. In: Americ. Education, 3/Bd. 6, April 1970, S. 25 ff.

86 Giovannoni, J.M./Billingsley, A.: Child neglect among the poor: A study of parental adequacy in families of three ethnic groups. In: Child Welfare, 4/Bd. 44, Aug. 1970, S. 200, 202.

87 Zusammengefaßte Untersuchungsergebnisse von: Gordon, I.J. (vgl. Anm. 70), S. 49 f.

88 Calvert, D.R.: Dimensions of family involvement in early childhood education. (Exceptional Children Conference Papers: Parent participation in early childhood education. Council for Exceptional Children. Arlingt. Virg., Dez. 1969) Masch., S. 1, 5, 9.

Literatur zum Forschungsbericht:

89 Ackerman, N.W./Behrens, M.L.: Child and family psychopathy: Problems of correlation. In: Hock, P./Zubin, J. (Hg.): Psychopathology of childhood. N.Y. 1955, S. 177 ff.

Baldwin, A.L.: The effect of home enviroment on nursery school behaviour. In: Child Developm., Bd. 20, 1949, S. 48 ff.

Baruch, D.W.: A study of reported tension in interparental relationships as co-existent with behavior adjustment in young children. Journ. of Experimental Educ., Bd. 6, 1937, S. 187 ff.

Bloom, B.S.: Stability and change in human characteristics. N.Y. 1964.

Bronfenbrenner, U.: Some familial antecedents of responsibility and leadership in adolescents. In: Petrullo, L./Bass, B. (Ed.): Leadership and interpersonal behavior. N.Y. 1961, S. 239 ff.

Burton, R.V./Whiting, J.W.M.: The absent father and cross-sex identity. In: Merill-Palmer Quarterly, Bd. 7, 1961, S. 85 ff.

California Elementary School Administrators Association: Home and school work together for children. 21st Yearbook, 1949.

Carlsmith, L.: Effect of early father-absence on scholastic aptitude. In: Harv. Educ. Review, Bd. 34, 1964, S. 3 ff.

Campbell, P.B.: School and self concepts. In: Educ. Leadership, Bd. 24, März 1967, S. 510 ff.

Champney, H.: The Fels parent-behavior rating scales. Yellow Springs; Samuel S. Fels Research Institute, 1939.

Coleman Report: (vgl. Anm. 6)

Cox, Ch.M.: Genetic studies of genius. Bd. 2. The early mental traits of three hundred geniusses. Stanf. Univ. 1926.

Deutsch, M.: Minority group and class status as related to social and personality factors in scholastic achievement. In: The Society for Applied Anthropology, Monograph No. 2, 1960.

Douvan, E.: Social status and success strivings. In: Journ. of Abnorm. and Social Psychology, Bd. 52, 1956, S. 219 ff.

Faegre, M.L./Anderson, J.E.: Child care and training. Minneap. 1928 (1947[7]).

Flügel, S.C.: The psychoanalytic study of the family. N.Y. 1921.

Foster, S.: A study of the personality make-up and social setting of fifty jealous children. Ment. Hyg., Bd. 11, 1927, S. 53 ff.

Garretson, O.K.: A study of causes of retardation among Mexican children in a small public school system in Arizona. In: Journ. of Educ. Psychology, 1/Bd. 19, 1928, S. 31 ff.

Getzels, J.W./Jackson, Ph. W.: Family environment and cognitive style. In: Americ. Sociol. Review, Bd. 26, 1961, S. 351 ff.

Glidewell, J.C. (Ed.): Parental attitudes and child behaviour. Springf. Ill. 1961.

Gray, S.W./Klaus, R.A.: An experimental preschool program for culturally deprived children. In: Child Developm., Bd. 36, 1965, S. 887 ff.

Harris, D.B.: The climate of achievement. In: Child Study, Bd. 35, 1958, S. 8 ff.

Hattwick, B.W.: Interrelations between the preschool child's behaviour and certain factors in the home. In: Child Developm., Bd. 7, 1936, S. 200 ff.

Hattwick, B.W./Stowell, M.: Relation of parental over-attentiveness to children's work habits and social adjustments. Journ. of Educ. Research, Bd. 30, 1936, S. 169 ff.

Hess, R.D./Shipman, V.: Early experience and socialization of cognitive modes in children. In: Child Developm., Bd. 36, 1965, S. 869 ff.

Hess, R.D./Torney, J.V.: The development of political attitudes in children. N.Y. 1967 (bes. S. 107 ff.).

Hetherington, E.M./Deur, J.L.: The effects of father absence on child development. In: Young Children, 4/Bd. 26, 1971, S. 233 ff.

Hill, G.E./Luckey, E.B.: Guidance for children in elementary schools. N.Y. 1969.

Hymes, J.L. (Jr.): Effective home-school relations. Prentice Hall, 1953.

Jensen, A. R.: How much can we boost IQ and scholastie achievement. In: Harv. Ed. Rev. 1/Bd. 39, Winter 1969. Vgl. Derselbe in Harv. Ed. Rev. 3/Bd. 39, Sommer 1969.

Jenkins, D.H./Lippitt, R.: Interpersonal perception of teachers, students, and parents. Nat. Educ. Ass. Wash. D.C. 1951.

Kagan, J./Moss. H.A./Sigel, J.E.: Psychological significance of styles of conceptualization. Monogr. Soc. Research Child Developm., 2/Bd. 28, 1963.

Kagan, J.: Information processing in the child: significance of analytic and reflective attitudes. Psychol. Monogr., 1/Bd. 78, 1964.

Kohn, M.L.: Social class and parental values. In: Americ. Journ. of Sociol., 4/Bd. 64, Jan. 1959, S. 337 ff.

Kowitz, G.T./Kowitz, N.D.: Guidance in the elementary classroom. N.Y. 1959.

Langdon, G./Stout, J.W.: (vgl. einführ. Lit.)

Laws, G.: Parent-child relationships: A study of the attitudes and practices of parents concerning social adjustment in childhood. N.Y. 1925.

Levin, H./Fleischmann, B.: Childhood Socialization. In: Borgatta, E.F./Lambert, W.W. (Ed.): Handbook of personality theory and research. Chic. 1968, S. 215 ff.

Meyers, T.R.: Intrafamily relationships and pupil adjustment. N.Y. 1935.

Merill, B.: A measurement of mother-child interaction. Journ. of Abnormal and Social Psychology, Bd. 41, 1946, S. 37 ff.

Moss, H.A./Kagan, J.: Report on personality consistency and change from the Fels longitudinal study. In: Vita Humana, Bd. 7, 1964. S. 127 ff.
Olim, E.G.:/Hess, R.D./Shipman, V.: Relationship between mothers' language styles and cognitive styles of urban preschool children. Paper pres. at Biennial Meeting of Soc. Research Child Developm. Minneap. March 1965.
Peck, R./Havighurst, R.J.: The psychology of character development. N.Y. 1960.
Schwartz, J.: (vgl. Anm. 17)
Sears, R.R./Maccoby, E.E./Levin, H.: Patterns of child rearing. Evanston, Ill. 1957.
Sewell, W.H./Shah, V.P.: Socioeconomic status, intelligence and the attainment of higher education. In: Sociol. of Educ., 1/Bd. 40, Winter 1967, S. 1 ff.
Shoben, E.J. (Jr.): The assessment of parental attitudes in relation to child adjustment. In: Genetic Psychology Monographs, Bd. 39, Feb. 1949, S. 103 ff.
Sieber, S.D./Wilder, D.E.: (vgl. einführ. Lit.)
Slade, C.W.: Pupil personnel practices in member-schools of the Educational Records Bureau. In: Traxler, A.E. (Ed.): Goals of American education. Americ. Counc. on Educ. 1950.
Strodtbeck, F.L.: Family interaction, values and achievement. In: McCelland, D.C. et al. (Ed.): Talent and society. Princeton, N.J. 1959, S. 259 ff.
Symonds, P.M.: The psychology of parent-child relationships. N.Y. 1939.
Terman, L.M./et.al.: Genetic studies of genius. Bd. 1. Mental and physical traits of a thousand gifted children. Stanf. Univ. 1925.
Updegraff, R.: Recent approaches to the study of the preschool child; influcence of parent attitudes on child behavior. In: Journ. Consult. Psychol., Bd. 3, 1939, S. 34 ff.
Wilson, A.: Residential segregation of social classes and aspirations of high school boys. In: Americ. Sociol. Review, Bd. 24, 1959, S. 836 ff.

90 Vgl. National Society for the Study of Education, Yearbook of the: Nature and nurture. Bd. 27 Teil I u. II, 1928, bes. S. 103—127, 219—317. Zitat S. 308 f. — Nature and nurture: Their influence upon intelligence and upon achievement. Selected papers read at the Boston meeting of the National Society for the Study of Education, 1928. In: Journal of Educational Psychology, 6/Bd. 19, 1928, S. 361 ff.

91 Parents, we are here! In: Children. The Magazine for Parents 1/Bd. 1, 1926, S. 1, 4. (Der Titel der Zeitschrift wurde vom 3. Band ab in ‚Parents Magazine' geändert.)

92 „Most of the childhood variables dealt with the areas of achievement, passivity and dependency, aggressive behavior and maternal treatment of the child. . . Better than 80 % of the child and adult ratings yielded inter-rater reliability coefficients of 0,70 or higher." . . .„An important fact evident in these tables is that maternal treatment for the 0—3 age period was generally a better predictor of the child and adult ratings than maternal treatment assessed later in the child's life."
Vgl. Moss, H.A./Kagan, J.: Report on personality consistency and change from Fels longitudinal study. Vita Humana, Bd. 7, 1964, S. 127 ff.

93 Calvert, D.R. (vgl. Anm. 5).

Biblographie

Einführende Literatur

Conant, J.B.: Kinder, Eltern, Schule, Staat. Bln./Bielefeld, 1961[2].
Fusco, G.C.: School-home partnership in depressed urban neighborhoods. US Dep. of HEW, Office of Education. Bulletin No. 20, 1964. US Gov. Prin. Off., Wash. D.C. 1964.
Hymes, J.L. (Jr.): Effective home-school relations. Prentice-Hall 1956[6].
LeMasters, E.E.: Parents in modern America. A sociological analysis. Homewood, Jll. 1970.
National Congress of Colored Parents and Teachers: Coral anniversary history of the Nat. Cong. of Col. Parents and Teachers. Dover 1961.
National Congress of Parents and Teachers: Golden Jubilee History, 1897—1947. Chic. 1947.
National Elementary Principal: Parents and the schools. 36th Yearbook, 1/Bd. 37, Sept. 1957.
National School Public Relations Association and the Department of Classroom Teachers: Conference time for teacher and parents. Wash. D. C. 1961.
National Society for the Study of Education: Preschool and parental education. 28th Yearbook, 1929.

Office of Economic Opportunity: Project Head Start. Parent involvement. A workbook of trainig tips for Head Start staff. Wash. D.C. 1969.
Overstreet, H. and B.: Where children come first. A study of the PTA idea. Chic. 1958[3].
Reeve, M.W.: The parent-teacher associations. In: Biennial Survey of Education 1924—1926. Dep. of the Interior, Bureau of Education. Bulletin No. 25, 1928. US Gov. Prin. Off. Wash. D.C. 1928.

Weiterführende Literatur

Association for Childhood Education, International Parent-children-teachers: Communications. Bull. 28-A., Wash. D.C. 1969.
Bain, W.E.: Parents look at modern education. N.Y./Ldn. 1938.
Baldwin, S.E./Osborne, E.G.: Home-school relations. Philosophy and practice. Progressive Education Association 1935.
Baruch, D.W.: Parents and children go to school. Chic. 1939.
Berdie, R.F./Grams, A./Vance, F.: The parent and the counselor. Wash. D.C. 1960.
Brim, O.G. (Jr.): Evaluating the effects of parent education. In: Marriage family living. Bd. 19, 1957, S. 54 ff.
Bronfenbrenner, U.: The changing American child — a speculative analysis. Merrill-Palmer Quarterly. 2/Bd. 7, 1961, S. 73 ff.
California Elementary School Administrators Association. Home and school work together for children. 21st Yearbook 1949.
Cangeni, J.P.: Disturbed parents: a challenge to the school. In: Educ. Digest. 4/Bd. 35, Dez. 1969, S. 22 ff.
Casey, V./Corey, St.: Parents and teachers practice action research to cope with mutual problems. In: Education Administration Supervision. Bd. 38, 1952, S. 333 ff.
Criss, F.L./Goodwin, R.C.: Short-term group counseling for parents of children in residential treatment. In: Child Welfare. 1/Bd. 44, Jan. 1970, S. 45 ff.
Davis, A.: Changing the culture of the disadvantaged student. Working with low income families. Wash. D.C. 1965.
Davis, S.E.: Parents and school should share. In: Reading Teacher. 8/Bd. 23, May 1970, S. 707 ff.
Duncan, L.W./Danielson, H.A.: Counseling incoming parents. In: The Bulletin of the National Association of Secondary School Principles. 339/Bd. 53, Okt. 1969.
Fink, N.W.: Role expectations of the elementary principal and parent as perceived by elementary principals and parents of selected school-communities differing in racial composition. Unveröff. Diss., Univ. Illinois, 1970.
Fullmer, D.: Working with parents. School-counselor-parent-teacher interaction: A developing pattern. In: Schreiber, D./Kaplan, B.A. (Ed.): Guidance and the school dropout. Wash. D.C. 1964.
Gordon, E.W./Wilkerson, D.A.: Compensatory education for disadvantaged programs and practices, preschool through college. N.Y. 1966 (bes. S. 86 ff.).
Gordon, I.J.: Parent involvement in compensatory education. Univ. Ill. Press 1971.
Gordon, Th.: A theory of parent effectiveness. Parent effectiveness training. Pasadena, Cal. ERIC OF. ED 028 815.
Grant. E.H.: PTA Guide to what's happening in education. N.Y./Ldn. 1965.
Haider, S.J.: Parental attitudes and child-rearing practices as related to academic underachievement. Unveröff. Diss., Univ. Illinois, 1970.
Harrington, A.: Parents and the school. In: Reading Teacher. 8/Bd. 23, Mai 1970, S. 711 ff.
Hill, G.E./Luckey, E.B.: Guidance for children in elementary schools. N.Y. 1969.
Holbeck, E.S.: An analysis of the activities and potentialities for achievement of the parent-teacher association with recommendations. N.Y. 1934.
Jenkins, D.H./Lippitt, R.: Interpersonal perceptions of teachers, students and parents. Nat. Educ. Assoc. (NEA) 1951.
Karnes, M.B./Badger, E.: Training mothers to instruct their infants at home. (Exceptional Children Conference Papers. Parents Participation in Early Childhood Education. Louisiana, New Orleans, 1969.) ERIC OF. ED 034910.
Langdon, G./Stout, J.W.: Teacher-parent interviews. Englewood Cliffs, N. J. 1954.
Laramore, D./Thompson, J.M.: The implications of parent-teacher effectiveness training for special education personnel. In: Ment. Retarded. 3/Bd. 6, Spring 1970, S. 207 ff.
Larrick, M.: A parent's guide to children's education. Trident Press 1963.
Leonard, E.M./Vandeman, D.D./Miles, L.E.: Counseling with parents in early childhood education. N.Y. 1954.
Mallory, E.: The PTA and reading instruction. (12th Perspectives in Reading Conference. The Parent and Reading, Kansas City, Miss. 1969) ERIC OF. ED 033001.
McKee, P.: A primer for parents. Boston 1966[2].

Milner, E.: A study of the relationship between reading readiness in grade one school children and patterns of parent-child interactions. In: Child Development. Bd. 22, 1951, S. 95—122.
Mok, P.P.: Pushbutton parents and the schools. N. Y. 1967.
National Congress of Parents and Teachers/North Dakota Congress of Parents and Teachers: 1) Training manual for use in training volunteer PTA unit helpers in Project Adapta, A North Dakota Field Service Project (Masch.). — 2) A tool Kit for PTA unit helpers in the Adapta Project, A North Dakota PTA Field Service Project. (Masch.). — o.J. (nach 1966).
National Congress of Parents and Teachers: A teacher's guide to the PTA, Chic. 1962.
National Congress of Parents and Teachers: When parents study their job. Techniques for PTA discussion groups. Chic. 1968[2].
National Congress of Parents and Teachers: PTA manual 1970—71. Chic. 1970.
National Congress of Parents and Teachers: 1) National PTA Yearbook, annual convention. Proceedings. — 2) The PTA Magazine. — 3) National PTA Bulletin.
Norton, E.N.: Parent education in the nursery school. Wash. D.C. 1949.
Niemeyer, J.H.: Home-school interaction in relation to learning in the elementary schools. In: Schreiber, D. (Ed.): The school dropout. Wash. D.C. 1964.
Pickarts, E./Marshall, M./Smith, B.: Family education by television. In: Adult Leadership. 3/Bd. 18, Sept. 1969.
Robertson, D.R.: Parents and teachers: Partners in the teaching of reading. In: Reading Teacher. 8/Bd. 23, Mai 1970.
Rossbach, E.: Parent-teacher activities at Lincoln school. N.Y. 1938.
Sexton, P.C.: Education and income. Inequalities of opportunity in our public schools. N.Y. 1961.
Sieber, S.D./Wilder, D.E.: Teaching styles: parental preference and professional role definitions. In: Sociology of Educ. 4/Bd. 40, Winter 1967, S. 302 ff.
Stendler, C.B.: Social class differences in parental attitudes toward school at grade 1 level. In: Child Development. Bd. 22, 1951, S. 37 ff.
Sykes, G.M.: PTA and parent-teacher conflict. In: Harv. Educ. Review. 2/Bd. 23, 1953, S. 86 ff.
Taylor, K.W.: Parent-cooperative nursery schools. N.Y. 1954.
Taylor, K.W.: How parents contribute to curriculum-making in the United States. In: The Yearbook of Education, 1958.
Todd, V.E./Heffermann, H.: The years before school; guiding preschool children. N.Y./Ldn. 1964.
Wendell, D.L.: Parent-counselor conferences make a difference. Saint Petersburg Jun. Coll. 1969. ERIC OF. ED 031 743.
Wolf, A.W.M.: The parents' manual. A guide to the emotional development of young children. N.Y. 1962[2].
White House Conference on Child Health and Protection: Parent education, types, content, method. (Report of the subcommittee on. . . /chairman: S.M. Gruenberg) N.Y./Ldn. 1932.
Vergleiche Literaturangaben unter Anmerkung 89.

Stichwortverzeichnis

Elternmitwirkung

Elternvertretungen und -verbände

Eltern-Schule-Kooperation

Familie

Forschung

Kompensatorische Erziehung

Kooperationsbereitschaft

Lehrer

Schule

Sozialisation

Zum Thema Schule in der Gesellschaft:

Dietrich Wachler

Das verlängerte Wochenende in seinen Wirkungen auf Familie und Haushalt

Eine erziehungssoziologische Analyse

Das Thema „Fünf-Tage-Woche in der Schule" ist von öffentlichem Interesse und Gegenstand der Debatten von Eltern und Erziehern, der Untersuchungen von Medizinern, Psychologen, Soziologen und verschiedener Umfragen geworden.

Soll man, davon ausgehend, daß das verlängerte Wochenende in absehbarer Zeit für immer mehr Familien Wirklichkeit werden wird, den Berichterstattern und populären Kulturkritikern glauben, die von einer alles überschwemmenden Freizeitwelle, von Lärm und Hektik, von Großstadtrummel und Massenparties, von kollektivem Aufruhr als typischem Freizeitverhalten reden, oder eher einen Rückzug in die private Sphäre vermuten, die Pflege der Beziehungen und des Umgangs mit Nahestehenden und sozial Gleichen, also vor allem innerhalb und mit der eigenen Familie? Grundsätzlich schließt der Rückzug in die Privatsphäre ein äußerlich in Erscheinung tretendes, massenkonformes Verhalten nicht aus.

Im 1. Teil der Arbeit wird der theoretische Bezugsrahmen erstellt, um die im Bereich der Familie sich vollziehenden Veränderungen soziologisch analysieren zu können.
Der empirische 2. Teil der Arbeit untersucht das Freizeitverhalten von Großstadtfamilien und deren Wochenendgewohnheiten am Modell der Fünf-Tage-Schule.

Der 3. Teil versucht aufgrund der vorhergehenden Analysen, eine – die schulischen Erziehungsziele in der gegenwärtigen und zukünftigen Freizeitgesellschaft einschließende – Theorie über die Familie als ersten Sozialisationsfaktor und soziale Basis für die Stabilisierung von Freizeitverhalten zu entwerfen.

Schwann

Zum Thema Schule in der Gesellschaft:

Friedrich W. Busch

Familienerziehung in der sozialistischen Pädagogik der DDR

In der pädagogischen DDR-Forschung in der Bundesrepublik werden bevorzugt die institutionalisierten Erziehungs- und Bildungsvorgänge in Schule, Hochschule, Berufs- und Erwachsenenbildung untersucht, hingegen weitaus seltener und weniger gründlich die mehr informellen pädagogischen Prozesse und die nichtöffentlichen Erziehungsträger, von denen die Familie zweifellos am wichtigsten ist. Es ist von allgemeinem Interesse, zumal für die Bundesrepublik, über die bisherige Entwicklung, den gegenwärtigen Stand und die Probleme der Familie und der Familienerziehung in der DDR möglichst genaue Kenntnisse zu gewinnen.

Die vorliegende Arbeit versucht dies in Form einer systematischen Darstellung und unter besonderer Berücksichtigung der pädagogisch relevanten Fragen und Probleme. Es wird ein Bild von den Zielvorstellungen der Familienpädagogik in der DDR und von den theoretisch gewiesenen wie erziehungspolitisch angestrebten Methoden zur Realisierung dieses Zieles vermittelt. Information und Bestandsaufnahme als erstes und wichtigstes Anliegen dieser Arbeit werden schon dadurch gerechtfertigt, daß in der bisherigen DDR-Forschung der BRD die mit der Familienerziehung zusammenhängenden Fragen und Probleme noch keine Behandlung erfahren haben.